퇴계의 일생과 철학체계

현대학술選 21

퇴계의 일생과 철학체계

유명종 지음

현대미학사

책 머리에

1960년 경북대학교 총장 高秉幹 博士의 頌壽紀念論叢에서 문리과대학 전임강사인 본인이 퇴계退溪의 이학관異學觀과 그 영향影響을 발표한 이후 오늘에 이르기까지 약 40년간 퇴계 탄생 500주년을 기념하기 위해 몇 가지 글을 선정하여 한 권의 책으로 편집했고, 또 몇 가지를 다시 첨가하였다.

생각해보니, 그간의 퇴계학에 대한 관심에 비교하면 연구성과는 지지부진하여 매우 안타깝다. 그래도 나는 이 책이 나의 퇴계학 연구성과라고 자부하고 정리하였다. 정리과정에서 金洙淸 博士의 협조를 얻었고, 또 현대미학사의 金泰源 교수의 주선으로 책이 빛을 보게 되어 매우 고맙게 생각하고 감사한다.

생각컨대, 퇴계 선생은 겸허온공謙虛溫恭한 인품으로서 치밀한 논리에 의해 학문세계를 전개하였기에 내가 그것을 잘 전하지 못할까 걱정하면서 강호江湖 여러분의 용서를 비는 동시에, 퇴계학 개발이 더욱 발전하도록 기원한다.

2000년 6월 16일

修岡 病叟 劉明鍾 씀

차 례

도산서원陶山書院에서 제3회 퇴계학退溪學 국제학술상(1989. 11. 25)을
수상하고 수상소감을 말하고 있는 저자.

도산서원陶山書院 건너편의 시사단試士壇 정경
퇴계를 추앙하여 과거시험 보던 곳.

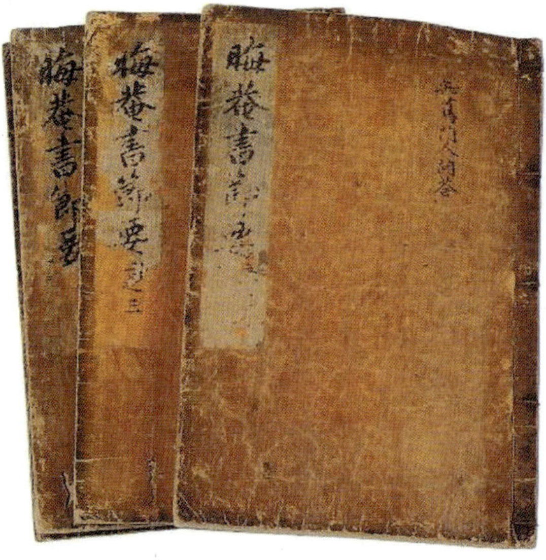

퇴계 선생이 주자朱子의 책의 중요 부분을 뽑아서 편찬한
『주자서절요朱子書節要』.(『회암서절요晦庵書節要』라고도 한다.)

I부 퇴계의 일생

1. 소년 퇴계 이황李滉
2. 청년 퇴계와 심경心經
3. 벼슬길
4. 귀거래歸去來
5. 퇴계와 율곡의 만남
6. 도산陶山의 매화梅花
7. 「무진6조소戊辰六條疏」와 『성학10도聖學十圖』
8. 현철賢哲은 가시다!

퇴계의 일생

1. 소년 퇴계 이황李滉

한국을 대표하는 성리학자가 안동 예안현 온혜溫惠 마을에서 조선 연산군 7년(1501년, 辛酉) 11월 25일 진시辰時에 탄생하였다. 온혜마을 남쪽에 자리 잡은 야산 밑의 노송정老松亭이라는 집이 선생의 탄생지이다.

음력으로는 1501년 11월 25일의 추운 겨울 날씨이지만 양력으로는 1502년 1월 3일에 해당된다.

아버지는 진보眞宝 이李씨로 이름은 식埴이요 자는 기지器之이며 그의 6대조 석碩이 진보 고을의 아전으로서 생원시에 합격하였고, 뒤에 밀직사에 추증되었으며, 아들 자수子修는 고려말기에 급제하여 벼슬이 통헌대부 판전의시사判典儀寺事에 이르렀으며, 정세운鄭世雲을 따라 홍건적紅巾賊을 토벌하는 공을 세우고 송안군松安君으로 봉해졌다. 또 왜구를 피하여 안동 풍산 마애 마을로, 다시 두루 마을에 이주하였다. 고조 운후云侯는 중훈대부中訓大夫 군기사부정軍器寺副正으로 사복시정司僕寺正에 추증되었다. 증조부 정禎은 세종 때에 파저강婆猪江의 야인 이만주李滿住가 침입하자 판관으로 부사를 보좌하였고 그 후 다시 최윤덕崔潤德을 따라 모련위毛憐衛를 정벌하여 공을 세워 관작 2계급을 하사 받았으며, 선산부사善山府使로 별세하였는데, 가선대부 호조참판에 추증되었다. 할아버지 계양繼陽은 1453년 진사에 합격하고 예안현禮安縣 온계리溫溪里로 샘물과 산석이 아름다운 풍경을 사랑하여 이사하였으며, 퇴계의 아버지 이식李埴은 1463년 9월 12일에 탄생하였다. 그는 문소김씨聞韶金氏에게 장가 들었는데 장모인 남씨南氏는 많은 책을 넘겨 주었다. 이 때는 책이 귀하였다. 이에 공부가 진보되었고 성품이 고상하여 세속에 물들지 않고 출세에 뜻을 두지 아니하며 독서할뿐 과거에 얽매이지 아니했다. 그는 "여러 자식 중 내 뜻을 받들어 지키고 내가 하던 일을 이어받는 아이가 나온다면, 나는 비록 한 일이 없을지라도 한이 없을 것이다."라고 하였으며, 또 "나는 밥 먹을 때, 잠들 때, 앉거나 서거나 글을 떠나지 않았다. 그런데 너희들은 이같이 한가롭게 세월만 보내고 있으니, 이래서야 어찌 뒷날에라도 이루어질 수 있겠느냐."라고 아들에게 타이르기도 하였으며 아우 우堣와 함께 당시 학자들에게 추앙받게 되었다. 퇴계의 어머니 춘천박씨는 사정司正 박치朴緇의 따님으로 5남을 낳았는데, 장남 잠潛은 충순위忠順衛이고, 차남 하河는 예천훈도醴泉訓導이며 따님 신담辛聃등은 전실 김씨 소생이고, 박씨 소생인 삼남 서린瑞麟은 일찍 죽고, 네째 의漪도 요절하고 다섯째 해瀣는 과거출신으로 대사헌인데 이기李芑의 모함으로 유배 도중에서 별세하였다. 다음 징澄은 제원찰방濟原察訪이고, 막내가 퇴계선생 황滉이다. 이식의 내외증손이 남자가 75인이니 자손의 번성이 세상에 드물었다. 박씨부인은 1470년에 탄생하여 1537년 68세로 세상을 떠났다.

퇴계의 아명은 서홍瑞鴻이고 자는 경호景浩이며 관명은 황滉이다. 퇴계가 잉태하고 있던 어느날 어머니 박씨는 꿈 속에서 공자가 대문으로 들어오는 것을 보았다. 그래서 이 집 대문에는 오늘날까지 성임문聖臨門이라고 쓴 현판이 걸려 있다. 선생의 이마가 넓었으므로 숙부인 송재공松齋公 이우李堣가 그를 기이하게 여겨 늘 넓은 이마廣顙라 하고 이름을 부르지 아니하였다. 선생은 호를 지산芝山 또는 영지산인靈芝山人이라고 했는데 처음 역곡당暘谷堂을 세우려고 할 때의 호이다. 또 퇴계退溪라 하고 죽동서간병옹竹洞西澗病翁, 혹은 서간병수栖澗病叟라고 했는데 죽동竹洞으로 옮겼을 때이다. 또 취병거사翠屛居士라고 하였으니 자하봉紫霞奉 아래에 있을 때이다. 또 계옹溪翁 또는 퇴계노인退溪老人, 계상병수溪上病叟라고 하니 경술년庚戌年 계상溪上에 자리잡았을 때부터이다. 또 청량산인淸凉山人이라고 하였으니 선생은 청량산을 오가산吾家山이라고 말하여 호로 삼았다. 또 도옹陶翁, 산노山老, 산주山主, 노병기인老病畸人, 도산병일수陶山病逸叟, 도산진일陶山眞逸은 도산에 서당을 세웠으므로 이렇게 호하고, 또 퇴계, 도산노병한인陶山老病閒人, 진성야로眞城野老 또는 백수白叟, 퇴도만은退陶晩隱이라고 하였으며, 도장은 일일신日日新 정심고명靜心高明 또는 만권생애萬卷生涯라고 하였다. 퇴계는 「퇴계退溪」라는 '시'에서 계상에 정거한 심사를 읊었다.

「퇴계退溪」라는 시는 진리탐구에 대한 열렬한 의욕을 드러낸다.

> 몸이 벼슬에서 물러나니, 본 분수에 편안하건만　　身退安愚分,
> 학문이 쇠퇴하니, 늘그막이 걱정이네　　學退憂暮境,
> 비로소 시내 위에, 살 곳을 마련했으니　　溪上始定居
> 날마다 맑은 흐름에서, 성찰省察이 있을 것일세　　臨流日有省
>
> <『退溪雜詠』 上>

선생 2세(연산군 8년); 6월에 아버지가 세상을 떠났는데 연세가 겨우 39세이며 뒤에 온계낙모봉溫溪落帽峯 아래에 계현사啓賢祠를 세워 추모하고 기대승奇大升의 묘갈명墓碣銘이 있다. 퇴계는 "내가 팔자가 기구하고 하늘의 사랑을 받지 못하여 태어난 지 한 돌이 되기도 전에 어버이를 잃었다. 여러 고아들이 사리를 분별하게 된 이래로 점점 선인先人의 세대와 멀어져 당시 친구들이 다 이미 별세하니 물어볼 곳조차 없었다. 이 때문에 모든 언행과 사실이 대부분 유실되고 기술되지 못했다."고 술회하였다. 또 기대승奇大升은

이식李埴 「묘갈명墓碣銘」에서

......
중도에서 서거하니 半塗以逝,
쓸쓸하고 막혀 있네 寂寥鬱塞
독실히 후손을 열어놓아 篤啓嗣續
가문의 법도를 세웠네 惠于閫則
......
이미 하늘상서를 열었고 既闢玄符
또 후손을 번창하게 하였는네 又昌厥後
훌륭한 자손이 많이 나와 詵詵毓慶
선조의 덕을 잘 계승하네 克以克有
용두산 남에 신도비 세우고 龍頭南麓
돌에 아름다운 사실을 기재하니 琢石載美
혁혁한 큰 업적은 赫赫大業
분명히 유래가 있어라 的有出自
......

<증숭정대부의정부좌찬성겸판의금부사贈崇政大夫議政府左贊成兼判義禁府事 이공 식 묘갈명李公 埴 墓碣銘, — 『高峯集』 권3>

어머니 춘천 박씨부인은 어린 아들들을 기르고 농사와 누에치기 등 갖은 노력을 다하여 아들이 학문하도록 도왔다. 늘 훈계하기를 "세상은 과부의 아들이 배운 것 없다고 비방한다. 너희는 백배 노력하지 아니한다면 무엇으로 이 비방을 면하겠느냐?" 하였다. 이로 보면 퇴계가 일찍 고아가 되었으나 성취한 것은 어머니의 도움이 많았다고 하겠다.

6세(中宗1년); 비로소 글을 읽었다. 이웃 노인에게 『천자문』을 배웠다. 선생은 아침마다 단정히 세수하고 머리를 빗고 울타리 밖에서 전날 배운 글을 몇 번 외우고는 들어가 부복하여 배우니 마치 엄사를 대하듯 하였다.

7세(中宗2년); 어른의 말을 들으면 잊어버리지 아니하였다. 이 때 작은 아버지 송제공 우가 진양晋陽에서 벼슬하였는데 중형과 넷째 형이 수행했지만 선생은 길이 멀어 교훈받지 못한 것을 왕왕 말씀하였다. 어머니가 "사람의 아들이 되어 글을 읽고 학업이 진전되어야 한다. 네 형들은 이 때문에 갔으니 무엇을 괴롭게 생각하느냐?"고 하였다. 이로부터 더욱 학업에 나아가 게을리하지 아니하였다.

8세(中宗3년); 중형이 칼에 손을 다쳤다. 선생이 안고 울었다. 어머니가 "너의 형이 손을 다쳤어도 울지 아니한데 너는 무엇 때문에 우는가?" 묻자, 대답하기를, "형이 비록 울지 아니하였다 하더라도 어찌 피가 저렇게 흐르는데 손이 아프지 아니 하겠습니까?" 고 하였다.

선생은 온공하고 겸손하며 어른을 공경하여 감히 게을리하는 모습이 없었다. 비록 한밤에 깊히 잠 잘 때도 어른이 부르면 곧 깨어나서 응대함이 매우 근신하였으니 6·7세부터 이미 그리하였다.

12세(中宗7년, 1512); 작은 아버지 송재松齋공 우堣에게 『논어』를 배웠다. 『논어』의 "제자 가정에 들면 효도하고, 나아가서 공경한다."는 제목에서 근심해 스스로 경계하여 "사람의 자식된 도리는 당연히 이와 같아야 할 것이다."고 하였으며, 하루는 이자理字의 뜻을 송제가 물었는데 대답하여 "모든 일에서 타당한 것이 이 이理입니다."고 했다. 송재께서 기뻐하여 "너는 이미 문리를 얻었구나." 라고 했다. 송재의 성품이 단출하고 엄정하니 자재들에게 허락하기가 드물었다. 선생과 형 대현공 해瀣가 함께 송재에게 배웠는데, 늘 칭찬하였다. "돌아가신 우리 형님은 이 두 아들이 있으니 돌아가신 것이 아니다." 하였고, 또 선생을 일러 "집안을 번창케 할 자는 반드시 이 아이일 것이다."고 했다. 퇴계 선생은 당시를 회고하여 "내가 12세에 작은 아버지에게 『논어』를 배웠는데 과정이 매우 엄하여 범연하지 못하게 했다. 나는 가르침에 노력하여 조금도 게으르지 못하였다. 이미 새롭게 알면 또 반드시 복습하였다. 한 권을 이미 마치면 한 권을 통하여 외우고, 두 권을 마치면 또 두 권을 통해서 외웠다. 이와 같이 오래하니 점차 처음 배울 때와 달라졌다. 3·4권을 읽는 사이에 저절로 통털어서 풀이되는 것이 있었다."고 했다. 또, "작은아버지의 가르침이 매우 엄하고 용서가 없었다. 『논어』를 돌아서서 외우고 집주集註까지 처음 장부터 끝편까지 한 자도 착오가 없어도 '잘했다'는 말씀이 없었다. 내가 학문에 나태하지 아니한 것은 모두가 작은아버지의 교육 힘이다."고 하였다.

14세(中宗9년, 1514); 독서를 좋아하고 비록 여러 사람이 많이 앉아 있을지라도 반드시 벽을 향하여 조용히 음미했다. 젊어서부터 글자는 반드시 해서楷書로 하여 비록 전초과문傳抄科文, 잡서일지라도 함부로 쓰지 아니 하였다. 특히 도연명의 시를 사랑하고 그 사람됨을 사모하였다.

15세(中宗10년, 1515); 가제 「석해石蟹」라는 시가 있다.

돌 지고 모래 파니 집이 생기고	負石穿沙自有家
뒷걸음 쳐 앞으로 나가는 발도 많구나	前行却走足偏多
평생을 한 움큼 산골 샘 속에서	生涯一掬山泉裏
강과 호수 물 얼마인가 묻지 않노라	不問江湖水幾何

이 시에서 이미 선생이 숨어서 스스로 산수를 즐겨하는 뜻이 싹터 있었다.

17세(中宗12년, 1517); 모재慕齋 김안국金安國을 찾아 인사하였다. 김안국과 퇴계의 아버지 형제는 친숙한 사이였다. 김안국이 온혜를 지나는데 인사하니 많은 격려가 있었다. 퇴계선생이 말하기를, "내 나이 17·8세에 시골 선배를 따라 학문할 사람이 없어 단지 옛 책을 읽고 참된 마음공부를 하였다……."고 하였다.

18세(中宗13년, 1518); 봄날 들 못가에 노니 우주와 내 마음에 관한 깊은 사색이 엿보이는 '시' 한 수가 있다.

물가엔 이슬 맺힌 풀 싱그럽고	露草夭夭繞水涯
작은 연못 맑아 못물도 맑아	小塘淸活淨無沙
뜬구름 날고 새 지나며, 근원을 엿보건만	雲飛鳥過元相管
이따금 제비 물결 찰까 두렵기만 하다	只怕時時燕蹴波

이 참으로 이취理趣가 가득한 철학적 시이다. 천리가 유행하는 우주에 인욕이 때때로 어지럽힐까 두렵기만 하다.

19세(中宗14년, 1519); 마음 속을 읊은 시가 있다.

숲 속 오두막 만 권 책을 홀로 사랑하며	獨愛林廬萬卷書
한결같은 마음, 십 년이 넘으니	一般心事十年餘
요사이 어쩌면 근원과 부딪힌 듯	邇來似與源頭會
내 마음 속에서 태허를 보네	都把吾心看太虛

19세 봄에 과거시험의 첫 관문인 지방시험에 참가하였는데, 관명과 자字를 지었다. 그러나 언제인지 확실하지 않으나 이해 『성리대전性理大全』을 읽었다.

처음 『성리대전』 첫 권과 마지막 권의 2권을 얻어서 시험삼아 읽었더니 깨닫지 못한 사이에 마음이 기쁘고 눈이 트여 익숙할수록 더욱 점차 뜻을 알아 그 들어갈 길을 터득하였다. 또 『성리대전』 가운데 「태극도설太極圖說」이 나의 생각을 발전시키는 것이 됐다고 회고하였다.

「태극도설」을 읽으니 환하게 얼음 녹듯이 밝게 관통되었으며, 우주 창조의 근원과 인간과 만물의 근본이 마음과 눈에 분명해졌다고 하였다.

또 일찍이 말하기를, 「태극도설」 가운데 "군자는 수양하니 길하고, 소인은 어기니 흉하다."는 두구二句는 배우는 사람이 가장 공부해야 할 곳이다. '수양한다', '어긴다' 함은 단지 경敬하느냐? 방종肆하느냐?의 사이에 있으니 조심하지 않을 수 있겠느냐?"고 했다.

20세(中宗15년, 1520); 『주역』을 읽었다. 선생이 『주역』을 소백산小白山 기슭에서 읽었는데 한 늙은 스님이 있어 문구를 바로잡고 구독이 매우 소상했다. 이 때 정허암鄭虛庵에 관한 문답이 있었다. 『주역』을 읽고 그 뜻을 연구하여 잠자고 먹은 것도 잊어버렸다. 이로부터 건강을 해쳐서 그 뒤 오래도록 질병에 시달렸다.

21세(中宗16년, 1521); 의령 허씨 허묵재許默齋 찬瓚의 맏딸과 결혼하였는데, 허신부도 21세로 나이가 같았다. 신부집은 온계에서 서북쪽으로 100여리에 있는 영주군 푸실이라고 하는 마을로 가서 혼례식을 올리고 부인을 데려왔다. 퇴계는 막내아들이므로 별도로 집으로 나가 살게 되었다. 이 때 나누어 받은 논이 여섯 마지기였다. 부인의 집은 살림이 넉넉했다. 선생께서 왕래할 때는 여윈 말을 타고 다녔다. 처가집에 비록 살찐 말이 있었지만 한번도 타지 아니하였다. 선생은 허씨 부인과 사이에 부부의 도리로서 "서로 공경하기를 손님 대하듯 하였다.相敬如賓" 퇴계는 뒷 날 손자 안도安道에게 부부상경夫婦相敬의 도리를 설명했다.

22세(中宗17년, 1522); 9월에 할머니 의성 김씨가 세상을 떠났다.

할머니는 여러 손자들에게 공부 잘해서 훌륭한 사람이 되라고 타일러 주셨고, 동안학발童顔鶴髮로 93세에 돌아갔는데 이 해에 퇴계 선생 맏아들 준寯이 태어났다.

2. 청년 퇴계와 심경心經

23세(中宗18년, 1523); 퇴계는 한양으로 올라가 성균관에서 유학하게 되었다.

이 때 기묘사화己卯士禍를 거쳤으니 선비들이 모두 들떠서 착실하지 못했지만 선생만 행동에 법도가 있었으므로 남들이 비웃었다. 그래서 상종한 사람은 오직 하서河西 김인후金麟厚 한 사람뿐이었다. 두 달만에 고향으로 돌아갈 때 하서河西와 '시'로서 이별하였다.

그 유학기간에 『심경心經』을 얻어 읽을 수 있었던 것은 큰 수확이 되었다. 황진사로부터 심경부주를 얻어보고 반복해서 연구하고 체험하며 실천하고, 의리를 고찰하기를 정밀하게 오래하자 자연스럽게 마음에 이해되었다.

선생은 내가 『심경』을 얻어 읽고 비로소 심학心學의 근원을 알고 심법心法이 정미하게 되었다고 술회하였고, 또 "초학들의 공부는 이 책보다 절실한 것이 없다."고 하셨다. 선생은 스스로 말하기를, "내가 심경을 얻은 뒤에 비로소 심학의 연원과 심법의 정미를 알게 되었다. 따라서 내 평생에 이 책을 믿기를 신명과 같이 하고, 이 책을 공경하기를 엄한 아버지와 같이 했다."<언행록, 권1, 이덕홍>고 했다.

24세(中宗19年, 1524); 과거시험에 계속 세 번이나 떨어지고도 마음 졸이지 아니했다. 어느 날 이웃 하인이 그를 "이서방"이라고 부른 자가 있었다. 이에 한숨지어 "내가 이름을 이루지 못한 탓의 수치다."고 하였다. 그러나 뒷날 선생은 "이 때 자기가 사람들의 대우와 관심에 민감하였던 것은 잘못이었다." 말하고 제자들에게 그러하지 말도록 타일렀다.

25세(中宗20年, 1525); 청량산으로 들어가 책을 읽었다. 이 때 셋째형과 넷째형이 서울로 올라가서 넷째형은 과거에 합격하였다. 그래서 형들이 어머니를 모시지 못하게 되자 26세에 어머니가 살고 계시는 형 집으로 이사하였다. 이 집은 아버지때부터 모은 책이 많았기 때문에 퇴계는 기뻐서,

> 푸른 산 옆구리에 덩그런 집이 맑고 깨끗한데,
> 만 권 도서가 가득하고나…….
>
> <西齋吟>

라고 시를 읊었다.

27세(中宗22年, 1527); 가을 경상도 향시에서 진사 첫머리로 합격하고 생원 제2가 되었다. 10월에 둘째 아들 채寀가 탄생하고, 11월에 허씨 부인은 산후가 좋지 못하여 세상을 떠나니 영주군 동쪽 사금동의 석봉 동쪽 기슭에 장사했다.

28세(中宗23年, 1528); 봄에 진사 시험에 2등으로 합격했다. 이 때 시험이 끝난 뒤 합격을 알리는 방榜을 기다리지 않고 바로 고향으로 향하였다. 한강에 도착하기 전, 방에 합격했다는 소식을 들었으나 기뻐하는 빛이 없이 남쪽으로 내려가고 말았다. 30여 년 뒤 어느 제자가 이 때의 일에 대하여 "선생께서는 그 때 이미 청운의 뜻을 버리고 계셨습니까?"라고 물었더니, 퇴계 선생은 아무런 대답

도 하지 아니하였다는 기록이 있다.

6월에 청량산淸凉山 백운암기白雲菴記를 기록했다.

> 청량산은 전체가 벼랑과 돌들이 일어나 흙을 이고 단층을 이루어서 그 층이 여러 개인데, 백운암은 가장 윗 층에 있다. …… 내가 일찍이 산놀이하는 몇 사람과 함께 이곳을 찾은 일이 있었다. 수풀을 헤치고 만월암滿月庵을 지나서 느긋하게 걸어 올라가다가 보니, 문득 보이는 것이 영롱한 수석水石인데 거기에 유연悠然히 집이 나타나지 않는가? 그만 마음이 상긋하고 먼지를 벗어나 아득히 신선의 경지에 이른 것 같았다. 여기에서 비로소 산놀이의 오묘함을 얻었다고 하겠다. 암자는 오래되어 비바람에 무너질 것 같았다. 스님 도청道淸이 이것을 보고 마음 아파하면서 새로 짓고자 하여 비용을 장만하여 공사를 맡겼다. 그리하여 정해년丁亥年 1월에 시작해서 무자년戊子年 6월에 마쳤다. 완성하자 도청道淸이 산에서 내려와 나를 찾아 그에 대한 기문記文을 청한다. …… 저 여산廬山의 백련사白蓮社나 화산華山의 운대雲臺나 무이武夷의 정사도 본래 절이 아니면 도관道觀이었다. 그러나 선비가 있는 장소로써 청량산의 백운암이 또한 어찌 우연이라 하겠는가? 등등
>
> <白雲庵記>

30세(中宗24年, 1530); 권씨 부인에게 다시 장가들었다. 권씨 부인의 아버지는 봉사 권질權礩이다.

31세(中宗26年, 1531); 첩실 아들 적寂이 탄생했다. 지사芝舍를 건축했는데 지금 역곡당暘谷堂이 이것이며, 뒤에 지산와사芝山蝸舍라고 했다. 가을에 귀암龜巖 황효공黃孝恭이 중국으로 떠나는데 시로 이별했다.

32세(中宗27年, 1532); 어머니의 권유로 과거에 응하여 문과 초시

에 제2로 합격하고, 시골로 돌아오는 길가 마을에서 숙박했는데, 밤중에 도적을 만났다. 동행한 사람이 놀라 어찌할 줄 몰랐지만 선생은 의연히 흔들리지 아니하였다. 이러한 기품은 젊어서부터 그러하였다.

33세(中宗28年, 1533); 성균관에 유학했으나 선비의 타락한 기풍을 싫어하고 초가을에 고향으로 돌아오는데, 마침 밀양부사로 부임하는 권벌權撥과 동행하고 남쪽으로 내려가는 도중에 모재慕齋 김안국金安國이 벼슬에서 물러나 여주 이호마을驪州 梨湖村에 살고 있었으므로 만나 뵈었다. 퇴계는 만년에 술회하기를 "모재로부터 비로소 정인군자正人君子의 논의를 듣게 되었다."고 하였다. 이 때 이음애李陰崖 자耔와 이탄수李灘叟 연경延慶, 이약빙李若冰도 함께 모였었다. 선산 봉계鳳溪의 길야은吉冶隱의 옛 마을을 지나쳤다. 이 때 지은 시에 고려 망국의 충절을 사모하는 마음이 간절히 표현되어 있다.

아침에 거닐어서 낙동강을 지나갈 재　朝行過洛水
강물은 어이하여 유유히 흐르는고　洛水何漫漫
낮되어 잠깐 쉴 재 금오산을 바라보니　午憩望鰲山
봉우리는 더욱 울창하여 서리서리 서렸고　鰲山鬱盤盤
맑은 흐름 감돌아서 땅 속 깊이 스며들고　淸流徹厚坤
석벽은 깎은 듯이 하늘에 솟구쳤네　峭壁凌高寒
봉우리와 물 그 사이에 동네 하나 열렸으니　乃在山水間
그 이름을 봉계라 하였도다　有村名鳳溪
……

<길 선생 정려를 지나면서 過吉先生閭(癸巳 1533)>

"신유申酉(1561, 선생 60세) 겨울, 선생께서 도산완락제陶山玩樂齋에 계셨다. 닭이 울면 일어나 반드시 크게 한 편의 글을 외우시는데, 자세히 들었더니 『심경부주』였다<퇴계선생언행록, 권1, 김성일>."

고 하니 퇴계의 만년생활도 『심경부주』의 일상화라고 생각된다.

3. 벼슬길

34세(中宗29년, 1534); 3월에 문과에 급제하였다. 농암 이현보선생이 이 소식을 듣고 “요즘 시절에 기대되는 사람으로서는 이 사람을 넘을 이가 없으니 나라의 다행이며, 우리 고을의 경사이다.”라고 하였다.

어머니는 선생의 뜻이 높고 깨끗하여 세속에 합당하지 아니한 것을 살피고 일찍이, “너의 벼슬은 한 고을 현감직이 마땅하나 고관이 되지 말 것이다. 세상이 너를 용납하지 아니할까 두렵다.”고 하였다.

퇴계는 늘그막까지 어머니의 이 말을 잊지 않고 따르고자 하였다.

승문원承文院과 실록 편찬의 기초 자료인 사초를 맡는 예문관과 춘추관의 벼슬 자리를 추천받았으나 권세가가 퇴계의 처가 권전權磌이 기묘사류己卯士類로 죄를 받은 사실로써 권전權磌의 형 권질權礩의 사위라 “사관이 될 수 없다.”고 방해한 까닭에 승문원의 말직 종9품 부정자副正字에 임명되었다. 이 때 사관이 되지 못하도록 방해한 자는 김안로金安老이다. 그는 퇴계의 처가인 영주 사람인데, 김안로는 같은 고향 사람인 퇴계가 합격하여 자기를 찾을 것으로 생각했지만 그렇게 하지 않았기 때문에 앙심을 품고 방해한 것이다.

6월에 정자正字로 승진했고, 7월에는 고향에 돌아가 부모에게 인사할 것을 빌었으나 10월에 저작著作으로 승진하고 조정으로 돌아왔다. 12월에 무공랑박사務功郎博士에 올랐다.

35세(中宗29년, 1535); 6월에 동래까지 왜노를 호송하여 가다가 여주에서 그 곳 목사牧使 이순李純과 함께 신륵사에서 놀았는데, 이 순 목사는 20여 년 『홍범황극내편』을 연구하였다. 비로소 이 날에 『홍범황극내편』과 『주역참동계』의 수련법을 토론하였다. 『황극내편』은 『주역』의 64괘와 하도・낙서에 있는 수數의 이치에 의하여 하늘의 일과 땅의 일, 그리고 세상의 일도 풀이될 수 있다는 입장에서 세상 일의 원리를 설명하는 책이다. 『참동계』는 『주역』의 64괘와 음양・오행과 간지干支의 이치로 사람의 정신력과 생명력이 융합되어 이루어진다는 내단內丹을 수련하는 방법을 설명한 글이다.

동래에서 돌아오는 길에 고향에 들려서 어머니를 잠시 뵙고 서울로 올라갔다. 이 해가 저물어 갈 때 허씨부인의 아버지 곧 첫째 장인 허묵재許默齋가 세상을 떠났는데 다음 해 36세(1536)의 초가을에 휴가를 얻어 고향으로 내려 왔다가 장인의 빈소가 있는 의령 집으로 가서 그 영전에 곡하고 왔다. 또 이현보를 모시고 강가의 애일당愛日堂 언덕에 올라 시를 짓기도 하고, 때때로 안동지방의 여러 정자와 누각을 찾아 시를 읊기도 하며 휴가를 지냈다. 6월에 성균관 전적典籍겸 중학교수中學敎授에 오르고, 9월에 호조좌랑戶曹佐郎이 되었다.

37세(中宗31년, 1537); 4월에 선교랑宣敎郎이 되고, 5월에 승훈랑承訓郎이 되었으나 10월에 어머니 박씨께서 68세로 세상을 떠나셨다. 그가 과거를 본 것도 어머니를 잘 모시고 싶어하던 효심孝心 때문인데, 이 해 6품品 벼슬로 승진하고 어머니를 친히 모시고 봉양하려고 지방관이 되고자 하였으나 뜻을 이루지 못하고 있던 터에 마음이 더욱 아팠다. 급히 고향으로 내려가 상례를 치른 뒤에 몸이 깡마르고 병을 얻게 되어 거의 구제할 수 없는 지경에까지 이르렀다. 12월에 어머니를 온계마을 뒷산 수곡기슭에 장사하고 만 2년 동안 묘 옆에 움막을 짓고 정성을 다하여 상례를 치렀다.

39세(中宗33년, 1539); 12월에 상례를 마치자 나라에서는 다시 정6품에 해당하는 홍문관弘文館 부수찬·수찬과 겸경연兼經筵 검토관檢討官으로 불렀으나 올라가지 않았다.

전 어머니 의성 김씨는 아버지 식埴에게 시집와서 맏형 잠潛과 둘째형 하河와 누님 신담辛聃을 낳고, 29세로 1488년 4월 12일에 병으로 세상을 떠나니 그 부인의 친정어머니가 의령 남씨이다. 친어머니 춘천 박씨는 경상도 용궁·대죽리에서 1470년 3월 18일에 태어나 아버지의 계실로 시집와서 1602년에 홀로되어 서린瑞麟, 의漪, 해瀣, 징澄, 황滉 등 5형제를 기르는데 더욱 농사와 누에치기에 힘써서 7남1녀들의 성취에 진심하였다. 늘 경계하기를 "세상 사람은 과부의 자식을 '못 배웠다'고 하니 너희들은 백배 노력해서 이 비방을 면하라."고 하였으며 뒤에 해·황 두 아들이 과거급제해도 영전을 좋아하지 않고 근심하였으니 퇴계의 마음과 몸가짐은 모두 어머니를 따른 것이다.

40세(中宗35년, 1540); 이미 김안로金安老가 패배한 까닭에 퇴계가 옥당에 들어갔다. 40세 1월에 사간원정언司諫院正言, 3월에 승문원교검承文院校檢, 4월에 사헌부지평司憲府持平이 되었고, 형조정랑刑曹正郎이 되었으나 파면되었다. 9월에 다시 형조정랑 겸 승문원교리, 홍문관 부교리 겸 경연시독관, 춘추관 기주관을 겸하고 10월에 교리校理에 올랐다. 이와 같이 차츰 내직에서 승진하였다.

41세(中宗36년, 1541); 가뭄과 전염병이 심했다. 경연에서, "임금이 더욱 수양하고 반성하며 정치에 정성을 다하면 하늘의 감동으로 극복될 수 있을 것이다."고 하였다. "나라의 행사에는 백성들의 마음을 살펴서 못 미치거나 지나치지도 않고 백성과 화합하는 마음으로 즐겁게 그 일을 할 수 있도록 해야 정치가 잘 되고 재앙이나 사고의 수습이 잘 되며 나아가서는 천재지변이나 갑작스런 사고를 예방할 수 있다."고 하였다. 4월에 사헌부 지평이 되고, 5월에 홍문관 수찬이 되며 9월 석강夕講에서 시독관 이황李滉이 아뢰기를, "신이 어사의 명을 받들어 영평현永平縣에 도착하니 그 곳의 수재水災가 매우 심하여 산골의 밭은 모두 무너지거나 엎어졌고, 물가의 논은 떨어져 나가 거의 없었으며, 수심에 싸인 백성은 생업을 잃고 떠돌았습니다. 신이 돌아올 때 사람들이 몰려와서 말하기를, '가뭄이 들었던 땅은 다음 해에는 희망을 걸 수 있으나 우리 같은 궁민窮民은 앞날의 희망마저 없습니다. 연한을 정하여 농사지어 먹도록 경내의 강무장講武場의 땅을 영구히 경작하게 하면 유민流民들이 생업에 돌아가 소생할 수 있겠습니다.' 하였습니다. 신의 생각으로는 영평은 길가의 보잘 것 없는 고을입니다. 전답이 없고 주민이 적은 곳으로서 남은 궁민마저 모두 떠돌게 되면 읍으로서 구실을 하지 못하게 됩니다. 강무에 필요한지 신이 알 수 없으니, 다만 들은 바대로 아뢰는 것입니다." 하니 상上이 이르기를, "조종조의 강무장을 경솔히 처리할 수는 없다. 대신들과 의논하라."고 하였다.<中宗實錄 卷96, 辛丑9月> 10월에 세자시강원문학世子侍講院文學이 되고, 11월에 다시 사헌부 지평이 되고, 12월에 성균관전적을 병으로 사직했으나 또 형조정랑이 되었다.

이 때 퇴계는 고향의 영지산靈芝山 사람이라는 뜻에서 지산芝山이라 하였다. 이 해 또 휴가를 얻어 동호東湖에서 독서하였다. 여름에는 한 달 동안 외교문서와 말馬을 점검하는 직책으로 평안도 의주로 출장을 다녀오기도 하였다.

이어서 원주에 재상어사災傷御使로 가서 "경박한 문신文臣은 재앙을 모르는 체 하네." 하고 시로 비판했다.

42세(中宗37년, 1542); 2월에 홍문관 부교리로 있었고 의정부 검상檢詳으로서 충청도 어사로 지방 형편을 살폈는데 4월에 진상을 보고하였다. 또 회재 이언적李彦迪이 고향으로 돌아갈 때 송별하였고, 5월에 승문원 교감校勘, 시강원문학이 되었으며, 8월에 농암聾巖 이현보李賢輔의 귀향에 송별하고, 어사로 강원도로 갔다. 원주, 영월, 평창, 횡성, 홍천, 춘천, 양구, 강릉 등을 돌아와서 「관동일록關東日錄」이라는 기행일기를 썼다. 이 때 금강산 가까이 가서도 산을 직접 구경하지 못하고 시로 읊기도 했다. 12월에 사헌부 장령掌令이 되었다.

퇴계 42세의 4월 초 하루, 천안 동헌天安 東軒에서,

> 백성들은 이리저리 떠도는 자 많은데
> 나만 편안함을 얻어, 民多流離我得安
> 길에서 굶주린 사람들 만나 오래도록
> 길 가지 못하고 머뭇거리네 道逢餓者久盤桓
>
> <퇴계선생문집, 별집, 권1, 시>

길가에서 류산流散하는 기민饑民의 참상에 마음이 아파 길을 가지 못하던 퇴계의 애민愛民 정신精神을 엿보게 하는 시이다.

또, 진천 동헌鎭川 東軒에서,

> ……
> 때 맞는 비는 병든 백성 살아나게 하고 民病欲蘇時雨後
> 나그네 시름 가운데 봄빛이 다하였어라 春光都盡客愁邊
> 이 집 푸른 나무 푸른 장막이 되었고 當軒翠樹圍靑幄
> 눈에 비친 붉은 꽃은 냇빛마저 가리우네 昭眼紅花羃紫烟
> 흉년을 구함은 어진 원의 할 일이니 荒政儘由賢守宰
> 삼년 묵은 쑥을 아예 버리진 말아 주오 莫令幷棄艾三年

아마도 충청도 재상어사로 감찰하던 중도에서 진천 동헌에 들렀

을 때 같으나, 그 백성 구제에 전념했던 우민憂民 정신精神이 간절하다. 42세 경 왕명으로 충청도 어사가 되어 각 고을과 읍을 겸찰하여 흉년으로 백성의 굶주림을 구제하고 탐관오리를 적발하였다. 이 때 전의현全義縣 남쪽 산골짜기에서 백성들의 처참한 굶주림을 보고 수령들의 무책임한 행동을 신랄하게 비판하는 기민시를 읊었다.

부서진 집, 때묻은 옷에 얼굴은 검버섯 피었는데 屋穿衣垢面深梨
가는 곳마다 관창은 비었고, 들에는 채소까지 드물구나 官粟隨空野菜稀
온산에 꽃이 홀로 비단처럼 피었다고 獨有四山花似錦
원님은 주린 백성을 어찌 알리오 東君那得識人飢

<全義縣南行, 山谷人居遇飢民年譜>

백성의 굶주림을 보고도 수령의 한가한 모양을 비판했다. 퇴계의 백성 사랑하는 정을 보여 주었다. 또,

공주판관公州判官 인귀손印貴孫이 사납고 도리에 어긋나며 탐욕스러웠으므로 왕에게 아뢰기를, "판관 인귀손의 성품이 본래 사납고 어긋났으나, 목사 이명李蓂은 깨끗하고 근신한 사람이라. 취향이 서로 상반되어 움직이면 곧 모순이 됩니다. 목사가 명령하는 일을 모두 시행하지 않고, 집이 가깝게 있어 날로 관청 물건을 가져가는 것을 일삼아 탐욕이 이루 말할 수 없습니다. 이와 같은 흉년에 백성 구제가 급할 때 먼저 탐욕스러운 관리를 징계하고 난 뒤에 굶주린 백성을 구제하는 일을 책임지워야 효과를 바랄 것 같습니다." 하였는데, 왕은 "이와 같이 근신하지 않으니, 징계로 다스림이 옳다."고 하시고, 징계를 허락하였다.

<年譜補遺. 42세>

경기도 재해를 살피는 어사가 되었을 때, 「도삭령到朔寧」이라는 시에서,

슬프고 슬프도다. 흉년에 마음이 편치못하여	惻惻荒年意未寧
강가에 세운 말 그림자조차 고달프네	江邊立馬影竮
……	
관사는 은은한 구름 속에 숨어 절에 온 듯하고	官舍隱雲如到寺
관리는 땅 밟는 것이 병풍 위를 걷는 듯 하네	吏人踏地似行屏

<退溪先生文集 別集, 詩 卷1 京畿災傷御使時>

흉년의 슬픈 모습을 모르는 체 하는 관사는 한가하기만 하고, 나태한 관리는 백성의 고난을 구제하기는커녕 병풍 위를 걷는 것처럼 꿈쩍도 하지 않았다. 이러한 지방 관리가 어찌 흉년에 찌든 백성을 구제하겠는가. 슬프고 슬프다.

43세(中宗38년, 1543); 정월에 경상도 거창居昌의 사락정四樂亭에서 살고 있는 장인 권질權礩의 회갑 잔치에 참가하였다. 퇴계의 장인 권질이 사화에 피해되어 10여 년 예안禮安지방 산골에서 유배생활을 하다가 풀려나 이곳에서 여생을 보내고 있었다. 산 좋고 물 맑은 곳에서 새와 물고기를 벗하는 생활을 보고 퇴계는 한수의 시를 읊었다.

기구한 운명 다 겪으시고도
기개 아니 꺾이시며
전부터 몸에 단단히 익히신 바는
산골에 사시는 일이니
세상의 모든 일 다 잊으시고
사락정四樂亭 가운데 흠뻑 취해 지내옵소서

<『퇴계전서』, 별집 권1>

이 때, 또 수송대愁送臺를 수승대搜勝臺로 고쳐 시를 읊었다.

9월에 성균관 사예司藝 겸 승문원 교감校勘, 시강원 필선弼善이 됐고, 8월에 사간원 사간司諫은 병으로 받지 않고, 사복시첨정司僕寺僉正이 되며, 이 때 김하서인후金河西麟厚가 고향으로 돌아가는데 시로 송별하였다.

10월에 성균관 사성司成이 되고, 고향으로 돌아가서 성묘하였다.

44세(中宗39년, 1544); 2월에 홍문관 교리로 부름을 받았고, 4월에 세자시강원 좌필선左弼善이 되었으나 병으로 사헌부 장령掌令은 받지 아니했다. 6월에 성균관 직강直講을 병으로 사양하나 또 홍문관 교리校理가 되고, 8월에 홍문관 응교 겸 경연시강관·춘추관 편수관·승문원 교감을 겸했다. 9월에 고향으로 돌아갔지만 10월에 서울로 돌아오니, 11월에 중종이 세상을 떠났다.

45세(仁宗원년, 1545); 4월에 군자감첨정軍資監僉正이 되고 5월에 중훈대부, 6월에 홍문관 응교(종3품)가 되지만 인종仁宗이 승하하고 명종明宗이 즉위하였다.

이 때 왜적이 쳐들어와서 난동을 부린 일이 있었다. 이러한 적대관계로 왜적의 침입을 금하고 있었다. 왜노가 여러 번 허물을 용서하고 친하자고 간청하였으나 거절했다. 퇴계는 조정의 방침에도 불구하고 이들을 무마하여 다시 침범하는 걱정을 방지하자고 임금에게 상소하였다.

> "지난번 섬 오랑캐의 사량난동은 조그만한 도적들에 지나지 않았습니다. 이미 그들을 죽여 없앴고 왜관에 있는 자들까지 모두 쫓아냈으므로 나라의 위신은 이미 떨쳤습니다. …… 남쪽과 북쪽의 두 오랑캐가 동시에 일어난다면 무엇을 믿고 이를 견디어 내겠습니까? 조정에서 왜국과 교류를 끊어야 한다는 말을 임금님께

올리고 있다고 하니 참으로 가슴 아픈 탄식이 나오지 않을 수 없습니다. 이 일은 백년을 이어온 나라의 흥망에 관계된 근심거리이고, 억만 백성들의 생명이 걸린 일이라 생각됩니다……."

<퇴계연보>

이러한 상소에서 퇴계의 외교정책이 국제현상을 정확하게 파악했던 것임을 알게한다.

10월에 을사사화乙巳士禍가 일어나자 많은 선비를 죽이고 귀양가는 일이 끊이지 않았다. 사화를 주도한 우의정 이기李芑가 자기 뜻에 맞지 않는 선비를 몰아내니 사화와 상관이 없는 퇴계 등 몇몇 선비도 파면당하였다. 얼마 안 되어 이원록李元祿 과 임백영이 "퇴계 같은 사람까지 파면시키게 되면 이 사화士禍가 죄 없는 사람을 벌 주는 바르지 못한 일이라는 것이 드러난다."고 충고하자, 다시 왕에게 "이황을 파면한 것은 잘못 아뢰었던 일이었습니다."라 하고 벼슬을 다시 임명하도록 하였다. 이 해 12월에 거창에서 여생을 보내던 장인 권질權礩이 세상을 떠났다.

46세(明宗원년, 1546); 7월에는 부인 권씨마저 세상을 떠나니 예안 하계 백지柏枝에 장사하였다. 퇴계의 동암에 양진암養眞菴을 지었다. 시내 이름은 토계兎溪이지만 퇴계退溪라 고쳐서 자기 호로 삼았다.

47세(明宗2년, 1547); 4월에 월란암月瀾菴에서 『심경心經』을 읽었다. "선생이 스스로 말하기를, 내가 『심경心經』을 얻은 뒤에 비로소 심학心學의 근원과 심법心法의 정미를 알게 됐다. 까닭에 내가 평생에 이 책을 믿기를, 신명과 같이 했고 이 책을 공경하기를 엄한 어버이와 같이 하였다.<퇴계언행록 권1, 李德弘>"고 했다.

"신유辛酉(1541) 겨울에 선생이 도산의 완락재에 계시면서 닭이 울면 일어나 반드시 큰 소리로 한편의 글을 외우니 주의해서 들었다. 곧 『심경부주心經附註』였다<언행록, 金誠一>." 이처럼 『심경부주』 연구에 노력했다. 그 해 7월에 안동부사를 사양하고, 8월에 응교로 서울가던 중도에서 『양재벽서良才壁書』 사건을 알게 되어 입성入城하지 않고 있었는데, 당시 한때 이름있는 선비가 모두 관련되니 이언적李彥迪, 노수신盧守愼 등이다. 또 얼마 안 되어 봉성군鳳城君의 옥사가 또 일어나자 퇴계는 절망하여 병이 났다. 서울집이 덕수궁 뒤 전대법원 정원자리에 있었다.

퇴계가 고향에 내려간 사이에 부인 권씨가 그곳에서 세상을 떠났던 것이다.

48세(明宗3년, 1548); 정월에 충청도 단양군수丹陽郡守로 지방관이 되었다. 떠나기 전 독서당에서 사귄 친구들이 그를 보내는 모임을 갖고 시를 읊고 술잔을 나누었다.

단양丹陽에 부임하자 굶주린 백성에게 창고의 곡식을 나누어 주었다.

2월에 둘째아들 채寀의 죽음과 초상을 전해 들었다.

10월에는 형 해瀣가 충청감사인 까닭에 단양은 그 관할이므로 경상도 풍기군수豊基郡守로 바꾸었다.

단양을 떠날 때 그가 지닌 것은 수석水石 두 개뿐이었다. 죽령竹嶺에 이르렀을 때 단양 관졸이 삼을 지고 따라 와서 "이것은 군청 소유의 밭에서 수확한 것입니다. 사또에게 이것을 드리는 것이 관례로 되어 있습니다."라고 하였다. 퇴계는 "내가 시키지 않았는데 어찌 너희들이 함부로 지고 오느냐? 두었다가 뒷날 고을에서 사용하라." 하고 돌려 보냈다. 이 때의 '로맨스'로 관기 두향杜香이 길이 퇴계를 사랑한 옛일이 있어 지금도 두향묘杜香墓가 보존되어 있다.

49세(明宗4년, 1549); 풍기군수로 자리를 옮긴 뒤 2월에 학교에서 석전을 시행하고 한식에 선영을 성묘하고, 4월에 소백산小白山에 놀이하니 「유산록」이 있다. 9월에 병으로 감사에게 사직을 청하며, 12월에 영주 백운동白雲洞에 있는 안향安珦의 옛터에 백운동서원白雲洞書院의 편액과 서적을 내려 주기를 나라에 청하였다. 이 때 경상감사 심통원沈通源이 왕에게 상소하여 소수서원紹修書院의 이름을 하사하고 서원에 서적과 토지와 종사자를 갖추도록 하며, 『사서오경四書五経』과 『성리대전性理大全』 등 서책을 하사하여 서원이 시작되어 서원이 이에서 일어났다. 병으로 세번 감사에게 관직을 풀어달라고 간청하나 보답을 듣지 않고 고향으로 돌아왔는데 고리짝에는 서적 몇 상자뿐이었다.

퇴계가 풍기군수로 백운서원白雲書院에서 학문을 강명하자 옛 순흥부의 대장장이冶匠 배순裵純이라는 사람은 천성이 순박하고 조심성이 많아 평생에 헛된 소리를 하지 아니하였고, 부모를 섬겨 효도가 지극하였다. 퇴계가 군수로 백운서원을 왕래할 제 자주 뜰 아래에서 가르침을 들으며 사모했다. 퇴계 또한 격려하고 지도하였다. 퇴계가 직을 그만두고 돌아가니 퇴계의 철상鐵像을 주조하여 아침 저녁으로 향을 피우고 공경하였다. 퇴계가 돌아가신 뒤 3년 동안 퇴계의 철상을 받들고 모셨다. 뒷날 사람이 그 집을 배점裵店이라고 했다. 만력계축萬曆癸丑(1613)에 고향사람이 배순을 입석立石하여 표창 기념했다.

4. 귀거래歸去來

퇴계는 벼슬이 높아질수록 책임이 중하다고 생각하여 고향으로 돌아갈 마음이 간절했다. 그러나 나라에서 꼭 부르면 마지못해 벼슬에 나아갔다.

50세(明宗5년, 1550); 2월에 비로소 퇴계의 서쪽에 집을 정하였다. 먼저 하명동霞明洞 자하봉紫霞峯 아래 집을 짓기 시작하여 끝나지 않고 죽동竹洞으로 옮겼으나 동네가 좁고 시내가 없으므로 세번 옮겨 계상溪上으로 정하고 살았으며, 한서암寒栖菴을 지었다. 당堂 이름은 정습靜習이라고 했다. 그 가운데서 독서하니, 시에서 말하였다.

바위와 시내 사이에 띠 집을 옮겨 얽으니　　茅茨移構澗巖中
바위에 피는 꽃이 어지러이 붉었도다　　正値巖花發亂紅
옛날은 가고 오늘이 와 때는 이미 늦었으나　　古往今來時已晩
아침 밭갈이 저녁 글읽기로 즐거움이 그지없네　　朝耕夜讀樂無爲

〈『퇴계선생문집』 권1, 移草屋於溪西, 名曰寒棲菴〉

맑은 시내 서녘 언덕에 띠집을 얽었으니　　淸溪西畔結茅齋
싸리문을 찾은 이에, 속객은 없었도다　　俗客何曾款戶開
산 남녘에 살고 계신 정다운 노선백이　　頓荷山南老仙伯
빽빽한 여러 꽃 속을 가마 타고 오셨다오　　肩輿穿得萬花來

〈『퇴계선생문집』, 시1 李先生 來臨寒棲〉

계상溪上의 학문 생활을 한없이 즐거워 하였다.

띠 이어 이에 얽어 작은 집을 세웠으니　　結茅爲林廬
그 아래엔 차가운 맑은 샘이 뿜는도다　　下有寒泉瀉
여기에 깃들이니 이 마음이 즐거워라　　棲遲足可娛
아는 이 없다한들 무엇이 한이 되리　　不恨無知者

<同上, 寒棲>

이로부터 많은 선비들이 날로 배우러 모여들었다. 학문 전수와 성찰省察의 나날이었다.

8월에 한상부 좌윤인 형 해瀣가 이기李芑의 모략으로 귀양 가던 도중에서 세상을 떠났다. 마음 아픈 큰 충격이었다.

퇴계는 추석 뒤 음 9월 1일에 바위재에서 형님의 시신을 맞이하여 통곡하였다. 12월 11일에 제비실에 묻어드렸으나 죄인이라 정식 장례를 못하고 18년 뒤에 비로소 그 아들이 예장하고 2년 동안 여묘하였다.

이 무렵 시내 북에 초라한 작은 서당을 지어 「계상서당溪上書堂」이라고 이름짓고 다시 새해를 맞아 초야의 학자로 자리를 잡았다.

51세(明宗6년, 1551); 벼슬하지 않고 고향에 계셨으며 한서암寒栖庵의·자리가 시내 동북으로 확정됐다.

52세(壬子, 明宗7년, 1552); 정월 2일 「입춘立春」에서,

누런 책권 속에서 옛 성현 대한 체로 黃卷中間對聖賢
허명한 글집 속에 초연히 앉았을 때 虛明一室坐超然
매화 핀 창밖에 봄소식 또 이르니 梅窓又見看消息
요금을 비껴 안고 줄 끊김을 슬퍼마오 莫向瑤琴嘆絶絃

<『퇴계선생문집』 시1, 立春>

또 임강사臨江寺로 농암 이현보를 방문했고, 4월에 홍문관교리 겸 경연시독관, 춘추관기주관, 승문원교리로 서울에 돌아가니 다시 벼슬길에 오른 것이다.

5월초8일에 왕에게 강의하였다. "선을 쌓은 집에는 반드시 넉넉한 경사가 있고, 불선을 쌓은 집에는 반드시 넉넉한 재앙이 있을 것이다. 등등"했다. 사헌부 집의執義를 사양했지만 허락하지 아니했다. 7월에 성균관 대사성大司成이 되었고, 10월에 상호군上護軍을 병으로 사퇴하였다.

53세(明宗8년, 1553); 4월에 대사성大司成이 되고 "사학四學에 통문

해서 학생들을 교유하였다通文四學諭諸生."

"학교는 교화의 근원이고, 선善을 솔선하여 행하는 곳이며, 선비들은 예의를 지키는 근본이고, 국가의 원기가 깃든 곳이다. 나라가 학교를 설치하여 선비를 기르는 뜻이 매우 융성하니, 선비들이 학교에 들어가 스스로 기룸을 어찌 이처럼 구차하고 천박하게 함부로 할 수 있겠는가? 사생간師生間에 더욱 마땅히 예의를 서로 먼저 하며 스승은 엄하고 학생은 공경하여 각기 그 도리를 다한다. 이제부터 여러 학생들은 날마다 마시고 먹음에 예의로 행위하지 아니함이 없고, 오직 힘써 서로 격려하고 노력하여 낡고 못된 습속을 깨끗하게 씻어버리며, 가정에서 부형을 섬기는 마음을 미루고, 나아가서는 어른을 섬기는 예로 하며, 속으로는 충신忠信을 주장으로 하고, 밖으로는 공손하게 행동하여 국가 문화를 존중하고 일으키며, 학교를 설치하여 선비를 기루는 뜻에 부응할 것이다."고 대략된다.

"스승은 엄정嚴正하고 학생은 공경해야 한다. 평소에 스승과 어른을 공경하는 마음을 알지 못하면 뒷날에 임금과 어버이를 공경하는 마음을 모르게 된다."고 경계하였다.

8월에 충무위상호군忠武衛上護軍이 되며, 10월에 정지운鄭之雲의 「천명도天命圖」를 개정하였다. 이 때 홍응길의 「금강산 유록서遊錄序」가 있다.

본래 지운之雲의 자字는 정이靜而, 호는 추만秋巒이며 천명도를 짓고 설명이 있었다. 퇴계가 개정하여 그 뒤에 서문하였으니 대략하면 이와 같았다.

황滉이 서울 서성문 안에 살기 전후 20년이지만 아직 이웃에 있었던 정정이鄭靜而와 서로 알아 왕래하지 아니하였다. 하루는 「천명도」를 얻어 그 그림과 설명이 매우 어긋나고 잘못되니 사람에게 정이靜而가 누구인지 묻고 본래의 그림을 구해보았다. 그래서 정이靜而를 만나고 모두 왕복하기를 세 번쯤 한 후에 진상을 알게 됐다. 정이靜而가 말하기를 "지난 날 모재 김안국과 사재思齋 김정국金正國 선생님에게 배웠는데 그 학설의 실마리를 들었으나 다만 성리가 미묘하여 분명하지 못한 것을 근심하고 시험삼아 주자의 학설을 취하며 여러 학설을 참고하여 제작한 하나의 그림을 가지고 선생님께 질의하여 그 잘못된 곳을 지적해주도록 청했지만, 말씀하시기를 '공부를 쌓지 아니 한다면 가볍게 의론할 수 없다.'고 하였습니다. 그 후에 잘못된 것을 자각하고 고칠 것이 많았으나 아직도 확정한 것이 없다고 하였다."

황滉은 "두 선생께서 가볍게 의론할 수 없다고 한 것은 본래 반드시 깊은 뜻이 있었을 것이다. 오늘날 우리가 학문연구에 만일 안심되지 않는 곳을 깨친다면 또 어찌 함께하고 그릇된 것을 수호하여 끝내 그 옳고 그른 것을 분간 못하겠느냐? 드디어 태극도」와 설說을 증거로 하여 지적하기를 어떤 것은 잘못이니 고치지 아니할 수 없고, 어떤 것은 필요없으니 버리지 아니할 수 없으며, 어떤 것은 결여되니 보충아니할 수 없다. 어떻게 정이靜而가 모두 한 말을 어김이 없다는 얼굴빛으로 긍정하겠는가? 오직 황의 말이 온당하지 못한 것이 있다면 반드시 힘을 다해서 논단論斷하여 지당한 곳으로 귀일해야 그만두었다. 그래서 함께 호남선비 이항李恒이 논한 '정情은 기氣 테두리 속에 둘 수 없다.'고 하는 주장을 듣고, 여러 어른의 자료를 모으기 몇달되어 정이靜而가 고친 그림과 그 붙인 설명을 보여주었다. 황이 다시 서로 함께 참고하고 교정하여 완정히 정비하였다. 비록 그 결과 과오가 없는지 여부를 모르지만 그러나 우리들의 본 것으로부터 거의 그 미칠수 있을 것을 다한 것이다. 이에서 이것을 좌우에 두고 아침 저녁으로 잠심하고 연구하여 거의 그림으로 인하여 저절로 그 참된 도리를 깨우쳐 열고 피어남에 조금은 진보하고 도움이 있었다고 할 것이다."

여기서 사단四端은 이의 발理之發이요, 칠정七情은 기의 발氣之發이라는 문제가 토론되는데, 이기호발理氣互發이냐? 기발일도氣發一途냐?

논쟁의 실마리가 열린 것이다. 그후 조선 성리학은 사단四端·칠정七情이라는 감정세계의 연구토론이 중심이 된 것은 무슨 까닭인가? 퇴계와 기고봉·이율곡의 영향이라 하겠지만 그것이 줄곳 학문의 중심문제로 살아남는 것은 우리 민족성과 상관이 없었는지? 한번 생각해야 할 것 같다.

퇴계는 「천명도설후서天命圖說後敍」를 지었다. 가정계축嘉靖癸丑(明宗8년, 1563) 퇴계 53세에 정지운鄭之雲의 천명구도天命舊圖를 개정하여 천명신도天命新圖를 만들었는데, 천원지방天圓地方 가운데 사람은 평정직립平正直立하여 '두원족방頭圓足方'하고 성정性情에서 사단四端의 발은 순리한 까닭에 선하고四端之發, 純理故無不善, 칠정七情의 발은 기를 겸한 까닭에 선악이 있다七情之發, 兼氣故有善惡고 하였는데, 「천명신도」는 퇴계가 "사단四端은 이理의 발이고, 칠정七情은 기氣의 발이다."고 고쳤다. 이것이 조선학계에서 기리 문제가 된 것이다. 「「천명도」는 「태극도」가 천지의 생성을 5단계로 그림화 하였으나 「천명도」는 일원화一元化 했던 까닭을 설명하고, 새·짐승은 '횡생橫生'하니 혹 천명이 한가닥만 통하였다或通一路라고 규정하고, 식물은 역생逆生하여 천명이 전부 막혔다全塞不通고 구분하였다. 인류의 직립直立과 동물의 횡생橫生과 식물의 역생逆生으로 크게 구별하였다. 인간이 직립直立한 까닭에 두원頭圓하여 두뇌가 커지며 엄지 손가락이 자유롭게 된 까닭에 공작하는 인간이 되고 문화는 창조되었다. 까닭에 인간은 문화적인 존재가 되었다. 11월에 「연평답문후어」를 짓고 회재 이언적 晦齋 李彦迪의 부고를 들었다.

54세(明宗9년, 1554); 5월에 형조참의刑曹參議로, 6월에는 병조참의兵曹參議로 옮겼다. 7월에 노수신盧守愼과 「숙흥야매잠주해夙興夜寐箴註解」에 관하여 편지로 토론했다.

노수신은 을사사화로 그 때 진도에 귀양가 있었는데, 「숙흥야매잠」을 주해하였다. 퇴계는 편지에서 이것을 논평하였는데 대략 다음과 같다.

"「숙흥야매잠」을 지난 날에 또한 가슴에 붙쳤지만 아직 조리의 세밀함과 공부단계의 엄정함을 알지 못했습니다. 이제 그대의 주석을 보면 문장을 나누고 구절을 분석하여 바르고 높은 논의로 핵심이 되는 긴요한 곳을 솜씨 있게 요리하여 밝고 드넓은 경지에 홀로 도달하였으니, 탄복을 금치 못하겠습니다. 다만 그 사이 해석한 몇 군데에 대하여 나의 얕은 생각에 의심이 없지 않으므로, 삼가 뽑아내어 별지別紙에 기록해서 바로잡도록 하였습니다."고 하였는데 별지別紙에서 몇 군데를 지적하였다.

첫째 "마음은 활동하지 않으면 정체된다不活則滯."에 대하여 퇴계는 "주재하지 않으면 누가 된다不宰則累고 고치는 것이 어떻겠습니까? 불활不活과 체滯는 본래 한 가지 뜻이므로 고치고자 한다."고 하였다.

또 노수신이 "그 광영光靈을 모우고, 그 사려思慮를 끊는다."고 하였는데, 퇴계는 "이 두 구절의 말은 선학禪學에 빠져든 듯하니, 빼버리는 것이 어떻겠습니까?"고 하여 선학과 유관한 것을 경계하였다. 노수신이 진도 유배생활 19년에 불교와 명나라 학자 나흠순羅欽順의 『곤지기困知記』의 영향으로 "도심道心은 체體요, 인심人心은 용用이다."라고 한 도심과 인심의 체용설體用說을 도입하여 우리나라 초유의 반주자설자가 됐다.

또 노수신이 "안팎을 단속하여 정채精采하고 광명光明한 것을 일으켜 발한다檢其內外, 以起發精采光明."고 하였다. 그러나 퇴계는 "'이기발以起發 세 글자도 병통이 있는 듯하니, 털끝만큼도 게으른 기운이 없게 하여 정채精采하고 광명光明하게 되면 하늘이 늘 살아 있어, …… 되지 않는다.'라고 고치고 싶은데 어떻겠습니까?" 하였다. 5년 뒤 명종15년(1560년) 노수신에게 퇴계는 "이기발以起發 세 자가 진발振拔시키고, 정명精明하게 한다는 말이 아닙니까? …… 대체로 정채精采하고 광명光明하다는 것은 지기志氣가 맑게 정해져 저절로 발생하는 것일 따름입니다. 만약 그것을 일으켜 발發해 얻으려 한다면 이는 이런 데에 일삼음을 두면서 또 미리 효과를 기약하는 것이고, 마음 속으로 늘 이런 생각을 잊지 말아야 하는데 또한 조장助長하는 것입니다. 그러니 이것이 선禪이 아니고 무엇이겠습니까?" 하고 선禪의 영향을 뽑도록 권고하였다.

연평 이동延平 李侗 『연평답문延平答問』에 발문跋文을 썼다. 우리나라 청주淸州에 『답문』을 새로 새겼는데 목사인 이정李楨이 편지로 답문한 뒤에 붙일 글을 요청하였으므로 썼다.

"연평 이동은 뛰어난 자질로 성학聖學의 깊은 뜻을 연구하여 위로 정자학을 계승하고 아래로 주자를 개발한 공은 훌륭했다. 그러나 저술이 없기 때문에 뒷날 도학을 알 수 없었다. 퇴계는 서울에서 박희정朴希正으로부터 이 책을 처음으로 보았는데, 3편이었다. 주자가 스승과 문답한 것을 손수 편수했으며 후록後錄은 뒷사람이 주자가 스승에 관한 설명으로 추가했고, 보록補錄은 명나라 주목周木이 후록의 불충분한 것을 보충했다. 내가 박희정朴希正에게 간행해야 할 까닭을 말했는데, 이정李楨이 청주목사가 되자 몇 달만에 완각하여 나에게 뒷글跋을 요청해 왔다.

저 주자가 연평延平을 뵈옵기 전에는 불교와 노장에 들락날락하였다. 뒤에 연평선생을 뵈온 뒤는 학문이 비로소 평실平實하게 되고 마침내 그 천연의 도학통의 전수를 체득하였다. 이는 주자가 여러 서책을 절충하여 이 도리를 천하에 크게 밝힌 것이니 모두 연평선생으로부터 피어났으며, 심법心法의 오묘를 전수한 것이 이 책에 갖추어 실려 있다. 이제 그 말씀을 읽으면 고르고 맑으며 바탕은 정성스럽게 매우 기이한 것이 없는 것 같고, 그 뜻이 정밀하고 심오하여 크게 넓어 끝을 알 수 없다. 그 지극한 것을 추리하면 밝기가 해와 달과 함께 하고, 그윽하게 천지조화에 참여했으며, 그 노력의 친절한 곳을 늘 날마다 수작하고 동정하며 말하고 침묵할 때를 벗어나지 아니했다.

이는 연평선생이 정좌靜坐하여 천하의 대중大中을 구한 설이 뚜렷하게 선학禪學으로 떨어지지 아니하며, 대본大本 달도達道가 관통되지 아니함이 없는 까닭이다. …… 비록 얼음 병, 가을 달氷壺秋月의 기상을 보지 못했지만 만고에 한 마음이 차라리 주자의 서림감개西林感慨의 시에서 흥기함이 없으리오<퇴계의 발跋>."라고 한 것이 그 대강이다.

정자 → 양구산 → 나예장 → 이동 연평의 학문이 주자를 발전시켰는데, 퇴계가 이 점을 꿰뚫어보고 판각하게 한 것이다. 이연평은 주렴계의 '쇄락洒落'을 빙호추월로 상징하고 심화하여 성리학문화에 큰 영향을 주었다.

퇴계는 "일찍이 연평延平이 배우는 자로 하여금 '희노애락喜怒哀樂의 정이 발하지 아니했을 때 기상을 보라'고 하였다. 대저 연평의 학이 모두 여기에 있다."고 하였으며, 또 "연평의 학은 벌써 쇄락한 곳洒落處에 환히 비치게 되었던 까닭에 기상이 '빙호추월氷壺秋月'처럼 맑고 깨끗하였다<「퇴계선생언행록」 권1. 23, 金誠一>."고 하여 연평학延平學을 평가하였다. 퇴계는 9월에 상호군上護軍으로 옮겼다. 11월에 홍진사 인우洪仁祐가 세상을 떠났으므로 애곡하였다. 퇴계가 어떤 사람에게 준 편지에서 "이 사람은 학문이 있고 문장이 있는데 벼슬하지 아니한다."고 늘 아까워하였다. 치재恥齋 홍인우洪仁祐(1515～?)의 학문의 근본은 '주정主靜'이었다. 이 때 퇴계는 첨지중추부사僉知中樞府事가 됐다.

55세(明宗10년, 1555); 병으로 세번 사직하고 배를 사서 동쪽으로 돌아갔는데 이 날에 상호군上護軍이 되었다. 이 해 가을에 청량산에 들어가 한달을 지나서 돌아왔다. 이 때 「유산제작遊山諸作」이 있다. 6월에 농암 이현보를 그 집에서 곡하였다. 주자서를 절요節要하고 문이들에게 나누어 필사하도록 했다.

56세(丙辰, 明宗11년, 1556); 홍문관 부제학이 됐다. 6월에 『주자서절요朱子書節要』의 편차가 완성되었다. 퇴계는 『주자대전』가운데서 주자의 편지를 주로 뽑았으며 이에 공경대부公卿大夫와 문인, 친구와 왕래 문답한 말을 각기 그 재품고하材稟高下와 학문의 얕고 깊음에 따라서 학자에게 더욱 절실하게 지도했다. 주자서朱子書가 방대하여 그 본뜻을 연구함이 쉽지 아니했다. 이에 더욱 학문에 관한 것과 실천에 간절한 것을 가렸다. 이것을 『주자서절요』라고 했다. 12월에 『주자서절요』에 서문을 썼다. 「서문序文」은 "편지 중에서 더욱 학문에 관계되고 일용에 절실한 것을 찾아 표시했는데, 편篇이나 장章에 구애되지 않고 오직 요점을 얻기에 노력했다. 마침내 여러 벗 중에서 글씨를 잘 쓰는 자와 자질들에게 부탁하여 책을 나누어 필사하게 하였다. 이를 마치니 모두 14권 7책이 되었는데 본래 책과 비교하면 삭감된 것이 거의 3분의 2나 되었으니 외람되고 망령된 죄는 피할 수가 없을 것이다.<朱子書節要序>"고 하였다.

〔예안향약禮安鄕約〕

12월의 일로 이것이 「향약」의 기초가 됐다.

이 때 나라에 「향도령」이 있었는데 퇴계가 「향약」을 기초했지만 일 때문에 실행되지 못했으나 근본은 공동체의 자치自治이다.

"옛날 향대부鄕大夫의 직책은 덕행과 도예道藝로써 인도하고 따르지 않으면 형벌로 규찰하였다. 선비된 자들도 반드시 집안에서 수양하여 행동이 시골에 드러난 뒤에라야 나라에 나갈 수 있었으니 이같이 했던 것은 무엇 때문인가? 효제孝悌와 충신忠信은 사람의 도리의 대본인 데 집안과 고을은 실로 이를 행하는 곳이기 때문이다. 선왕들의 교화는 이것을 중요하게 여겼으므로 법 세움도 이와 같았다. 그래서 후세에 법을 아무리 폐지하였더라도 떳떳한 인륜의 법칙은 참으로 그대로였다. …… 지금의 유향소留鄕所란 곧 옛날 향대부가 남긴 뜻이다. 그래서 알맞은 사람을 얻으면 한 고을이 숙연해지고, 적합치 않은 사람이면 온 고을이 해체되었다."

시골은 지도자가 있어 효제충신孝悌忠信을 권장하고 선도하여 안정한다고 주장했다. 그러므로 도덕적 자유의식에 의한 지방 자치가 향약의 근본정신이다.

"승정대부 지사를 지낸 농암 이현보李賢輔 선생이 이렇게 되는 것을 걱정하여 일찍이 약조를 세워 풍속이 정중하게 되도록 가다듬으려고 하였으나 미처 하지 못하였다. …… 시골 어른들이 모두 우리 몇 사람에게 선생의 뜻을 이루도록 책임지우는 것이 매우 지극하였다. 사양하였으나 그만 둘 수 없어 마침내 서로 상의하여 대략 이와 같이 거론하고 다시 시골사람들에게 두루 보이고 가부를 살핀 뒤에 결정하였으니 거의 오래 시행되어도 폐단이 없을 것이 기대할 수 있을 것이다."

향약은 인간의 자유의지自由意志에 호소하는 자치自治의 28조 계약이다.

「약조」

· 부모에게 순종하지 아니한 자
· 형제가 서로 다툰 자
· 가도를 어기고 혼란케 한 자
· 사건이 관청에 저촉되고 고을 풍속에 관계되는 자
· 망녕스레 위세를 부려 관청을 소란스럽게 하고 마음대로 하는 자
· 향장鄉長을 능욕하는 자
· 지조지키는 청산과부를 꾀이거나 협박하여 간음하는 자

이상 범죄는 극단으로 벌한다(상 · 중 · 하의 구별이 있다).

· 친척과 화목하지 않는 자
· 정처正妻에게 야박하게 하는 자
· 이웃과 불화한 자
· 동료들과 서로 다투는 자
· 염치를 돌아보지 않고 사풍士風을 더럽힌 자
· 강함을 믿고 약한 자를 능멸하며 침노하여 빼앗고 싸움을 일으킨 자
· 무뢰한 자들과 파당을 만들고 난폭한 짓을 많이 하는 자

· 공사간에 모여서 관정官政의 시비를 말하는 자
· 헛된 말을 조작하여 남을 죄로 빠뜨리는 자
· 화란이 발생할 때 힘이 미치는데도 가만히 앉아 보기만 하고 구원하지 않는 자
· 관청의 임명을 받고 공무를 빙자하여 폐단을 일으킨 자
· 혼인과 상제喪祭에 이유없이 시기를 넘긴 자
· 면장이나 이장을 무시하고 유향소留鄕所의 명령을 따르지 않는 자
· 유향소의 의논에 복종하지 않고 도리어 원망을 품는 자
· 면장, 이장의 개인감정에서 함부로 향안鄕案에 들게 한 자
· 구임 수령의 전송에 까닭없이 참석하지 않는 자

이상은 중간 벌을 준다(상 · 중 · 하가 있다).

· 공공의 모임에 늦게 도착하는 자
· 문란하게 앉아 위의를 잃는 자
· 좌중에서 떠들고 싸우는 자
· 자리를 비우고 물러가 자기의 편리만 취하는 자
· 까닭없이 먼저 나가는 자
· 악한 일의 주모자인 향리
· 아전으로 민간에 폐단을 일으킨 자
· 공물사貢物使가 댓가나 물품을 난잡하게 징수한 자
· 서인庶人으로 사족士族을 능멸한 자

이상은 하등의 벌이다.

이와 같은 향약의 조항은 도덕적 지방자치제地方自治制를 확립하는데 그 목적이 있었으니 안동지방의 오랜 향속鄕俗에 크게 영향을 주었다. 퇴계 제자 금난수琴蘭秀에 의해 향립조약이 예안 향사당鄕射堂 벽에 게시되고, 봉화 향서당鄕序堂에 게시되었다.

57세(明宗12년, 1557); 김돈서金惇叙에게 "오직 마땅히 경敬을 주로 해야 한다."고 하며, 3월에 서당터를 도산 남동南洞에서 찾았다. 7

월에 「계몽전의」가 완성되었다. 서문을 요약하면,

"이수理數의 학은 범위가 넓고 미묘하며 얽히고 얽히어 연구하기가 쉽지 않다. 간혹 숨겨진 책이나 괴팍한 글에서 나온 것이므로 꼭 삼고하여 논한 뒤라야 그 뜻을 엿볼 수 있다. 심지어 깊이 숨겨진 뜻을 밝히지 않을 수 없으며, 전해지는 글의 잘못됨을 바로잡지 않을 수 없으며, 또 곱셈, 나눗셈의 법도 자세하게 하지 않을 수 없다. …… 혹은 생각에 따라 합치되는 것이 있고, 혹은 옛날을 상고하여 증거를 찾기로 하였다. 그리하여 손 가는 대로 기록함을 면치 못하고, 이것이 쌓여 책으로 만들어졌다.<啓蒙傳疑序>"고 하였으니 『주역』의 상수설명서라 생각된다.

58세(午戌, 明宗13년, 1558); 5월에 『자성록自省錄』이 완성되었다. 10월에 성균관 대사성이 되나 11월에 병으로 사직하고 또 상호군이 되며 기대승奇大升이 와서 인사했다. 12월에 가선대부 공조참판이 되었다. 「도산정사陶山精舍」의 그림이 형성되었다.

59세(己未, 明宗14년); 황준량黃俊良에게 『백녹동규집해』에 대하여 논하였다. 『집해』는 송당松堂 박영朴英의 저술인데 착오가 있는 곳을 퇴계가 풀이했다. 12월에 처음으로 『송계원명이학통록宋季元明理學通錄』을 엮었다. 이 책은 동양학술사상사로써 중국의 황종희가 저술한 『송원학안宋元學案』과 『명유학안明儒學案』에 앞선 것으로 주자 이후 도학을 상술한 것이다. 그러나 종래 주자이후 많은 도학에 관한 기록과 그 주장이 같고 다른점이 산만하므로 병통으로 생각하였다. 퇴계는 「주자서」와 『어류語類』·『실기實記』·『사전史傳』·『일통지一統志』 등에서 말과 행동·사적을 채집하고 유별하였다. 남송南宋으로부터 원元·명明까지의 학술이니 『이학통록理學通錄』이라고 하였다. 단지 육학陸學은 따로 외집外集을 만들어 그 뒤에 붙였다. 『고경중마방古鏡重磨方』이 완성되니 옛 성현의 잠箴·명銘 등을 모은 교양서이다.

5. 퇴계와 율곡의 만남

앞서 퇴계 58세(戊午, 1558) 음력 2월 어느날 청년 율곡 이이李珥가 계상溪上으로 찾아왔다. 그 때 마침 비가 내렸으므로 율곡은 3일 동안 묵었는데, 이 때 율곡은 퇴계에게 도학에 대해서 묻고 배웠다. 이 때 율곡 이이는 16살에 어머니 신사임당申思任堂을 잃은 뒤 19세에 금강산으로 들어가 불교를 익혀 호를 의암義菴이라고 하였으며, 22세에 성주목사 노경린盧慶麟(字는 仁甫)의 딸 노씨 부인에게 장가들고 처가인 성주에서 강릉 외가로 돌아가는 길에 선산에서 황고산黃孤山을 만나고 퇴계를 찾았던 것이다. 이율곡은 장인에게 듣던 대로 참다운 대학자를 만나고, 이 후 줄곧 직접 혹은 편지 왕래로 배움이 지속되었으니 퇴계가 그보다 35세가 많은 사이로 퇴계가 먼저 세상을 떠나자 율곡은 「제퇴계문祭退溪文」을 지었는데 이로써 그간 사모하고 숭앙한 심정이 간절했던 것을 알 수 있다. 그 후 퇴계는 율곡에게 혼륜渾淪 한 쪽만을 고집하지 말고, 분석해서 보는 한 쪽이 있는 것과 경敬 공부에 대해서 깨우쳐 주었다. 이 때 서로가 그 감회를 시로 나누었는데 다음과 같았다.

시냇물 흘러 가는 곳
공자님 사시던 그 강물 즐기고 溪分洙泗派
봉우리 높이 솟는 곳
주자 선생 사시던 바로 그 산인데 峯秀武夷山
하시고자 뜻 세우심은
경전 천 권이나 되시면서 活計經千卷

살기 위해 지으신 것은	
방 두어 칸뿐이로군요	生涯屋類間
가슴 속 품으신 곳은	
비 갠 뒤의 달처럼 이 마음 열어주시고	襟懷開霽月
말씀과 미소는 미친 파도 그쳐 주셨으니	談笑止狂瀾
어린 놈이 도 듣기를 바란 것이	小子求聞道
한나절 쉬실 시간 훔쳐갔다 마소서	非偷半日

<『율곡집』 권14, 瑣言>

퇴계 역시 화답하는 시가 있고, 조사경趙士敬 목穆에게 율곡을 평가하여 "후생가외라 하니 전날 성인이 참으로 나를 속이지 않았다."고 하였다.

퇴계의 「이수재李秀才 이珥 자字 숙헌叔獻 견방상계見訪溪上 우유삼일雨留三日」에서 두 수首의 시 중에서 한 수를 보면,

재덕 지닌 그대를 2월 봄날 만나니 기쁘기 한량없어	才子欣逢二月春
3일 동안 만류하니 서로 마음 통하듯 하네	挽留三日若通神
비는 늘어진 소낙비처럼 시내 기슭 가볍게 두드리고	雨垂銀竹捎溪足
눈은 구슬 같은 꽃이 되어 나무 몸을 덮어 싸네	雲作瓊花裏樹身
말은 가다가 진흙뻘에 빠져 허덕거리는데	沒馬泥融行尙阻
날 개어 지저귀는 새소리에 풍경 비로소 새롭네	喚晴禽語景才新
한 잔 술 다시 권하며 내 어찌 만난 날 짧다 하리	一杯再屬吾何淺
지금부터 망년교의 의를 맺어 더욱 친해보세	從此忘年義更親

<『퇴계집』 별집, 권1>

또 무오(明宗13년, 1558)의 「증이수재숙헌贈李秀才叔獻」에서

돌아와서 오랜 방황을 탄식하다가	歸來自歎久迷方

조용히 보니 틈새로 겨우 빛이 보입니다 靜處才窺隙裏光
그대는 부디 제 때에 올바른 길로 나아가 勸子及時追正軌
막다른 골목에 가서 한탄하는 일이 없게 하구려 莫嗟行脚入窮鄉
<『퇴계집』, 속집 권2, 시>

율곡이 강릉으로 돌아간 뒤에도 편지 왕래로 퇴계에게 가르침을 받았으니, 『퇴계집』의 「답이숙헌答李叔獻 무오년(1558)」에서

"그대의 편지를 받아보고서 북평北坪(강릉)에 잘 도착한 것과 그대가 몸이 편안하다는 것을 알게 되어 답답하던 회포를 시원하게 풀었습니다." 하고 또 "지난번 편지에서 지난 날 배움을 그르친 것에 대해서 깊이 한탄했던데." 한 것으로 보면 율곡이 19세 3월에 금강산에 들어가 중이 되었던 것을 반성한 것이다. 퇴계는 율곡의 이와 같은 반성을 보고 "지난 날의 잘못을 깨닫고 그것을 고치려고 생각하여 궁리窮理·거경居敬하는 실제공부에 종사할 줄 알고 있으니, 허물을 고치는 데 과감하고 도道를 향해 가는 데 열심히 하여 그 방향을 그르치지 않았다고 할 수 있습니다."고 하여 간절하게 격려하고 교도하였다. 또 다시 "지난 날 듣자니, 사람들이 '그대가 불교 서적을 읽고 꽤 중독中毒되었다.'고 말하기에 마음속으로 애석하게 여긴 지 오래되었습니다. 지난 번 와서 나를 만나 그 실상을 감추지 않고 잘못을 충분히 말하였으며, 이제 두 차례 보내 온 편지의 뜻도 또 이러함을 보고 나는 그대가 도에 함께 나아갈 수 있는 사람인 줄 알았습니다. 두려워하는 것은 새로 즐기려는 것이 맛있게 느껴지지 않으면서 익숙해진 것을 잊어버리기가 어려워서 오곡의 열매가 익기도 전에 돌피나 피 등 쓸모 없는 잡초가 먼저 익지나 않을까 하는 점입니다. 이것을 벗어나려면 역시 다른 데서 찾을 것 없이 오직 궁리窮理·거경居敬의 공부에 충분히 노력하면 되는데, 이 두 가지를 실행하는 방법은 『대학』에 있고, 주자의 『대학장구』에서 밝혔으며, 『대학혹문』에 자세하게 뜻

을 말했습니다."

마치 불교와 노장설에 들락날락하는 주자를 연평 이동李侗이 도학으로 돌린 것과 비교하면 퇴계는 율곡에게 연평과 같은 자리에 있었던 스승이라고 생각된다.

또 퇴계의 「답이숙헌答李叔獻」을 보면

"요사이 서울에 들어와 심심하게 지내던 가운데 그대의 방문을 받고서 끼인 때를 씻은 듯 후련했습니다."고 하였는데, 퇴계는 58세 무오戊午에 벼슬을 그만 두려고 상소했으나 왕은 허락하지 않고 9월에 서울에 와서 10월에 성균관대사성에 임명되었으니 "요사이 서울에 들어와"란 이 때라 생각되며 그 때 율곡의 방문을 받았던 것이다. 율곡은 퇴계를 방문하거나 편지로 계속해서 지도를 받았던 것으로 보인다. 경오庚午(선조3년, 1570) 퇴계70세의 「답이숙헌答李叔獻」에서 "성군成君 혼渾의 종에게 부쳐 보낸 편지를 받아보고, 관동에서 서울로 벌써 돌아오는 줄 알았습니다. 또 한 통의 편지가 정사간鄭司諫 유일惟一의 여막廬幕으로부터 보내졌는데 보니 바로 강릉에 있을 때 보낸 것이군요." 한 것 등은 강릉에서, 관동에서 자주 편지로 안부와 학문을 논하였던 것을 알 수 있다.

율곡은 「문목問目」에서 『중용독법中庸讀法』과 『중용』·『심경心經』·『성정심의性情心意』 등에 관한 질문이 있고 퇴계는 『성학10도聖學十圖』를 68세 때 선조왕宣祖王에게 올렸는데 『퇴계집』의 「답이숙헌」 편지 마지막은 『성학10도』에 관한 설명이 많으므로 퇴계 68·69세 이후가 될 것이니 율곡은 퇴계가 70세에 세상을 떠날 때까지 줄곧 지도를 받았던 증거이다. 그 때 편지는 더욱 퇴계가 율곡의 단점을 지적하여 반성을 촉구한 것이었다.

"주선생朱先生이 유계장劉季章에게 대답한 편지에서 '보는 곳마다 시비是非의 마음을 가진다고 한 것은 독서할 때의 병통을 잘 이야기했습니다. 대체로 이치는 갖추어지지 않은 것이 없고, 한 가지 일에는 반드시 두 갈래의 길이 있는 법입니다. 이제 저 사람이 낮에 대해서 이야기하는 것을 보자 자기는 밤에 대한 이치를 찾고 반박한다면, 각기 한 쪽만을 이야기하며 피하니 더욱 논변이 끝날 때가 없습니다. 지금 사람들이 따져 묻고 논란論難하는 것이 때때로 이와 비슷하니 매우 우습습니다.'<朱子語>라고 했습니다. 무릇 독서하여 시비是非를 분별하는 것은 이치를 궁구하는 일의 요점입니다. 이제 이렇게 말하는 것은, 반드시 유계장劉季章 보髓의 병통으로 약을 삼으려고 한 것입니다. 내가 감히 '숙헌叔獻에게 병이 있다'고 한 것이 아니라 숙헌이 전후에 논변한 것을 보니, 늘 선유先儒들의 설에서 반드시 먼저 그 옳지 못한 곳을 찾아 힘써 깎아내리고 배척하여, 그로 하여금 다시는 말 참견도 못하게 한 뒤라야 그만두더군요. 옳은 곳을 찾아 궁구하여 명백하고 평실平實하고 정당한 도리를 좇아 착실하게 공부하는 뜻깊은 것은 전혀 보지 못하겠습니다. 혹 이런 습관이 오래되어 바르게 알고 보거나 실천하는 데 대단히 장애됨이 있을듯 하기에 망령되이 이런 점에 대해서 언급하게 되었습니다. '자기 밭은 묵혀 두고 남의 밭을 맨다.'<인병사기전人病舍其田, 이운인지전而芸人之田 『孟子』盡心章句下>고 하는 가르침을 나도 모르는 사이에 범하게 되어 두려워 땀이 흐릅니다."[1] 고 한 것을 장황하게 인용하였으나 이것은 주자의 말을 인용하여 율곡의 병통을 지적하였으니, 퇴계는 학문에 "혼륜渾淪과 분개分開의 두 길兩途이 있다."고 믿었지만 율곡은 혼륜渾淪의 한 길一途만을 주장하기 때문에, 퇴계의 학문법은 "혼륜할 때는 혼륜하고, 분개할 때는 분개한다."고 하며 양도兩途를 활용해야 한다는 것과 반대이고, 율곡은 결국 혼륜일도渾淪一途뿐이라고 하여 양도를 거부한 태도가 그의 학문법의 일관된 태도였으므로 퇴계설과 율곡설은 크게

1) 朱先生答劉季章書曰, "所謂隨看便有是非之心, 此句最說讀書之病, 盖理無不具, 一事必有 兩途. 今才見彼說書, 自家便尋夜底道理反之, 各說一邊, 互相逃閃, 更無了期. 今人問難, 往 往類此, 甚可笑也."(朱子說) 夫讀書而分辨是非, 乃窮理之要, 今告之如此, 必因季章之病而藥 之也, 滉非敢便謂叔獻有此病也, 爲見叔獻前後論辨, 每把先儒說, 必先尋其不是處, 務加貶斥 使儞更不得容喙而後已, 至於尋究得箇是處, 要從這明白平實正當底道理, 朴實做將去意思, 殊未有見得. 或恐久遠, 深有礙於正知見踐履, 故妄言及此, 不覺自犯於芸人田之戒, 小悚汗無已. <『退溪集』, 答李叔獻>

차이가 발생했다. 그러나 율곡의 「퇴계 이선생 제문」은 “보배가 이미 사라지고, 부모가 벌써 돌아가셨다.” 하고 “어린아이가 시끄럽게 우는데, 누가 그 물에 빠지는 것을 구제할까?” 하고, 혹은 “스스로 비기였으니 책을 지고, 거의 졸업했다.” 등으로써 문하의 제자임을 자처하고 있다. 율곡이 ‘선생’이라고 호칭하는 이는 ‘청송成聽松’과 ‘이퇴계李退溪’였다. 이로써 역시 율곡은 퇴계를 ‘선생’으로 모셨던 것을 알 수 있다.

신미년(1571) 7월에 이숙헌李叔獻·율곡栗谷과 류이견柳而見·서애西厓와 이경함 발 李景涵 潑이 찾아와 이야기했다. 숙헌과 율곡이 경함에게, “내가 처음에 퇴계선생에게 가르침을 청했을 때, 선생이 한참 동안 묵묵히 계시다가 ‘마음가짐은 양심을 속이지 않는 것이 귀하고, 조정에 나가면 기쁜 일을 경계해야 한다’고 했습니다.” 하므로, 내가 말하기를, “선생이 사람을 가르치는 뜻이 이처럼 깊고 전실합니다. 이 말이 어찌 숙헌과 경함만이 가슴에 새길 말이겠습니까? 우리도 당연히 힘써야겠습니다.” 하고는, 경함에게 청하여 두 장을 써서, 한 장은 벽에 걸고, 한 장은 이견이 가지고 갔다.<퇴계선생언행록 권1, 구봉령>

율곡은 류성룡·구봉령具鳳齡과 함께 퇴계에서 사사師事했음이 명증된다.

6. 도산陶山의 매화梅花

도산서당은 매화를 마음으로 하고 퇴계선생은 그 향기이다. 퇴계 57세에 도산 남동을 답사하고 60세에 도산서당 3칸이 완성되었다.

「도산에 매화를 찾았더니……」	陶山訪梅……
세 그루 매화나무 옛 인연 어이하여	重嗟宿契三梅樹
남는 봄에 겨우 피어 두어 송이 뿐이어라.	只向殘春數萼開
맑은 바람 들어오니 헛되이 쇄락灑落이요	入手淸風空灑落
처마 곁 밝은 달에 스스로 설렁이였네……	傍簷明月自徘徊

<퇴계선생문집 권3, 시>

또, <도산방매陶山訪梅(퇴계집 권4, 시)>에서

묻노라 이 산중에 두 그루 백옥 신선,	爲問山兩玉仙
어이 봄빛 간직하여 백화필 때 이르렀나	留春何到百花天
……	……

환골한 매선梅仙은 하늘에서 내린 학鶴이요, 퇴계와 문답으로 매화시가 읊어져 있다.

퇴계 60세(庚申, 1560, 明宗39년); 전원생활을 하던 중 퇴계는 온계마을의 풍속을 바로 잡기 위하여 마을의 법령으로 12조목을 제정하였다. 정월에는 또 「조남명曹南冥의 두류산頭流山에 노닌 글」의 뒷글을 기록했다. 그 글 가운데서 후일의 걱정에 적중한 것이었다. 조남명의 문하에서 정인홍鄭仁弘은 맑은 바람을 더럽힌 자이다. 퇴계가 근심하던 것이 비로소 들어났다고 택당澤堂 이식李植이 지적하였다.

8월에 젊은 시절 성균관에서 함께 공부하면서 사귀던 하서河西 김인후金麟厚가 세상을 떠났다는 부고를 받고 곡哭 하였다.

(1) 기고봉奇高峯과 4단7정四端七情의 논란論難

퇴계는 11월에 고봉高峯 기대승奇大升과 사단칠정四端七情에 관한 토론이 왕복편지로 시작되었다. 이것은 일찍이 우리나라에 없었던

대 학술토론으로 약 7년(59세~66세) 동안 지속되었다. 퇴계 64세경 조남명曺南冥은 4·7 왕복을 손은 쇄소의 절도 모르면서 깊은 천리를 입으로 지껄이며 명예를 도적질하고 사람의 눈을 기만한다고 비방하자 토론의 중지를 제의하였으며 퇴계 66세(甲寅)에 일단 마감했다.

퇴계는 「어떤 이에게 대답한 편지」에서

"사단과 칠정을 이기理氣로 분석하는 것이 본래 나의 주장이 아니라 곧 주자에 원래 이와 같은 주장이 있었다. 또 정임은程林隱의 심통성정도心統性情圖는 바로 이 설을 이용하였으나 믿을 만했다. 나의 주장은 나의 망령된 생각에서 나온 것이 아니다. 또 나는 매우 명언明彦의 사람됨을 존중했으나 다만 그 호기가 의리학에서 제외되지 못하여 아직도 세심하고 정밀하게 연구되지 못하고 남의 말이 자기 생각에 합당하지 아니한 곳을 보면 곧 분연히 붓을 들고 힘써서 한결 같이 그를 공격하여 이치에 맞지 아니한 주장을 하니 자기가 이기고자 하는 뜻을 세우는 것과 같다. 아마도 이것은 작은 병통이 아닐 듯하다." 하고 비판하였는데,

기명언奇明彦(중종22년~선조5년, 1527~1572)의 이름은 대승大升, 호는 고봉高峯·존재存齋, 시호는 문헌文獻, 자가 명언明彦이다. 부승지·대사간 등을 역임하였으나 고향으로 돌아가는 중도 고부古阜에서 46세로 객사 하였다. 그가 32세때 퇴계를 만나 드디어 제자가 되었으나 이항李恒, 김인후金麟厚, 퇴계의 문하를 출입하면서 창조적인 주장을 내세운 것이 많았는데 퇴계에게 사단칠정四端七情에 관해서 자기 생각을 주장했다.

기고봉이 퇴계에게 "「천명도」의 사단칠정을 이기理氣로 분속 하는 것은 쪼개어 분리하는 것이 너무 지나치니 이것은 이理와 기氣를 나누어 두 가지로 삼게 된다. 칠정은 이理에서 나오지 않고, 사단은 기氣를 타乘지 아니하게 되어 말뜻에 병통이 없지 않다."고 편지로 논변하였지만, 퇴계의 대답은 대략 이와 같았다.

"사단도 정이고 칠정도 정이니 모두가 정인데 무엇 때문에 사,

칠의 다른 이름이 있는가? 보낸 편지에서 이른바 '가리켜 말한 것이 같지 않다.'는 것입니다. 대개 이와 기는 서로 기다려서 체體가 되고 서로 따라서 용用이 되는 것이니, 진실로 이理가 없는 기氣는 없고 또한 기가 없는 이도 없습니다. 그러나 가리켜 말한 바가 다르면 구별이 없을 수 없습니다. 옛부터 성현들이 이 두 가지를 논할 때 언제 반드시 혼합混合해서 하나로 말하고, 분별分別하여 말하지 않은 적이 있었던가요."[2)]

'이 없는 기 없고, 기 없는 이가 없으니' 이기理氣는 불상리不相離이다. 그러나 퇴계는 같은 하나의 일에는 반드시 혼합滾合과 분별分別의 두 길兩途法이 있다고 한다. 그러나 고봉은 혼합 곧 불상리不相離 한 쪽만을 주로 하고, 분별 곧 불상잡不相雜의 한 쪽을 무시한다고 하는 것이 퇴계의 근본처이다. 그러나 필자가 여기서 깊게 천착할 여가는 없다.

(2) 도산서당의 교육

이 해(60세)에 3칸의 도산서당이 완성되나 사실은 61세 가을에 비로소 완성되니 사방에서 많은 문인들이 모여 들었다. 3칸집이 완성되어 암서재巖栖齋라 하고, 완락제玩樂齋라 하며, 정사7간精舍七間은 농운隴雲이라고 하였으며, 자기의 호를 도산진일陶山眞逸, 도산병일수陶山病逸叟, 도옹陶翁이라고 했다. 퇴계는 평소에 완락제玩樂齋에 계시면서 좌우의 책을 읽고 사색하여 밤낮을 계속하였다. 도산陶山은 매화로 상징된다.

도산서당이 3년 동안의 공사를 거쳐 완성되자 퇴계의 거처할 방은 완락재玩樂齋이다. 제자들을 가르칠 마루는 암서헌巖棲軒이며 제자들의 거처할 집은 농운정사隴雲精舍라 했고, 정사의 서쪽에 또 집

---

2) 夫四端, 情也, 七情, 亦情也, 均是情也. 何以有四七之異名耶, 來喩所謂所就以言之者不同, 是也, 蓋理之與氣. 本相須以爲體, 相待以爲用. 固未有無理之氣, 亦未有無氣之理, 然而所就而言之不同, 則亦不容無別, 從古聖賢, 有論及二者, 何嘗必滾合爲一說, 而不分別言之耶. <『退溪文集』卷16, 答奇明彥, 論四端七情第一書>

을 건축하여 역락재亦樂齋라고 하니 『논어』의 "벗이 먼 곳으로부터 온다."고 한 뜻을 취한 것이다. 이 해에 구봉령具鳳齡, 김부륜金富倫, 이정李楨, 이문량李文樑, 금난수琴蘭秀, 김취려金就礪, 황준량黃俊良, 조목趙穆, 정유일鄭惟一, 기대승奇大升, 이덕홍李德弘, 정이청鄭以淸, 이담李湛 등에게 편지를 보내고 학술을 토론하였다.

이덕홍李德弘이 암서헌巖栖軒에서 퇴계를 모시고 앉았는데, 퇴계가 "학문하는 데는 먼저 주재主宰를 세우는 것보다 더한 것이 없느니라"고 하였다. 덕홍이 "어떻게 그 주재主宰를 세울 수 있습니까?" 하니 퇴계가 "경敬으로 주재를 세울 수 있다."고 하였다. 덕홍이 "경敬하는 설명이 여러 가지인데 어떻게 잊어버리거나 도우는 병에 빠지지 아니할 것입니까?" 하고 질문했다. 퇴계가 "그 설이 비록 많지만 정이천·사상채·윤화정·주자의 설이 가장 절실하니라. 다만 배우는 자는 혹은 깨치고 깨달은 공부를 하고, 혹은 하나의 물욕도 용납하지 아니하여 먼저 본디 마음을 찾는데 있고자 하고, 혹은 안배하면 싹을 뽑는 병을 낳지 아니한 자는 거의 드물다."<퇴계선생언행록>이라고 하였다.

"완락재玩樂齋가 새로 건립되자 퇴계는 이덕홍을 돌아보고, '내 뜻은 본래 작은 집에 있었으니 목공木工이 나에게 해당되겠는가?' 라고 하셨다."<동상>

퇴계 60세(庚申); 매화시梅花詩에서

시냇가에 아리땁게 두 가지가 서 있더니 　溪邊粲粲立雙條
숲에 향내 뿜고 다리엔 빛 비치네 　香度前林色暎橋
서리 바람 일으켜서 얼기 쉽다 시름마오 　未怕惹風霜易凍
옥빛이 햇빛 맞아 사라질까 두렵노라 　只愁迎暖玉成消

<『퇴계문집』 권3, 시詩>

도산의 매화는 퇴계의 마음이다. 그리고 선비의 정신이다.

퇴계61세(辛酉)에 비로소 정사성鄭士誠이 학업을 배우고자 나아갔을 때 "선생(퇴계)이 '경敬은 도에 들어가는 문이니, 반드시 지성誠한 뒤에 틈이 없도록 하라.'고 하시고 이름을 사성士誠이라 하며 자를 자명子明이라고 손수 써서 주시었다."<『언행록』 권1, 67, 鄭士誠>

"아버지께서 사성士誠을 위하여 공부할 동몽재童夢齋를 도산에 지었을 때 선생께서 다른 사람에게 '정鄭 아모는 그 아들이 학문하도록 하기 위한 뜻이 부지런하다고 할 것이다'고 하셨다. 따라서 사성士誠에게 '너희는 꼭 노력하여 부모의 뜻을 어기지 말도록 해야 한다'고 하셨다."<동상, 鄭士誠> 정사성鄭士誠의 아버지는 우윤右尹으로 안동에 살았던 정두鄭科이며 동몽재는 지금의 역락재亦樂齋이다. 그는 뒷날 벼슬이 현감이 되고 학암사鶴巖祠에 재향되었다.

또, 61세(辛酉, 明宗16년, 1561); 정월에 부름을 따라 가다가 말에서 떨어지니 병으로 벼슬을 중지했고, 3월에 절우사節友社를 지었다. 하루는 퇴계가 계상溪上으로부터 도산으로 갔다. 그 때 '매화梅花'에 대한 시詩가 있다.

바위 벼랑 꽃이 피고, 봄빛은 적막할 제	花發巖崖春寂寂
시내 숲에 새 우짓고, 물소리는 잔잔하이	鳥鳴澗樹水潺潺
우연히 메 뒤에서 제자들과 함께 하여	偶從山後携童冠
산 앞에 한가이도 장수할 곳 찾았노라	閒到山前問考槃

<『퇴계집』 권3, 시, 步自溪上踰山至書堂>

이 때 이덕홍李德弘, 이복홍李福弘, 금제순琴悌筍 등이 뒤따랐다. 퇴계는 「절우사」라는 시에서,

솔과 국화 도원陶園, 대와 함께 셋이라 松菊陶園與竹三
매화는 어이하여 이에 참가 못했던고 梅兄胡奈不同參
난 이제 넷과 함께 풍상 기약지으러니 我今併作風霜契
곧은 절개 맑은 향내 가장 잘 알았다오 苦節淸芬儘飽諳

<『퇴계집』 권3, 시詩>

이에서 퇴계의 전원田園사랑, 매죽송국梅竹松菊의 사랑을 엿볼 수 있고, 송국죽매松菊竹梅에서 고절苦節을 감취하여 조선 500년의 선비정신을 상징하였다.

「다시 도산의 매화를 찾아, 십절十絶」에서

손수 심은 매화 이제 몇 해런고 手種寒梅今幾年,
작은 동창 앞이라 바람·안개 깨끗하이 風烟蕭灑小窓前
그저께부터 눈 같은 향기로운 흰 매화,
처음 놀라 움직이자 昨來香雪初驚動
머리를 드니 온갖 꽃 모두 쓸쓸해졌도다 回首羣芳盡索然

첫1수首이니 아직도 추운 날 눈 밑에서 피어난 한 가지의 매화는 고절苦節을 상징하고 향기는 도산서당陶山書堂의 선비정신이다. "오얏꽃 복사꽃과 철 같다고 관계하랴, 옥골과 빙혼이 따로 봄빛 간직했네何妨桃李同時節가 玉骨氷魂別樣春"라고도 하여 '옥골빙혼玉骨氷魂'으로 은유隱喩한 것은 선비의 맑고 깨끗한 기품을 상징한 것이다.

「퇴계연보」에서는
"4월 보름에 탁영담 달빛에 배를 띄우다."고 할 때 형의 아들 교喬와 손자 안도安道, 문인 이덕홍李德弘과 함께 했다하지만 10월 16일에 이대성李大成, 대용大用, 문경文卿과 함께 「탁영담 달빛에 배를 띄우다濯纓潭泛月」의 시詩에서,

대 위에 처음 보니 달빛이 많을시고 臺上初看月色多
대 앞에 술을 불러 황금 물결 띄웠노라 臺前呼酒泛金波
……

하고 또 무진戊辰 68세(1568)에 퇴계가 「김언우에게 보낸 편지」에서, "지금 작은 손자만 데리고 도산에 있는데 봄이 한창이라 매화梅花가 나를 대접하기를 범연하지 않으나 특별한 홍미는 느낄 수 없습니다. 이처럼 하늘이 주는 후의를 저버리니 한탄스럽습니다."<『퇴계집』, 권27>고 하여 매화를 인격화했고 그 기상을 사랑하여 도산서원의 정신을 상징하는 것임을 문인들에게 은유隱喩하곤 하였다. 신선처럼 자연의 아리따움에 젖곤하여 문인들과 함께 하는 시문들을 읊었다.

그 해 11월에 「도산기陶山記」를 지었다. 견지산 동쪽에 있는 도산서당은 선비가 수양하기에 알맞은 곳이라고 했다.

62세(壬戌 明宗17년); 구암龜巖 이정李楨이 찾아와 몇 날 유하다가 돌아가니 퇴계는 석간대石磵臺에서 송별하였다. 또 적벽赤壁의 옛일을 계승코자하여 친구들과 풍월담風月潭에 노니고자 했으나 큰 비를 만나 이루지 못했다고 한다. 산수와 더불어 심신心身을 다룬 것이다.

63세(癸亥 明宗18년); 3월에 문인 금계錦溪 황준량黃俊良의 부고가 왔으므로 통곡했다. 금계 황준량의 자는 중거仲擧로 문장이 세상에 들어났다. 늦게 또 학문에 뜻을 두고 퇴계에게 배웠으며 많은 왕래 편지글이 있었다. 성주목사로서 벼슬을 버리고 돌아가는 길에서 세상을 떠났다. 퇴계는 매우 안타깝게 생각하고 제문祭文을 짓고 사람을 보내 조문하고 행장行狀을 지었다.

"가정嘉靖 42년 계해癸亥(1563) 4월 무신삭戊申朔 초 3일 경술庚戌에 가선대부嘉善大夫 동지중추부사同知中樞府事 도산노인陶山老人 이황은 삼가 아들 준寯을 보내 맑은 술과 약간의 과일을 갖추어 친구 성주목사 금계 황군의 혼령에 공손히 제사를 올립니다. 아! 금계가 이 지경에 이르렀는가? 성주로부터 풍기까지가 모두 몇 리나 되기에, 길을 따라 부축받으며 실려왔는데도 집에 이르지 못하였는가! 내가 용궁현에 갔을 적에 그대의 오는 행차가 멀지 않았으나 병으로 기다리기가 어려워서 편지로 만남을 대신하고 고향에 돌아와 누워서 시기를 지정하며 서로 만나려 했는데, 영원히 이별하는 말이 부고와 함께 올 줄이야 어찌 뜻했으리오! 실성失聲하여 길게 부르짖으며 물짜듯 늙은 눈물 흘렸다오." 하고 "그만이구나 그만이구나 슬프고 슬프도다."라고 탄식했다.

퇴계는 61세에 도산서당에서 『주자서절요朱子書節要』를 강론하여 또『근사록近思錄』을 문인들에게 강의하고 63세 2월은 이중구李仲久와 『주자서절요』를 만든 의미를 편지로 논하였으며, 『정존재잠靜存齋箴』을 지어 주었다. 예천에 살던 누님을 찾고 용궁의 외할아버지 산소에 예를 올렸다. 가을에 『개령향교開寧鄕校의 성전중수기聖殿重修記』를 지었다.

"가정嘉靖 42년(1563) 가을에 개령현감開寧縣監 윤희주尹希周 및 고을의 노성한 선비들이 유생 김신공金信公을 보내 황滉에게 '고을 향교의 성전을 중수하여 이미 그 공사를 끝냈으니 기문記文을 써 사실을 적어 주기 바란다'고 하였다."

본래 현감 정난원鄭蘭元이 처음 고을 북쪽 3리 거리에 터를 잡고 학사를 3년만에 완성했고 가정원년 임오壬午(522)에 태두남太斗南이 고을에 부임하여 개축하고 금년 봄에 교관校官 김옹군金邕君, 전 훈도訓導 이헌공李軒公, 생원 이인수李仁壽, 유생 김대원金大原및 공신公信이 중수할 것을 의논하고 성주에게 고하여 2월 초에 공사를 시작했다.

"대개 감문甘文이 비록 땅이 좁고 작으나 상주商州와 성주星州 두 큰 고을 사이에 끼어 있으니 산천의 영기와 인물의 빼어남이 어찌 유독 이곳인들 없으랴?" 하고 이어서 "3대의 학문은 모두 인륜人倫

을 밝힌 것이니 인륜의 밝음은 곧 정도正道의 밝음이다. 덕성을 기루어 근본을 세우는 것은 『소학小學』에 있고, 규모를 확대하고 줄기를 통달하게 하는 것은 『대학大學』에 있다. 삼서오경三書五經으로 충당하고, 제사백가諸史百家로 넓히면 정학이 여기를 벗어나지 않고 정도는 여기에 있다."<『퇴계집』 권42, 이상은 開寧鄕校聖殿重修記>

"스승이 가르치는 방법과 선비가 배우는 방법과 시골사람이 따라 행하는 방법이 모두 이로 말미암아 그 올바름을 얻을 것이다. 이에 인륜을 밝히고 정도를 밝히는 것으로 학교를 설치하여 정치를 지극히 하려는 성대한 국가의 뜻에 이바지 하면 이 어찌 위대한 일이 아니랴."<동상>고 하는 데서 퇴계의 정학正學 교육관을 엿볼 수 있다. 이 해 기대승奇大升에게 출처의出處義 등 자주 편지 왕복이 있었다.

64세(甲子, 明宗19년, 1564); 2월에 이중구李仲久가 지닌 「무이구곡도武夷九曲圖」에 뒷글을 붙이고 말하였다.

"나의 벗 이중구李仲久군이 요즘 하나의 「무이구곡도」를 부쳤는데, 눈에 띄는 안개가 곡진하게 정묘하여 귓가에서 마치 뱃노래가 들리는 듯하였다. 아, 나와 나의 벗만이 주자시대에 같이 태어나서 만정봉慢亭峯밑에서 배를 사 타고 석문오石門塢 앞에서 닻을 내리고 인지당仁智堂에 올라가서 날마다 주자를 뫼시고 도를 강론하고 여기에 물러가서 여러 문인들과 함께 은구재隱求齋와 관선재觀善齋 사이에서 노래 부르고 두루 돌면서 도리를 만의 하나라도 깨치기를 바라는 일을 하지 못하였다. 이군이 무이곡武夷曲마다 그 위에 뱃노래를 써 달라고 나에게 요구하기에 이미 쓰고 나서 이어 그 책 끝에 느낀 바를 써서 들려보냈다."<『퇴계집』 권43, 武夷九曲圖跋>고 한 구절은 주자의 무이정사武夷精舍가 있었던 오곡五曲을 말한 것이다.

9월에 「정암조선생靜庵趙先生(光祖)의 행장」을 저술했다. 또 「심무체용변心無體用辯」을 지었다. 종성령鍾城令 이구李球(?~1573)는 호가 연방蓮坊인데, 서화담徐花潭에게 배웠다. 「심무체용설心無體用說」을 지어 김취려金就礪에게 의탁하여 퇴계에게 질의하였다. 퇴계의 변론은 대략 다음과 같았다.

"적寂과 감感을 체용體用이라 한 것은 대역大易에 근본했고, 동動과 정靜을 체용體用으로 한 것은 『예기』에 근본했고, 미발未發과 이발已發을 체용體用이라 한 것은 자사子思에 근본하고, 성性과 정情을 체용으로 한것은 맹자孟子에 근본했으니 이는 모두 마음心의 체용이다. 대체로 사람의 한 마음이 비록 우주에 가득하고 고금에 뻗쳐 있으며, 유명幽明을 관통하고 만 가지의 은미隱微한 것을 통한다 할지라도 그 요점은 체와 용, 이 두 가지를 벗어나지 않는다. 그러므로 체용이라는 명칭은 비록 선진先秦의 책에 보이지 않으나, 정자程子와 주자朱子 이래로 여러 유현儒賢들이 도道를 논하고 심心을 논할 때에 모두 이것을 주장하여 강론하고 분석하면서 행여 밝혀지지 못할까 두려워 하였으며, 진북계陳北溪(이름은 순淳, 자는 안경安卿이다)의 심설心說은 더욱 이것을 지극히 말하였으니, 어찌 일찍이 마음에 체용이 없다는 말을 한 사람이 있었는가."라고 전제하고는,

첫째, 연방이 "마음에 진실로 체용이 있으나 그 근본을 더듬어 보면 체용이 없다."고 하였으나 퇴계는 정자程子의 "마음은 하나뿐인데 체를 말하기도 하고, 용을 말한 것도 있다."고 하였으니 심心에 체용이 있다고 반박했다.

둘째, 연방이 "동動과 정情은 실제하는 이理이고, 체용은 빈 말이다. 도리는 본래 체용이 없는데 동動과 정情이 있기 때문에 그 정情을 체라 하고, 그 동動을 용이라 했다."고 반박했다.

셋째, 연방은 "체體자는 형상形上에서 나왔고, 용用자는 동상動上에서 나왔으니, 동動하기 이전에 어찌 일찍이 용用이 있을 수 있으며, 형상形上이 있기 전에 어찌 일찍이 체體가 있을 수 있겠는가?" 하고, 소강절邵康節이 "본래 체體가 없다."고 한 것을 인용하고, "체體가 없다면 용用이 없음을 알 수 있다."고 하였는데, 퇴계는 "체體와 용用은 두 가지 뜻이 있으니, 도리상에서 말한 것이 있다. 예를 들

면 충막冲漠하여 조짐이 없으되 만상이 삼연森然히 이미 갖추어졌다는 것이 이것(形而上의 本體)이요, 사물상(物의 形體의 體)에서 말할 것이 있으니, 배는 물에 다닐 수 있고, 수레는 육지에 다닐 수 있으며, 배와 수레가 물로 다니고 육지로 다닌다는 말과 같은 것이 이것이다. 주자가 여자약(呂子約, 祖儉)에게 답한 편지에 '형이상形而上의 입장에서 말하면 아득하여 조짐이 없는 것이 진실로 체體가 되고, 사물 사이에 발로 되는 것이 용用이 된다. 그러나 만일 형이하形而下를 가지고 말하면, 사물은 또 체體가 되고 그것의 이理가 발현하는 것이 용用이 되니, 일률적으로 형이상形而上을 도체道體라 하고, 천하의 다섯 가지 달도達道를 도의 용用이라 할 수 없다'고 하였는데, 연방이 '체體는 상象에서 나오고 용用은 동動에서 나왔다'는 것은 다만 사물의 체形體와 용用으로 형이하形而下를 말했을 뿐이요, 실제는 아득하여 조짐이 없어 체本體와 용用이 하나의 근원인 형이상形而上의 묘妙를 망각한 것이다. '형상이 있기 이전엔 체體가 없다'고 한 소강절邵康節의 말을 인용하여 증거로 내세우지만 이는 소강절의 이른바 '체體가 없다'는 것은 다만, '형체形體가 없다'는 것을 말했을 뿐이고 아득하여 조짐이 없는 '본체本體가 없다'고 한 것이 아니라는 것을 알지 못했다."고 하여 반박하였다.

연방은 "체體와 용用을 사물形器에만 국한시키고, 심心, 성性을 아득하고 어두운 것으로 돌렸으니, 잘못된 이론이라"고 퇴계는 연방의 병통을 비판했다.

65세(乙丑 明宗20년 1565); 「경재잠도敬齋箴圖」와 「백녹동규도白鹿洞規圖」 등을 완락재玩樂齋 위에 써붙쳤는데, 존양성찰存養省察의 공부에 노력한 흔적이며 학생들에게 경계한 것이다.

8월에 학생들과 「계몽啓蒙」을 강론했다. 계몽전의서啓蒙傳疑序는 '이수理數의 학'이라 했고 「계몽」이란 주자가 지은 「역학계몽易學啓蒙」이다. 12월에 소명召命되어 동지중추부사同知中樞府事로 다시 되었다.

66세(丙寅, 明宗21년 1566); 벼슬을 사양하였다. 풍기에서 예천에 이르러 벼슬을 사양했으나 허락되지 않고 자헌대부공조판서 겸 예문관제학資憲大夫工曹判書 兼藝文館提學으로 배명되며 또 사양하였지만 겸 홍문관대제학, 예문관 대제학, 성균관지사, 경연동지, 춘추관사로 소명되었다. 4월에 지중추부사로 옮기고 벼슬을 그만두려고 했지만 허락이 없었다. 10월에는 「회재 이선생행장晦齋李先生行狀」을 저술하고 또 「문집」을 교정했다. 『심경心經』을 존중하여 「사서四書」, 『근사록近思錄』의 아래에 두지 아니하였다. 그런데 황금계준량黃錦溪俊良은 일찍이 편지로 그 책을 배척하여 말하였다. "'진서산眞西山'(『심경』저자)은 화려하나 알맹이가 없고, 범난계范蘭溪[3]는 퍼지기만 하고 절실하지 않고, 황자계黃慈溪의 학문은 두 사람과 비교하면 더욱 아래이다. '정황돈程篁墩'의 본 것은 밝게 선택되지 못하고 정밀하지 못했다."고 하였다. 『심경』을 퇴계에게 다시 개정하도록 바랬다.

퇴계는 답서에서 "옳지 않다."고 힘써 변론하였다. 퇴계는 「심경후론心經後論」에서

"황은 젊어서 서울에서 공부할 때 처음으로 여관에서 이 책을 보고 구해 읽었다. …… 나는 평소에 이 책을 존중하고 믿음이 또한 「사서四書」나 『근사록近思錄』의 아래에 있지 아니하였다." 하고 이어서 "늘 의심되는 것은 정황돈程篁墩의 「부주附註」가 육상산의 학문으로 돌아가고자 한 뜻이 아니겠는가? …… 진건陳建이 황돈의 「도일편道一編」에 "황돈이 육상산의 학문을 미봉하고자 하여 주자와 육상산의 주장에 초년설初年說과 만년설晩年說을 취해 일체를 뒤집어 놓고 주자가 '초기에는 잘못 육상산의 학설을 의심하다가 만년에 비로소 잘못을 뉘우치고 깨달아 육상산과 합치되었다'고 했다. …… 아! 진실로 이 말대로라면 황돈이 잘못한 것이니, 그의 학문도 과연 의심할 만한 것이 있겠다. 생각해보니 주자와 육상산

---

3) 范蘭溪, 이름鏜, 자中和, 송 이종(1224~1264) 때의 좌승상

의 학설이 다른 것은 고의가 아니라 이는 유학이요, 저는 선학禪學이며, 이것은 바르고 저것은 부정하며 이것은 공평하고 저것은 사사로운 감정에서이니, 이와 같다면 이렇게 서로 같을 수 있겠는가, 공자는 말씀하기를, '문文을 박학博學하고 예禮로써 요약하라'고 했으며, 자사子思는 '덕성을 높히고 학문에 말미암는다.' 했고 맹자孟子는 '널리 배우로 상세히 말함은 장차 이것을 가지고 되돌려서 요약함을 말하려 해서이다.' 하니 박문博文, 약례約禮 이 두 가지가 서로 필요한 것은 수레의 두 바퀴와 같고, 새의 두 날개와 같으니 하나를 폐지하고도 갈 수 있고, 날 수 있는 것이 아니다. 이것은 실로 주자의 말씀이다. 우리 유가의 가법家法이 본래 이와 같다. …… 도일편道一編의 이름을 가지고 진씨陳氏의 말로써 헤아려 보면, 그는 '반드시 도는 하나요 둘이 없다. 육씨陸氏는 돈오頓悟하여 한 가지만을 주장하고 있었는데, 주자는 초년에 둘로 생각하였다가 말년에는 하나라고 말씀했다.'고 하였을 것이다. 만일 이와 같다면 이것은 육상산이 주자에게 의지하지 않고, 주자가 도리어 육상산에게 의뢰함이 있으니 크게 잘못된 것이 아니겠는가 …… 다만 박문博文만을 힘쓰고 조금이라도 약례約禮의 공부를 늦춘다면, 그 폐단은 반드시 구이口耳의 학에 이를 것이다. …… 다만 황돈이 초년설과 만년설을 나누는데 급급한 것이 온당치 못 할 뿐이다. …… 한 마디도 육씨의 학문에 언급하지 아니하여, 주자가 만년에 잘못을 뉘우치고 육씨와 합했다고 말한 도일편道一編과는 전혀 다르다. …… 허노재형許魯齋衡은 일찍이 '내 『소학小學』을 신명神明과 같이 공경하고 부모와 같이 존중한다'고 하였는데 나는 「심경心經」이 또한 그러하다."<『퇴계선생문집』 권41, 잡저>라고 했다. 퇴계는 오초려吳草廬와 정황돈程篁墩의 주륙절충朱陸折衷의 잘못을 지적하고 그들 학문의 근본을 분별하였다.

「기명언이 노이재(守愼)가 『곤지기困知記』를 존신하는 잘못을 논한 것에 대해 대답함答奇明彦書論盧伊齋尊信困知記之非」에서 "퇴계선생의 학문은 한결같이 주자학을 목표로 했다. 육학陸學을 존중한 사람을 보면 반드시 깊히 배척하여 통절하게 끊었다. 노이재(守愼)가 나정암의 『곤지기』를 존신尊信했으나 퇴계선생은 정암의 학을 이단이라 배격하고 양으로 배격하고 음으로 도우며, 좌左로 막으며 우右로 차단하니 실로 정주程朱의 죄인이라고 했다. 이재(守愼)와 힘주어 변론했지만 수신이 끝내 긍정하지 아니하였다. 다만 기고봉奇高峯만 퇴계선생과 협력하여 「곤지기발困知記跋」을 저술해서 그 학을 배척하였다. 퇴계선생은 '이 논의가 매우 쉬운 것이 아니다'고 칭찬했다."

『곤지기困知記』는 "도심道心을 성性으로 하고, 인심人心을 정情으로 했다."고 하지만 퇴계는 「김경순金景純(守一)에게 대답하는 편지」에서 역시 그 잘못을 지적하였다. 『곤지기』의 주장은 크게 두 가지인데, 첫째는 이기일물설理氣一物說이니, 일재一齋 이항李恒과 율곡栗谷 이이李珥에서 그 영향을 볼 수 있고, 둘째 「도심 · 인심체용설道心人心體用說」은 노수신盧守愼이 받아 들였다.

67세(丁卯 明宗이 승하함, 1567); 7월에 예조판서 겸 동지 경연춘추관사禮曹判書兼同知 經筵春秋館事가 되나 사퇴했지만 허락이 없었다. 8월에 고향으로 돌아와서 18일에 용수사龍壽寺에 나아가니 19일에 왕의 상사 발인이라 집에 있는 것이 미안해서였다.

7. 「무진6조소戊辰六條疏」와 『성학10도聖學十圖』

68세(戊辰 宣祖2년, 1568); 7월 18일, 일찍 출발하여 입경하니 강나루에 이르렀다. "마침 큰 풍우를 만나 강물이 파도가 심해 거의 배가 전복될 듯하였다. 배를 탄 사람은 놀라서 어쩔 줄을 모르고 당황하였는데 선생만은 얼굴빛이 변하지 아니하였다."<『언행록』 권3, 李安道>. 이 사실은 정이천程伊川이 사천성四川省 부주涪州로 귀양갈 때 강심에서 당한 고사故事와 같았다. 8월에 홍문관과 예문관의 대제학이 되었다. 이 때 왕에게 6조소六條疏를 올려서 제왕학帝王學을 천명하였으니

그 첫째는 왕통과 혈통의 계승을 소중히 하여 인효仁孝를 온전하게 할 것이며, 주상은 왕실의 지친으로 왕통을 이었으니 옛날부터 입승한 인군은 이륜에 많은 죄를 얻는 까닭에 경계할 것입니다.

둘째, 이간질을 막아 선조와 인순왕후仁順王后 사이를 친하게 할 것

셋째, 성학聖學을 돈독히 하여 정치의 근본을 세울 것

넷째, 도술道術을 밝혀 인심을 바로잡을 것

다섯째, 복심腹心을 미루어 생각하고 이목耳目을 통달하게 할 것

여섯째, 수행하고 살피는 일을 정성스럽게 하여 하늘의 사랑을 이어받을 것

생生의 도리를 실현하는 정치는 바로 인애仁愛의 실천이라고 했다. 인애의 실천을 통해서 천지의 정신心인 생生의 정치가 실현된다고 주장했다.

이에 선조왕은 "경의 도덕은 옛 사람에게 질의해도 그 닮은 이가 드물다. 이 6조는 진실로 천고의 격언格言이며, 이에 지금의 급무이다. 내가 비록 덕이 적다하지만 감히 가슴에 붙치지 아니할까?" 하고 대답하였다.

이후 모든 벼슬을 시작하기를 청했지만 석강夕講, 조강朝講, 주강晝講하고 임금(선조)이 조광조의 학문과 실천에 관하여 질문하므로 퇴계는 "천품이 뛰어나고 성리학에 밝고 깊으며 효우孝友하며 지치至治로 개혁하고자 『소학小學』을 교육의 근본으로 하고, '여씨향약'으로 사회자치에 노력했지만 단지 젊은 학자가 지치至治에 급한 나머지 구신들의 원한을 쌓은 것이 폐단입니다." 하고 지적하였다. 그간에 「정자사잠程子四箴」을 진강進講하여 왕께서 "이는 참된 격언格言이니 좌우에 두고 날로 경계할 것입니다."고 하였다. 홍문관에서

「서명西銘」을 교정하였고, 또 「서명고증西銘考證」을 만들어 참고하도록 했다.

12월에 『성학10도聖學十圖』를 차자箚子와 함께 왕에게 받쳤다. 그 내용은 다음과 같다.

1. 태극도太極圖
2. 서명西銘
3. 소학도小學圖
4. 대학도大學圖
5. 백녹동규도白鹿洞規圖
6. 「심통성정도心統性情圖」

이 그림의 설명은 상上, 중中, 하下의 3도가 있는데, 사단四端, 칠정七情의 문제토론 기원이 있었다.

7. 인설도仁說圖
8. 심학도心學圖
9. 경재잠도敬齋箴圖
10. 숙흥야매잠도夙興夜寐箴圖

선조왕은 학문에 매우 절실하다고 생각하여 병풍을 만들어 드리라고 명하였다. 이상의 「10도」는 뒤에서 '성리학性理學' 혹은 '이학理學'의 개론도설槪論圖說이 되었다.

『성학10도聖學十圖를 올리는 차자箚子』에서 퇴계는 "오직 옛 현인·군자가 성학聖學을 밝히고 심법心法을 얻어서 그림을 그리고 도설을 지어 사람에게 도道에 들어가는 문門과 덕德을 쌓는 기초를 보여준 것이 세상에 전해져 해와 별과 같이 환하므로 …… 그래서 그중 가장 현저한 것 일곱 가지를 골랐습니다. 그중 심통성정도心統性情圖는 정씨의 그림에다 신臣이 만든 소도小圖 두개를 붙인 것입니다. 나머지 셋(「소학도」, 「백록동규도」, 「숙흥야매잠도」)은 신臣이 그림은 만들고 글과 뜻은 선현이 이미 저술하여 조목·규칙이 세워진 것이며, 신臣이 창조한 것은 아닙니다. 합하여 『성학

10도』를 만들고 그림마다 밑에 저의 생각을 붙여 삼가 정사淨寫하여 올리나이다 …… 그런데 경敬을 지키는 것은 생각과 배움을 겸하고 동動과 정靜에 일관하고, 안과 밖을 합하고, 현顯과 미微를 하나로 하는 방법입니다. …… 한 그림에 나아가 생각하면 마땅히 그 그림에 전일專一하여 마치 다른 그림이 있는 줄을 모르는 것 같이 하고, 한 일에 나아가 익히면 마땅히 그 일에 전일專一하여 다른 일이 있는 줄을 모르는 것과 같이 하여야 합니다."[4)]

따라서 퇴계의 『성학10도』가 그의 국가·군주에 대한 마지막 충성심이라고 여러 논자가 평가하는 것과 같다.

임금의 요청에 따라 신하 가운데 이준경李浚慶과 기대승奇大升을 천거하고, 고향으로 돌아갔다.

8. 현철賢哲은 가셨다!

69세(己巳, 선조2년, 1569); 3월에 퇴계는 조정을 작별하고 동호東湖의 몽뢰정夢賚亭에서 일박하고 배를 타고 동쪽으로 돌아와서 봉은사奉恩寺에서 숙박했다. 이 때 명사들이 조정을 비우고 송별하니 각기 시부詩賦로 이별하였다.

"동호 배 위에서 기명언奇明彥이 먼저 한 절을 읊었는데, 박화숙朴和叔이 그 뒤를 잇고, 자리 위의 제공諸公이 모두 송별시가 있었다. 내 떠나는 마당에 다 갚지 못하고, 다만 앞의 두 절을 차운次韻하여 여러분이 와서 전송하는 후의에 사례하다."에서,

4) <『퇴계선생문집』 권7, 進聖學十圖箚>

배 위에 둘러앉은 이 모두 명망 높은 선비라　　列坐方舟盡勝流
돌아가는 이 마음 종일토록 이끌렸네　　歸心終日爲牽留
원컨데 한강수를 벼루에 따라서　　願將漢水添行硯
이별의 무한한 시름을 유감없이 묘사하여 주오　　寫出臨分無限愁
……
물러감을 윤허하되 결과 환이 어이 같으랴　　許退寧同賜玦環
뭇 어진이 서로 보내 시골로 돌아가네　　羣賢相送指鄕關
스스로 부끄러워라 네 성인의 은혜 입어　　自慙四聖垂恩眷
헛되이 일곱 차례나 갔다 또 돌아왔다네　　空作區區七往還

<『퇴계집』 권5, 시詩>

“충청감사 유홍지兪泓之의 시를 차운하니 그 수首이다.”고 한 것 중 하나에서

자취를 감추려고 고국으로 돌아갈 제　　故國藏蹤日
중원에 봄이 드니 이별 시름하도할사　　中原別恨春
어찌 앵도나무 그는 책상 위 글씨가 사슴과 벗하는　　那知棠案筆
이 몸 기억 할 줄 알았으리　　能記鹿羣身
…….

<동상>

양주楊州의 무임포無任浦에서 일박한 뒤에 죽령竹嶺을 넘어 도산에 도착하였다.

70세(庚午: 선조 3년, 1570): 벼슬을 거두어 주기를 여러 번 상소했지만 허락받지 못하고, 5월에는 학생들과 역동서원易東書院에서 모이고 도산에 나아가 학생들에게 『계몽啓蒙』을 강하고, 7월에는 ‘역동서원’으로 가서 학생과 『심경心經』을 강하며, 8월에는 역동서원이 낙성되자 참가하고 축하하였다. 9월에 다시 도산에서 『계몽啓

蒙』과 『심경心經』을 강하였으며, 10월에 기대승奇大升 명언明彦과 「심성정도心性情圖」에 대해서 편지로 토론하였고, 또 11월에 「치지격물설致知格物說」을 고쳐서 기명언奇明彦 大升에게 대답하고, 12월 자제들에게 남에서 빌린 책들을 돌려 주도록 하였다.

퇴계는 아들 준寯에게 편지를 보내서 "오는 길에 청송을 경유할 것인가? 청송부사(久菴 金公就文, 善山人)는 비상한 분이다. 내가 공경하여 두려워하는데 너는 모름지기 조심해서 인사할 것이며, 무릇 지나칠 때는 마땅히 삼가고 조심해야 하느니라. 그리고 청송고을은 더욱 삼가할 곳이니라."<『언행록』 권5. 인물론>고 하여 「가서家書」에서 구암久菴 김취문金就文 에 대해서 경외敬畏하고 있다.

그 때(퇴계70세)에 아들 준이 봉화현감으로 있었다.

퇴계는 형의 아들 영甯에게 경계하는 글을 남기고 부탁하였는데,

첫째는 국가에서 내가 죽은 후 예장禮葬 하고자 하면 반드시 사양하고,

둘째 기름과 꿀로 만든 과자를 사용하지 말며,

셋째 비석을 세우지 말며, 다만 적은 돌에 "퇴도만은 진성이공의 묘退陶晩隱眞城李公之墓"라 할 것이다. 그 뒤에는 고향 · 세계 · 지행志行 · 벼슬을 서술하고 이를 위해 나 스스로 초안을 잡은 것이 있으니 찾아 사용하라.

넷째, 내가 죽은 뒤 친족들이 지켜야 할 상례를 법도와 예절을 아는 학식 있는 어른에게 물어서 고금에 합당하는 도리를 찾으라.

자제들이 말렸으나 선생은 "죽음과 삶의 사이에서 만나 보지 않을 수 없다."고 하시고 웃옷을 덮고 제자들을 들어오게 하여 이별하니 "평소 잘못된 견해로써 여러분과 함께 종일 강론한 것이 또한 그렇게 쉬운 일이 아니었네."라고 하였다. 12월 2일에 병이 차도가 있자 약을 올린 뒤 "오늘은 장인의 기일忌日이라 고기반찬은 하지 말라"고 하였다.

3일에 침실에서 설사하니, 분매盆梅가 곁에 있었다. 다른 곳으로 옮기도록 명하였다. "매형梅兄을 더럽히면 마음이 편안하지 못하

다."고 하였다.<李德弘>

5일, 상례에 필요한 물건, 특히 제사도구를 준비하게 하였다.

7일, 제자 이덕홍李德弘에게 책을 맡으라고 명하였다. 선생의 병세가 조금 호전됨에 문인들이 점대를 뽑아 『주역』의 괘卦로 점치니 '겸괘謙卦'가 나왔다. 이 괘의 풀이에 "군자에게는 끝맺음이 있다君子有終"는 뜻이 있었다. 김부륜金富倫 등 옆에 있던 제자들은 즉시 주역을 덮고 얼굴색이 변하였다.

또 8일 아침, 분재 매화盆梅에 물을 주라고 하였다.

이 날은 맑았으나 저녁 유시酉時(오후 5시)에 갑자기 흰 구름이 집 위에 모이고 눈이 3센티나 내렸다. 잠시 선생이 자리를 정돈시키고 옆에서 부축해 일으키라고 하시었다. 앉아서 조용히 세상을 떠났다. 그러자 곧 구름이 흩어지고 눈이 개였다. 이날 밤에는 바람과 눈이 많이 내렸다.

김동강金東岡 우옹宇顒이 부고를 듣고 온 고을 선비들과 천곡서원川谷書院에 모여서 통곡하였으니 대개 정주程朱의 학통이 단절된 것을 마음 아파한 것이다.

온 나라의 선비가 선생을 태산교악泰山喬嶽처럼 사모하였으니 세상 떠난 것을 듣고는 아는 사람과 모르는 사람까지 슬퍼하지 아니한 사람이 없었고 서로 다투어 곡哭하였다.

17일에 「증영의정贈領議政」의 명이 내리고 또 나라에서 3일동안 조정일과 시장을 정지하고 사형과 도살을 금지하고 음악을 끊었다.

선조 6년(1573) 9월 24일, "왕은 예조에게 전하기를, '이황의 저서는 한 쪽 말과 쌍자雙字도 모두 후세에 전해야 한다. 혹은 탈락되고, 혹은 흩어져 없어지면 반드시 후회할 것이니, 교서관校書館으로 하여금 인출케 하라.'고 하였다."

박순朴淳은 「행략」에서 "그 정학正學을 천명하고 후생을 개도하여 공자·맹자·정주의 도를 밝게 우리 동방에 다시 밝힌 것은 오직 선생 한 사람뿐이다."<崇終獻議>고 했다. 시호를 문순文純이라 하였다.

「실록實錄」에서 퇴계사후 선조宣祖 4년에 류희춘柳希春이 퇴계의 심경후설心經後說을 읽고 정밀하기로 “우리 동방에 정포은 뒤에 오직 한 사람이 있을 뿐이다.” 하고 “선조 6년에 영상이 퇴계 이황의 「심경발문」을 경연관의 말대로 인출하는 것이 마땅하겠다.” 하고, 노수신盧守愼이 “「심경후설」은 심학心學에 대하여 밝힌 것이 많습니다.”고 아뢰며, “선조 6년에, 교서관에서 『심경부주心經附註』는 이학에 긴요하며 퇴계 이황의 발문도 적실하니 인추하여 유포하소서.” 하였다. 유생들이 김굉필金宏弼·정여창鄭汝昌·조광조趙光祖·이언적李彦迪과 이황李滉을 문묘에 종사하자고 상소하였다. 선조 7년, 유생들이 오현五賢을 문묘에 종사하도록 상소하여 이어 선조 9년의 태학유생들의 상소에서 ‘우리 동방의 고정考亭(주자)’이라고 하여 오현종사를 건의했고 11년, 14년, 37년 등 계속하여 오현의 문묘 종사를 청하였으나 드디어 광해光海 2년에 오현으로 종사하였다.

〔문인, 후학의 평가〕

김성일金誠一은 「퇴계실기退溪實記」에서 “근세의 사대부가 독서하면 오직 과거의 리利만 알고 성현의 학문이 있는 줄 모르고, 관리가 되면 총애와 봉록의 영화만 알고 조용히 물러나는 절도를 모르고, 이치에 어둡고 어지럽게 얽혀서 수치가 없고 의리도 없었다. 선생이 일어나자 사대부된 사람들이 비로소 사람되는 이유의 도리가 저것에 있지 않고, 이것에 있음을 알게 되었다……. 여러 선비를 집대성하여 위로는 단절된 성인의 학문실마리를 계승하고 아래로는 후학이 와서 배울 수 있게 되었다. 공자·맹자·정주의 도로 하여금 빛나게 세상에 다시 밝히셨으니, 동방에서 찾는다면 기자箕子 이후의 한 분뿐이셨다.

남명 조식은 “이 분에게는 왕을 보좌하는 학문이 있다.”고 하셨고, 고봉 기대승은 “그 마음이 가을 달, 차가운 물과 같으셨다.”고 하였으며, 조목은 “그 학문이 주자의 적통嫡統을 계승하였다.”고 하였는데 세상에서 ‘합당한 말’이라고 생각했다.<實記, 門人 김성일 씀>

“선생은 동국의 학문이 단절된 후에 나셔서 스승이 없이 초연히 홀로 그 순수한 자질과 깊은 이해와 넓고 굳은 지침과 고명한 학문을 얻으셨다."<言行通述, 門人 鄭惟一>라고 하였으며, 이이李珥는 퇴계의 「유사遺事」에서 "선생의 학문은 의리義理가 정밀하여, 한결같이 주자의 가르침을 좇으시어 여러 학설의 이동異同에 대하여도 역시 분명하게 알고 자세하게 밝히시되 주자에게 절충하지 않음이 없으셨다."라 하고 또 "선생께서 세상 선비의 영수가 되시니, 조정암趙靜庵 뒤에 함께 비교할 분이 없었다. 그 재주와 정조情調와 그릇은 혹 정암에게 미치지 못할까 모르나 의리를 연구하여 정밀하고 미묘함을 다함에서는 또한 정암의 미칠 바가 아니셨다."고 하였으며 이익李瀷(1682~1764)은 「이자수어서李子粹語序」에서 "이제 다행하게도 이 땅에서 탄생하니 어찌 퇴계의 말로서 말하고, 퇴계의 실천으로 실행하여 한 가닥의 사문斯文을 도우는 까닭을 바라지 아니하겠습니까?"[5)]

하고 순암 안정복 順庵 安鼎福(1712~1791)은 「수어발粹語跋」에서 "참으로 이 책을 읽고 가슴 속으로 실천하니, 사랑하신 아버지의 가르침을 받는 것 같다."[6)]고 했으며 이익의 문인 윤동규(1695~1773)은

"퇴계선생은 주자를 잘 배웠다. 주자를 배우고자 하면 마땅히 먼저 퇴계를 배울 것이다. 퇴계를 배우고자 한다면 남기신 가르침에서 찾지 않고 어찌할 것인가"?<後學尹東奎 敎識>

라고 하니 길이 퇴계의 학덕學德은 살아 계승되었다.

---

5) 今幸而生此域中者, 豈 不欲言退溪言, 行退溪行, 有以持扶一脈斯文也哉?<李子粹言序>

6) 誠讀是書, 而服膺體行, 如受慈父之訓戒<李子粹言序>

1) 저서著書

(1) 『퇴계선생문집退溪先生文集』

「내집」 49권
「별집」 1권
「외집」 1권
「목록」 2권
「속집」 8권(1843년)

(2) 『퇴계선생전서退溪先生全書』

「내집」 1권
「외집」 1권
「속집」 8권
「별집」 1권
「유집遺集」 등

(3) 『도산전서陶山全書』

「3책」 권4
「속내집」 권2
「외집」 권1
「별집」 권2
「속집」 권8
「유집」 내편, 권10
「유집」 외편, 권8
「기호 없는」 2책, 총 4248장이다.

(4) 『성학10도聖學十圖』

퇴계 68세에 선조왕에게 편찬하여 올린 십도十圖와 설명하는 글이다. 그림 3개만 퇴계의 자작이고 나머지는 모두 옛 사람이 그려

놓은 것을 인용하였다.

선조는 병풍으로 만들었고 류성용柳成龍이 중국에 사신으로 갔을 때 중국학자에게 전해 주었다.

뒷날 청말·민국초의 양계초梁啓超(1873~1920)가 상덕여자대학尙德女子大學을 세울 때 배포하여 학교 건립 자금을 마련하였다. 영어로 미국의 '미카엘 칼돈' 교수가 번역했다.

(5) 『자성록自省錄』

퇴계의 자작이나 다른 사람에게 써준 편지 가운데 되살펴 보아 기억해 둘 것들을 다시 써 놓은 것인데, 1585년 나주에서 책으로 간행되었다.

노수신·황준량·기대승·김부윤·정유일·이이·남언경에게 보낸 24편의 편지로 그 내용은 주로 성리학의 학문적 이론이며, 예절과 양심을 보존하고 본성을 기르는 일, 일상 행위의 중심문제가 되는 것들이다. 이 책은 1558년에 성립되었는데, 일본의 山崎闇齋가 존중한 까닭에 일본퇴계학 연구의 기초가 되었다.

(6) 『계몽전의啓蒙傳疑』

주자와 제자 채원정蔡元定(1135~1198)이 함께 역학易學에서 이수理數를 풀이하여 『역학계몽易學啓蒙』이라는 책을 저술하였는데 퇴계는 57세에 『계몽전의』라고 하여 "계몽을 읽는 가운데 의심스러웠던 곳을 전한다."고 하였다. 명明의 한원락韓苑洛의 『역학계몽의견易學啓蒙意見』에서 편입하기도 했는데 일본에는 『역학계몽도설易學啓蒙圖說』 4권 2책이 1657년과 1669년에 출판되었다.

(7) 『주자서절요朱子書節要』

『주자대전朱子大全』이 방대하므로 요점파악이 쉽지 아니하므로 퇴계가 요긴한 편지에서 뽑아 20권으로 편찬한 것이 『주자서절요』이다. 이 후 학자들에게 보배로 존중되며 근래 일본 동경대학 철학과의 필독서로 되었다고 한다.

퇴계의 서문이 1558년이고 기고봉은 1572년에 「식어識語」 하고 금계 황준량은 성주에서 간행한 뒷글은 1567년이다. 퇴계는 55세에 주자서를 절요節要하여 여러 문인들에게 나누고 필사筆寫하도록 하고, 56세에 『주자서절요朱子書節要』의 필사로 차례로 엮어졌고, 58세 4월에 『주자서절요』의 서문序文이 이루어졌으며, 61세 가을에 도산서당陶山書堂이 성립되자 많은 학생이 모여들었다. 여러 학생과 『주자서절요』를 강명하였다.

63세 2월에 이중구李仲久와 『주자서절요』에서 버리거나 취하는 뜻을 논하였다.

66세 5월에 계장에서 해주본 『주자서절요』를 개정하였으니 이와 같이 주자학 전수의 교본敎本이 이룩되었다.

이 책의 요령은 첫째, 주자의 학문에 관한 것이요, 또 훈계격려에 취중했고, 둘째 실제의 도덕생활에 전실한 실학에 관한 것이며, 셋째 주자의 사상 형성 과정에 주목하고 인품의 고하와 학문의 얕고 깊음에 따라 약을 사용하는 응병시약應病施藥의 교학으로 후진을 지도하였다. 이 3원칙은 이상정李象靖이 엮은 『퇴계서절요退溪書節要』에서 계승되었다.

(8) 『이학통록理學通錄』

정식 이름으로 이 책을 『송계원명이학통록宋季元明理學通錄』이라고 하는데 퇴계59세에 편찬 완료한 것이며, 초유의 송원명宋元明시대의 성리학에 관한 학술서이다. 중국의 황종희의 『송원학안宋元學案』과 『명유학안明儒學案』에 앞선 중국철학사이다. 통록 11권, 외집 1권, 부록 1권으로 구성되어 있다.

(9) 『성현도학연원聖賢道學淵源』

도학의 근원을 밝힌 것으로써 황제黃帝로부터 주자까지 중요한 도학적인 글과 짧은 글들을 시대 순으로 편집해 놓았다.

(10) 『사서석의四書釋義』

『논어』, 『맹자』, 『중용』, 『대학』에서 중요한 구절이나 어려운 말에 대하여 학자들의 새김과 풀이를 퇴계가 수집하여 바로잡는 것과 문인 제자들에게 강의하고 연구한 것들을 기록해 놓았다. 문제가 되는 원문을 조목조목 드러내 보이고 그 아래에 당시의 한글과 한문을 섞어 가면서 풀이하고 있다. 본래 퇴계가 쓴 것은 임진왜란에 불타 없어지고 지금 전해지는 것은 1609년에 도산서원에서 자료로 남아 있는 것이다. 「대학석의」 뒤에 기고봉에게 답한 것이 부록되어 있다.

(11) 『삼경석의三經釋義』

『주역』, 『시경』, 『서경』을 중요한 구절과 어려운 말에 대한 여러 학자들의 풀이를 수집하여 비교하며 바로 잡은 것이며 또 문인 제자들에게 강의하면서 연구한 것을 기록한 것이다. 「서석의」 뒤에 「답이강이문목答李剛而問目」이 추가되었다.

(12) 『고경중마방古鏡重磨方』

은나라 탕왕湯王으로부터 주나라 무왕武王, 한·당·송의 여러 성현들은 자기를 깨우치고 반성하는 격언들이 있었다. 그러한 글들의 잠箴, 명銘, 찬贊을 수양에 도움이 될만한 글들을 뽑아 퇴계가 손수 베껴써서 책으로 만들었다. 인격 수양이 녹쓴 옛 청동거울을 갈고 닦아서 환히 비치게 하는 일과 흡사하도록 한다는 의미 '옛 거울을 거듭 갈고 닦는 방법'이라는 뜻에서 『고경중마방』이라고 했다. 이 말은 주자가 그의 제자에게 지어 준 시 가운데 나오는 부분이다.

(13) 매화시첩梅花詩帖』, 『도산12곡陶山十二曲』, 『계산잡영溪山雜詠』, 『칠선생유상찬七先生遺像贊』, 『활인심방活人心方』, 「독서설해讀書說解」, 『예설강해禮說講解』, 『성리제가해초性理諸家解抄』, 『퇴계선생년보退溪先生年譜』, 『퇴계선생만제록退溪先生輓祭錄』, 李安道 撰

『퇴계선생언행통록退溪先生言行通錄』 權斗經 撰
『퇴계선생언행록退溪先生言行錄』 李守淵 撰
『퇴계선생문집고증退溪先生文集攷証』 柳道源 撰,
『요존록要存錄』 李野淳 撰
『이자수어李子粹語』 李瀷 撰
『이선생예설류편李先生禮說類編』 李瀷 撰
『퇴서절요退書節要』 李象靖 撰
『퇴계선생예설류편退溪先生禮說類編』 李彙寧 撰,
『성학10도집설聖學十圖集說』 李彙寧 撰,
『도산사숙록陶山私淑錄』 丁若鏞 撰
『도산지陶山志』 李世源 撰
『오가산지吾家山志』 李晩輿 撰,

(14) 『계산기선록溪山記善錄』

이덕홍李德弘(1541~1595)이 행적을 16조목으로 나누어 기술하고 끝내 기선총록記善總錄을 첨가하였다. 이 책은 『간재선생문집艮齋先生文集』 제5 · 6에 수록되어 있다.

(15) 『양선생 4 · 7이기왕복서兩先生四七理氣往復書』

기언정奇彥鼎이 퇴계와 고봉 양선생간에 왕복하든 편지들 가운데서 이기理氣, 4 · 7四端七情에 관하여 논변한 것만 뽑아 1786년에 편집 · 간행했고 몽오夢悟 金鍾秀(1728~1799)의 뒷 글跋이 있다.

(16) 『양선생왕복서兩先生往復書』

고봉 기대승奇大升(1527~1572)이 2권 2책으로 편집한 것이지만 고봉의 아들 함재 기효증涵齋 奇孝曾이 보충하여 3권 3책으로 엮어서 1614년에 간행한 편지들이다. 퇴계 · 고봉의 사단칠정四端七情, 예禮 등에 관한 논변과 편지도 함께 편집했다.

(17) 퇴계가 집주輯注한 『주자행장朱子行狀』

일권·한책은 1576년 즉 퇴계 사후 6년만에 문인 조월천趙月川 등에 의하여 간행되어 주자 연구에 많은 도움을 주었으며, 어숙권漁叔權의 『책판목록冊版目錄』에서 "1585년(宣祖18년) 이전에 성주星州에서 간행된 적이 있었다."고 했다.

2) 『도산급문제현록陶山及門諸賢錄』

권두경權斗經(1654~1726)이 편찬한 『계문제자록溪門諸子錄』에다 퇴계의 후손인 청벽靑壁 이수연李守淵(?~1748), 산후山後 이수항李守恒(1695~1768), 광뢰廣瀨 이야순李野淳(1755~1831) 등이 추가하여 『이학통록理學通錄』의 체계를 따라서 퇴계 문인의 행적을 기록한 것이다. 이 책은 도산서원에서 간행한 초간본인 갑인본甲寅本(1854)을 위시한 4종의 목판본이 있는 것으로 알려져 있으며, 모두 5권 2책으로 되어 있다. 첫머리에 범례凡例·목록目錄, 퇴계의 자명自銘·고봉의 비후서碑後敍월천조목月川趙穆(1524~1605)의 '언행총록'이 수록되었으며 1권에서 5권까지 모두 309명의 문인에 대한 자子·호号·본관本貫, 생년生年, 선생과의 관련사항 등을 기록하고 있다.

성명	년대	본관	자	호	시호	저술·벼슬·업적
정지운 鄭之雲	1509-1561	경주 慶州	정이 慶州	추만 秋巒		천명도 天命圖
이 담 李 湛	1501-?	용인 龍仁	중구 仲久	정존재 靜存齋		감사 監司
이 정 李 禎	1512-1571	사천 泗川	강이 剛而	구암 龜巖		성리유론性理遺論, 경현록景賢錄
박 운 朴 雲	1493-1562	밀양 密陽	택지 澤之	용암 龍巖		격몽편擊蒙篇, 자양심법지론紫陽心法至論
최응룡 崔應龍	1514-1580	완산 完山	구숙 具叔	송정 松亭		이조참판, 선산해평거주
노수신 盧守愼	1515-1590	광주 光州	과회 寡悔	소재 蘇齋	문간 文簡	인심도심변人心道心辯, 숙흥야매잠해夙興夜寐箴解
홍인우 洪仁祐	1515-1554	남양 南陽	응길 應吉	치재 恥齋		진사 치재유고恥齋遺稿
한 수 韓 修	1514-	청주 淸州	영숙 永叔	석봉 石峰		지평持平명필가
신 옥 申 沃		고령 高靈	계숙 啓叔			
류희춘 柳希春	1513-1577	선산 善山	인중 仁仲	미암 眉巖	문절 文節	유선록儒先錄, 속몽구續蒙求
이함형 李咸亨		전주 全州	평숙 平叔	산천재 山天齋		심경석의心經釋疑, 주자서강록朱子書講錄
허충길 許忠吉	1516-?	김해 金海	국선 國善	남계 南溪		홍치재,남동강과 금강산에 놀다, 영주군수榮州郡守
황준량 黃俊良	1517-1563	평해 平海	중거 仲擧	금계 錦溪		성주목사, 글을 잘함
박승임 朴承任	1517-1586	반남 潘南	중보 重甫	소고 嘯皐		「공문심법류취孔門心法類聚」, 「강목심법綱目心法」, 대사간

성명	년대	본관	자	호	시호	저술·벼슬·업적
장수희 張壽禧	1516-1586	인동 仁同	우옹 祐翁	과재 果齋		증형조참의贈刑曹參議 영주에 살다, 71세. 퇴계의 위촉으로 '이산서원' 창립을 주간했다.
김생명 金生溟	1504-1577	안동 安東	사호 士浩	눌재 訥齋		참봉, 예안에 살다, 74세
권동보 權東輔	1518-?	안동 安東	진경 震卿	청암 靑巖		충재 권벌의 아들, 진사
황응규 黃應奎	1518-1598	창원 昌原	중문 仲文	송간 松澗		풍기에 살다, 81세 풍기 군수
이숙량 李叔樑	1519-1592	영천 永川	대용 大用	매암 梅巖		농암 이현보의 아들, 왕자사부王子師傅, 의병장으로 죽음
김덕용 金德龍	1519-?	안동 安東	운보 雲甫	정재 靜齋		대사헌
금 보 琴 輔	1521-1585	봉성 鳳城	사임 士任	매헌 梅軒		예안에 살다, 경성敬誠학에 노력함
김극일 金克一	1522-1586	의성 義城	백순 伯純	약봉 藥峰		안동에 살다, 사성이 됨
김명일 金明一	1534-1573	의성 義城	언순 彦純	운암 雲巖		구봉의 아우
김성일 金誠一	1538-1593	의성 義城	사순 士純	학봉 鶴峰	문충 文忠	퇴계문하 3大문인 왜란에 큰 공을 세움
김복일 金復一	1541-1592	의성 義城	계순 季純	남악 南嶽		학봉의 아우, 소학초기小學抄記, 벼슬 사성司成
김수일 金守一	1528-1528	의성 義城	경순 景純	구봉 龜峯		인심도심은 체용體用으로 할 수 없다,
손영제 孫英濟	1521-1588	밀양 密陽	덕유 德裕	추천 鄒川		사헌부지평, 도산서원 건립을 주도함
박사희 朴士熹	1508-1588	함양 咸陽	덕명 德明	묵재 默齋		의성훈도, 학행이 뛰어남
노 수 盧 遂	1516-?	광주 光州	사동 沙洞	소암 小菴		『소암문집小菴文集』, 「경신잠敬身箴」 임고서원 창건함, 영천에 살다

성명	년대	본관	자	호	시호	저술 · 벼슬 · 업적
김부인 金富仁	1512-1584	광산 光山	백영 伯榮	산남 山南		상례문목 11조喪禮問目11條, 경상좌병마사
김부필 金富弼	1516-1577	광산 光山	언우 彥遇	후조당 後凋堂	문순 文純	
김부의 金富儀	1525-?	광산 光山	신중 愼仲	읍청정 挹淸亭		참봉, 역동서원 초대 책임자
김부륜 金富倫	1531-1598	광산 光山	돈숙 惇叔	설월당 雪月堂		헌감, 임진왜란 의병을 도움
권호문 權好文	1532-1587	안동 安東	장중 章仲	송암 松巖		『송암집』, 시문에 조예가 깊다
권문해 權文海	1534-1591	예천 醴泉	호원 灝元	초간 草澗		승지, 증이조판서
권춘란 權春蘭	1539-1617	안동 安東	언회 彥晦	회곡 晦谷		『회곡집』 회곡진학도晦谷進學圖, 세자시강원 보덕
류운룡 柳雲龍	1539-160	풍산 豊山	응견 應見	겸암 謙菴		인동부사, 원주목사, 증이조참판
류성룡 柳成龍	1542-1607	풍산 豊山	이견 而見	서애 西厓	문충 文忠	『징비록』 『난후잡록』 『퇴계선생년보』 영의정, 임진왜란의 극복을 지휘함
변영청 邊永淸	1516-1578	원주 原州	개백 開伯	동호 東湖		대구부사, 사헌부 집의
김언기 金彥璣	1520-1588	광주 光州	중창 仲昌	유일재 唯一齋		영해부 학교 교관
김우굉 金宇宏	1524-1590	의성 義城	경부 敬夫	개암 開巖		홍문관 부재학, 직언 도학, 시문에 능함
김우옹 金宇顒	1540-1608	의성 義城	숙부 肅夫	동강 東岡	문정 文貞	『동강집』,『경연강의』 『속강목』 이조참판, 증이조판서, 개암開巖의 아우
배 신 裵紳		성주 星州	경여 景餘	낙천 洛川		진사, 강광, 후진교육

성명	년대	본관	자	호	시호	저술 · 벼슬 · 업적
조 목 趙 穆	1524-1606	횡성 橫城	사경 士敬	월천 月川		『월천문집』, 『곤지잡록해평海平』 도산서원에 퇴계와 함께 모셔져 있다
구봉령 具鳳齡	1526-1586	능주 綾州	경서 景瑞	백담 栢潭	문단 文端	이조참판, 안동에 살아 동서분당에 중립을 고수, 61세로 졸거
정탁 鄭琢	1526-1606	청주 淸州	자정 子精	약포 藥圃	정간 貞簡	좌의정, 서원西原부원군, 임진왜란에 큰공이 있음
박광전 朴光前	1526-1597	진원 珍原	현재 顯哉	죽천 竹川	문강 文康	현감, 증이조판서, 임란에 의병장으로 전사
금응협 琴應夾	1526-1596	봉화 奉化	협지 夾之	일휴당 日休堂		『심경질의』, 『소학』 실천가
금난수 琴蘭秀	1530-1599	봉화 奉化	문원 聞遠	성성재 惺惺齋		증좌승지, 현감, 임란에 공이 있음
정이청 鄭以淸		청주 淸州	직재 直哉	죽사 竹舍		약포藥圃숙부, 벼슬 교수
정 구 鄭 逑	1543-1620	청주 淸州	도가 道可	한강 寒岡	문목 文穆	『심경발휘』등 40여권, 대사헌, 증영의정 퇴계문 3대학자
정곤수 鄭崑壽	1538-1602	청주 淸州	여인 汝仁	백곡 栢谷	충익 忠翼	좌찬성, 증영의정 서천부원군, 임란에 명나라 원군에 공이 있음
김취려 金就礪	1526-	경주 慶州	이청 而精	잠재 潛齋		안산安山에 거주, 벼슬, 시정寺正
남언경 南彦經	1528-?	의령 宜寧	시보 時甫	동강 東岡		전주부윤, 양주목사 때 조정암의 道東書院 창건
민응기 閔應祺	1530-	려흥 驪興	백향 伯嚮	경퇴재 景退齋		『대학요람』 『심경석의』 2권, 증승지
정유일 鄭惟一	1533-1576	동래 東萊	자중 子中	문봉 文峯		『퇴계선생언행통술』 대사간
김효원 金孝元	1532-1590	선산 善山	인백 仁伯	성암 省菴		동인, 부령부사 증이조판서
심의겸 沈義謙	1535-1587	청송 靑松	방숙 方叔	손암 巽庵		대사헌, 서인영수, 인순왕비의 동생

성명	년대	본관	자	호	시호	저술・벼슬・업적
김 면 金 沔	1541-1592	고령 高靈	지해 志海	송암 松庵		경상우도병마사, 현감, 임진왜란의 의병도대장이며 난중에 순국병사 진주성에서 순직.
이덕홍 李德弘	1541-1596	영천 永川	굉중 宏仲	간재 艮齋		현감, 증이조판서, 임란에 세자를 보호하나 순직함
배삼익 裵三益	1534-1588	흥해 興海	여우 汝友	임연재 臨淵齋		관찰사, 중국사신
허 봉 許 篈	-1588	양천 陽川	미숙 美叔	하곡 荷谷		허초당 아들, 퇴계제자
성 혼 成 渾	1536-1598	창령 昌寧	호원 浩原	우계 牛溪	문간 文簡	좌참찬, 율곡과 6년간 논변함
이 이 李 珥	1536-1584	덕수 德水	숙헌 叔獻	율곡 栗谷	문성 文成	이조판서, 우참찬 23세에 도산으로 퇴계에게 배우고 학파를 이룸
조광익 曺光益	1537-1578	창령 昌寧	가회 可晦	취원당 聚遠堂		『문집』 과거에 급제
홍성민 洪聖民	1536-1594	남해 南海	시가 時可	졸옹 拙翁	문정 文貞	우찬성 익성군 임진왜란 중 죽음
문위세 文緯世	1534-1600	남평 南平	숙장 叔章	풍암 楓菴		주객문답主客問答, 전남장흥, 목사
오수영 吳守盈	1521-1607	고창 高敞	겸중 謙仲	춘당 春塘		松齋堣의 외손, 급제, 詩書에 뛰어남
박 순 朴 淳	1523-1570	충주 忠州	화숙 和叔	사암 思庵		처음 서화담에게, 중년에 퇴계에게 배우고, 영의정
김팔원 金八元	1524-1570	강릉 江陵	순거 舜擧	지산 芝山		현감, 안동에 살다
정지연 鄭芝衍	1525-1581	동래 東萊	연지 衍之	남봉 南峯		본래 李仲虎에게 배우고 퇴계에게, 우의정
기대승 奇大升	1527-1572	행주 幸州	명언 明彦	고봉 高峯	문헌 文憲	광주거주, 퇴계와 사칠설四七說 왕복, 『주자문록朱子文錄』
이중립 李中立	1533-1572	월성 月城	강중 剛中	구계 龜溪		용궁에 살고, 향년 39세

성명	년대	본관	자	호	시호	저술・벼슬・업적
남치리 南致利	1543-1580	영양 英陽	의중 義仲	분지 賁趾		『언행잡록』, 21세에 퇴계문인이 되어, 27세에 퇴계 장례를 주관. 38세에 세상 떠남.
윤근수 尹根壽	1537-1616	해평 海平	자고 子固	월정 月汀	문정 文貞	문과 급제, 해평군
윤두수 尹斗壽		해평 海平	자앙 子仰	오음 梧陰	문정 文精	기자지箕子志, 어영대장, 해원부원군, 34세에 퇴계의 제자가 됨
김 륵 金 玏	1540-1616	선성 宣城	포옥 布玉	백암 柏巖	민절 敏節	이조참판, 20세경 제자가 되고 명에 사신으로 감
허 엽 許 曄	1517-1580	양천 陽川	태휘 太輝	초당 草堂	문간 文簡	경상도 관찰사, 도산서원 건립을 지원
김명원 金命元	1534-1602	경주 慶州	응순 應順	주은 酒隱	충익 忠翼	우의정, 경림부원군, 소년 때 입문, 임진왜란에 도원수
이순인 李純仁	1533-1592	전의 全義	백생 伯生	고담 孤潭		예조참의, 임란에 세자 보호, 피난지에서 죽음
이성중 李誠中	1539-1593	전주 全州	공저 共著	파곡 坡谷	충간 忠簡	호조판서, 증영의정 완창부원군, 임란에 함창에서 순직
정윤희 丁胤禧	1542-	나주 羅州	경석 景錫	고암 顧庵		관찰사, 장원급제 정응두鄭應斗의 아들, 원주에 살다
조호익 曹好益	1545-1609	창령 昌寧	사우 士友	지산 芝山	문간 文簡	「가례고증」 안주목사, 17세부터 퇴계 문인이 되어 17년 귀양살이
정사성 鄭士誠	1545-1608	청주 淸州	자명 子明	지헌 芝軒		현감, 「통서의의담문」「역해고증」, 「계몽질의」 17세부터 퇴계에게, 도산 역락재 건축
우성전 禹性傳	1542-1593	단양 丹陽	경선 景善	추연 秋淵	문강 文康	「상례문답』「계갑일록』 성균관 대사성

성명	년대	본관	자	호	시호	저술·벼슬·업적
송언신 宋言愼	1542-1612	여산 礪山	과우 寡尤	호봉 壺峯	영양 榮襄	임란의병장으로 부평에서 전사 「성학지남』, 이조판서
이양원 李陽元	1526-1592	전주 全州	백춘 伯春	노저 鷺渚	문헌 文憲	영의정, 청년에 퇴계문하에 입학
김제갑 金悌甲	1525-1592	안동 安東	순초 順初	의재 毅齋	문숙 文肅	원주 목사, 증영의정, 원성에서 순직
권대기 權大器	1523-1587	안동 安東	경수 景受	인재 忍齋		서당 교육함
김응생 金應生	1516-1555	경주 慶州	덕수 德秀	명산 明山		임고서원 건립에 동참, 증호조참의
구사맹 具思孟	1531-1604	능주 綾州	경시 景詩	팔곡 八谷	문의 文懿	『팔곡집』, 좌찬성, 20세 퇴계문인
김 수 金 睟	1547-1615	안동 安東	자앙 子昂	몽촌 夢村	소의 昭懿	호조판서, 청백리, 임란에 곽재우 지원
김 륭 金 隆	1549-1594	함창 咸昌	도성 道盛	물암 勿巖		「삼서강록』「소학석의』18세에 퇴문에 들고, 참봉
신 식 申 湜	1551-?	고령 高靈	숙정 叔正	졸재 拙齋		『의례고증』「가례언해』 대사헌, 증이조판서, 소년입문
이호민 李好閔	1553-1634	연안 延安	효언 孝彦	오봉 五峯	문희 文僖	대제학, 명나라로 보내는 문서작성
심희수 沈喜壽	1548-1622	청송 靑松	백구 伯懼	일송 一松	문정 文貞	좌의정, 임란에 유공
류 근 柳 根	1549-1627	진주 晉州	회부 晦夫	서경 西坰	문정 文靖	좌찬성, 진원부원군, 청년시절 입문
조 진 趙 振		한양 漢陽	기백 起伯	농은 聾隱		공조판서, 일찍 입문
서사원 徐思遠	1550-1615	대구 大邱	행보 行甫	낙재 樂齋		이조정랑, 퇴계·한강에게 배움
윤 돈 尹 暾	1551-1612	남원 南原	여승 汝昇	죽창 竹窓		공조판서, 고봉 퇴계에게 배움
박민헌 朴民獻	1546-1616	함양 咸陽	희정 希正	운헌 橒軒		관찰사, 시문에 뛰어남
이 용 李 容	1547-?	고성 固城	사관 士寬	어은 魚隱		참봉

성명	년대	본관	자	호	시호	저술 · 벼슬 · 업적
이국필 李國弼		비언 棐彦				현감
신 연 申 演	1534-1595	영해 寧海	중호 仲浩	우헌 寓軒		형 신고산과 함께 퇴계에게 배우고, 고려말 신현申賢의 자손이며 신언申漹은 형 벼슬이 한성우윤이다.
주 박 周 博		상주 尙州	약지 約之	구봉 龜峯		주세붕의 아들, 진사, 칠원에 살았다.
황기로 黃耆老		덕산 德山	태수 台叟	고산 孤山		중종 때 진사, 별좌 초성草聖으로 선산에 살다. 율곡이 성주에서 안동 퇴계에 가던 중에 선산에서 고산을 방문하고 율곡의 아우 이우李瑀는 고산의 사위가 된다.
이복홍 李福弘	1537-1609	영천 永川	성중 成仲	노운 盧雲		예안에 살아 아우 간재와 퇴계문인이 된다. 벼슬은 증공조참의
오 건 吳 健	1521-1575	함양 咸陽	자강 子强	덕계 德溪		조남명 · 퇴계에게 배움, 성주교수
이 달 李 達		홍주 洪州	익지 益之	손곡 蓀谷		서울에 살다, 문장이 뛰어남, 원접사종사관
이천기 李天機						퇴계와 문답이 있다.
고응섭 高應涉		숙명 叔明	두곡 杜谷			선산에 살아 급제하여 사성司成이 되고 이학백가에 모두 통하여 스스로 소강절에 비하며 낙봉서원에 향사된다.
홍 반 洪 胖						
김낙춘 金樂春	1525-1586	순천 順天	태화 泰和	인백당 忍百堂		벼슬을 사양하고 문경에서 교육, 학문효행이 뛰어남

성명	년대	본관	자	호	시호	저술 · 벼슬 · 업적
이 인 李 寅		진성 眞城	경부 敬夫			퇴계백형 잠潛의 장자
이 완 李 完	1512-1597	진성 眞城	자고 子固	기암 企菴		중형 하河의 장자
이 복 李 宓	1520-1946	진성 眞城	자앙 子昂			넷째형 해瀣의 장자
이 준 李 寯	1523-1584	진성 眞城	정수 廷秀			퇴계의 장자, 첨정僉正
이안도 李安道	1561-1605	진성 眞城	봉원 逢原	몽재 蒙齋		퇴계 장손, 진사, 직장直長
박 신 朴 愼	1529-1593	밀양 密陽	여흠 汝欽	무진재 無盡齋		유학교관
배 점 裵 漸						옛 순흥 백성으로 대장장이이나 소수서원에서 퇴계가 강의할 때 뜰 아래에서 청강하고 퇴계가 세상을 떠난 뒤 철상을 만들고 모셨다.

퇴계의 문인은 309인이라고 하는데 혹은 정승에 이르고 혹은 학자로 이름 있는 이가 10여 인이며 한때 인재들이 거의 그 문하에서 나왔다. 서애 류성룡西厓 柳成龍, 아계 이산해鵞溪 李山海, 약포 정탁藥圃 鄭琢은 정승이 되었고 한강 정구寒岡 鄭逑, 월천 조목月川 趙穆, 간제 이덕홍艮齋 李德弘은 도학으로 이름을 남겼다.

퇴문8현退門八賢에는 고봉 기대승, 학봉 김성일, 설월당 김부륜, 일휴당 금응협, 류성룡, 조목, 이덕홍 등으로 간주되고, 그 이외에 문봉 정유일, 백담 구봉령, 지산 조효익, 금계 황준량, 구암 이정 등 걸출한 문인이 있으며, 김학봉, 류서애, 정한강은 退門三傑로 존경된다. 또 명필에 한석봉과 초성草聖에 황고산이 있으니 특이하다.

그러나 학문철학의 진수를 전수한 이는 거의 없었다고 하였으며 퇴계와 후에 함께 존경 받은 율곡 이이는 퇴계의 감화와 지도를 받았으나 스스로 하나의 학파를 일으킨 이후로 문인으로 감수하지 아니하였다. 또한 우계 성혼牛溪 成渾은 퇴계학과 율곡설을 절충하여 하나의 학맥을 이루기도 하였다. 도산서원에 배향配享된 조월천은 퇴계를 위한 사업을 많이 하였지만 덕행에 뛰어났다고 하겠으며, 뒷날 영조시대 대산 이상정大山 李象靖이 퇴계학을 발휘하여 소퇴계小退溪라고 하였고 「퇴서절요退書節要」가 있어 퇴계의 『주자서절요』에 비교되며 한국 성리학발전에 큰 영향을 주었다. 한국 영남에는 일제의 침략시기까지도 마을마다 선비의 서안書案에는 『퇴계문집』이 있었다. 이렇게 오랜동안 널리 퇴계학이 보급된 것은 우리나라 성리학에서 특이한 점이라고 하겠다.

Ⅱ부 퇴계의 철학체계

1. 퇴계의 논리
2. 퇴계학의 기본체계
3. 리理와 기氣
4. 퇴계의 심학心學
5. 심성론心性論
6. 4·7 논변
7. 퇴계의 경학敬學
8. 이학異學, 이단異端의 비판
9. 퇴계의 선비정신
10. 윤리설倫理說
11. 교육론教育論
12. 서원교육書院教育
13. 정치론政治論

퇴계의 철학체계

1. 퇴계의 논리

1) 주자와 퇴계의 리기변증법

(1) 주자의 혼륜설과 분개설

본래 기는 편偏·정正·통通·색塞·청淸·탁濁·수粹·박駁이 있는 차별자이고 또 운동하는 것, 굴신, 취산, 생멸하여 만물을 형성하는 자구資具·재료材料이지만 반대로 리는 '통체태극統體太極'으로서 기를 초월하면서도 다시 '각구일태극各具一太極'하니 이 리는 기에 내재하는 본질이 되므로 소위 초재超在와 내재內在라는 이중성을 지니고 있다. 까닭에 주자가 '재물상간在物上看', 즉 개물個物에서 본다면 리기는 혼륜渾淪하고 불상리不相離하며 선후가 없으므로 분개分開할 수가 없다. 그러나 '재리상간在理上看', 즉 이법상으로 본다면 리는 리요 기는 기이므로 분개할 수 있다. 따라서 리기는 불상리不相離하며 리선기후理先氣後가 된다. 소위 리는 보편자이며 기는 특수자이고, 또 리는 규정자이며 기는 피규정자라는 의미이다.

"만약 본원으로 논하면 리가 있은 뒤에 기가 있다. 까닭에 리는 편偏하거나 전全하다고 할 수 없다. 만약 품부稟賦된 개별물에서 논한다면 기가 있고 난 뒤에 리는 따라서 구비되는 까닭에 기가 있으면 리가 있다. 기가 없다면 리는 없다."<朱子文集 卷59, 答趙致道 師

夏>고 하였다. 본원적에서 리선기후理先氣後이지만 품부된 개체에서는 기선리후氣先理後이다. 본원적 리선기후는 분개설이고 현상적으로는 기선리후이니, 리기가 겸하면 혼륜설渾淪說이 된다.

주자는 다시

"대저 근일의 의논이 합合을 즐기고 이離를 싫어하며 모호한 것을 좋아하고 분석을 두려워하니 모든 일이 모두 이해理會가 철저하지 못한 까닭이니 이는 공통된 근심이다."<朱子文集 卷54, 答孫季和應時>하고, 리기는 합간橫看하고, 또 분간分看 곧 불상잡不相雜을 통해서 철저하게 이해해야 한다고 했다.

"음양은 없는 곳이 없다. 횡간하고 수간해야 모두를 파악할 수 있다. 횡간하면 좌양우음左陽右陰하고 수간豎看하면 상양하음上陽下陰한다."<주자어류 권91 주자지서, 태극>고 해서 음양을 좌우로 횡간하며 또 상하 본말로 수간해야 비로소 "모두 이해할 수 있다皆可見."고 했다. 리기를 수간한다면 상하, 혹은 본말로써 리선기후가 되고 선후가 있게 된다. 그러므로 주자는,

"이 도리는 각기 스스로 경우가 다르니 한 쪽만 말할 수 없다. 이 때는 이렇게 말하고, 저 때는 저렇게 말한다. 주객과 피차의 형세에 따라서 각기 같지 않는 것이다."<주자어류, 학이, 간록>고 하였으며 또 "하나의 주장으로 말미암아 서로 방해가 되도록 볼 수 없다."<同上>고 주장하였다. 즉 혼륜간兼理氣看 즉 합간合看할 때는 합간하고, 분개간離看할 때는 분석해서 본다. 만약 한 쪽만을 본다면 전체를 통간通看할 수 없다고 주장하였다.

이러한 논법은 『주자문집』, 『주자어류』에 많이 보이는데, 이것을 도표로 나타내면 다음과 같이 될 것이다.

A------------- 대대待對 ------------ B

A	B
형이상	형이하
분개分開	혼륜渾淪
리간離看:(分看)	합간合看

이간異看	동간同看
부잡不雜	불리不離
수간竪看(直看)	횡간橫看
재이상간在理上看	재물상간在物上看
본원간本源看	유행간流行看
일원간一原看	이제간異體看
취리상간就理上看	취기상간就氣上看

└────────통간通看────────┘

까닭에 주자는 "꼭 통간해야 한다. ……그래야 전체가 모두 인식된다. 바로 산을 보는 것과 같이 횡간하면 고개嶺가 되고 직간하면 봉우리가 된다고 하겠다. …… 이는 학자가 간절히 공부할 곳이니 마땅히 생각해야 한다."<주자어류, 논어2>하고, 또 "횡橫 직直은 각기 그것에 온당하고 조리가 분명하다."<주자어류 권29, 논어11>고 하였으며 "경經은 직直한 것이며 위緯는 횡橫한 것"<동상>이라고 하였으므로 수竪·경經·직直과 횡橫·위緯를 통하여 통通으로 통일되는 수竪·橫·通의 변증법적 사고이다. 이러한 변증법은 리와 기의 관계, 혹은 본연성과 기질성의 관계에 적용되어 있다.

2) 주자의 본연의 성과 기질의 성

이 관계 역시 분개할 때는 '성즉리性卽理', 곧 이성이며 본연의 성이지만, 겸리기兼理氣로 혼륜할 때는 기질의 성이 된다. 까닭에 "이 기氣가 없는 데도 벌써 이 성性은 있으며 기가 없는데도 성性은 늘 존재하는 것과 같다."<주자어류 권4>고 했다. 혼륜으로 볼 때는 리기를 겸하는 기질의 성이 되지만 그러나 만약 분개간하여 이 혹은 성의 항상성, 순수성을 인정하지 않고 기 혹은 겸리기라고 한다면, 본래 기는 선악미정이므로 성선설의 성립이 곤란해지며, 또 기는 악할 수도 있고 선할 수도 있으므로 성性의 선악혼합설이 정당하게 된다. 그렇다면 맹자, 정자의 전통설을 배반하게 된다. 리선기후설 혹은 리본설의 목적은 성선설의 기초지움이라는 의미가 있었다. 따라서 '성즉기性卽氣', 혹은 '성합리기性合理氣'를 성性의 본연이라고 한다면 성선설의 설명에 적합하지 못하게 되는 것이다.

3) 퇴계의 리기, 4단7정의 변증법

퇴계는 기고봉 대승大升에게 분석·분개의 중요성을 다음과 같이 말하였다.

"학문을 강講함에 분석을 싫어하고 합일을 힘써 말한다면 옛사람이 이것을 골륜탄조鶻圇呑棗라고 하였으니 그 병통이 적지 않다."<도산전서, 답기명언 논사단칠정, 제1서>고 하였으며, 다시

"분개설할 곳에서는 분개해 보아 혼륜을 해롭게 하지 않고, 혼륜설할 곳에서는 혼륜해 보되 분개를 해롭게 하지 않는다. 사의私意로서 왼쪽으로 당기거나 오른쪽으로 밀치지 않고, 분개를 합하여 혼륜하고, 혼륜을 분리하고 분개하여 이와 같이 오래한다면 자연 점차로 그 조리가 있고 혼란하지 않는 곳을 보게 되며 점차 성현의 횡설하고 수설한 말씀이 각기 타당함과 서로 방해되지 않는 것이 있음을 볼 것이다."<도산전서, 답기명언후설>고 했다. 분개와 혼륜의 두 방법을 함께 사용하여 분석하고 또 종합하여 전체를 파악한다. 개물에서는 리기를 겸하여 횡설 혹은 혼륜설하나 이법상으로 본말, 상하로, 수설하고, 혹은 분개설하여 본과 상을 척발剔撥함으로서 본체와 유행의 전체를 통간할 때 비로소 주실무편周悉無偏하게 된다는 것이다. 그러므로 퇴계는,

"대저 의리의 학은 정미를 극전히 하고 꼭 가슴에 붙이며 높은

안목으로 간절히 먼저 한 쪽만을 주로 하지말고 빈 마음과 심기를 편안히 하여 차차 그 의미를 살피되 동同 중에서 이異가 있는 것을 알고, 이異 중에서 그 동同이 있는 것을 보아 분석하여 이二로 삼으나 그 아직 분리하지 않는 것을 해롭게 하지 않으며, 합하여 일一로 삼되 실로 부잡不雜으로 귀일시킨다면 곧 두루 다하고 편견이 없게 된다."<도산전서, 답기명언, 논4단7정 제1서>

고 하였다. 이와 같이 퇴계는 동이논리同異論理 혹은 분간·합간을 통하여 두루 다하여 편견이 없는 주실이무편周悉而無偏한 보편을 파악하고자 하는 변증법이라고 하겠다. 이러한 변증법은 퇴계학문의 전체를 통관하는 것으로서 리와 기의 관계, 본성과 기질의 관계, 사단과 칠정의 관계를 일관하는 논리이다.

혼륜적으로는 '리 없는 기 없고, 기 없는 리 없다'가 타당하므로 리기는 무선후하다. 이것을 횡간법이라고 한다.

그러나 리기의 본말과 상하를 분석할 때, 즉 분개할 때는 '리가 먼저 있으니 기가 있게 된다.'고 하거나 또 '리는 본本이며 기는 말末이다.'고 한 것, 이것을 수간법竪看法이라고 한다. 이와 같이 혼륜·분개 두 방법에 의하여 개별자는 리기가 무선후 곧 리기혼륜으로 공재共在하지만 리법상 즉 존재론적 의미로는 리선기후이다. 리선의 리와 기 가운데 내재하는 조리로서 리가 초재超在하고 또 내재內在한다는 이중성이 논증되는 것이다. 전통적인 천인합일 天人合一과 관계가 있으니 천天, 천리天理는 초재超材하면서 심성心性에 내재內在한다.

"이 리는 지극히 높아서 대립자가 없다."<此理極尊無對, 도산전서 답이달, 천기>고 한 것은 리의 초재를 의미하고, 재물상간하면 "리 없는 기 없고 또 기 없는 리는 없다."고 한 것은 기에 내재하는 리를 말한 것이다.

이러한 논리에 의하여 퇴계는 본성과 기질을 분석하고 종합했으며, 또 사단과 칠정의 관계를 분석하고 종합하였다.

혼륜적으로는 '기포리氣包理'요 '기질포본성氣質包本性'이며 '칠정포사단七情包四端'이 증명되나, 분개하면 리선재理先在, 본성선재本性先在, 사단상 칠정하四端上 七情下가 논증된다. 이것은 성선설을 기초한 것이다. 퇴계는 맹자의 "그 정과 같다면 선이 된다고 할 수 있다."는 말을 인용하고 증거로 하여,

"사단은 모두 선하다." 혹은 "칠정도 본래는 선하나, 악으로 흐르기가 쉬운 까닭에 그것이 발하여 중절한 것을 화라고 한다."<四端七情分理氣辯>고 하였다.

요컨대 퇴계의 학문체계 즉 논리적 구조는 혼륜법 ↔ 분개법의 대립을 통간通看함으로서 주실무편周悉無偏한 보편에 도달하고자 하는 변증법으로 기초지워져 있다고 하겠다.

주자와 퇴계는 이러한 변증법에 의하지만 서양의 Hegel, 혹은 Marx의 변증법과는 근본이 다르다. 그들은 부정(투쟁)을 매개로 하지만 주자·퇴계는 주역의 대대논리待對論理에 의하여 대립하지만 서로 도우는 것相濟·相助·相補을 근본으로 하는 긍정의 변증법이다. 이 점에서 Hegel이 Marx의 부정(투쟁) 변증법과 대립하는 것이다.

4) 퇴계의 변증논리

퇴계의 근본논리를 변증논리하고 한 것은 「이리기위일물변증非理氣爲一物辯證」에서 '변증'이라고 한 것을 취한 것이다.

변증이란 그 내용으로 보아 논리적인 논증법을 의미한 것이라고 생각된다. 가령 「정명도왈程明道曰」 혹은 「주자답유숙문서朱子答劉叔文書」에서 "도道·기器의 분分은 곧 리기의 분이다. 까닭에 인용하여 증거로 삼았다."[7]하고, 또 "성은 곧 리이다. 까닭에 인용하여 증거로 했다."[8]고 했으니 정명도 혹은 주자의 학설을 증거로 하여

---

7) 道器之分, 卽理氣之分, 故引以爲證<退溪先生文集 卷41, 雜著, 非理氣爲 一物辨證>

8) 性卽理也, 故引以爲證<同上>

'리 · 기의 분'과 '성은 곧 리다.'라고 논증하였다. 그는 리와 기의 관계, 도와 기의 관계 및 본연과 기질, 혹은 사단과 칠정의 관계 등, 존재, 인간론, 감정론 등을 종합하고 분석 · 분별分開하여 진眞 · 위僞를 판별하며 모순을 배제하고자 했고, 분개와 혼륜의 대립적 양쪽을 통간通看해서 전체를 두루 편견없이 주실무편周悉無偏한 보편자를 논증하려고 했다.

① 그는 분별과 혼륜의 대립을 통간해서 두루하는 보편성을 논증하고자 했는데, 그 예가 「김도성태극도설강록金道盛太極道說講錄」에 보인다.

"도道와 음양을 말하면 혹 종합해서 보고, 혹은 분리해서 본다."[9]

고 한 것에서 도와 음양의 관계는 합간混淪看하고 또 리간分開看, 分別看하여 '마땅히 통간해야' '전全은 대전大全이다. 주편周徧이라 하는 것과 같다'고 했으므로 대전주편大全周徧하게 된다. 대전이란 전체요, 주편이란 보편이라는 말이다.

또 기고봉에게 그 한 쪽만을 말하는 주장에 대해서 다음과 같이 경계하였다.

대저 철학(의리의 학)은 …… 일체 먼저 한 쪽 주장으로만 주장하지 말고, 빈 마음과 기분을 안정하여 서서히 그 뜻을 살핀다면 동同 가운데서 이異가 있는 줄 알고, 이異 가운데서 동同이 있는 것을 보게 될 것이다. 분별해서 이二로 삼아도 그 분리를 해롭게 하지 않고, 종합해서 일一로 통일하여 실로 서로 혼잡하지 않는 것으로 돌린다면 곧 두루하고 편벽될 것이 없다.[10]

9) 言道與陰陽, 或合而看, 或離而看也. 全, 大全也. 猶言周遍也<陶山全書, 卷14, 雜著 P.393>
10) 大抵義理之學, 切勿先以一說爲主, 虛心平氣, 徐觀其義趣, 就同中而知其有異, 就異中而見 其有同. 分而爲二, 而不害其未嘗離. 合而爲一, 而實歸於不相雜, 乃周悉而無偏也.<陶山全 書二, 答奇明彦論四端七情第一書>

고 했다. 동간同看하면 불상리不相離요, 이간異看하면 불상잡不相雜이다. 합간하면 불상리요, 분간하면 불상잡이다. 이들을 통간한다면 주실무편周悉無偏한 전체에 도달한다고 했으며, '나누어 둘로 삼고分而爲二'와 '합해서 하나로 삼은 것을合而爲一'은 분간하면 이二요, 합간하면 일一이다. 이것은 '이이일二而一, 일이이一而二'의 논리와 서로 통한다. 그런데 어떤 사람은 '이이일二而一'이 모순 대립을 통해서 통일 발전된다고 해석하고 Marx의 부정 및 투쟁을 통해서 통일된다는 변증법으로 이해하고 그것을 증명하려고 하지만 그렇지 않다. 본래 '이이일二而一'은 대대對待의 논리이므로 서로 대립하나 도우며相助, 서로 구제하며相濟, 서로 보충하는相補 『주역』의 감응의 논리로서 '이二'가 서로 대립한 가운데서 긍정하므로써 '일一'로 통일된다는 긍정을 매개로 하는 긍정의 변증법이다. 이와 같이 서로 투쟁·부정을 매개로 하는 것과는 달리 서로 대립하나 도우며, 서로 보충하는 긍정을 매개로 하는 변증법이다. '일이이一而二, 이이일二而一'은 바로 대대 감응對待感應의 긍정변증법임을 이에서 밝힌다.

분간하고 합간하는 방법으로서 리와 기, 혹은 본연과 기질 및 사단과 칠정의 관계를 밝히는 퇴계의 다음과 같은 말이 있다.

동同을 좋아하고 리離를 싫어하며 혼전을 즐기고 분석을 싫어하여, 사단, 칠정의 기원을 연구하지 않고, 대개 리기를 겸하니 선악이 있다고 생각하여 깊이 분별해서 말하는 것을 옳지 않다고 생각한다. …… 그 학문을 연구하나 분석을 싫어하고 합일만 힘써 말하니, 옛 사람이 맛도 모르고 대추를 삼키는 '히말리야' 산새鶻圇呑棗라고 했다. 그 병통이 적지 아니하니, 어쩌면 좋겠는가?"[11]

---

11) 喜同而惡離, 樂渾全而厭剖析. 不究四端七情之所從來, 概以爲兼理氣有善惡, 心以分別言之 爲不可. ……夫講學而惡分析, 務合爲一說. 故人爲鶻圇呑棗, 其病不少. 奚可哉<同上>

고 하였으므로 합간合看만 좋아하고 즐기며 분간分看을 싫어한다면 '히말리아' 산새가 맛도 모르고 대추를 삼키는 것과 같다고 지적했다. 분별은 본래 진위眞僞를 판단하고 모순을 제거하는 것인데 합간, 혼륜간, 동同 한 쪽만 알고, 분간, 분개간, 이異를 분별하지 않는다면 전체를 통간해 두루 다하여 편견이 없는 경지에 도달하지 못하고 독단적인 편견으로 빠지게 된다는 것이다. 퇴계의 이러한 변증논리는 전 학문체계를 관통하고 있다.

② 다만 '동同 가운데서 이異를 알고, 이異 가운데서 동同을 본다'고 한 동이同異논리의 동을 동일성이라 하고, 이를 차별성이라고 한다면, 동일성은 차별성을 포함하고 또 차별성에는 동일성이 내재한다는 것이므로 전全에 개별성이 내재하고 개별자에 동일성이 내재한다는 것으로써 통일된다. 가령 천리가 만물에 내재하나 만물은 천리 속에 있다는 것과 같은 논리라고 할 수 있다.

③ 체용의 논리 역시 분개와 혼륜, 혹은 주리, 주기설과 관계가 있게 된다. 퇴계가 역서易序의 체용일원體用一源과 현미무간顯微無間에 대해 주자주朱子注인 "리로부터 말한다면 체에 용은 그 가운데 있으니 일원이라 했고, 사상事上으로부터 말한다면 현顯(현상)은 미微(본체)를 벗어나지 못하니 틈이 없다無間라고 했으며, 또 리로 말하면 현顯(현상)이 먼저 있고 미微(본체)는 뒤이다. 대개 일事에서 리의 체를 볼 수 있으니, 무간無間이 되는 까닭이다고 했다."[12)]

이와 같은 체용의 논리를 리기관계에 적용한다면 '체에 용은 그 가운데 있다'는 일원一源은 주리가 되고, '현顯은 미微를 벗어나지 못한다.'는 무간無間은 주기이며, '체는 먼저요, 용은 뒤이다.' 한 것은 리선理先이고, '현顯이 먼저요, 미微는 뒤이다.'고 한 것은 기선氣先이 될 것이다.

---

12) 易序, 體用一源, 顯微無間注. 朱子曰, 自理而言, 則卽體而用在其中, 所謂一源也. 自象而 言則卽顯而微不能外, 所謂無間也. 又曰, 言理則先體而後用. 盖擧體而用之理已具, 所以爲一 源也. 言事則先顯後微, 盖卽事而理之體, 可見. 所以爲無間也<陶山全書, 答鄭子中別紙>

벌써 주리와 주기의 분별법은 체용일원과 현미무간론에 내재하고 있었다.

만약 형이상으로 말한다면 충막沖漠한 것이 진실로 체가 되나 그것이 사물에서 발현하는 것을 용으로 한다. 만약 형이하로 말한다면 사물은 또 체가 되나 그 리의 발현은 용이 된다.[13)]

역시 형이상으로 말하면 리가 주체이니 주리이고 형이하로 말하면 기를 통해서 리가 현시되므로 주기이다. 주리와 주기의 분별법은 논리적인 근거가 이와 같았다. 주리·주기란 리기가 한 덩어리로 함께 있지만 리가 기를 주재하는 까닭에 주리요, 반대로 기를 통해서 리가 드러나므로 주기라고 했다. 그들은 리기를 인마人馬로 비유하기를 좋아하는데, 인人은 리요, 마馬를 기라고 가정한다면 실제로 인마人馬가 같이 간다고 하더라도 사람이 말을 타고 가는데 사람理이 주체가 될 때는 리발, 곧 사람이 간다 했고, 말氣이 주체일 때는 말氣이 달린다고 분별했던 것이다. 단지 '형이하로 말할 때 사물이 체體가 되고 리理는 용用이 된다.'고 하는 체는 방체方體이며 본체本體라는 것이 아니다.

(1) 분별간과 혼륜간

퇴계는 율곡에게 "대개 리는 한 가지 일에도 두 가지 길이 갖추어 있지 않은 게 없다. 반드시 인식에는 두 가지 길이 있다."[14)]고 해서 양길로 사물을 분석해 보지 않고, 각각 한 길만으로 통일해서 말하여 서로 이기려고 하니 끝내 합치하지 못하는 병통이 있다고 하였으며, 또 "만약 그대 말처럼 한다면 합하기를 잘하고 분석하기를 싫어하는 병폐를 면하지 못할 것이니 진견眞見을 얻지 못한다."[15)]고 하듯, 합간만 좋아하고 분간을 싫어한다면 참된 것을 얻

---

13) 若以形而上者言之, 則沖漠者, 固爲體, 而其發於事物之間者, 爲之用, 若以形而下者之, 則 事物, 又爲體, 而其理之發見者, 爲之用<同上>

14) 蓋理無不具, 一事必有兩途<陶山全書一, 答李叔獻>

지 못할 것이라고 경고했다. 율곡에게 뿐만 아니라 기고봉에게도 진견眞見 곧 참된 인식은 분별해 보는 것과 한 덩어리로 보는 두 길의 통일이 있어야 성립된다고 다음과 같이 말했다.

분개해서 말할 때는 분개해서 보되, 혼륜함을 해롭게 하지 않고, 혼륜으로 말할 때는 혼륜으로 보되 분개를 해롭게 하지 않으며 사사로운 생각으로 왼쪽으로 당기거나 오른쪽으로 밀치지 아니하며 분개를 합하여 혼륜으로 하거나 혼륜을 분리해서 분개한다. 이와 같이 오래도록 하면 자연이 그 조리가 있고 문란을 용서하지 않는 것이 점차로 보일 것이다. 점차 성현께서 횡설하고 수설한 것이 각각 온당한 것이 있고, 서로 방해가 되지 않은 것을 얻어 보게 될 것이다.[16)]

고 했다. 이것은 분개간과 퇴계의 겸리기兼理氣한 혼륜설이다. <渾淪說也 – 答鄭子中, 別紙>고 한 혼륜간을 회통會通해야 통일적인 진견眞見을 얻을 수 있고, 사리는 좌우 혹은 대대對待로 겸리기에서 횡설할 수도 있으며, 또 상하, 본말, 선후로 수설竪說할 수도 있다는 것이다. H. Rom Bach가 『존재론적 근본문제』라는 저서에서 '종단적 고찰縱斷的 考察' '횡단적 고찰橫斷的 考察'이 존재론적 영역에서는 가능하다는 것과 동일한 의미라고 하겠다. 종단적으로 고찰竪看할 때는 리선기후요, 리는 일차적이며 초월적이지만, 기는 이차적이기 때문에 그렇게 말했으며, 또 본성과 기질의 관계에서도 본성이 기질에 우선한다고 하겠으며, 사단은 주리요, 칠정은 주기라고 할 수 있다. 다만 리선이니 본성이 선재先在하느니 혹은 사단은 주리라고 할 때, 모두 가치적으로 '우선한다', '앞선다', '주체이다'고 한 것이며, '본질적이다'고 한 것이지, 시간적인 선후로 말한 것이 아니

---

15) 若如來說則未免有善合惡離之病, 卒不得眞見<同上, 答李叔獻問目>

16) 分開說處, 作分開看, 而不害有渾淪, 渾淪說處, 作渾淪看, 而不害有分開. 不以私意左牽右 制, 合分開而作渾淪, 離渾淪而作分開, 如此久久, 自然漸見 其有井井不容紊處, 漸見得聖賢 之言橫說竪說, 各有攸當, 不相妨疑處.<陶山全書二, 答奇明彥論四端七情第二書, 後論>

다. 그러나 횡단적으로 고찰할 때는 리와 기, 본성과 기질, 사단과 칠정은 함께 존재하는 까닭으로 혼륜하여 선후가 없이 늘 대대對待하는 것이라고 했다. 따라서 수설할 때 주자는 “이 기가 없어도 벌써 이 성性은 있었다.”[17]고 했으며, 퇴계는 『성학10도聖學十圖』의 「제6심통성정도第六心統性情圖」 가운데 그림 성권性圈에서 “기품 가운데서 본성을 지적해 말한다.”[18]하고 본성을 발라내어剔撥 말했고, 또 하도의 정권情圈은 사단상, 칠정하로 분별하여 분개간하고 수간했으며 수설했다. 퇴계는 분개라는 용어보다는 분별이라는 말을 많이 사용하였는데, “분별은 시비하는 도리이다.”[19]라는 주자설을 인용하였다. 즉 분별이란 참된 것과 거짓된 것을 밝히고 그 모순을 배재하고 거짓을 배제하는 것으로서 합리주의 기초요, 출발점이다. 이것은 우주와 인간의 본질, 혹은 본체론에 해당되는 논리이지만 현상론, 즉 현상적 사물에서는 늘 혼륜간함으로써 횡간 橫看하고 횡설橫說한다. 이 때 “리 없는 기 없고 기 없는 리 없다.” 하고 “리기는 선후가 없다.” 하며 혹은 “리는 기 가운데에 있다.”고 하여, “二五(氣)는 태극(理)과 혼륜무간混淪無看하다.”고 했으므로 리기는 동시에 함께 존재하게 된다. 까닭에 퇴계는 『성학10도』의 성권性圈의 하도下圖처럼, 본연과 기질을 대대對待시키고, “성은 본래 하나이다. 그러나 기 가운데에 있을 때도 두 가지 이름이 있게 된다.”[20] 하고 정권情圈의 중도中圖는 칠정이 사단을 내포하도록 그렸고, 칠정에서 사단을 발라낸다면 “선善한 쪽을 말한다.”고 하였다. 이렇게 상하, 본말, 종횡縱橫으로 분간하거나 또 대대對待로 함간할 때 리와 기, 본성과 기질, 사단과 칠정의 모든 관계가 통일적으로 드러나며 참된 이해眞見가 가능해지며 두루 다 편견이 없는周悉無偏 인식에 도달할 수 있다. 그러나 율곡처럼 분개, 분간을 거부하고

17) 未有此氣, 已有此性<朱子語類, 卷四>

18) 從氣稟中, 指言本性<聖學十圖>

19) 分別, 是非底道理<陶山全書三, 答李宏仲>

20) 性本一, 而在氣中有二名<聖學十圖>

다만 혼륜간, 합간만 한다면 자연현상을 설명하는 이른바 현상의 배면의 실재, 실체라는 지배원리를 부정하게 되어 리의 실재화나 기의 실체화를 함께 부정하고 리기 어느 것도 자연을 초월하는 지배원리가 아니라, 자연에 내재한다는 내재관을 전개하게 된다. 즉 퇴계의 자연을 초월하는 초시공적超時空的인 '리일理一'과, 동시에 자연에 내재하는 '분수分殊의 리'라는 리의 이중성이 거부되고 다만 자연에 내재한다는 한쪽, 분수의 리만 있게 된다. 그러므로 퇴계가 "횡설하고 수설하여 어디에도 그 리는 통하지 않는 것이 없다는 것을 알 수 있다."[21]고 한 것은, 주자의 다음과 같은 논리에서 그 근거를 구할 수 있다.

주자는 "동을 믿고 차이를 의심하며, 합을 좋아하고 분석을 싫어하며 그 주장이 매양 한편으로 빠진다."[22]하고 또 "대저 요사이 의론은 합을 좋아하고 분석을 싫어하며 모호한 것을 즐기고 분석을 두려워하니 모든 일이 이해가 철저하지 못한 까닭이다. 이는 세상에 공통된 근심이다."[23]고 통렬하게 합간만 하고 분간하지 않는 폐단을 경계했으며, "횡간, 수간으로 모두를 볼 수 있다. 횡간하면 좌양左陽, 우음右陰이요, 수간하면 상양上陽, 하음下陰이다."[24]고 하였으니, 횡간은 좌우로 관찰하는 것이므로 횡단적 고찰이라 하겠고, 수간은 상하 즉 본말로서 일차적인 것, 이차적인 것으로 종단하는 고찰이라고 하겠다. 또 대간對看을 다음과 같이 설명했다.

대개 대對라는 것은 혹은 좌우로 하고, 혹은 상하로 하며, 혹은 다과多寡로 하며 혹은 류類로서 상대하며 혹은 반대로 대립한다. 되풀이해 이것으로 추리하면 천지에 하나도 우뚝히 대립없이 고립한

---

21) 可知其橫說竪說, 無往不通其理<陶山全書三 答李宏仲>
22) 信同疑異, 善合惡離, 其論每陷於一偏<朱子의 太極圖解>
23) 大抵近日議論, 喜合惡離, 樂含胡而畏剖析. 所以凡事都不曾理會到底, 此一世之通患也<朱子 文集卷四五, 答孫季和應時>
24) 橫看竪看, 皆可見, 橫看則左陽右陰, 竪看則上陽下陰<朱子語類卷九四, 周子之書, 太極圖>

것은 없다.[25)]

이와 같이 모든 사물은 상대적으로 대립하므로 "모든 논리법은 횡설하고 수설할 것이다."[26)]고 하여 독단을 배격하였다. 주자가 말한 횡간, 수간 등의 대간對看과 혹은 횡설과 수설로 대설對說해서 통간[27)]해야만 횡橫·수竪·통統으로 통일적인 파악이 가능하다는 것이다. 퇴계는 다음과 같이 주자설을 인용하고 그것을 발전시켰다.

주자가 유숙문劉叔文에게 대답한 글에서 사물에서 본다(현상)면 다만 두 가지는 혼륜하니 본개할 수 없으며, 각각 한 곳에 있다. 그러나 두 가지가 각기 한 가지인 것을 해롭게 하지 않는다. 만약 이치상으로 본다면 오직 사물이 있지 아니해도 벌써 사물의 이치는 있었다.[28)]

고 했으므로 '물상간物上看' 즉 사물에서 본다면 리기는 혼륜하나, '리상간理上看' 곧 이법상, 혹은 논리적으로 관찰한다면 리가 일차적이며 기는 이차적이므로 '리선기후'라고 하여 리 우선으로 분개할 수 있다고 했다. 이것이 퇴계의 '혼륜'과 '분개'의 '대간對看'을 통해서 '주편周徧'하게 통일된다는 변증논리의 근거였다. 곧 퇴계의 혼륜·분개의 대간을 통간統看할 때, 주편한 통일적인 인식이 성립된다는 변증법이다.

(2) 리기의 분개간과 혼륜간

이법상으로 보아在理上看 분개하거나 분별한다면 리와 기의 관계

---

25) 蓋所謂對者, 或以左右, 或以上下, 或以前後, 或以多寡, 或以類而對, 或以反而對, 反復推之, 天地之間, 眞無一物兀然無對而孤立者<朱子文集卷四, 答胡宏仲>

26) 立一切之法, 橫說竪說<朱子文集卷五四, 答項平父>

27) <朱子語類, 論語二>

28) 朱子答劉叔文書曰, 理與氣, 決是二物, 但在物上看, 則二物渾淪不可分開, 各在一處, 然不害二物之各爲一物也, 若在理上看, 則惟未有物而已有物之理<陶山全書三, 非理氣爲一物辨證>

는 리가 일차적이며 기는 이차적이므로 '리선기후'일 수 있으나 구체적인 현상으로 본다在物上看면 "리기는 선후가 없다."고 할 수 있다.

'리선기후'란 상하·본말·수대竪對로 분별한 것이며 '리기무선후'란 좌우로 횡대橫對하여 혼륜설한 것이다.

'리선理先'의 리와 '무선후'의 리는 종합하면 '리일분수理一分殊'라고 하겠으며, '리선' 곧 '리일理一'의 리는 태극도의 음양 양의를 초월한 '무극이태극'으로서 리이고 무선후한 리는 음양 양의에 내재하는 '중태극'으로서 리이다. 주자가 『논어』 주 권3에서 "천天은 곧 리理이니 지존至尊해서 대對가 없다." 하고 또 『어류』 성리2에서 "합해서 말한다면 천天은 곧 리理이다. ……이와 같지 않는가." 하고 질문했을 때, 주자는 "그렇다."고 한 것처럼, 퇴계는 '리선', '리일'의 리를 '천즉리야天卽理也'<천명도설>라 했고, '리본일야理本一也<동상>라고 했으며, '리理는, 태극야太極也'<동상>라고 하였다. 그리하여 "리의 리됨이 그 체는 본래 허虛하다. 허虛한 까닭에 대對가 없고, 대對가 없는 까닭에 인간이나 사물에서 진실로 더하거나 덜거나 할 것이 없고 동일하게 되었다."[29]고 했는데 이러할 경우 칸트의 실체(Substanz)와 통하게 된다. 칸트는 "현상의 모든 변화에 있어서 실체는 지속되고 자연에 있어서의 그것의 량은 증감하지 않는다."고 했다. 실체는 변화를 통해서 지속되고 변화를 통해서 증감增感이 없으며 시공적으로 한계가 없다. "이 리는 지극히 높아 짝이 없고, 사물을 명령하나 사물에게 명령받지 않기 때문이다."[30]고, 규정자이며 피규정자가 아니라고 했다. 또 "리는 본래 지존至尊하며 짝對이 없다."[31]고 하였으니, 이처럼 '리일' '리선'의 리는 정신적이며 절대적인 실재이다.

그러나 사물상에서 혼륜으로 말할 때는 "단지 기가 형체를 이룬

29) 理之爲理, 其體本虛, 虛故無對, 無對故在人在物, 固無加損而爲一焉<天命圖說, 第五節>

30) 此理極尊無對, 命物而不命於物故也<陶山全書一, 答李達, 李天機>

31) 理本其尊無對<陶山全書同上·答鄭子中講目>

뒤에는 오히려 이 기는 리의 바탕이요 도우는 도구가 된다."[32]고 했으므로 "리 외에 기가 없고 기 외에 리가 없다." 하고 "리가 없다면 기가 없고 또 기가 없다면 리가 없다."고 한 것이며, "리는 기 가운데에 있다."[33]고 하였으니 "리기는 서로 분리되지 않는다理氣之不相離."고 하겠으며 겸리기兼理氣하고 선후가 없이 혼륜한 것이다. 그러한 관계를 "도는 기를 떠나지 않는다道不離器."고 하거나 혹은 "기器는 도를 떠나지 못한다."[34]고 하였던 것이다. 이렇게 분별분개할 때 '리일理一'의 리는 일자로서 우선하고 대립자가 없으며 기를 초월한다. 그러나 사물현상에서 혼륜으로 말할 때는 '리재기중理在氣中'이므로 "선후가 없고, 리는 혼자 작용하지 못한다."[35] 또 "리가 진형眞形이다."고 한 것은 퇴계의 말인데 "하늘에 있는 달이나 물 속에 있는 달은 비록 동일한 달이지만 그러나 하늘의 달은 진형이고 물속의 달은 다만 빛 그림자일 뿐이다."[36]고 했다. 그런데, 리가 초재하면서도 내재하고 내재하면서도 초재한다고 하나, 그러나 초재한 리가 진眞이고, 내재한 분수의 리는 '빛 그림자'가 된다. 여기서 '리를 회복한다'는 인생관이 발생하고, 기질은 변화되어야 한다는 것으로 나타난다.

여하튼 분개해서 상하·본말로 수간하고 혼륜해서 좌우로 횡간하여, 또 그것을 모두 통간할 때 비로소 초재超在의 리와 내재內在의 리가 두루 파악된다. 따라서 퇴계는 "리일理一 가운데 기품이 일만 가지로 같지 않는 게 있으니 이를 분수라고 하는 것이다."[37]고 했다.

그런데 주목할 것은 리일理一의 리를 주자처럼 정靜을 근본으로

---

32) 但氣以成形之後, 却是氣爲理之田地材具也.<答李達 · 李天機>
33) 理在氣中.<陶山全書, 答申沃別紙>
34) 道不離器, 器不離道<陶山全書三, 答李宏仲>
35) 理不能獨行<陶山全書二, 答禹景善, 別紙問目>
36) 天上水中, 雖同是一, 然天上眞形而水中, 特光影耳<陶山全書一, 答奇明彥論四端七情書, 第三書>
37) 理一之中, 氣稟有萬不同, 此所謂分殊也<陶山全書二, 答禹景善別紙>

하는 실재로 파악하지 않고, 원동자, 창조적인 리라고 강조한 점이다. 가령 "지허至虛하나 지유至有하고 지무하나 지유하며 동하나 동이 없고 정하나 정이 없다."[38]고 하거나 혹은 "태극에 동정이 있으니 태극은 스스로 동정하며 천명의 유행은 천명 스스로의 유행이다. 어찌 이것을 시키는 자가 다시 있겠는가?"[39] 하였다. "지극히 허하나 지극한 유요, 지극한 무이나 지극한 유다."고 한 것은 유무有無를 초월하지만 무유를 가능하게 한다는 의미이고, "동하나 동이 없고, 정지하나 정지가 없다."고 한 것은 리가 원동자로서 그 자신은 동정하는 운동이 없지만 기의 동정운동을 가능하게 하는 근거라는 뜻이다. 또 "태극은 스스로 동정한다." 하고, "천명은 스스로 유행한다."는 동정 혹은 유행이란 그 자체는 아무런 규정도 받지 않지만 제일 원인으로서 동정과 유행, 조화를 가능하게 하고 창조하는 일자一者로서 리는 기체(Substrat)이다. 모든 현상은 그것으로부터 나오며 그것을 '기체'로 한다는 의미에서 '자동정自動靜' '자유행自流行'이라고 했다. 퇴계가 "그 지극히 고요한 정지 가운데 운동하는 실마리가 있다."고 한 것은 또한 "자기가 운동한다는 말이 아니라, 운동케 하는 이치가 있다고 한 것뿐이다."[40] 했고, "태극에 동정하는 이치가 있다."<천명도설>고 해서 동정하는 것이 아니라 태극 혹은 '리일', '천명'은 동정의 이볍을 내포한다는 것이다. 까닭에 리일, 천명의 동정운동과 유행은 존재론적인 생기生起로써 Rom Bach의 말을 빌린다면 "존재론적 영역에서는 운동이 정지일 수도 있고, 정지가 운동일 수도 있으므로 운동하는 정지라고 할 수 있다."고 한 것과 같은 뜻이며, '리발理發' 역시 퇴계는 '리승기이발理乘氣而發'이라고 하여 "주체가 리라는 뜻이다."라고 했으

38) 至虛也至有, 至無也至有, 動也無動, 靜也無靜<陶山全書二, 與其明彥>

39) 太極之有動靜, 太極自動靜也. 天命之流行, 天命之自流行也. 其復有使之者歟<同上, 答李達, 李天機>

40) 其所謂 '至靜之中, 有動之端'者, 亦非謂已動也, 只有動之理云耳<退溪先生全書 卷25, 答黃仲擧>

니 리발은 기운동을 통해서 '모습을 들어낸다' 또는 '현실적으로 생생하게 현시現示한다' 혹은 '현상한다'는 뜻이다. 따라서 논리상 모순은 없다. 우리가 운동경기, 혹은 '올림픽 경기'를 보고 그 엄격한 '룰'을 알 듯이 그 운동경기는 '룰'에 의하여 강력하게 규제되고, 또 그 '룰'을 어기거나 무시할 도리가 없다. 그래서 리법은 운동하는 기를 통해서 그 모습을 드러내(발동)므로 그것을 '리발理發'이라고 한다는 것이다.

기란 연장延長 곧 공간과 시간의 제약을 받는 강도・동력・에너지・감각・의식이지만, 그 '기'를 통해서, 곧 승기乘機하며 기를 도구로 해서, 리는 '그 모습을 드러낸다' '현상한다'는 것이다. 즉 교통법은 법칙이지만 일단 사고가 발생했을 때 교통순경(氣)에 의하여 법칙(理)은 발동(發)된다는 의미와 같다고 해독된다.

(3) 본성을 기질성에서 발라낸다剔撥

퇴계의 논리가 분개, 혼륜으로 주편周徧에 도달하는 것으로 일관된다면 '성性' 또한 동일한 방법에 의하여 해명될 것이지만 본연의 성은 기질의 성에서 발라낸다剔撥고 했다.

퇴계는 먼저 "진실로 한 쪽 주장에 교착하여 지키며 다른 한 쪽 말을 폐지한다면 조화의 묘를 통달하기에 부족하다."[41]고 했듯, 한 쪽 주장만을 굳게 지킨다면 조화의 묘妙에 통달하지 못한다. 그러므로 성性 자 역시 척발剔撥과 혼륜으로 설명한다.

> 성자性字는 혹 리기를 겸해서 혼륜히 말하고, 혹은 리理, 본연성을 말하거나 혹은 기품으로 말하니 한 가닥에 스스로 세가지 모양이 있다."[42]

---

41) 苟膠守一說而廢一說, 不足以達造化之妙<陶山全書二, 答禹景善問目, 啓蒙>

42) 性字, 或兼理氣渾淪說, 或理本然之性說, 或以氣稟處說, 一段中, 自有數三樣<同上, 近思錄>

고 했다. 리기를 겸한 기질의 성性은 혼륜히 말할 것이고 발라내서 본연의 성과 기품의 성으로 분별하는 등, 세 가지 방법이 있다. 그러므로 "성은 곧 리이다. 진실로 선하기만 하고 악은 없다."[43]는 것은 본성으로 말한 것이므로, 주자도 "이 기가 없는데 먼저 이 성이 있다. 기가 없을 때도 성은 오히려 늘 존재한다."[44]고 하여 본연성의 항존恒存을 인정했으며, 퇴계는 "성에 본성과 기품의 차이가 있다. 그러니 성性에서 벌써 리기로 이것을 분별해서 말할 수 있었다."[45]고 하여 본성과 기품으로 분별했으나 다만,

> 대개 성性은 두 가지가 없다. 다만, 기질과 섞지 않고 말한다면 본연의 성이 되고, 기질에서 말한다면 기질의 성이 되나 이제 두 가지 성으로 인정하는 것은 잘못이다."[46]

본래 한 가지 성이지만 분별한다면 이성二性으로 분석된다고 했다. 분개간할 때 본성만 발라낼剔撥 수 있지만 혼륜간할 때는 본성理과 기품氣稟이 함께 있는 기질의 성이 된다는 것이고, 이러한 관계를 심성정도心性情圖 중도中圖의 윗테두리上圈에서 '기품중에서 본성을 지적해 말한다'고 했으므로 역시 기품 중에서 본성(인의예지)을 발라낼剔撥 수 있고, 하도의 성권(性테두리)에서는 "성은 본래 하나지만 진실로 기 가운데 있을 때 이명二名이 있다."고 했다. 분개하면 본연성과 기질성을 분별할 수 있지만 혼륜하면 본연성과 기질성은 함께 있다는 것이다. 이처럼 성자性字도 분개간하여 본연성을 발라내거나, 혹은 혼륜간해서 본연과 기질이 함께 있다는 것을 관찰한다. 이것을 통간해야만 전체를 주편周徧할 수 있다. 본연

---

43) 性卽理, 固有善無惡<陶山全書, 與洪應吉>

44) 未有此氣, 先有此性, 氣有不存, 性却常在<朱子文集>

45) 性之有本性, 氣稟之異也. 然則其於性也, 旣可以理氣分言之<同, 答奇明彦, 論四端七情第一書>

46) 蓋性非有二, 只是不離乎氣質而言, 則爲本然之性, 就氣質而言, 則爲氣質之性, 今認作二性看, 誤矣<同三 答李宏仲>

성과 기질성의 혼륜에서 본연성을 척발剔撥하고 전체를 통간해야 두루할 수 있다는 변증법이다.

또 퇴계는 기고봉에게 성性에 대해서 다음과 같이 말하였다.

성性의 한 글자로 말한다면 자사子思가 천명의 성이라 하고, 맹자는 성선의 성이라고 한 이 두 성자性字가 지적해서 말한 것은 어디에 본뜻이 있는가. 장차 리기가 부여된 가운데서 이 리의 근원, 본연을 지적해 말한 것이 아닐까. 그것은 리요, 기가 아니다. 까닭에 순수한 선이며, 악이 없다고 말한 것일 뿐이다. 만약 리기가 서로 분리되지 않는다는 까닭으로 기와 겸해서 주장하고자 한다면 성性의 본연이 아니다. ……후세 장횡거, 정명도, 정이천 등 여러 선생이 나타나 부득이 기질의 논이 있게 되었으니 수다스럽게 이의異議를 달자는 것이 아니다. 그 지적해 말한 것은 타고난 뒤에 있으니 순수한 본연의 성으로 말하지 못했다. 그러므로 나는 일찌기 망령되게 감정에 사단과 칠정의 분별은 마치 성의 본성과 기품의 차이와 같다고 생각하였다."[47]

고 하였다. 성은 하나이나 본연의 성과 기질의 성으로 양분할 수 있고, 본연의 성은 도덕을 가능케 하는 근거이니, 따라서 그 성의 현상인 감정도 선한 사단과 선악이 정해지지 못한 칠정으로 분개할 수 있다고 하였다.

(4) 사단과 칠정의 분개간과 혼륜간

퇴계는 기대승에게 보낸 제2서의 개본改本에서 "아직도 리 없는 기가 없고 또 기 없는 리도 없다."고 하여 리기는 불상리하지만

---

47) 性之一者言之, 子思所謂 天命之性, 孟子所謂性善之性, 此二性字, 所指而言者, 何在乎? 將非就理賦與之中, 而指此理源頭本然處言之乎? 由其所指者在理不在氣, 故可謂之純善無惡耳. 若以理氣不相離之故, 而欲兼氣爲說, 則已不是性之本然矣. ……至於後世程張諸子之出, 然後不得已而有氣質之性之論, 亦非求多而立異也. 所指而言者, 在乎稟生之後, 則又不得純以本然之性稱之也. 故愚嘗妄以爲情之有四端七情之分, 猶性之有本性氣稟之異也<退溪集卷十六. 論四端七情第二書>

발라낸다면 홀로 "리만을 말할 수 있다."고 하였으며, "분별해서 이것을 말할 수 있다."고 했고, 또 "혼륜으로 이것을 말할 수 있다."고 했으므로 "천지인물상(현상론)에서 본다면 또한 리는 기 외에 있지 않다."고 하며, "혼륜으로 말하는 것이 본래 있다. 하지만 각각 주主한 것이 있으므로 이것을 분별해서 말해도 불가하지 않다."고 하였다. "사단의 발현도 진실로 기가 없지 않다고 하겠다.", "사물에 자극되어 감동함은 사단 역시 그렇다." 하고, "사단 또한 기다." 하고 "측은은 기다. 그 능히 측은한 까닭은 리다."<陶山全書 三, 答李宏仲, 問目>고 했으며, "저 사단은 기가 없지 아니하고, 칠정도 리가 없지 아니하다." 그러나 "하나는 리가 주가 되는 따닭에 리로 말하고, 하나는 기가 주가 되는 까닭에 기로 말할 뿐이다. 사단에 기가 없지 아니하나 다만 리의 발이라 했고, 칠정에 리가 없지 아니하나 다만 기의 발이라고 했다."고 설명하였다.

"대개 혼륜하여 말하면 칠정이 '리기'를 겸한 것은 많은 말을 기다리지 아니해도 분명하다. 만약 칠정과 사단으로 각각 이것을 분석해 말한다면 칠정과 '기'의 관계는 사단과 리의 관계와 같다."48)

고 했으므로 "단지 4는 리발하나 기가 리에 따르고, 7은 기발하나 리가 탄 것일 뿐이다."고 결론지워 분개할 때 4단은 리가 기의 주체가 되고 7정은 기가 리를 주동하며, 혼륜할 때는 리기가 겸유했다고 하였다. 그러나

내가 4단을 비록 기를 탄다고 했지만 그러나 맹자가 지적한 것은 '기'를 탄 것에 있지 않고 다만 순수한 리가 발현하는 데 있었다. 까닭에 인仁의 실마리와 의義의 실마리라고 하였으며, 뒷날 어

---

48) 盖渾淪而言, 七情兼理氣, 不待多言而明矣. 若以七情對四端而各以其分言之 七情之於氣, 猶四端之於理也<與奇明彥 論四端七情第二書改本>

진이도 발라내어剔撥 선한 쪽만을 말했다."[49]

고 하였다. 4단은 리기가 혼륜한 가운데서 선한 한 편만을 발라낸 것이라고 했으며,

대저 리가 발현하나 기가 이에 따르는 것이 있는 것을 리가 주동한다고 말할 수 있을 뿐이다. 리가 기를 벗어난다는 말이 아니니 4단이 이것이다. 기가 발하여 리가 이에 탄 것은 주기主氣로 말할 수 있을 뿐이며 기가 리를 벗어났다는 말이 아니라, 7정이 이것이다.[50]

고 한 것처럼, 4단이라는 심정의 현상은 모두 리기가 함께 발하지만 주체가 리이니 주리이고 기가 주동하면 주기이다. 현상을 주리와 주기로 분개하고 분별한다고 해서 주리에 '기'가 없거나 주기에 '리'가 없다는 의미가 아니라 리기가 다 함께 있지만 이런 경우는 리가 주동하고, 저런 경우는 기가 주동한다고 분별하는 것이다. 그러므로 퇴계는 이굉중에게,

대체로 리가 발현하여 4단이 되나 바탕하여 발현하는 것은 '기'일 뿐이다. ……리가 '기'를 타고 운행하니 주자도 또한 사람이 말을 타고 출입하는데 이것을 비교하였다.[51]

고 했다. 4단의 리발 역시 기를 자구資具로 해서 발현되는 것이므로 율곡처럼 리발은 리의 단독적 발현이라 할 수 없다. "정의 발

49) 愚謂四端, 雖云乘氣, 然孟子所指不在乘氣處, 只在純理發處, 故曰仁之端, 義之端, 而後賢亦曰, 剔撥而言善一邊爾<同上>

50) 大抵有理發而氣隨之者, 可主理而言耳, 非謂理外於氣, 四端是也. 有氣發而理乘之者, 則可主氣而言耳, 非謂氣外之於理, 七情是也<同上>

51) 盖理發爲四端所資以發者氣耳. ……理之乘氣而行, 朱子亦以人乘馬出入此之<陶山全書三, 答李宏仲>

현에는 혹 기를 주동으로 하고, 혹은 리를 주체로 한다."[52]고 했으므로 리발이란 리기가 함께 발하지만 리가 주체한다는 것이다. 리기가 한덩어리로 된 천지자연과 인간 등 현상계는

> 천하에 리 없는 기가 없고, '기'가 없는 리는 없다. 4단은 리가 발현하나 '기'가 이에 따르고, 칠정은 '기'가 발현하나 리가 기를 타게 된다. 리에 '기'가 따르지 않는다면 작용이 이루어지지 않고, 기에 리가 타지 않는다면 리욕利欲에 떨어져서 금수가 된다. 이는 변하지 않는 이치이다.[53]

고 했다.

'리발이기수지理發而氣隨之'라 해서 시간적으로 '리선발', '기후수'가 아니라 주객으로 말한 것이며, '기발이리승지氣發而理乘之'라고 해서 시간적으로 '기선발', '리후승'도 아니다. 동시에 함께 발하는 것이며 시간적으로 선후관계가 있다는 것이 아니다. 만약 리가 타고 기를 조정하지 못한다면 금수처럼 맹목적 충동만을 추구하게 될 것이다. 그러나 '리발' 곧 이성의 주체적 발현을 믿고, 또 '리승'이라는 이성의 조정능력이 있는 까닭에 본질적으로 인간은 인간이요, 금수는 금수이다. 이러한 인간의 이성적인 능력을 믿지 않는다면 사회적 질서니, 인간 행동의 조리니 하지만 발휘될 수 없을 것이다. 이렇게 리발, 리승으로서 인간과 금수를 분별할 때 금수와 인간의 분별은 가능해진다는 것이다. 더욱 이 점을 분명하게 천명한 것은 퇴계 『성학10도』의 심통성정心統性情도 중中의 정情의 테두리이다. 중도의 정情의 테두리는 '칠포사七包四'로 되어 있는 4·7의 혼륜도이다.

---

52) 情之發, 或主於氣, 或主於理<陶山全書三, 答李宏仲>

53) 天下無無理之氣, 無無氣之理, 四端, 理發而氣隨之, 七情, 氣發而理乘之, 理而無氣之隨, 則做出不成. 氣而無理之乘, 則陷利欲而爲禽獸, 此不易之理<同上>

그러나 하도의 정情 테두리는 사상칠하四上七下로 되었으니 분별도分別圖인데 4단은 가치적으로 고급 감정이므로 상위에 있고, 7정은 저급 감정이니 하위로 분별해서 그렸다.

그 '설說'에서

> 성이 발현하여 정이 되니 또한 리기가 서로 기다렸다. 혹은 서로 해롭게 하는 곳으로 말하면 4단의 정처럼 리가 발현하고 '기'가 이에 따르니 저절로 순수한 선이며 악이 없다. 반드시 리가 발현해 성취되지 않고 '기'에 엄폐된 후에 흘러서 불선이 된다. 칠자의 정은 기가 발동하나 리가 이에 타니 또한 불선이 없다. 만약 기가 발동해서 이치에 들어 맞지 않고 그 리를 멸한다면 방종하여 악이 된다.[54]

고 했으며 4단도 악이 될 수 있고, 7정도 본래는 선하지만 리理에 중절하지 못했을 때 악으로 된다고 했다. 이것은 분별설이다. 이와 같이 분별하는 것을 합리주의의 기초라 한다. 이로써 퇴계가 철저한 합리주의자임을 알 수 있다.

(5) 문제점

종래 퇴계학에서 문제로 제기되어 말이 많았던 것은 ① 호발설互發說 ② 리발설理發說 ③ 리무위설理無爲說 ④ 리생기설理生氣說 ⑤ 리자도설理自到說 이라고 생각된다. 본 논문에서 호발설과 리발설은 대략 해명한 것 같다. 이제 ③의 리무위설에 대해서 먼저 검토해 보자. 주자가 본래 말한 것을 기고봉이 인용하여 리무위를 주장하는 논거로 삼았던 "주자는 말했다. '기'는 능히 응결, 조작하나 리는 오히려 정의情意가 없고 계탁計度도 없으며 조작도 없다. 다만

---

54) 其發而爲情, 亦理氣之相須, 或相害處言, 汝四端之情, 理發痍氣隨之, 自純善無惡, 必理發而遂而掩於氣, 然後流爲不善. 七者之情, 氣發而理乘之, 亦無有不善, 若氣發不中, 而滅其理. 則放而爲惡也＜陶山全書一, 心統性情圖說＞

이 기가 어리고 모이는 것에 리는 곧 그 가운데 있다."[55]고 한 것이다.

그러나 그 문맥으로 보아 리는 인격적인 정의, 의지를 초월했다는 것이지, 리가 무위하다는 뜻이 아니다. 따라서 이 조항이 리무위를 논증하는 증거로서 알맞지 못하다. 퇴계는 주자의 다음과 같은 주장을 증거로 해서 리는 '무위지위無爲之爲'라고 했다.

주자는 "육자정(상산)에게 대답한 글에서 무극이태극은 하지 않고도 하며 이루지 않고도 이르는 것과 같다고 했으며, 또 무위한 위라고 한 것과 같다고 했다. 모두 말 기운이 당연하다."[56]고 한 것을 인정하므로 해서 리는 무위가 아니라 '무위지위無爲之爲'이므로 리 그 자체가 인위적으로 작용하지 않는다. 그러나 '기' 혹은 사물은 리에 의하여 규정되고 기를 규정하는 능연한 주재력이 있는데, 그것은 다만 인위적인 위가 아니라 법칙으로서 규정하는 능력이 있다는 것이다. 사실 리는 규정자요, 기는 피규정자라는 관계에 있다.

④의 리생기설理生氣說은 퇴계가 정자중에게 "리가 동하니 기가 따라서 드러난다."[57]하고 "리가 동하니 기가 발생한다."[58]고 했으므로 '리생기理生氣'가 문제로 제기되었다. 혹은 리와 기는 이질異質이니 인과생성 관계가 성립될 수 없다. 그러므로 논리적으로 모순이라고 했다. 그러나 퇴계는 '리생출기理生出氣'라 하지 아니하고 다만 '리동이기생理動而氣生'이라 했으므로 리동과 기생은 구별된다. 퇴계의 '기'는 "근어리이일생자, 고호연이불궁根於理而日生者, 固浩然而

55) 朱子曰, 氣則能凝結造作, 理卻無情意, 無計度, 無造作 只此氣凝聚處, 理便在中<陶山全書二, 附奇存齋答四端七情書>

56) 答陸子靜書曰, 無極而太極, 猶曰莫之爲而爲, 莫之致而至, 又如曰, 無爲之爲, 皆語勢之當然<陶山全書二, 與金而精>

57) 理動而氣隨而生, 氣動而理隨而顯<答鄭子中>

58) 理動而氣生也<同上>

不窮"[59]이라 하고, 또 "기기지근어리이생자, 호연이무궁其氣之根於理而生者, 浩然而無窮"[60]이라고 했다. 따라서 '기'는 리를 근거로 해서 날로 화생된다는 것이며, 리가 직접 '기'를 생출한다고는 하지 아니하였다. 그 참뜻은 리는 원동자, 또 기라는 유의 운동 근거라는 의미이다.

⑤의 '리자도理自到'는 율곡 이래로 반대되었다. 율곡의 리기관 곧 자연에 내재하는 리와 기라는 입장에서는 당연하다. 율곡설은 자연을 초월하는 정신적이든, 물질적이든, 실체를 거부하고 리와 기는 자연에 내재한다는 내재관적인 리기관을 취했으므로 "리자도理自到를 잘못"이라고 생각했다. 주자의 인식론인 즉물궁리설卽物窮理에 있어서 격물格物과 물격物格은 중심적인 초점이다. 물격은 '사사물물지리事事物物之理', 곧 객관적으로 있는 사물의 리를 그 지극한 곳에까지 '무부도無不到'하고자 한다. 한편 물격은 '지지知至'와 관계가 있고, 물격은 물리의 지극한 곳까지 이미 '무부도無不到'했다는 것이니 지지知至가 된다. 내 심지心知가 객관적인 정리를 연구함에 따라서 이해가 '자도自到'됐고, 지식은 완성되었다. 다시 말하면 물격은 정리를 내가 궁격한다는 말이고, 물격은 대상의 정리가 온전히 인식되고 이해되었다는 의미로 '리자도'이다. 격물은 물격을 목적으로 했으니 물리는 궁격함에 따라서 "저절로 파악되고 인식되므로" 그것을 '리자도'라고 했다. 우리 인식의 완성은 '리자도'를 통해서 완성된다.

따라서 퇴계는 다음과 같이 말했다.

"다만 내 격물이 미지未至함이 있을까 두려워 할 것이요, 리가 저절로 이르지 못할까 근심하지 않는다. 그러니 바로 그 물격物格이라고 한 것은 참으로 내가 물리의 지극한 곳까지 궁리한다는 말

---

59) <陶山全書二, 答鄭子中別紙>

60) 論李仲虎碣文, 示金而精<同上>

이며, 그 물격이라고 한 것이 어찌 물리의 지극한 곳에 내가 궁구함에 따라서 도달하지 않는다고 할 수 없겠는가?[61]"

격물해서 물리의 지극한 곳까지 연구했다면 우리의 인식은 자연 그 물리가 낸 가슴에 저절로 파악되니, '자무부도自無不到'이다. 또 그것을 '리자도理自到'라는 것이요, 리가 살아 있는 동물처럼 걸어온다는 말이 아니다. 우리 인간의 심성은 다른 동물과 달리 세계로 개방되어 있기 때문에 가능하다. 우리의 연구 노력에 따라서 물리는 저절로 이해되고 파악되며 인식된다. 그렇다면 '리자도'라는 말에 어떤 모순이 있겠는가? 없다고 할 것이다.

요컨대 퇴계는 혼륜, 분개, 주편이라는 3단계 변증논리에 의하여 문제들을 논증했다고 하겠다. 퇴계가 "성인은 비록 양단을 다하더라도 교육에 단계를 뛰어넘지 아니했다. 이는 더욱 알지 않을 수 없다."[62]고 하듯 퇴계는 혼륜과 분개 양단을 대대對待하고 주편에 도달한다는 논리를 발견함으로써 합리주의적 철학을 정비했다고 할 것이다. 리와 기, 본성과 기질, 사단과 칠정의 관계에서 그 변증론적인 논증은 서구에 앞서 몇 백년 전에 체계화되었다고 하겠다. 존재자의 존재근거로서 '리무위理無爲'와 생성론적인 '리생기理生氣', 인식론적인 '리자도理自到'에 대한 생각의 일단을 표시했다.

61) 但恐吾之格物有未至, 不患理不能自到也. 然則方其言格物也, 則固是言我窮至物理之極處, 及其言格也, 則豈不可謂物理之極處, 隨吾所窮而無不到乎<陶山全書二, 答奇明彥 別紙>

62) 聖人, 雖竭兩端, 而敎不躐等, 此尤不可不知也<陶山全書二, 答禹景善別紙>

5) 횡설과 수설

퇴계의 횡설, 수설은 주자에서 나왔다. 주자는 "일체의 법을 세움에 횡설하고 수설한다."[63]고 했으며, 퇴계 또한 '점차 성인과 현인의 말씀이 횡설수설하나 각각 온당하여 서로 방해되지 않는 것을 본다'<退溪文集, 答奇明彦 第二書, 後論>고 하였는데, 이미 포은 정몽주의 리학을 목은 이색이 평가할 때, "몽주는 리를 횡설, 수설로 논하여 리에 온당하지 않는 것이 없었다. 미루어 동방리학의 조가 된다."[64]고 하였으며, 포은의 「행장」에서도 "목은이 극찬하여 포은은 리를 횡설, 수설로 논하니 리에 온당하지 않은 것이 없다. 미루어 동방 이학의 조가 된다."고 했다. 숙종 대왕 역시 「정포은」에서 "횡수가 모두 타당하니 성대히 이학의 종주가 되었다<橫竪皆當理, 蔚爲理學宗>"고 하여 "횡설, 수설하여 모두가 리에 온당했다."고 하였다. 그렇다면 수자竪字는 수자豎字와 같은 글자로서 '세울 수' 혹은 '설 수'이니 상하로 세웠다는 글자 뜻인데, 수설은 수간해서 설명하는 것이다. 즉 상하로 관찰해서 설명한다는 의미이고, 횡橫은 '가로 횡'자이지만 좌우라는 뜻이 있으므로 뭉쳐서 보는 것이 횡간이며 횡간해서 말하는 방법은 횡설이 된다. 따라서 상하로 혹은 전후, 본말로 분석해서 관찰하는 것이 수간이라면 그렇게 설명하는 것이 수설이며, 뭉쳐서 보는 것은 횡간이며 그렇게 설명하는 것은 횡설이다. 까닭에 횡설, 수설이란 조리에 맞지 않는 말을 한다는 뜻이 아니다.

권양촌의 『입학도설入學圖說』에 의하면 횡간, 수간이라는 관찰법이 나타난다. 크게는 「천지수간지도天地竪看之圖」와 「천지횡간지도天地橫看之圖」가 있고 그 수간도는 상천, 하지로 구별하여 상하로 표시했다. 까닭에 상하로 세워서 본 것을 수간이라고 하였으며 횡간도는

---

63) 立一切之法, 橫說 竪說<朱子文集, 卷54, 答項平父>

64) <圃隱文集, 本傳>

음양의 진퇴로써 말한다. 뭉쳐서 혹은 진퇴, 순환관계로 본 것이 횡간이다. 바로 횡간은 뭉쳐서 곧 종합해서 말하는 것이며 수간은 상하 본말로 따지고 분별하는 분석이므로 분석해서 말하는 것이 수설이라고 하겠다. A와 B를 종합하고 혹은 분석해서 말하는 방법을 횡설, 수설이라고 할 수 있다. 이러한 방법은 우리나라에서 주자의 리학이 발전됨에 따라서 정착되었는데, 서애 유성룡西厓 柳成龍가 「서포은집이수書圃隱集二首, 西厓集, 詩卷二」에서 "지난 날의 횡수설이 전수되지 아니한 것이 오래이니, 학문하는 단서가 아득하여 찾아 볼 수 없구나"라고 하듯 횡수설하는 리학이 전수되지 못한 것을 안타까워 했으나 사실은 기고봉과 이율곡 혹은 그 학도가 횡간하여 횡설에 치중하는 것과는 다르게 횡설과 함께 수간하고 수설하는 면을 소중히 생각한 것은 퇴계와 그 학도들이므로 서애의 지적은 고봉 혹은 율곡의 학문 방법을 비판한 것 같다. 이러한 횡수간의 논증발달을 살피는 것이 이 글의 목적이다.

(1) 횡간과 수간

횡간과 수간은 모두 A와 B라는 두 가지의 주체가 전제로 된다. 리와 기 혹은 양과 음 또는 하나의 사물일지라도 상과 하 혹은 본과 말이라는 상대가 있어야 된다. 두 가지 이외의 제3자가 있다면 A와 B라는 상대의 관계를 말할 수 없다. 주자가 "꼭 횡간, 수간으로 파악해야만 인식이 깊게 된다."[65]라고 했으므로 A와 B를 묶어서 횡간하거나 상하 본말, 전후로 분석해서 수간하므로써 참된 것의 파악이 깊어간다고 했으므로 횡간, 수간의 양단, 양도를 회통해 보는 것은 주자의 개발이었다. 종합橫과 분석竪이라는 두 가지의 방법에 의하여 참된 것眞을 통일적으로 파악하려는 것을 주자학의 테두리에서 말한다면 우주는 리와 기의 이원에 의하여 구성되었다는 가정으로부터 출발하는 까닭에 하나의 우주 혹은 사물은 리와

65) 須是自把來橫看竪看 盡入深<朱子語類, 卷9>

기가 뭉쳐져 있으므로 리기의 횡간으로써 횡설할 수 있으나 주자의 말처럼 "학자가 처음 글을 볼 때는 단지 한 덩어리渾淪라고 할 것이나, 오래 오래 셋, 둘로 또 수십 개로 쪼개서 분석하게 되면 지식이 크게 진보할 것이다."[66]고 했으니, 한 덩어리 같지만 분석해야 참된 것이 이해되고 지식이 진보된다. 즉, 혼륜과 횡은 다같이 '뭉쳐서'이니, 뭉쳐서 보지만 오래 오래 분석하고 수간한다면 참된 인식이 깊어가게 된다는 것이다. 참된 것의 발견이란 이미 알았던 것을 더욱 분명하게 하는 것이며, "분명하게 한다는 것은 '인식을 깊이 한다."는 것이다. "인식을 깊이 한다는 것은 한 덩어리를 다시 분석한다."는 것이며, 혼륜한 대상을 분석할 때, 진실이 밝혀지므로 종합과 분석이라는 2중 수단의 통일이 필요하게 되고, 종합과 분석이라는 두 가지의 조작이 결합되어 양쪽, 주자학에서 말하는 리와 기, 본연성과 기질성 혹은 퇴계의 사단과 칠정이 서로 옳게 인식될 것이다.

결국 리기철학의 중심문제 전반의 정당한 인식은 횡간과 수간, 횡설과 수설이라는 상대적인 두 가지 수단의 조작에 의하여 통일적으로 인식이 성립된다. 주자의 혼륜간과 횡간은 동일한 의미로서 종합이라 생각했고, 수간을 분개간 혹은 분별간이라고 했으므로, 결국 분석과 종합이라는 용어를 바꾼다 하더라도 그 내용은 차이가 없다. 분개간 혹은 수간이라는 분석방법에 대하여 주자는 "한 덩어리의 것을 오래 오래 세가지, 두 가지, 십수 가지로 관찰하면 인식이 크게 진보된다. 마치 백정이 쇠고기를 해체할 때 온전한 소가 없게 보이는 것처럼"이라고 했다. 이것은 숙달된 백정이 살아있는 소를 보고 칼을 대어 해체할 때 자연스럽게 작용할 수 있다고 한 장자의 말처럼, 쇠고기의 맥락이 온전하게 파악되어 처리할 방법이 용이한 것과 같다고 하였다. 그렇게 숙달하자면 "글 읽는 방법은 먼저 숙독이 필요하고, 정히 정간正看하고 배간背

66) 學者初看文字 則見得箇渾淪物事 久久作三兩片 以至於十數片 方是長進<朱子語類>

看하며, 좌간하고 우간하여야 간법이 완료된다."[67]고 했다. 이와 같이 정간법, 배간법, 좌간법, 우간법 등 여러 모로 관찰해야 하는 독서법처럼 진리인식은 단순한 정간법 뿐만 아니라 반간, 좌우간에 의하여 분석을 철저히 하여야만 전체가 드러난다는 것이다. 또 "음양은 없는 것이 없다. 횡간하고 수간해야 전체를 볼 수 있다. 횡간한다면 좌양하고 우음이며, 수간한다면 상양하고 하음한다."[68] 고 한 것으로 보아 전체를 인식하는데, 횡간은 분명히 병행적인 좌우간법이며, 수간은 상하간법이 된다.

왜 분석은 해야하는가? 주자는 다음과 같이 대답하였다. 도리의 본질을 전체적으로 파악하려고 한다면,

"그 도체의 전체는 혼연일치하나 정조, 본말, 내외, 빈주의 분별이 그 가운데 찬연하여 호리의 차이도 없다. 이는 성현의 말씀이 혹은 분리하고 혹은 합하며 혹은 이異 혹은 동同인 까닭이다. 그리하여 이에 도체의 전체가 되는 까닭이다. 이제 한갖 혼연한 것만 중대한 것으로 삼고 이것을 즐겨 말할 줄은 알면서, 그 찬연한 것이 처음부터 서로 분리되지 않은 것을 모른다. 이러한 까닭에 동을 믿음으로써 이를 의심하며 합을 좋아하고, 분리를 싫어하여 그 주장이 늘 한 쪽으로 빠져서 마침내 눈없는 저울이나 마디없는 자가 될 뿐이니 어찌 과오가 아니겠는가?"[69]

라고 하여 분석의 중요성을 강조했으나 혼연은 '한 덩어리'이니

---

67) 讀書之法 先要熟讀 須是正看, 背看, 左看, 右看, 看得是了<朱子語類>

68) 陰陽無處無之 橫看竪看 皆可見 橫看則左陽而右陰 竪看則上陽而下陰<朱子語類 卷94, 朱子之書 太極>

69) 夫道體之全 渾然一致 而精粗本末內外賓主之分 燦然於其中 有不可以豪釐差者 此聖賢之言 所以或離或合或異或同 而乃所以爲道體之全也 今道知所謂渾然者之爲大而樂言之 言不知燦然者之始相理也 是以 信同疑異 喜合惡離 其論每每陷於一偏 卒爲無星之枰 無寸之尺而已 不誤哉<性理大全, 太極圖, 朱子論>

종합이고, 찬연은 조리가 있는 모양의 형용이다. 까닭에 주자가 "찬연한 가운데 조리가 처음부터 일찍이 혼란하지 아니하였다."[70] 고 했던 것이다. 즉, 찬연은 조리를 형용하는 말이다. 또한 주자는 조리를 분석하지 않는 병통에 대하여 "대저 근일에 의론이 합合을 좋아하고 리分를 싫어하며, 모호한 것을 즐기고 분석을 두려워한다. 무릇 일에서 모두가 일찍이 이회理會에 철저하지 못한 까닭이다. 이는 세상의 공통적인 근심이다."[71]고 하였다. 이처럼 주자는 편견의 성립을 횡간, 횡설, 합, 동을 좋아하고, 수간, 수설, 분, 차이의 분석을 싫어한데 있다고 하였다. 이와 같이 주자는 분석을 소중한 학문 방법으로 삼았기 때문에 늘 문인들에게 다음과 같이 말했다.

대저 근래 학자가 도道 구하기에 지나치게 급하고 주장이 너무 고상하여 왕왕 간이한 것을 좋아하고 정밀하고 자상한 것을 싫어하며, 혼륜을 즐기고 분석을 두려워한다. 이러한 까닭에 천리의 본연을 보지 못하고 각기 한 쪽의 사私에 떨어져서 따로 파벌을 만들어, 저와 나를 서로 나누며 도체를 분열하게 하여 합당하지도 않고 공정하지도 못한 것이 되니 이것이 오늘날의 큰 근심이다.[72]

고 했다. 이것은 육상산이 간이, 혼전을 좋아하고, 정당한 분석을 싫어하는 학문적 태도를 비난한 것이며 또 자상한 분석으로써 천리의 본연을 체득하려는 주자의 태도를 보여준 것이다. 이와 같이 주자학은 철저한 분석으로써 불분명하거나 결함을 제외하고 본연을 체득하는데 목적을 두었던 것이다.

---

70) 燦然之中 所謂條理者 初未當混也<朱子文集, 答吳晦叔七>

71) 大抵近日議論 喜合惡離 樂含胡而畏剖析 所以凡事都不會理會到底 此一世之通患也<朱子文集 卷54, 答孫季和應時>

72) 大抵近年學者 求道太副 立論太高 往往嗜簡易 而憚精詳 樂渾全而畏剖析 以此不見天理之本然 各墜一偏之私 見別立門庭 分彼我 使道體分裂 不合不公 此今日之大患也<朱子大全, 文53, 答沈叔晦>

(2) 혼륜渾淪과 분개分開의 대대待對

횡설과 수설은 대립하고, 횡간과 수간, 종합과 분리는 대립한다. 대립에 관해서 주자는 정명도가 '인생이정이상불용설人生而靜 以上不容說'이라고 한 "이상은 말할 수 없다는 것은 천명본체이니, 품부하여 인간에 내재한 것과 대립적으로 지적해 말한 것이고, 극본궁원의 성은 인간이 받은 정리正理이나 기질의 성과 대립해서 말한 것이다."[73]고 하였다. 본체대품부, 정리대기질이라는 대립이 있게 되는데, 대립은 먼저 부정한다. 본체는 품부가 아니고 품부는 본체가 아니며, 정리는 기질이 아니고 기질은 정리가 아니기 때문에 서로 부정하는 관계에 놓이게 된다. 그러나 품부가 없다면 본체란 생각할 수 없고 기질이 없다면 정리라고 할 수 없다. 그들 서로는 긍정하는 대립관계가 내포되어 있다. 부정하나 보완하려는 긍정을 지향하고, 긍정하나 부정을 내포하므로 대립하면서 서로 의존하는 관계가 내포되어 있다. 부정하나 보완하려는 긍정을 지향하고, 긍정하나 부정을 내포하므로 대립하면서 서로 의존하는 관계가 성립된다. 다시 말하면 양자는 서로 부정하면서도 서로 긍정하는 관계로서 대립 속에서 공존 통일하게 된다. 대립적인 통일관계를 서로가 매개로 한다고 했다. 서로가 대대對待함으로써 서로를 부정하나, 서로를 보완하게 된다. 그래서 주자가 "이자로 스스로 서로 대대하니, 곧 체용의 의미를 알게 된다."[74]고 하였다. 이것은 주역의 '대대 관계 논리'이다. 주자가 말한 체와 용, 정리와 기질의 대립, 즉 대립은 서로 부정하면서도 긍정하고 보완 통일하려는 대대를 의미하였다. 따라서 횡설과 수설은 대립하나, 횡간과 수간의 대립의 주장, 혹은 서로를 부정하면서도 서로를 긍정하여 보완통일하려는 주장이 간看이라고 하겠다. 횡橫은 수竪를 부정하고 수竪는 횡橫을 부정하지만 횡이 없다면 수가 무의미하고 그 역逆도 마찬가지

73) 以上不容說者 是指天命本體 對其稟賦在人者而言 極本窮源者 是就人所稟之正理 對氣質之性爲說 <朱子大全, 文52, 答吳伯豊>

74) 以二者, 自相待對, 便見體用之意<朱子文集 答林澤之2>

이니 횡과 수는 서로를 부정하면서도 긍정하여 보완통일하려는 대대의 관계에 있는 것이다.

주역의 '대待'가 '상인相因한다'는 것은 양괘兩卦의 대립을 서로 긍정한다는 것이며, '상반한다'는 것은 서로를 부정한다는 것인데, "천지 사이의 모든 것은 상반, 상인을 벗어나지 않는다."고 한 것 역시 이러한 대대관계를 의미한 것이다. 그러나 대립도 단순하지 않다. 그러므로 주자는 다음과 같이 말하였다.

> 대개 '대립'이라는 것은 혹은 좌우로, 혹은 상하로, 혹은 전후로, 혹은 다과多寡로, 혹은 류로써 대립하고 혹은 반으로써 대립한다. 반복해서 추리한다면 천지사이에 진실로 하나도 대립없이 고립된 것은 없다.[75)]

고 했으므로 리와 기, 본성과 기질, 사단과 칠정, 인심과 도심은 모두가 어떠한 형태로든 대립하고 있다. 따라서 퇴계의 「심통성정도心統性情圖」는 이러한 방법에 의하여 그려져 있다.

사단과 칠정을 하도에서는 '상하'로 대립시키고 수간했으나, 중도에서는 '칠포사七包四'로 횡간하였다. 횡간을 퇴계는 '겸이기兼理氣'라고 하였는데 이것은 "리는 기 중에 있다理在氣中."고 한 것으로서 현상계에서의 간법이며 이것은 혼륜간이라 했고 상하간은 물론 수간이지만 상하뿐 아니라 전후간 역시 분석이 되므로 함께 분개한다라고 하였다. 대개의 경우 퇴계는 혼륜간과 분개간이라는 용어로 통일하였으나 분개간은 혼륜속에서 본질을 도출할 때 즉, 태극도의 양의兩儀에서 태극을 뽑아내는 조작을 척발이라고 하듯이 척발은 분개하는 조작방법이라고 하겠다. 현상에서 본질을 척발하고 리기공존에서 리를 기질에서 본성을 칠정에서 사단을 척발한다

75) 蓋所謂對者 或以左右 或以上下 或以前後 或以類而對 或以反而對 反復推之 天地之間 眞無一物 兀然無對而孤立者<朱子文集 卷4, 答胡廣仲>

면 그 본연은 모두 리이므로 리선이라고 하거나 성즉리라고 하며 또 사단은 주리라고 하였던 것이다. 그런데 퇴계의 혼륜간과 분개간은 그의 말처럼 주자가 유숙문에게 대답한 다음과 같은 글이 근거가 되었던 것은 누구나 아는 터이다.

리와 기라고 하는 것은 결코 이물二物이다. 다만 물상에서 본다면 이물은 혼륜하니 분개할 수 없고 각기 한곳에 있다. 그러나 이물二物이 각기 일물一物이 됨을 긍정, 불해하지 아니한다. 만약에 리상에서 본다면 물이 있지 아니하더라도 이미 물의 리는 있었다. 그러니 또한 다만 그 리가 있을 뿐 물은 실유하지 아니했다.[76]

고 한 것에서 퇴계의 혼륜간과 분개간의 방법이 근원하였고, 혼륜간은 현상물에 대한 관찰이며, 분개간은 논리상의 조작이며 분별, 분석법인데 이로써 혼륜과 분개는 대립하지만 서로 긍정하며 분개하므로써 물 이전에 이미 그 물의 리가 있다는 인식이 성립되었다. 퇴계학은 이러한 대대의 통일에 의하여 리와 기, 본연과 기질, 사단과 칠정의 관계가 해명되고 있다. 그러나 고봉, 율곡, 그 학파 등은 분개간보다는 혼륜간에 근거해서 횡설한 까닭에 기포리氣包理, 리기불상리理氣不相離, 기질포본성氣質包本性, 칠정포사단七情包四端으로 파악되었다. 까닭에 횡설이 주로 되었고 혼륜간을 주로하게 되었는데 이것은 간단한 문제가 아니다. 분개하여 척발하는 조작을 포기한다면 리선기후가 인정되지 않으므로 리기무선후 즉 기포리가 근본으로 되어 리의 초월성이 무시되고, 주자의 '리'가 본원에서 초월적이나 현상에서는 내재적이라는 이중구조가 말살되어 리가 물에 내재한다는 현상론 일방이 되며, 기 역시 물에 내재한다는 이른바 내재관적인 리기철학이 성립되었다. 따라서 주자 혹은 퇴

76) 所謂理與氣 此決是二物 但在物上看 則二物渾淪不可分開 各在一處 然不害二物之各爲一物也 若在理看 則雖未物已有物之理 然亦但在理而已 未嘗實有是物也<朱子大全 文46>

계의 독특한 초월하면서 내재한다는 리철학과는 또 다른 철학체제가 성립되었던 것이다.

(3) 편견의 배제

횡설과 수설의 통일이 진행됨에 따라서 리 기가 병합된 종합, 혼륜한 횡설로부터 그것을 분석해서 말하는 수설로서 그 인식이 깊어질 것이다. 즉, 횡설과 수설의 통일이 진행될 때 주체가 종합과 분석이라는 이중적 수속에 의하여 전체가 드러나기 시작한다. 그러니 횡설과 수설의 통일은 종합인 동시에 분석이다. 서로의 결합을 기다려서 인식이 심화된다. 따라서 퇴계도 "대근원처의 자세한 이해는 곧 횡설하고, 수설하면 그 리에 도달하지 않는 것이 없는 것을 알 수 있다."[77]고 했던 것이다. 대근원처를 인식하자면 종합해서 말하고 분석해서 말해야 한다는 것이다. 종합과 분석의 이중적 수속이란 서로 부정하나 긍정해야 독단으로부터 벗어 날 수가 있다. 참된 것을 방해하는 가장 무서운 적은 독단이다. 독단은 이성적 사고나 학문의 적이며 비판을 거부하니, 사상적 고루 혹은 독선은 독단으로부터 발생한다. 퇴계가 후학들에게 늘 경계하는 것이 여기에 있었다.

동同에 나아가서 그 이異가 있는 것을 알고, 차이 중에 나아가서 그 동同이 있는 것을 보며, 이二로 분석하되 그 종합을 긍정하고, 종합하여 통일하되 실은 분석하니 이에 두루 다 익혀 편견이 없도록 한다.[78]

고 한 것이다. 진리는 고정관념에 구속되지 않는 편견없는 탐구가 필요하다. 그래서 편견없는 주편을 퇴계가 또 "주편周徧은 일변으

---

77) 大根源處 仔細理會 乃可知其橫說竪說 無往不通其理<陶山全書三, 答李宏仲>

78) 就同中而知其有異 就異中而爲二不害其未相離 合而爲一而實歸於不相雜 乃爲周悉而無偏也<陶山全書, 答奇明彥 第一書>

로 타락하지 않는 론이다."[79]고 하였다. 보편한 리의 획득은 종합과 분석이라는 이중적인 수속을 통해서 통일되며 편견으로부터 벗어날 수 있다. 이것이 퇴계의 횡설과 수설이다. 만약 횡간하여 횡설만을 능사로 한다든지, 반대로 수간하여 수설만을 일삼는다면 다함께 편견, 독단으로 떨어진다. 불상리와 불상잡을 평등하게 회통해야 보편을 획득할 수 있다. 그러하지 않고 수간하는 것 같지만 그 분석이 철저하지 못한 채로 횡간하고 종합해 버린다든가, 반대로 분석만은 철저히 하나 종합을 소중하게 생각하지 않는다면 함께 보편한 길이 열리지 않고 편견으로 타락한다고 하겠다.

불상리와 횡간으로써 횡설에 치중한 율곡파와 불상잡과 수간에 치중하여 수설에 치중한 퇴계의 후학도 모두가 편견이라고 할 수 있다. 퇴계의 입장은 그 양자를 평등하게 통간해서 통일해야 보편에 도달할 수 있다는 것이다. 비교적 정확한 퇴계의 방법을 이해한 학자가 있었다. 그가 갈암 이현일 등이라고 하겠다. 퇴계 이후 율곡파의 4·7혼륜설과 대결한 갈암 이현일은 혼륜설과 분별설을 겸하여 설득하려고 하였다.

> 나 또한 칠정을 혼륜해서 말하는 것이 있고 분별해서 말하는 것이 있다고 생각한다. 이제 칠정과 사단을 대립해서 말하는 까닭에 주기와 주리의 분별이 있게 된다.[80]

고 했다. 혼륜설하면 '칠포사七包四'이며 분별설하면 '칠대사七對四'가 된다. 즉 칠七은 주기, 사四는 주리로 분개된다. 그런데 갈암 역시 칠정이 '겸기이발兼氣而發'이므로 "사단도 진실로 겸기하여 발한다. 그러나 인의예지의 성으로부터 직출했다(형기의 영향을 억제하고 발했다.). 까닭에 맹자가 이에 그 정情과 같다면 선이 된다고

79) 周徧 不落一邊之論<陶山全書, 答許美叔篈, 問目>

80) 愚亦以爲七情渾淪說底 有分別說底 今以七情對四端說 故 爲有主氣主理之分也<葛庵文集 卷18 栗谷李氏論四端七情書辯>

할 것이니 곧 선하다고 하였다."[81]고 하였다. 이처럼 사단을 '리의 발'이라 했다. 리자발理自發이라는 것은 아니다. 퇴계는 김취려에게 '성불능자발이자주性不能自發而自做'라 하고 '대심이발待心而發'이라<퇴계문집 권29 답김취려> 했으니 겸심기어발兼心氣而發 한 것이다. 그러나 리가 형기의 작용을 억제했으므로 주리의 정이라 한 것이고, 칠정도 겸기이발이 형기의 영향이 강하므로 주기의 정이라고 분별설하자니 자연 사四는 '이의 발'이라 하고, 칠七은 '기의 발'이라고 표현했던 것이다. 그러나 기고봉이 "기는 운동하는 것이므로 발할 수 있지만, 리는 소이所以이며 이법이므로 그 자체는 발할 수 없는 것이 아닌가?"라는 의문을 제시했으므로 퇴계는 사단이 리가 주체이므로 '리발이기수지理發而氣隨之'라고 했다. 그러나 역시 이율곡이 이발을 '리자발'이라고 이해하고 '리자발'을 불가능하다고 했다. 그러나 퇴계의 리발은 본래 리자발을 의미한 것이 아니기 때문에 다시 알기 쉽도록 말하자면 리발이란 자발이 아니라 '리승기이행理乘氣而行'이다. 단지 주체가 리인 까닭에 '리발'이라고 주어화했고, 기는 객체이므로 '수지'라고 술어로 표시했던 것이다. 즉 사단도 발하는 것은 기이나 그 주체가 리이고 객체는 기인 까닭에 '리발이기수지理發而氣隨之'라고 표현했던 것뿐이다. 사단과 칠정은 모두가 이미 발한 정이다. 같은 심현상에서 분별한다면 하나는 주리의 정이고 또 하나는 주기의 정이라 분별할 수 있다. 그런데 주리, 주기라는 말은 리기공존理氣共存을 전제로 하고 그 중에서 주가 리다 혹은 기다라고 한 것이며 유리唯理나 유기唯氣처럼 리 단독 혹은 기 단독을 의미하는 것이 아니다. 이런 까닭에 사단은 주리의 정, 칠정은 주기의 정이라고 했을 뿐 유리의 정 혹은 유기의 정이라고 하지 아니했다. 퇴계학파에서 분개간과 혼륜간의 통간법을 이해하고 횡설하고 수설한 학자에 이갈암, 이대산, 이응와李凝窩 등이 있었다. '리자발理子發'이란 성립될 수 없는 까닭에 갈암은 "자발自發

81) 四端固是乘氣而發 然以其直出於仁義禮智之性 故曰乃若其情則可以爲善 乃所謂善也<同上>

이라는 말인즉 이씨(율곡)가 어디에서 이 근거없는 말을 얻었으냐?"[82]고 했다. 따라서 주자의 '리지발' 혹은 퇴계의 '리발'을 기의 도움이 전혀 없이 자발이라고 한다면 주자, 퇴계의 참뜻을 이해하지 못한 것이 되고 말 것이다.

2. 퇴계학의 기본체계

퇴계학 국제학술회의 10년간을 회고한다면, 퇴계의 시문학, 교육사상, 정치, 사회사상 및 수양설 등 다양한 연구가 발표된 것은 사실이다.

1) 기본체계

(1) 이간離看과 합간合看의 변증법

퇴계학을 일관하는 논리법이 합간과 이간 혹은 혼륜간渾淪看과 분개간分開看의 통간通看에 있으며, 리와 기의 관계, 본성과 기질의 관계 및 사단四端과 칠정七情의 관계는 이상의 양도법兩途法을 통일하여 관찰함으로써 합리적으로 해명된다고 하겠다. 주자학과 퇴계학은 리와 기, 본연과 기질, 사단과 칠정의 관계 모두가 종합合과 분석分의 두 가지 방법을 회통會通해서 관찰함으로서 모순없는 합리적 기초를 얻게 된다.

까닭에 리동理動과 기동氣動 혹은 리발理發과 기발氣發 역시 합간과 분간을 통간할 때 편견이 없는 보편한 인식이 성립될 것이다. 퇴

82) 自發之語 則李氏何從得批無稽之言乎<上同>

계는 "주편을 전소 대전大全"이라 하였으며 또 "두루 다하여 편됨이 없다."고 하였다.

율곡에 대한 다음과 같은 퇴계의 경고는 그 입장을 잘 드러내주고 있다.

"리理는 어떤 일에서도 두루 존재한다. 그러나 인식에는 반드시 두길이 있는 법이다. 이제 상대방의 주장을 보자마자 자기의 분명치 못한 도리로써 단정하고 오히려 각기 한 쪽만을 말하여 서로 피하고 달아나니 요해了解할 기약이 없다. 지금 문난하는 사람들이 왕왕 이와 같으니 매우 우스운 일이다."[83]

고 했는데 "반드시 양도가 있다."고 한 양도兩途란 물론 두 가지의 길 두 가지의 방법이 있다는 것이지만 이 양도兩途는 무엇일까? 사리의 파악에서 양도를 알지 못하고 각기 한 쪽 주장 만을 하는 것을 퇴계는 반대하고 또 기고봉奇高峯에게 다음과 같이 말하였다.

"대저 학문을 강론하나 분석을 싫어하고 힘써 합해서 하나로 삼고 말하니. 옛 사람이 맛도 모르면서 대추를 삼키는 곤륜새와 같다고 했다. 그 병통이 적지 않다."[84]

고 했으니 양도는 분석과 합일이라 생각된다. 그런데

"지금의 논변은 이와 달리 동同을 좋아하고 이離(분리)를 싫어하며 혼전渾全을 즐기고 부석剖析을 싫어한다."[85]

"동同을 좋아하고 혼전渾全을 즐긴다는 것은 분석을 싫어한다는 것이니, 고봉高峯이 동同, 혼전渾全의 한 쪽을 잡고 한 쪽을 폐지하니 곧 편견이 없겠는가?"[86]

다시 말하면 동同, 혼전渾全, 합合만을 고집하여 이異, 부석, 분分을 버린다면 편견, 독단으로 타락한다는 것이다. 고봉과 율곡 모두가

---

83) 蓋理無不具一事, 必有兩途 今才見後說, 畵自家便尋夜底道理, 反之各說一邊, 互相逃閃, 便無了期, 今人間難, 往往類此, 甚可笑也<退溪先生文集 卷14, 答李叔獻, 朱子書節要, 答劉季章>

84) 夫講學而惡分析, 務合爲一說, 古人鶻圇呑棗, 其病不少<退溪集, 答奇明彥, 論四端七情第一書>

85) 今之所辯, 則異於是, 喜同而惡離, 樂渾全而厭剖析<同上, 第二書>

86) 今必欲執一而廢一, 無乃偏乎<同上, 第一書>

합合, 동同만을 취하나 분分, 이異쪽을 무시한 까닭으로 퇴계는 마땅히 분석하고 종합해서 관찰하라고 하였다. 이간離看과 합간合看의 두길을 회통해서 관찰해야만 보편한 사리인식에 도달한다고 하겠으며, 퇴계는 또 도와 음양의 관계에 대해서, "도道와 음양을 말할 때 혹은 합간하고 혹은 이간한다."[87]

고 하였다. 합간과 이간이 퇴계의 양도兩途인데, 만약에 그렇게 하지 않고, "한 쪽만을 굳게 지키고 다른 한 쪽을 폐지한다면 조화의 묘妙에 통달하지 못한다."[88]

고 한 것도 이합간離合看하라는 것이며, 옳고 정당한 것을 찾기 위한 방법이었다.

"매사에 반드시 그 시처是處를 찾아야 한다."[89]

까닭에 "무릇 천하의 사물을 모두 마땅히 통간해야 한다."[90]

이와 같이 분간과 합간을 통간해야 하는 것이다.

"주편周偏은 한 쪽의 주장으로 떨어지지 않는 것이다. 이를 알았다면 의심할 것도 없다."[91]

까닭에 분석하고 종합하는 양 길로 해야만 보편에 도달할 수 있다. 보편은 한 쪽으로 타락하는 독단이 아니므로 이굉중李宏仲에게,

"각각 한 쪽에 근거해서 힘써 이기려는 생각을 굳게 고집한다면 아마도 함께 한 쪽으로 떨어지는 폐단으로 돌아가는 것을 면하지 못함을 볼 수 있다."[92]

고 하였다 편견을 면하고자 한다면, "동일한 것에서 차이가 있는 줄 알고 차이에서 그 동일한 것이 있는 것을 관찰하며, 분석해서 나누지만 그 아직도 일찍이 분리하지 않는 것을 해치지 않으며,

---

87) 言道與陰陽, 或合而看, 或離而看也<同上>
88) 膠守一說而廢一說, 不足達造化之妙<同上, 答禹景善 問目>
89) 每事必欲求其是處<同上, 答鄭子中書>
90) 凡天下事物, 皆當通看<同上, 離看>
91) 周偏, 不落一邊之論, 知則無示疑矣<同上, 答許美叔篈 問目>
92) 觀其具各據一方, 堅執務勝之意, 恐未免同歸於一偏之弊也<同上, 答李宏仲>

종합해서 통일하나 실로 혼잡하지 아니한 것으로 돌리니 곧 두 길을 다해야만 편견이 없게 된다."[93]고 했다. 동일성에서 차이성을 관찰하고 차이성에서 동일성을 도출하여, 서로 혼잡하지도 않고 또 서로 분리하지도 않는다.

즉 "분分과 합合을 해치지 않는다."고 한 불해不害는 긍정이니 서로를 긍정한다. 동일성과 차이성은 서로 대립하지만 그 대립을 서로 긍정해야 전체가 파악된다는 것이 이른바 퇴계의 동이논리同異論理이다.

퇴계에 있어서 리理와 기氣, 본연과 기질, 4단과 7정의 관계는 분합分合, 동이同異의 논리에 의하여 조리정연하게 해명된다. 까닭에 세계의 본질과 인간의 본질 혹은 본질적인 감정이 통일적으로 파악된다. 이 논리는 일종의 변증법으로서, 서로 대립하나 긍정을 매개로 하여 통일하는 긍정의 변증법이다, 곧 퇴계의 다음과 같은 말에서 드러난다.

"고금의 학자가 리理와 기氣를 혹은 지나치게 분석하여 2로 삼거나 혹은 지나치게 합하여 하나로 삼아 단지 一而二요, 二而一인 줄을 모른다. 이것은 다른 이유가 없다. 학문하는 공효가 이직도, 거경궁리 居敬 窮理하되 정미를 다하지 못한 까닭이다."[94]

'一而二'는 하나의 사실에는 반드시 대립 모순이 내재한다는 것이고, '二而一'는 그 대립과 모순이 서로 침투함으로써 통일된다는 긍정이다. 그런데 스탈린이나 모택동毛澤東은 '一而二'만을 고집하여 투쟁을 절대화하고 상호 침투성. 상호긍정을 부정하였으나, 중공의 양헌진楊獻珍은 '合二而一'을 강조하여 통일변증법을 주장한 까닭으로 모택동, 비밀경찰 두목 강생康生에게 숙청당하였다. 그러나 이제 퇴계는 '一而二, 二而一'을 주장하고 분分과 합合을 통간해야 한다고 주

93) 就同中而知具有異, 就異中而見其有同, 分而爲二, 而不害具未嘗離, 合而爲一而實歸於不相離, 乃爲周悉而無偏也<同上, 答奇明彥, 第一書>

94) 古今學者理與氣, 或太分而爲二, 或太合而爲一, 殊不知一而二, 二而一矣, 此無他故也. 學問之功, 未能居敬窮理, 而盡精微也<退溪集, 答禹景善 問目>

장하여 투쟁을 매개로 하지 않고, 서로 화합 침투하여 긍정을 매개로 한 까닭에 긍정변증법이라고 했다.

(2) 분개간分開看과 혼륜간渾淪看

퇴계는 분합分合 혹은 동이同異의 호융互融, 즉 분개간과 혼륜간의 대립을 통간通看하므로써 보편 또는 두루 다하여 편견이 없다는 보편성을 논증하였다. 분개와 혼륜의 대립은 물론 호융互融하는 긍정을 매개로 하는 보편의 추구이다.

리理와 기氣 본연과 기질, 4단과 7정의 대립을 포섭包하여 횡간橫看하고 또 대립한다. 수간과 횡간의 대립을 긍정하고 통간하여 전全, 대전大全이라고 하는 전체를 두루 인식, 파악하고자 하였다.

"분개해서 말할 곳에서 분개해서 보나 혼륜이 있는 것을 해지치 않고, 혼륜해서 말할 곳에서는 혼륜해 보되 분개가 있음을 해치지 않는다."[95)]

이것은 분개설과 혼륜설이 대립하지만 서로 긍정함으로써 호융互融하게 통일된다는 것이다.

"사사로운 생각으로 좌로 당기거나 우로 밀치지 않으며, 분개를 합하여 혼륜히 하고 혼륜을 분리하여 분개한다."[96)]

고 할 때도 분개와 혼륜의 대립을 합하거나 분리하되 사사로운 독단으로 하지 않는다는 것이다.

"이와 같이 오래 오래한다면 자연히 점차로 정정井井하여 혼란할 것을 용납할 수 없다는 것을 엿보게 되며, 점차 성현聖賢이 횡설하고 수설하여 말한 것이 각기 온당하고 서로가 방해가 되지 않는 것을 파악하게 될 것이다."[97)]

---

95) 分開說處, 作分開看, 而不害有渾淪, 渾淪說處, 作渾淪看, 而不害有分開<退溪集, 答奇明彦, 第二書 後說>

96) 不以私意左牽右掣, 合分開而作渾淪, 離渾淪而作分開<同上>

97) 如此久久, 自然漸欠 其有井井不容紊亂, 漸見得聖賢之言 橫說竪說, 各有攸當, 不相妨碍處<同上>

고 하였는데, 횡설은 리기를 겸하여 좌우로 함께 말하는 것이며, 수설은 상하·본말로 설명하는 것이므로 4단은 상에, 7정은 하로 혹은 리본理本, 기말氣末로 적용하고 분개하여 설명하는 것이다.

가령 4, 7을 수설竪說한다면 4상上, 7하下로 서로 설 수 있으나, 횡설橫說한다면 '七包四'로서 4는 7에 내포된다. 따라서 본연과 기질을 수설한다면 본연은 본질이고 기질은 2차적이며, 횡설한다면 본질은 기질에 내재하므로 기질포본연氣質包本然인 기질의 성이 된다. 리기理氣관계 역시도 수설한다면 리본기말理本氣末이 되고, 또 리선기후理先氣後가 되지만, 횡설한다면 리재기중理在氣中이므로 리기는 선후가 없다理氣無先後. 곧 현상계에 대한 설명은 횡설로 한다. 그러할 경우 리理는 분수의 리分殊之理이다. 그러나 수설은 현상계에서 그 본질을 따지는 것이므로 기보다 리理가 본질이고, 우선하는 까닭에 리선理先이라 하겠고, 인간성에서도 기질보다 본연이 우선하기 때문에 본연은 본질이고, 기질은 2차적이라는 것이며, 4단과 7정에서도 4단이 감정에서 본질적이므로 4단은 상上이며 7정은 하下라고 쌍립雙立하였다.

"그 혹은 이로써 스스로 주장을 삼는다면, 의리가 이미 정해진 본분에 어긋나지 않는데 거의 가깝다."[98]

고 했다. 이러한 논의는 물론 주자에 기원하지만 밝게 보고 이론적체계로 확립한 점이 중대하다. 퇴계가, "대근원처에서 자세하게 이해했다면 그 횡설하고 수설한 것이 이치에 통달하지 않는 것이 없다고 할 수 있다."[99]

또 횡간橫看, 수간竪看은 다음과 같은 주자설에 근원한다.

"횡간하고 수간한다면 전체를 볼 수 있다. 횡간하면 양은 왼쪽 음은 오른쪽이 되고. 수간하면 양은 위에 있고 음은 아래에 있다."[100]고 하였으니 횡간은 좌우로 보는 것, 수간은 상하로 본 것이

98) 其或以是自爲說, 則庶幾不戾於素定之本分<同上>

99) 大根源處, 仔細理會, 乃可知其橫說竪說, 無往不通其理<陶山全書三, 答李宏仲>

100) 橫看, 竪看, 皆可見, 橫看則左陽右陰, 竪看則上陽下陰<朱子語類, 卷94, 周子之書, 太極圖>

다. 까닭에 퇴계는 횡간을 겸리기兼理氣라 했고, 수간은 상하, 본말로 보는 것이라고 했다. 횡간할 때는 기포리氣包理, 7포4七包四, 기질포본연氣質包本然이 되겠으나, 수간할 때는 이본기말理本氣末, 4상四上 7하七下 기질 대對 본연이 된다. 좌우 겸이기로 횡간하는 것은 사물, 형이하의 리기공재의 현상계이고, 본말로 수간하는 경우는 존재론적 본질을 구명하는 것이며, 상하, 전후로 하는 것은 가치론적인 분석이다. 주자가 사물상物上에서는 횡간하고, 리법상理上에서는 상하, 본말로 수간하여 분개한다고한 것은 이러한 의미이다. 그럼으로 퇴계는 '리기가 일물이 아니다는 변증理氣非一物辯證'에서 다음과 같이 주자설을 인용하고, 분개와 혼륜의 관계로 설명했다. 주자가 유문숙에게 대답한 글에서 리와 기는 결코 두 가지이다. 단지 물상物上에서 본다면 두가지가 혼륜한 까닭에 분개할 수 없으니, 각각 한 곳에 있다. 그러나 두 가지가 각각 하나의 것이 되는 것을 방해하지 아니한다. 만약 "리상에서 본다면 오직 사물이 없을 때도 이미 사물物의 이치는 있었다."[101]

이 때 혼륜, 분개라는 말이 나타나며 물상간物上看, 리상간理上看이라는 분별이 나타난다. 물상간物上看할 때는 리기는 혼륜하지만 리상간理上看할 때는 理가 선재先在하게 되는 분개간分開看이 있게 됐다. 그러나 혼륜과 분개는 서로 방해되지 않는다고 했으니, 혼륜과 분개의 대립은 서로를 부정하지 않고 서로가 긍정한다는 것이다. 물상간할 때는 리기는 무선후이며, 혼륜히 공재共在하지만 리상간理上看할 때, 즉 논리적으로 관찰할 때는 본질인 리理가 먼저 있고 기는 뒤진다. 까닭에 리선기후理先氣後로 분개된다. 다만 선후란 시간적인 의미가 아니라, 논리적인 일차성과 이차성이라는 관계이다.

"현상물物이 있기 전에 그 리理는 이미 있었다."고 하는 것은 리상간理上看이며 수간하는 분개간이다. 즉 현상물에 앞서서 원리가

---

101) 朱子答劉叔文書曰, 理與氣, 決是二物, 但物上看, 則二物渾淪不可分開, 各在一處, 然不害二物之各爲一物也. 若理上看, 則惟未有物, 而已有物之理<陶山全書三>

있고, 본질로서 먼저 이치가 있었다는 것이다. 리일분수理一分殊로 말한다면 먼저 있는 이치는 리일理一이고 혼륜한 이치는 기 혹은 사물에 내재하는 각각 특수한 개별적인 리理이니 분수의 리分殊之理이다. 리일理一은 기, 사물, 자연을 초월하고 있으나, 개별적인 분수의 리는 기, 사물, 자연에 내재하고 있다. 초월적인 리理는 무극이태극無極而太極이고, 특수한 리로서 내재하는 자는 각기 특수한 조리, 사리로서 개별적인 중태극中太極이다. 까닭에 리理는 초월적이면서도 내재적이고, 내재적이면서도 초월적이라는 이중성을 지니게 되었다. 현상에서 존재근거를 통찰하고, 존재 근거에는 이미 현상이 잠세적潛勢的으로 내포돼어 있다는 것인데, 천인상관天人相貫의 리理는 실재實在를 인정하는 근거가 되었다.

(3) 척발剔撥, 척언剔言과 겸언兼言

리기理氣가 공재共在하는 현상물 가운데서 그 본질을 척발剔發 즉 발라낸다면 무극이태극無極而太極으로서 유일한 리理가 실재한다고 생각되는데, 퇴계는 다음과 같이 말하였다.

"주자周子에게 무극 태극설이 있다. 이는 모두 리기가 서로 의존하는 가운데서 발라내어 리理만을 말했다."[102]고 한 척발로 말미암아 그 리理의 독자성이 증명된다.

또 맹자는 감정 중에서 발라내어 말剔言해서 4단만 말했고, 정이천程伊川은 4단을 말하지 않고 7정을 말했으니 함께 말兼言한 것이라고 하였는데, 후세 류치명柳致明(1777～1862)은, "척발剔撥은 기 가운데서 그 리理를 가려내挑出나 대대待對할 수 없는 것이며, 분개는 발하는 곳에서 각기 소주所主를 가려켜서 쌍립雙立하는 것이다."<定齋文集 卷15, 答京老>라 하고, 발라내는剔撥과 분개分開를 구별했다. 퇴계는,

"주자의 말씀에 성이 비록 기 가운데 있다 해도 그러나 기는 기

102) 周子有無極太極說, 此皆就理氣相循之中, 剔撥而獨言理也<答奇明彦, 第一書>

요, 성은 성이니 또한 서로 협잡하지 않는다고 하지 아니하였는가? 내 생각에 주자는 맹자가 척언剔言한 것에 나아가서 말했고, 정이천은 겸언한 것에서 말한 것이라 생각되나, 요컨데 분리할 수 없다는 말이다. 그러나 황은 이중異中에서 그 동同이 있음을 본다는 것이다."103)

고 했다. 즉 맹자의 4단을 형기 중에서 척언剔言했고, 정이천의 7정은 리기를 겸언兼言했다.

"성性이 기 가운데 있다는 것에 나아가서 말한다면 기는 기요, 성은 성이니, 서로 협잡하지 않는다(기는 기요, 성은 성이라고 한 것은 기와 성은 개념상 독립적이라는 것이다). 황滉이 동同가운데서 차이異가 있음을 안다고 한 것이다."104)

즉 "차이 가운데 동일한 것이 있고, 동일한 것 가운데에 차이가 있다."는 양 측면이 있는데, 그러한 분별은 척언, 겸언이라고 하는 언어言語에 의하여 표현된다. 이러한 언어의 논리적 분별성에 의하여 개념이 성립된다.

리기가 서로 의존하는 현상물에서 척언하여 그 본질을 말한다면 리理라고 하겠으므로,

"주자가, '지극히 허한 가운데에 지극히 참된 것이 있다'고 한 것은 허虛하나 실實하다는 것이며, 허무라고 하는 것이 아니다. '지극한 무無가운데 지극한 유有가 있다'고 한 것은 무無이나 유有라고 한 것이며, 무무無無라고 한 것이 아니다."105)

고 하였는데, 무무가 아니다非無無, 혹은 허무라는 것이 아니라非虛無고 한 그것은 "지허至虛 중에 지실至實한 것이 있다." 혹은 "지무 중에 지유가 있다."고 하였으니 그 유는 단순한 속유가 아니라 무

103) 朱子說不曰, 性雖其方在氣中, 然氣自是氣, 性自是性, 亦不相夾離云乎, 彥意, 朱子就孟子剔言, 伊川兼言處而言, 則曰要不可離, 卽滉所謂異中見其有同也＜答奇明彥, 第二書＞

104) 就性在氣中而言, 則氣自氣, 性自性, 不相夾離, 卽滉所謂同中知具有異也＜同上＞

105) 朱子謂至虛之中, 有至實者存, 則謂虛而實耳, 非謂虛無也. 謂至無之中, 有至有者存. 則是謂無而有耳, 非謂無無也＜同上＞

적유無的有라고 하겠다. A와 B에 각기 개별적인 본질이 있다고 하겠으나 본질의 본질인 보편적인 A도 B도 아니다. 그것은 A=A 혹은 B=B라고 규정할 수 없는 무규정자이다.

그러므로 지허至虛, 지무至無라고 했지만 지실至實, 지유至有의 근거로 전환되며 시원이 된다. 즉 A=A라는 한정성을 헐어버린 A, B, C 등 유의 존립이 가능한 공간을 제공하는 지허, 지무한 무이면서 지실 지유한 유를 가능하게 하는 그 시원으로서의 무적유無的有이다. 존재근거가 무無이며, 그 무無가 만유萬有의 근원이라는 것을 무적유無的有라고 한 것이다.

또 이것은 다음과 같은 주자의 설명과 연결된다. 태허 혹은 태극을 태극도는 둥근 원형으로 표시하여 그것은 지허하나 지실한 리理라고 했다.

"주자가 무극이태극無極而太極을 논한 곳에 이르러 또한 "무극을 말하지 않는다면 태극은 일물一物(有)과 같이 생각되어 모든 조화의 근거가 될 수 없고, 태극이라고 하지 않는다면 무극은 공적空寂一虛無한 것으로 오해되어 모든 조화의 근거가 될 수 없다."고 하였다.

"아아, 이와 같은 말은 어디에서나 주편하고 편벽되지 아니하며, 논파할 수가 없다고 할 것이다."[106]고 했으니, 무극은 지허至虛, 지무至無이며, 허무가 아니다. 태극은 지실至實·지유至有이며, 단순한 가시적可視的 유가 아니다. 유일한 존재근거인 무극無極而太極을 주자는 리理라고 하였으나 물론 특수적인 리分殊之理를 의미하지 않고, 본원의 리가 지허하나 지실하고 지무하나 지유한 이치이므로 그것은 무적인 유無的有요, 유有에 구속되지 않으며, 자유롭게 우주질서를 창조하는 원리이다. 이렇게 속유俗有를 부정하는 기초위에서 성립된 진유眞有는 세속적인 모든 질서를 해체해버린 무無에서 다시 참된

106) 至於朱子論無極而太極處, 亦曰不言無極, 則太極同於一物而不足爲萬化之根, 不言太極則無極淪於空寂而不能爲萬化之根. 嗚呼. 若此之言. 可謂四方八面, 周偏不倚, 顚撲不破矣<同上>

질서를 창조하는 실마리가 잡힌다는 전환점에 서 있다고 하겠다.

(4) 체용일원體用一原과 현미무간顯微無間

퇴계의 체용體用 또한 분개간과 혼륜간으로서 주리主理와 주기主氣가 도출된다. 주자, 혹은 퇴계학의 기본 논리에는 체용體用의 관계 논리가 있다. 이에 의하여 주리主理와 주기主氣관계가 천명된다. "역易의 서문에서 체용일원體用一原, 현미무간顯微無間의 주자의 주석에서 주자가 리理로부터 말한다면 체體에 용用은 그 가운데 있으니 일원一原이라고 했으며. 또 현상象으로부터 말한다면 현상顯이 본체를 벗어나지 못하므로 이른바 무간無間이라고 했다. 또 리理로 말한다면 체가 먼저요 용은 뒤라고 하였다. 대개 일에서 리理체體를 볼 수 있으니 무간無間이 되는 까닭이다고 했다."[107] 체는 용의 체요, 용은 체의 용이다. 체에 용이 내재해고, 용은 체의 현시顯示이며 현顯에 미微가 내재하니 미는 현에 내포되어 있다.

이러한 체용관계를 리기관계로 대입한다면 체는 먼저요, 용은 뒤라고 할때, 리가 먼저 있다는 것이 된다. 그러나 현이 먼저요 미는 뒤이다고 할 때는 기가 먼저 있다는 것으로 된다. 까닭에 주리主理와 주기主氣가 각기 분개되며, 분별이 가능해진다.

"만약 형이상자形而上者로서 말한다면 충막沖漠은 진실로 체體가 되나 그 사물사이에서 발하는 것은 용用이 된다."[108]고 했으므로 리체理體와 리용理用의 관계가 성립되며,

"만약 형이하자形而下者로서 말한다면 사물이 또 체體가 되지만 그 리理의 발현은 용用이 된다고 했으므로 사물이 주체이고 리理는 사물을 통해서 드러나는 용用이 된다."[109] 사물이 주체이고 리는 사

107) 易序體用一源, 顯微無間朱, 朱子曰, 自理而 則卽體而用在其中, 所謂無間也. 又曰言理則先體而後用. 蓋擧體而用之理已具. 所以一源也. 言事則先顯而後微. 蓋卽事而理體可見, 所以爲無間也<退溪集, 卷25, 答鄭子中>

108) 若以形而上者言之, 則沖漠者, 固爲體, 而其發於事物之間者, 爲之用<同上>

109) 若以形而下者言之 則事物又爲體而其理之發見者, 爲之用<同上>

물을 통해서 드러나는 용이 된다. 까닭에 형이상자로 말하면 체용은 리理의 체용이니 주리主理 아닌 것이 없다.

그러나 형이하자로 말하면 사물, 기를 통해서 드러나는 까닭으로 이 리理는 용用이라고 하겠다. 이와 같이 주리와 주기는 분개될 것이다.

동정動靜 역시 체용體用으로 분개할 수 있다. "정지는 체體가 된다는 말이고, …… 운동은 곧 용用이다."[110]고 하겠으며, 심心을 체용으로 말한다면, 심心은 하나의 태극이다. 그러나, "심心이 정靜하여 태극의 체가 구비되고 심이 동하여 태극의 용用이 운행된다. 그러므로 심은 태극이 된다."[111]
고 했으니, 심정心靜은 주체요 심동心動은 작용하는 용用이다. 또 경敬도 체용으로 말할수 있다.

"정靜하여 엄숙한 것은 경의 주체이고 동動하여 제정齊整한 것이 경의 운용이다. …… 경의 체용을 심心으로 말미암아 본다면 옳으나 …… 경의 체용이 곧 심心의 체용이라고 한다면 옳지 않다."[112]
고 했다. 이처럼 경敬의 체용이 곧 심心의 체용은 아니다. 그러나 경의 체용은 심心에 근거를 둔다. 경의 체는 정靜하고 엄숙한 주체이며, 용은 동動하되 제정齊整하는 것이니 운용이다. 이와 같이 퇴계의 체용은 본체와 현상이라는 의미와 주체와 운용이라는 두 가지의 면이 있다.

인의仁義와 중정中正 등 도덕적 관계도 또한, "서로 체용이 되어, 서로 방해되지 않는다."[113]고 했는데, "근본根本으로부터 말엽末葉으로 이르는 것도 있고, 용으로부터 본체에 통달하는 것도 있다."[114]

---

110) 靜處爲體而言 ……動處便是用<同上, 卷21, 答李剛而>

111) 心靜而太極之體具. 心動而太極之用行. 故云心爲太極<同上, 卷31, 答禹景善 問目>

112) 靜而嚴肅, 敬之體也. 動而齊整, 敬之用也. ……敬之體用, 因心而見則可. ……敬之體用. 便是心之體用則不可<同上,卷36, 答李宏仲>

113) 相爲體用, 而不相妨也<同上, 卷35, 答李宏仲 問目>

114) 有由本而至末者. 有由用而達體者<同上>

고 하였다. "대저 인의중정仁義中正에 각기 체용이 있다."[115)]

왜냐하면 인仁이 용用이 되고 의義가 체體가 될 수도 있고, 인이 반대로 체가 되고 의가 용이 될 수도 있다. 까닭에,

"서로 체용이 된다."[116)]

고 했다. 이러할 경우 체용은 본체와 현상을 의미하는 것이 아니라 주체와 운용, 작용이라는 의미이다.

퇴계의 체용이 리체理體, 리용理用이라 할 때의 본체와 작용과 심체, 심용이라 할 때의 주체와 운용이라는 두 가지의 뜻이 체용이라는 말에는 공존한다.

2) 논리의 적용

퇴계는 논리적으로 분分, 분간分看, 이異. 이간異看 분별分別, 분개分開, 분개간分開看, 수간竪看, 대립對立 혹은 대거對擧로써 합合, 합간合看, 혼륜渾淪, 혼륜간渾淪看, 횡간橫看을 통간해서 대전大全, 주편周徧을 추구해야만 두루하여 편되지 않는다고 하여 편견에 떨어지지 않는다고 하였다. 그러나 이들 여러 용어법을 편의상 통일한다면 분개간과 혼륜간의 대거對擧, 즉 대립적으로 예를 든다로 요약될 것이므로 이에 용어를 요약하고자 했다.

먼저 혼륜간과 분개간의 대립 혹은 대거對擧에 대한 의미를 살필까 한다. 퇴계가 "4단의 발과 대거하여 말한다면 4단은 리를 주로 하나 기가 리에 따르고, 7정은 기를 주로 하나 리가 기에 탄다."[117)]고 말한 뒤에 분명해진다고 한 대거와 또 맹자 때 인심이 미혹되었기에 반드시 대거했다고 했으니 대거하여 말해야 분명하게 된다는 것이다. "이미 혼륜이라고 했다면 어찌 주리 주기의 분별

115) 大抵 仁義中正 各有體用<同上>

116) 互相爲體用耳<同上>

117) 與四端之發, 對擧而言, 則四端主於理而氣隨之, 七情主於氣而理乘之<退溪集, 卷11, 答李仲久>

이 있겠는가? 대거하여 분별해 말할 때 이 분이 있을 뿐이다."[118]고 했으며, "계구戒懼와 근독謹獨…… 동정으로써 대거하여 말한다면 분分은 두 가지 일이 되고, 머리와 꼬리를 통지統指해서 말한다면 하나로 된다."[119]고 하였다. 이러한 예로 본다면 주리와 주기의 분별, 4단과 7정의 분별, 계구와 근독의 분별은 대거를 방법으로 하였다. 퇴계는 분개라는 용어에 대신해서 분별이라고 여러번 말했는데 "주자가 분별은 시비하는 도리다."[120]라고 하였다고 했으니, 분별은 시비를 판별하는 도리라는 것이다. 시와 비는 진眞과 위僞와 같은 뜻이므로 진인가 위인가를 판별하는 것이 분별이라고 할 때, 그것은 합리성을 추구하는 기초가 된다. 그렇다면 퇴계의 대거는 분, 분별을 목적으로 했으며, 진위, 시비의 판별에 목적이 있다고 할 것이다. 그것은 합리주의의 논리적 기초가 될 것이다. 다만 대對라고도 하였는데 "오직 7정을 4단에 대한다면 분分하여 말하지 않을수 없다."[121]고 하였으니 대對는 분별해 말하기 위한 것이다. 퇴계는 대對 혹은 대거對擧라는 대간對看을 통해서 시비가 분별된다고 생각했으므로, "대설對說이 어찌하여 옳지 않은가?"[122]라고 하였던 것이다. 이러한 대對, 대거對擧, 대간對看 역시 다음과 같은 주자의 논리에 근원한 것이다.

"대개 대對라고 하는 것은 혹은 좌우로 하고 혹은 상하로 하며 혹은 전후로 하고 다과多寡로 하며 혹은 류類로써 대하며 혹은 반으로 대한다. 되풀이해서 이것으로써 추리한다면 천지에 참으로 하나도 대립없이 고립한 것은 없다."[123]고 하였다. 따라서 대립은

---

118) 滉曰, 渾淪言之, 安有主理主氣之分? 由對擧分別言時, 有此分耳<退溪集, 卷17, 答奇明彦>

119) 戒懼與謹獨 ……以動靜對擧而言, 則分爲兩事, 以首尾統指而言, 則通爲一事<退溪集, 卷21, 答李剛而 問目>

120) 朱子云, 分別, 是非底道理<退溪集, 卷35, 答李宏仲 問目>

121) 惟以七情對四端, 則不得不分而言之耳<同上, 答奇明彦, 第二書>

122) 對說 何爲而不可乎<同上, 卷14, 答李叔獻>

123) 蓋所謂對者, 或以左右, 或以上下, 或以前後, 或以多寡, 或以類而對, 或以反而對, 反復推之, 天地之間, 眞無一物兀然無對而孤立者<朱子文集, 卷4, 答胡宏仲>

좌우, 상하, 전후, 다과多寡, 류類의 대, 반대 등의 모든 상대적 대립관계를 의미하므로 퇴계의 대거나 주자의 대립은 리기, 본성과 기질, 4단과 7정 등 대립적 관계논리에 적용되었으며 그 대립을 통해서 주편周徧을 추구하였으니, 그러한 관계에 중점을 두고 이해하려고 한다. 그러나 대립이 없는 무대無對가 유일하게 존재한다. 모든 대를 초월 돌파한 무대無對는 절대이며 유일한 리일理一이며 분수의 리가 아니다. 분수와 달리 본원적으로 유일한 리는 무대이다. “이 리는 극존하니 무대하다. 물을 명령하나 물로부터 명령받지 않기 때문이다.”[124]하고 또 “리는 허하기 때문에 무대하고, 무가無加하며 무손無損하다.”[125]고 한 리는 무대로서 절대이다. 왜냐하면 리체는 본래 허이기 때문이다. “허란 소리도 냄새도 없고 물질적인 방체方體도 없고 다함도 없으며 무한하다. 어느 때인들 없겠는가”[126]라고 했으니 리는 초감각적이고 무질양 무연장적이며, 무한하여 시간을 초월하며 공간을 초월한 영원자이기에 사물에 구속되지 않는다하고 또 “형이상하로 분언하면 방체方體를 가진 것은 한정되고 형기를 초월한 자는 헤아리지 못한다는 의미이다.”[127]고 했으니 형이상의 리일의 리는 형기를 초월하며 초감각, 초공간, 초시간적이니 규정할 수가 없다. 까닭에 헤아리지 못한다는 뜻이라 했으며 또 단순하게 허虛라고 했다. 이 리만은 대對 가운데서도 유일한 무대로서 절대이나 그러나 분수의 리는 상대적이다. 퇴계는 “단지 리일 가운데 기품이 만가지로 같지 않으니 이 리를 분수라고 하는 것이다.”[128]라고 했는데 “기로 말미암아 일만가지의 구별이 있으나, 원리는 같지 않다고 했다.”[129]고 했다. 앞서는 기품, 뒤

124) 此理極尊無對, 命物而不命於物故也<退溪集卷13, 答李達, 天機>
125) 理虛故無對, 而無加無損<同集卷16, 答奇明彥, 第二書>
126) 至於理, 則無聲臭, 無方體, 無窮盡, 何時而無耶<同集卷24, 答鄭子中, 別紙>
127) 形而上下者分言之, 有方體者有滯, 超形器者, 莫測之意<同集卷24, 答鄭子中>
128) 但理一之中, 氣稟有萬不同, 此所謂分殊也<同集卷32, 答禹景善>
129) 由氣而有萬別, 原理則無不同<同集, 答柳范>

에서는 기 때문에 분수의 만별이 있게 되며 그것과 달리 앞서는 리일, 뒤에서는 원리라고 했으므로 리일과 원리는 절대요, 분수, 만별의 리는 기, 기품과 상관하는 상대적이다. 상대적 리는 혼륜간의 대상이나 절대적 원리 리일은 분개간하고 수간豎看할 때 증명된다.

(1) 리기관계

리기관계를 혼륜간한다면 불상리不相離하여 주자의 물상간物上看이 되므로 "리가 없는 기는 없고 또한 기가 없는 리는 없다."[130]고 하겠다. 그러므로 리기는 선후가 없다 그러나 논리적으로 상하, 본말로 수대豎對해서 분개간하면 주자의 기가 있기 전에 이미 리가 있었다고 하는 리상간理上看이 되며, 불상잡不相雜이 되어 "리기가 서로 의존하는 가운데 나아가서 발라내어 리만 말하게 된다."[131] "그 리의 본체는 기에 구속되지 않고 사물에 국한되지 않는다."[132] 고 했는데 "이것을 지허至虛하나 지실至實하고 지무至無하나 지유至有하며, 동하나 무동無動하고 정하나 무정無靜하여 결결정정潔潔淨淨하여 한 호리도 첨가하지 못하고, 한 호리도 감소하지 못하여 능히 음양, 오행, 만물, 만사의 근본이 되나 음양, 오행, 만물, 만사에 구속되지 않는다."[133]고 한 리체理體로서 형이상의 본질, 리일理一을 설명한 것인데, 지허, 지무는 유의 근거라는 것이며 동하나 동하지 않는다. 정지하나 정지하지 않는다라는 것은 동정케 하는 원리, 미동未動의 원동자라는 것이다. 음양, 오행은 기·질이며 만물·만사는 리체라는 제일원리, 제일의 운동인運動因에 의존하며 또 리체는 기·질·물物·사事를 근거 지우되 자신은 동정하지 않으나 동정하게 하는 미동未動의 원동原動이라는 것이다. 그것은 기·질·물·사

130) 未有無理之氣, 亦未有無氣之理<退溪集, 答奇明彥, 第一書>

131) 就理氣相循之中, 剔撥而獨言理也<同上>

132) 理之爲體,不囿於氣, 不局於物<同上, 答李宏仲>

133) 此箇物事, 至虛而至實, 至無而至有, 動而無動, 靜而無靜, 潔潔淨淨也. 一毫減不得, 能爲陰陽五行萬物萬事之本, 而不囿於陰陽五行萬物萬事之中<答奇明彥 第二書, 別紙>

에 즉 구속되지 않고 오히려 그들을 규정하는 것이다. 규정자로서 원리・리일과 규정되는 피규정자로서 기・질・물・사라는 관계가 드러나며, 운동자와 운동케 하는 자의 관계가 선명하게 되었다. 따라서 분개간할 때 리체는 원리, 유일한 리로서 기 운동의 근거이며 규정자이며 원동자原動者이지만 반대로 기는 피규정자이며 운동하는 그 자체라는 관계가 성립된다. 그러나 혼륜간은 물상에 한정되는 것이므로 '리재기중'理在氣中<도산전서, 답신옥, 별지>이니 리는 기의 조리가 되며 그 조리는 기마다 특수한 분수의 리가 된다. 다시 말하면 리와 기의 관계를 혼륜간한다면 리기무선후 리재기중理在氣中으로서 조리이며 기・질・물・사에 내재한다. 그러나 분개하여 수간한다면 리본기말, 리선기후가 되며 기・질・물・사를 초월하여 영원하고, 질량質量과 감각感覺과 시간時間과 공간空間을 초월한 유일한 실재가 되며 또 운동하게 하는 자로서 부동의 원동자原動者가 된다. 따라서 리는 초월적이면서 내재적이고, 내재적이면서 초월적이라는 이중관계로 이해된다.

(2) 본연성과 기질성의 관계

분개해서 상하, 본말로 수간한다면 본연성은 기질을 초월하므로 성즉리性卽理라 하겠으나, 혼륜해서 좌우로 횡간한다면 리재기중理在氣中이니 본연성은 기질에 내재하게 된다. 논리적으로 리상간理上看한다면 성즉리性卽理로서 성은 기질에 선재先在하지만 물상에서 즉 물상간物上看한다면 성즉합이기(性卽合理氣～율곡설)로서 본연성은 기질에 내재하니 기질성이 된다. 역시 본연성과 기질성의 관계도 분개할 때와 혼륜간할 때는 다르다. 역시 본연성과 기질성의 관계도 척발剔撥할 때와 혼륜간할 때는 다르다.

퇴계는 다시 "기질과 부잡不雜하여 말한다면 본연의 성이 되고 기질에 나아가서 말한다면 기질의 성이 된다."[134]고 하였으며 자

---

134) 只是不離乎氣質而言, 則爲本然之性. 就氣質而言, 則爲氣質之性<同集, 答李宏仲>

사子思의 천명지성天命之性이나 맹자의 성선의 성은 리로 말한 것이며, 기로 말한 것이 아닌 까닭에 순선하다고 하겠다. 만약 리기가 불상잡不相離한 까닭에 겸기兼氣해서 말하고자 한다면 이미 성의 본연이 아니다고 했으며 또 "성性은 리理이니, 진실로 선善만 있고 악惡은 없다."[135]고 하였으며, 주자의 "리기가 없다해도 먼저 이 성性은 오히려 상재常在한다."[136]고 한 것은 본연의 성이다. 그러나 기질의 성은 정자程子, 장자張子에서 나왔다. 그러므로 "성자性字는 혹은 리기理氣를 겸해서 혼륜히 말하고 혹은 본연성으로 말하며 혹은 기품처氣稟處에서 말한다. 한 가닥 중에 스스로 세 가지의 양상이 있다."[137]고 하였다. 혼륜설하면 겸兼理氣한 기질성이 되고 척발剔撥한다면 본연성과 기품氣稟은 둘이니, 세가지로 분별된다고 하였다. 그러하다면 기질氣質이란 어떤 것인가? 퇴계는 "기질 두 글자의 차이 또한 매우 분명하다. 기는 통속의 말로 기운이며, 질은 통속어로 형질이다. 인물이 생生을 받은 시초는 기로써 질質을 형성하며 생이 있고 난 뒤는 기가 질 속에서 운행된다. 호흡하는 운동은 기이다. 성인과 일반사람도 모두 이것을 지닌다. 성인이 능지能知하고 일반사람이 부능지不能知하는 차이는 기의 청탁이 같지 않기 때문이다. 이목耳目, 형체는 질이다. 성인과 일반사람이 모두 이것을 가지지만 성인은 능행能行하나 일반사람은 부능행不能行하니 질의 수박粹駁이 고르지 못한 까닭이다."[138]고 했다. 따라서 기에는 청탁의 차이가 있고. 질에는 수박粹駁의 차이가 있다. 기질에 의하여 규정

---

135) 性卽理, 固有善無惡<陶山全書一, 與洪應吉>

136) 未有此氣, 先有此性, 氣有不存, 性卽常在<朱子文集>

137) 性字, 或兼理氣渾淪說, 或以本然之性說, 或以氣稟處說, 一段中有自數三樣<陶山全書二, 答禹景善 問目>性字, 或兼理氣渾淪說, 或以本然之性說, 或以氣稟處說, 一段中有自數三樣. 所以難看朱門論此段非一兩其見於語類第四卷者 尤詳<答黃仲擧 問目 近思錄>

138) 氣質二字之異, 亦明基, 氣如俗言氣運, 質如俗言形質, 人物稟生之初, 氣以成質, 有生之後, 氣行於質之中, 夫呼吸運動, 氣也. 聖人與衆人, 皆有之, 聖人能知, 而衆人不能知, 氣之淸濁不同故也. 耳目形體質也. 聖人與衆人, 皆有之, 聖人能行, 而衆人不能行, 質之粹駁不齊故也<退溪集卷35, 答李宏仲>

되는 성은 청탁, 순박의 차이가 있어 인간과 물의 부동不同과 부제不齊가 결정되며, 가치적으로는 선할 수도 있고 악할 수도 있는 가능성을 지니게 되었으므로 인성의 본연은 선하다는 증명이 불가능하다. 인성이 본래 순선하다면 그 근거는 기질에서 찾을 수 없고 본연에서 구할 수 밖에 없다. 본연의 성은 기질에 영향을 받지 않는 리理이니,인성의 본연이 순선하다고 증명될 수 있다. 우주의 본질이 리理라면 인생의 본질도 리理이므로 우주와 인생의 본연은 동일하게 리理, 즉 가치적으로 순선純善한 것이라고 논증되었다.

(3) 사단四端과 칠정七情의 관계

사칠四七의 관계 또한 퇴계의 『성학10도聖學十圖』의 「심통성정도心統性情圖」처럼 분개간分開看하면 4단은 상上이고 7정은 하下하여 양립兩立한다. 혼륜간渾淪看하면 칠포사七包四이니, 그것을 분개한다. 즉 분개간할 때, 4상7하四上七下가 되고, 혼륜간할 때 7포4七包四가 된다. 그러므로 "악기樂記, 중용中庸, 호학론好學論 등과 같이 모두 칠정포사단七情包四端하여 4단은 그 가운데에 있으니, 혼륜하여 말하게 되었다."[139]그러나 성性이든 4단, 7정이든 심心으로 말하는 것이며, 자연적 사물의 인과법칙因果法則으로 말하는 것은 아니다, 자연법칙과 인간의 심성心性의 도리는 구별된다. 그러나 자연과 인간은 다 같이 리기에 의하여 형성되었다는 점은 동同이지만 자연의 리기理氣를 기계적으로 인간의 심성에 적용한다면 자연과 인간의 구별이 없어지고 인간 기계론에 빠지게 된다. 그러므로 자연과 인간은 이異이다. 까닭에 자연과 인간의 동이점同異点이 분명해진다. 퇴계는 "리理가 발하나 기가 리에 따르며, 기가 발하나 리가 이에 탄다는 것과 같은 설에 이르러서는 심心에 나아가서 리理와 기氣를 분分해서 말한 것이다."[140]라고 했다. 리발理發 기발氣發은 심중心中에서 분

139) 如樂記, 中庸, 好學論中, 皆包四端而爲說<答李平叔>

140) 至如理發氣隨, 氣發理乘之說, 是就心中而分理氣言<退溪集 卷29, 答金而精>

언分言한 것이다. 청말淸末의 왕국유王國維가 "중국전통적인 리는 '이유'와 '이성' 이라는 두가지의 뜻이 있다."고 한 것처럼, 심중의 리는 이성이며 자연의 리는 사리, 조리이다. 그러나 '이유의 이유'는 원리 혹은 리일理一이라고 할 수 있다.

문제는 4단과 7정에서 같은 정情이라는 입장에서는 동同이고, 심心이든 자연이든 그것을 각각 하나의 현상이며 형이상의 본원이 아니라는 점에서 또한 동同이다. 그러나 다같이 자연현상이든 인간의 심리현상이든 현상이라는 동同중에서 자연현상과 인간의 심리현상의 차이는 없지 않으므로 리발理發, 기발氣發의 이치理가 있다는 것을 전제로 해야할 것이다. 자연과 인간의 근원적 리理는 동同이지만 자연에 현상하는 리와 인간의 심리현상의 리는 이異이다. 까닭에 4단7정이라는 심리현상은 자연적인 사리로서 규정할 수 없는 별개의 것이며, 각기 독립적인 것이다. 자연적인 사리, 원리가 발할 수 없다고 해서 인간의 이성도 발할 수 없다고 혼동할 수는 없고 또 4단과 7정이 같은 정이라는 점에서는 동同이지만 7정 중 선한 쪽이 4단이며 7정 중 선 한 쪽이 4단이라는 것은 칠七에서 사四의 분배가 가능하지 아니한 한에 있어서 전혀 다른 정이므로 이異이다. 퇴계는 다음과 같이 말했다.

"자사子思는 중화中和를 논하고 희, 로, 애, 락喜怒哀樂을 말했지만 4단에 미치지 못했으며. 정자程子는 호학론과 희노애락애오욕喜怒哀樂愛惡慾은 말했으나 4단은 말하지 아니했으니 리기상순理氣相循 중에서 혼륜히 말한 것이다. 이 두 가지가 어찌 이異 중에 나아가서 그 동同을 본 것이 아니라고 하겠는가?"141)

이異 중에서 동同을 보았다고 한 것은 혼륜간渾淪看하면 같은 정이니 같고, 분개간分開看한다면 4단과 7정은 이異이다. 그러므로 "대

141) 子思之論中和, 言喜怒哀樂而不及四端, 程子之論好學, 言喜怒哀樂愛惡欲, 而不言四端, 是則就理氣相循之中渾淪言之也. 斯二者, 豈非就異中而見其有同乎 <退溪集 答奇明彥, 第二書>

거對擧해서 말하면 4단은 주리이나 기가 리에 따르고, 7정은 주기이나 리가 이에 탄다."[142]라고 분개했던 것이다.

고봉, 율곡처럼 "4단은 7정의 선한 쪽이다."고 하려면 7정중 어느 것이 4단이라고 분배分配하여 증명되어야 할 것이다. 그러나 주자도 그것을 시도했고 퇴계 역시 시도했으나 실패하였다. 그러므로 퇴계가 "주선생이 결국 7정을 4단에 분배分配할 수 없다고 하였다. 대개 하나 하나를 분배하고자 한다면 견합牽合하는 병통을 면하지 못한다."<퇴계집 권22, 답강이>고 하였으니, 4단과 7정은 이異이니 분개해야 한다. 이상과 같이 리理와 기의 관계, 본연과 기질의 관계, 4단과 7정의 관계. 그 모두가 혼륜간과 분개간을 대거對擧하여 통간해야만 대전大全하고, 두루하게 되며 두루 다해서 편견이 없는周悉而無偏 인식이 가능해진다. 만약 분개만 하고 혼륜을 버린다든지 혼륜만 하고 분개를 버린다면 다함께 편견, 독단으로 빠진다. 퇴계학의 근본은 이와 같은 논리 위에서 전개되어 있다.

3) 리동理動과 리발理發

(1) 리기양동설理氣兩動說의 과오

배종호교수는『퇴계학연구』제 1호(1987)에서「퇴계의 우주관」이라는 논문에서 리기양동설理氣兩動說, 리기양발설理氣兩發說을 퇴계의 오해悟解라고 주장하였다. 과연 퇴계가 리기理氣의 양동兩動과 양발설兩發說을 주장했는가? 음미 아니 할 수 없게 되었다. 배교수는 퇴계가 정유일鄭維一에게 대답한 편지 중 '리동즉기수이생理動則氣隨而生, 기동즉리수이현氣動則理隨而顯'과 '리동이기생理動而氣生'과 '기동이리현氣動而理顯'이라고 한 것을 증거로 삼고 "퇴계는 심성론에서와 마찬가지로 그의 우주론에서도 리동과 기동의 양동을 주장하고 있

142) 對擧而言, 則四端主於理而氣隨之, 七情主於氣而理乘之<退溪集卷11, 答李仲久>

다."고 하였으며, 주자는 "태극을 동정자체로 보지 아니하였다. 그러나 퇴계는 그의 사칠론四七論에서 이미 리발理發을 상도했으므로 태극理을 동정으로 간주함으로써 태극이 동하여 양을 생함太極動而生陽을 곧 바로 리동이생양理動而生陽으로 보아 바로 리동이기생理動而氣生, 즉 리동이생양理動而生陽으로 보게 된 것이다."고 하였다. 주돈이周敦頤가 「태극동이생양太極動而生陽 정이생음靜而生陰」<太極圖說>이라 할 때의 태극을 실체적인 기라고 생각했는지? 실재원리로서 리라고 했는지? 그 자신이 해명하지 아니했으므로 짐작할 수 없지만 주자는 '무극이태극無極而太極'을 '무형이유리無形而有理'라 했고 또 '태극즉리太極卽理'라고 하였다. 이제 주周씨의 본뜻을 음미하자는 것이 아니라 분개할 수 있는 까닭에 정靜 혹은 미발未發은 체體이고 동動 이발已發은 용用이다. 리체理體는 감정, 의지가 없으므로 '리즉무정의理卽無情意'<주자어류>라고 하겠으며, 판단하는 추리작용이 없으므로 계탁이 없다無計度라 하겠고, 그 자신이 직접 조작하는 것이 아니므로 '無造作'이라고 했다. 다시 말하면 리는 감정과 의지, 추리작용 혹은 조작造作하는 인위적人爲的인 것이 아니다. 그러나 그것을 부정하면서 감정, 의지, 추리, 조작의 주재원리라는 것이다. 기는 응결조작凝結造作하는 그 자체이고, 리는 그 주재자이다. 이러한 설명으로 보아 리는 주재자요 기는 피주재자라는 관계가 성립되므로 리는 규정자이고 기는 피규정자라는 것이다. 주자는 '리동정야理動靜也'하기도 하고 '기동정야氣動靜也'라고 하여 리기양동理氣兩動의 모순으로 볼 수 있는 근거를 제공한 것 같지만 동정을 리로 말할 때와 기로 말할 때가 있다. '리동정야'라고 한 것은 '도리에 동정이 있다'는 것이므로 동정의 도리가 있다는 것이다. 까닭에 "리 동의 리가 있으니 곧 동하여 양이 생성生成되고, 리 정의 리가 있으니 곧 정하여 음이 생성生成된다."[143]고 한 것도 리는 동정하는 그 자체가 아니라 동정하는 원인(도리)이라는 의미이고, 퇴계가

143) 有這動靜之理, 便是動而有這靜之理, 便是靜而生陰<太極圖, 朱子小註>

주자의 '리유동정理有動靜, 고기유동정故氣有動靜, 약리무동정若理無動靜 즉기하자이유동정호則氣何自而有動靜乎'라는 것을 인용하여 리동理動을 증명하였는데, '리유동정'도 도리에 동정의 원인이 있다는 것이며, '리에 동정의 원인이 없다면 기가 무엇으로부터 동정이 있게 되겠는가?' 한 것이 주자의 '약리무동정若理無動靜, 즉기하자이유동정호則氣何自而有動靜乎'라고 한 뜻이다. 이에 동정의 원인이 있으므로 그 동정의 리理, 도리를 근거로 해서 기가 동정한다는 것이다. 리는 동정의 형이상적 원인이고 기는 형이하적 동정하는 그 자체이다. 운동하는 원인理, 운동하는 자氣라는 관계가 성립된다. 자신은 운동하지 않으면서 운동하게 하는 원리와 운동하는 자체와 구별되어질 것이다. 따라서 이러한 경우 리는 부동不動의 운동자, 미동未動의 동인動因이고, 기는 운동하는 자체이다. 원인인 리理는 운동자인 기氣를 주재한다. 주재하는 자는 규정자이고, 피주재자는 피규정자이다. 리는 운동을 규정하고 기의 운동은 규정되는 자이다. 그러므로 퇴계가 정자중鄭子中에게 대답한 별지에서 '리동즉기수이생理動則氣隨而生'이라 한 것의 앞줄에서 "만약 생물하는 리가 없다면 만물은 무슨 연고로 이러한 이치가 있겠는가?"[144]라고 했고, 또 "황滉은 도리에 동動이 있고 정靜이 있는 까닭에 그 정을 지적해서 체로 삼고, 동은 용으로 삼았다고 한다."[145] 했으니, "도리는 동정이 있다."면 리동理動 역시 "도리에 동動이 있다." 즉 "동하는 도리"라고 할 수 있다. "도리는 오히려 여러 가지이다."[146]고 한 것과 "이치에 동정이 있다." 혹은 "이치에 동정이 없다."고 한 것 등은 "도리에 동정이 있다."는 것이다. 리理는 동정하는 도리, 원리이고 기는 그 도리에 따라서 동정하게 됨으로 "지정至靜한 것 가운데 동하는 단서가 있다고 한 것은 이미 동해 버린 것을 말하는 것이 아니라, 동하는 이치가 있다고 한 것일 뿐이다. 까닭에 이것은 당연히 미

144) 若無生物之理, 萬物何緣有此理乎<退溪集, 鄭子中 別紙>
145) 滉謂道理有動有靜. 故指其靜者爲體. 動者爲用(心無體用辯)
146) 道理尙多<退溪集, 非理氣爲一物辯證>

발未發에 소속시켜야 한다."[147]고 했다. 퇴계가 "리동즉기수이생理動則氣隨而生"이라고 한 것을 "동하는 이치가 있으니, 기는 이에 따라서 생성되었다."고 한다면 이理는 운동하는 자체가 아니라 운동의 도리로서 미발未發이 되며, 주자가 "동하지 아니하나 능히 동하는 것이 이理다."[148]라 하고, 「주자어류」에도 "동하지 아니하나 능히 동하는 것은 리理다."[149]고 하였는데, 그 근거가 될 만한 것에 주돈이의 『통서通書』「동정장動靜章」의 "동하여 정지하지 않고, 정지하여 동이 없으니, 물物이다. 정靜하되 정이 없으니 부동부정不動不靜이 아니다."고 하였는데, 주자는 그 해석에서 "'동하나 동이 없고, 정靜하나 정이 없으니 부동부정이 아니다'고 한 것을 형이상의 이치로 말한 것이다."[150]고 하였으며, 또 정이천의 "하지 않고 하며, 이루지 않고 이루니 천리이다."[151]고 한 것, 혹은 주자의 "무극이면서 태극이라는 것은, 하지 않고 하며 이루지 않고 이루는 것과 같고, 또 하지 않으며 함이라 한 것과 같다."[152]는 것과 관계된다. 따라서 퇴계의 리동理動은 "동하되 동이 없다."이며 주자의 "동하지 않으나 능히 동하는 리理" 혹은 "하지 않는 함"과 같이 미동未動의 원동자原動者라고 하겠다. 이러한 리동理動 역시 "동하는 이치"이다.

"주자는 일찍이 기가 이미 흩어진 것은 이미 변화하여 있지 않다. 그러나 리理에 근거하여 날로 생성되는 것이 진실로 호연浩然하고 무궁하다고 했다."[153]고 했으니, 기는 리에 근저根於理하여 날로 생성되는 것이다. 즉 기는 리에 근거해서 생성되니 기는 생멸하는

---

147) 所謂至靜之中, 有動之端者. 亦非謂已動也. 只有動之理云耳. 故此亦當屬未發也<退溪集 答黃仲擧>
148) 未動而能動者, 理也<朱子大全, 答陳安卿>
149) 未動而能動者 理也<朱子語類, 性理二>
150) "動而無動, 靜而無靜非不動非靜也" 此言形而上之理也<語類 端蒙>
151) 莫之爲而爲, 莫之致而至, 便是天理<二程全書>
152) 無極而太極, 猶曰莫之爲而爲, 莫之致而至, 又如曰無爲之爲<朱子大全, 答陸子靜>
153) 朱子曰, 氣之已散者, 旣化而無有矣, 而根於理而日生者. 固浩然而無窮<答鄭子中 別紙>

유有요. 리는 생멸의 원리이다. 근거로서 원리는 그 자신이 생멸하거나 동정하는 것이라고 할 수 없다. 이러한 설명은 또 퇴계의 「논이중호갈문論李仲虎碣文 시금이정示金而精」의 별지에서 "그 기는 리理에 근거해서 날로 생성되는 것이다."[154]고 했다. 따라서 리생기理生氣는 「理生於氣」가 아니며, 리에 근거해서 기가 생성 된다는 뜻이다. 리동理動은 동의 형이상적이요, 원인으로서 생의 뿌리라는 것이지 이 자체가 동한다거나 혹은 생출生出한다는 것은 아니다. 그래서 퇴계는 「답정자중별지」에서 '사람의 생의 도리라는 이 생자는 생활의 생이니 곧 생생불궁의 뜻이다'[155] 라고 하였으며, '심생도心生道는 생생이다' 했고, 인간과 사물이 이 이치를 얻고 생출한다는 것 또한 생생불궁이다고 했으며, "사람이 천지의 기를 받아서 생한다. 리는 생출의 뜻이다."[156]고 했으나, "인즉생仁則生의 리는 생생의 뜻이다."고 하였다. 생자에 생활, 생생, 생출이라는 뜻이 있다는 것이니, '리생기理生氣'라는 생 또한 생출이 아니라 생생이다. 리理에 근거해서 기는 날로 생생불궁하다의 줄인 말이 이생기理生氣이며 리생출기理生出氣가 아니다. 주자, 퇴계의 리동이란 '동의 리'라 하겠으며, 리생기는 '기근어리이일생자氣根於理而日生者'로서 생이니 형이상적 리에 근거해서 생생불궁하는 것이 기라는 의미이다. 결국 형이상의 리동과 형이하의 기동은 양동이 아닐 뿐만 아니라 형이하의 기를 생성하지만 리가 기를 생출하는 것은 아니다. 요컨대 이러한 리와 기의 관계는 주로 생성론적이지만 퇴계가 '리는 도리의 대두뇌처이다'<此是 道理大頭腦處, 第一太極圖>고 한 것도 역시 리체理體를 도리의 대근본이라고 한 예이며, 형이상적 근본인 리가 생한다는 것은 생의 도리에 따라서 기가 생성된다는 의미가 된다.

---

154) 其氣之根於理, 而日生者. 浩然而無窮<退溪集29>

155) 人生之道, 此生字, 生活之生. 卽是生生不窮之意<同上>

156) 人受天地之氣而生, 此生出之義<同上>

(2) 리자발설理自發說의 과오

혹자는 또 "퇴계는 리기양발理氣兩發을 주장했다." 하고, "이미 리발을 기정사실로 확신하는 퇴계의 대답은 애매하다. 왜냐하면 리理로서 기수氣隨가 없다면 발할수 없다는 퇴계의 답은 무슨 뜻인지 모르겠다."고 하였다. 과연 퇴계는 리기양발을 주장했는가? '사단리지발四端理之發, 칠정기지발七情氣之發'이라고 주자나 퇴계가 분개했다고 해서 양발인가? 리발기수理發氣隨가 무슨 뜻인지 모르겠는가? 리발기수와 기발리승氣發理乘은 형이하의 심리현상에서 분언한 것이니, 퇴계가 '리발기수 기발리승설'과 같음에 이르러는 심중에 나아가서 리기를 분언했다.고 한 까닭이다. 천하에 리 없는 기 없고 기 없는 리 없다고 한 것을 심에 나아가서就心中 혼륜간한 것이다.

리기가 혼륜한 심현상에서 사칠四七을 분개하자는 것이 리발기수 기발리승인데 기발리승은 율곡의 철안鐵案이므로 이의를 제시하지 아니했지만 리발은 불가하다는 것이 율곡파의 지론이다. 퇴계가 '사단은 리지발'이라고 한 것은 퇴계가 「답기명언, 론사단칠정 제2서」에서 밝힌 것처럼 "하나는 리를 주로 하니 리에서 말하고, 하나는 기를 주로 하니 기에서 말할 뿐이다. 4단에 기가 없지 아니하나 그러나 다만 리의 발이라 했고, 7정에 리가 없지 아니하나 다만 기의 발이라고 했다."[157] 라고 했으니 사칠四七 모두 리기겸발理氣兼發이지만 주主와 객客을 분개하여 그 주체에 따라서 단순히 주려서 '리지발理之發' '기지발氣之發'이라고 했다는 것이다.

"황은 4단의 발에 진실로 기가 없지 아니하다고 하였다."[158] 그러므로 "4단은 이미 발한 뒤의 이름이니 기가 아니면 운행하지 못한다."[159]고 했다. 사칠四七은 모두 이발已發이다. 그러나 소종래所從來를 분개한다면 주리, 주기가 되는 까닭에 리발과 기발로 말한 것

---

157) 一則理爲主故就理言, 一則氣爲主故就氣言耳. 四端非無氣, 而但云理之發. 七情非無理. 而但云氣之發<同上>

158) 滉謂四端之發, 固曰非無氣<同上>

159) 四端是已發後名, 非氣不行<同上>

이다 또 "대저 리가 발하나 기가 이에 따른다는 것이 있다는 것은 주리로 말한 것 뿐이며, 리가 기를 벗어났다는 말이 아니며, 4단이 이것이다. 기발하나 리가 이에 탓다는 것은 주기로 말할 수 있을 뿐이며, 기가 리를 벗어났다는 말이 아니다. 7정이 이것이다."[160] 고 하였다.

따라서 리발이란 리의 자발自發이 아니다. 더욱 퇴계는,

"성이 심에 구비되었으나 자발하거나 그 주재를 자주할 수 없다. 운용은 심에 실재하니 그 심을 기다려서 발한다."[161]

고 단정하였다. 심기心氣에 의하여 성性은 발 혹은 운용된다. 이것이 성발性發의 뜻이다. '주자도 성性은 인심因心으로 발發한다'고 성발性發을 풀이했다. 그러나 발처發處 혹은 4단은 이미 발한 뒤의 이름이다. 기가 아니면 운행되지 아니한다(답기명언). 주리와 주기로 분개할 수 있으므로 하나는 리가 주主가 되고 기가 종從이 되니, 리발이기수지理發而氣隨之라 했고, 하나는 기가 주이니 기발하나 리가 탄다고 했다. 즉 기발이리승지氣發而理乘之라고 하였다. "측은은 기이다. 그 능히 측은하는 까닭이 리이다." 하고, "대개 리발하여 4단이 되나 도와서 발하는 자는 기이다."[162] 즉 리발이란 리를 도와서 발하는 자체는 기라는 것이다. 그러므로 "리는 기를 타고 운행한다."[163] 하고 "리는 기를 버리고 홀로 운행하지 못한다."[164]하며, "대개 리는 홀로 운행할 수 없다. 까닭에 리를 말하는 곳에 먼

---

160) 大抵有理發而氣隨之者, 則可主理而言耳. 非謂理外於氣, 四端是也. 有氣發而理乘之者. 則可主氣而言耳. 非謂氣外於理. 七情是也<答奇明彦, 論四端七情, 第二書>

161) 性具於心, 而不能自發 而自做 其主宰運用, 實在於心. 以其待心而發<退溪集卷29, 答金而精, 別紙>

162) 蓋理發爲四端. 所資以發者氣耳<李宏仲 問目>

163) 理之乘氣而行<同上>

164) 理不能遺氣以獨行<答鄭子中 別紙>

저 기를 말하나 그 뜻은 기를 리로 삼아 함께 한 조각이 된다는 말이 아니다."[165]고 하였으므로, 리는 단독으로 발하거나 운행할 수 없다. 리발이란 리의 자발도 아니며 기를 타고 즉 바탕으로 해서 발현, 현시된다고 하겠다. 또 '리발이기수지'가 '리선발理先發 기후수지氣後隨之'라는 선후나 혹은 '기발이리승지'가 '기선발氣先發 리후승지理後乘之'라는 것도 아니다. 발은 심기心氣에 의지待하여야 한다는 것이다.

요컨대 기발을 통해서 리의 주재성이 드러나는 것을 리발이라고 했으므로 리자발 혹은 리선발이 아니며 리가 기 때문에 숨어서 드러나지 못한 것을 기발이라고 했으나 리의 주재력이 약하고 은미하다 하더라도 주재력은 내재하므로 리승지理乘之라고 하였다. 기선발이 아닐뿐만 아니라 리후승지도 아닌 리기겸발 혹은 성우계成牛溪의 설명처럼 리기일발理氣一發이다. 과연 리자발인가? 리발과 기발 양발이라고 하겠는가? 이러한 이해는 필자만의 독단이 아니다. 갈암 이현일의 문인 신익황申益愰(1672~1721)이 "퇴계, 율곡 이래로 학자의 변론이 분분하여 퇴계를 옳다고 하는 자는 그 리발, 기발의 설을 보고는 리기가 각기 스스로 조작하고 각기 스스로 발용하여 리기가 서로 관계가 없다고 생각하였다. 그러나 퇴계의 '기수리승氣隨理乘'의 설을 보고는 또 리기가 시초는 비록 각기 스스로 조작하고 각기 스스로 발용하나 끝내는 반드시 서로 겸한다고 생각하였다. 이는 퇴계를 따랐지만 실은 그 본뜻을 상실한 것이다."<克齋集卷4. 答權汝行>고 한 것을 리자발설자와 리기양발설자의 병통을 지적한 것이고 또 퇴계가 리발기수라고 한 것을 사四가 비록 주리이나 좇아서 성취하는 자는 기라는 것이며, 기가 리에 사역된다는 말이 아니다. 기발리승은 칠七이 비록 주기이나 타고 부리는 것은 리이며, 리가 기보다 앞선다는 것이 아니다. 주자에 "그 본원으로 말하면 리가 있은 뒤에 기가 있고, 그 품부로 말하면 기

165) 蓋理不能獨行. 故說理處. 先說氣. 其意非以氣爲理. 而衮作一片說也<答禹景善>

가 있는 뒤에 리는 따라서 구비된다."고 했으며 , 또 "태극은 본연의 묘妙요, 동정은 타는 바의 기틀이라."고 하였으니, 수자隨字, 승자乘字는 리를 근본으로 했다. 그러니, 주자의 설은 4단을 리에 전속시키고 7정은 기에 전속시켜서 그 주재한 바의 차이를 밝힌 까닭인데, 퇴계의 설은 다만 리기가 심리현상에서 실재로 서로 없지 아니한 것을 말하며 주자의 언외言外의 뜻을 명백하게 한 까닭이다고 한 것처럼, 심心은 합리기合理氣이다. 그 작용인 4·7은 모두 리기를 겸하고 있다. 다만 주자의 리발, 기발은 주체의 차이를 분개한 것이며 자발自發을 말한 것이 아니다. 퇴계는 그것을 분명히 하기 위해서 사四의 주는 리요, 객은 기라고 했으며, 칠七의 주는 기발이나 타고 부리는 자는 리이다. 그러므로 리승지理乘之라고 하였다는 것이며, 뒷날 한주 이진상寒洲 李震相도 "리에 따라서 발한 것은 리가 주이기에 리발이라고 한 이유이며, 기를 따라서 발한 것은 기가 도리어 주하니 기발이라고 한 까닭이다. 그러니 리는 기 없이 능히 발하지 못하므로 리발이기수지理發而氣隨之라 했고, 기는 리가 아니면 발할 바가 없으므로 기발이리승지氣發而理乘之라고 했다."<리학종요理學綜要 권10. P169>. 즉 '리무기즉불능발理無氣則不能發' 역시 리자발을 부인한 것이며, 겸이기 곧 혼륜간 중에서 분별하고 그 차이점을 분개간한 것이다. 분개간과 혼륜간을 사칠四七에서 통간하지 않고 다만 혼륜간만 하면 기포리氣包理, 칠포사七包四가 되고 또 분개간만을 한다면 리기가 각자 조작하고 각자 발용한다는 오해가 성립된다.

3. 리理와 기氣

조선왕조의 리기理氣철학은 퇴계 선생을 전후하여 그 특징이 드러나기 시작하였고, 또한 대표적인 유자형儒者型도 결정되었던 것으로 생각된다. 퇴계는 사칠설四七說로 말미암아 기고봉奇高峯과 이율곡파李栗谷派의 비판을 받게 되었으나, 고·율高·栗의 비판은 서화담徐花潭 및 나정암. 이일재李一齋 등의 리기理氣개념에서 받은 영향이며, 이율곡에서는 명明의 나정암羅整庵과 같은 이해방법이 없지 않은 것으로 짐작이 된다. 따라서 사칠四七논쟁도 리기론理氣論과 긴밀한 관계가 없지 않으므로 퇴계학과 율곡설의 기본적 차이는 리기理氣개념의 차이에 유래한 것으로 알고 그 일단을 구명해 볼까 한다. 내외 여러 학자에 의하여 충분히 논의되었다고 생각되므로 새삼 진부함을 면하기 어려운 점 잘 인식하고 있으나, 다시 되새긴다는 의미에서 필요할 듯하다.

1) 퇴계의 리理

퇴계는 12세에 숙부 송재 선생에게 『논어』를 배웠다. 하루는 논어에 나오는 '리理'자에 대하여 묻기를,

"무릇 사물의 타당한 것이 리理입니까?" 하니 송재선생이 기뻐하면서 말하기를, "너는 이미 글의 뜻을 이해하였구나."<퇴계선생언행록 권1, 이안도>

하였다.

이 조문은 유명한 것이지만 리理자의 뜻이 일의 타당한 것是者이라고 해석하였다.

리理자의 뜻에 대하여 물으니, 선생이 말씀하시기를,

만약 선유가 "배를 만들어 물위를 다니고 수레를 만들어 땅위를 다닌다."는 말을 자세히 생각해 보면, 나머지는 모두 추리할 수 있을 것이다. 배는 당연히 물위를 가야 하며 수레는 당연히 땅 위를 가야 한다. 이것이 리理이다. 배가 땅 위를 가고, 수레가 물위를 간다면 그것은 리理가 아니다. 군주는 어질어야 하고, 신하는 공경해야 하며, 아비는 사랑하여야 하며, 자식은 효도해야 한다. 이것이 리理이다. 군주가 어질지 않고, 신하가 공경하지 아니하며, 아버지가 사랑하지 아니하며, 자식이 효도하지 아니하면 그것은 리理가 아니다. 천하에 당연히 행해야 하는 것이 리理이며 당연히 행해서는 안 되는 것이 비리非理이다. 이런 방법으로 추리해 나가면 리理의 실천을 알 수 있다.

또 말씀하기를,

사물에는 대소大小의 차이가 있지만, 리理는 대소大小가 없다. 이것을 펼쳐도 갓이 없는 것이 리理이며, 이것을 거두어 들여도 안이 없는 것이 또 이 리理다. 공간도 없고 형체도 없으나 어디에나 충족하여, 각기 하나씩 태극을 갖추고 있어서 남거나 모자라는 일을 볼 수 없다.<김성일, 동상>

고 하였다.

다시 리理자에 대하여 물으니, 퇴계 말씀하기를,

"주자가 말하기를, 당연해서 어쩔 수 없이 안 할 수 없고, 그리해서 그렇지 않도록 바꿀 수가 없는 것, 그것이 바로 리理라는 것이다."고 하였다.

'그러해야 하는 것所當然은 곧 임금은 어질어야 하고, 자식은 효도해야 하는 것과 같은 것이며, 그러한 것은 곧 어진 것, 효성스러운 것이 그것이다.'<퇴계선생언행록 권, 이덕홍>

하였다.

2) 논이기論理氣

이에서 주자가 말하는 "리理가 소당연所當然과 소이연所以然이라." 고 한 것이 천명되었다.

(1) 리일분수理一分殊

퇴계의 초월적인 리理는 리일理一이요, 만물에 내재하는 조리로서 리理는 분수의 리라고 하였으며, 하늘의 달月과 물 속의 달月로 비유하였는데,

"천상월天上月과 수중월水中月은 비록 같은 달이지만 그러나 천상월天上月은 참된 형체이다."

하늘에 있는 달月은 리체理體이며 물에 흐트러져 있는 달은 분수의 리용理用이다. 다시 말하면 리理는 스스로 체体와 용用을 지닌다. 월인만천月印万川은 리일분수理一分殊를 상징적으로 드러내었다.

"리의 진실하고 망령되지 아니함으로부터 말하면 천하에 리理보다 참된 것이 없고, 리를 소리도 없고 냄새도 없는 것으로부터 말하면 천하에 리理보다도 빈 것이 없다. 단지 무극하나 태극이다고 한 일구一句에서 볼 수 있다."[166)]

고 하였으니 리체理体로서 리일理一은 무극이태극無極而太極을 말한 것이므로 "대개 이理에 비록 형태가 없으나 지허至虛한 가운데 지실至實한 본체가 있다."[167)]고 하였는데 또 "감정이 없고 의지가 없으니 본연의 리체理體요, 능발하고 능생은, 지극히 신묘한 용用이다. 리理에 스스로 용用이 있는 까닭에 저절로 양을 생하고 음을 생한다."[168)]고 하여 리理의 체용体用을 천명하였으니 리용理用은 또 각구

166) 自其眞實無妄而言, 則天下莫實於理, 自其無聲無臭而言, 則天下莫虛於理, 只無極而太極一句可見<退溪集, 答鄭子中>

167) 蓋理雖無形而至虛之中, 有至實之體<退溪先生言行錄, 李德弘>

168) 無情無意, 本然之體 能發能生, 至妙之用, 理自有用. 故自然而生陽生陰也<同上, 答李公浩>

일태극各具一太極이며, 리체理體는 통체태극統體太極이다.

“그 날거나 뛰는 것은 본래 기氣이다. 그러나 날거나 뛰는 소이所以는 리理이다.”[169]고 하는 기운동의 소이所以의 리理는 용用에 해당된다.

(2) 체용론體用論

“이 리理의 본체가 들어나고 묘용妙用의 운행되는 묘妙가 살아서 사물에 산재하게 되는 것을 관찰할 뿐이다. 때문에 장구章句에서 ‘이 리理의 묘용 아닌 것이 없다’라고만 한 것이다. 어찌 기가 관여하는지 여부를 묻겠는가?”[170]
고 하였으므로 역시 리理는 본체와 묘용이 있는데 그 용用도 ‘기’ 때문이 아니라 리理에 본래 묘용의 현행顯行이 있다는 것이다.

체용體用으로써 본체와 작용을 분석할 때 형이상形而上은 체體요, 형이하形而下는 용用이며, 미발未發은 체體요, 이발已發은 용用이며, 인仁으로 말할 때 ‘사랑의 리理는 인체仁體요, 측은惻隱은 인용仁用이며, 리理로 말하면 리일理一은 리체理體요 분수分殊는 리용理用이다.

그런데 퇴계는 체용설體用說에서 특수한 체용설을 다음과 같이 설명한다.

“서로 번갈아 가며 체體와 용用이 되어도 방해되지 않습니다. 황滉도 지난 날 이 점에 대해서 의심을 갖고 있었는데, 사색하기를 오래하여 납득할 만한 설을 얻었습니다.”[171]
고 하여 자신의 체득體得을 진술한다.

“어떤 사람이 주자에게 묻기를, ‘인仁이 용用이 되고 의義가 체體가 되었는데, 만약 체용으로 논한다면, 인仁이 체體가 되고 의義가

169) 氣飛氣躍, 固氣也, 而所以飛所以躍者, 乃是理也<退溪集 卷40, 答 問目>

170) 觀此理本體呈露, 妙用顯行之妙, 活潑潑地耳. 故章句只曰, 莫非此理之用, 何可問氣之與不與耶<退溪集, 卷40, 同上>

171) 相爲體用而不相妨也, 滉亦向來致疑於此, 玩索蓋久 而得其說<退溪先生文集, 卷35, 答李宏仲問目>

용用이 되어야지요.'라고 하자, 주자가 대답하기를, '인仁이 체體가 되고 의義가 용用이 된다는 것이, 무릇 인仁, 의義, 중中, 정正에 각각 체용體用이 있으니 예를 들면 측은惻隱이 동動인 동시에 인仁은 정靜이며, 수오羞가 동動인 동시에 의義는 정靜입니다'라고 하였으며 또 '정靜을 주로 하는 것은 정正과 의義입니다'라고 했습니다. 또 묻기를, '지금 이 마음이 적연寂然하여 아무런 욕심이 없이 고요히 처해 있을 때 이른바 '정正과 의義를 보려면 어떻게 하면 되겠습니까?'라고 하니, 대답하기를, '리理의 정체定體가 바로 그것이다'라고 했습니다. 이제 네 가지가 서로 바뀌어 가며 체體나 용用이 된다는 설을 가지고 미루어 나간다면, 중中과 인仁의 정처靜處를 체로하여 말할 것 같으면, 정正과 의義의 동처動處가 곧 용用이 되지만 정正과 의義의 정처靜處를 체로 하여 말할 것 같으면, 중中과 인仁의 동처動處가 용用이 됩니다. 대개 네 가지가 다 스스로 체體와 용用을 갖고 있으므로 서로 바뀌어가며 체나 용이 되는 것일 따름입니다."172)

인仁·의義·중中·정正의 네 가지는 서로가 체용體用이 된다. 체용은 서로 바뀌어도 방해되지 않는다. 이것은 윤리 덕목德目간의 관계가 고정되는 것이 아니라 동動과 정靜이라는 경우에 따라서 체용體用이 바뀌어진다는 것이다.

그런데 체體는 본체요, 용用은 작용이라는 것과 형이하의 물질적 방체方體를 체라 하고, 그 작용을 용用이라고 할 수 있다고 했다.

"주자의 '꽃과 버들을 보고 꺾다'라는 말에서 체體와 용用으로 나눌 수 있습니까? 하였는데,

'꽃과 버들은 체體가 되고, 꽃과 버들을 사람이 보고 꺾음을 기

---

172) 或問於朱子曰, 仁爲用義爲體, 若以體統論之, 仁卻爲體, 義卻是用? 朱子曰, 是. 仁爲體義爲用, 大抵仁義中正, 各有體用, 如惻隱是動, 仁便是靜, 羞惡是動, 義便是靜. 又曰, 主靜者, 主正與義也, 又問今於此心, 寂然無欲而靜處, 각見所謂正義, 何以見, 答曰, 只理之定體便是. 今以四者各有體用之說推之, 自中仁之靜處爲體而言, 則正義之動處, 便是爲用, 自正義之靜處爲體而言, 則中仁之動處, 便是爲用, 自正義之靜處爲體而言, 則中仁之動處爲用, 蓋四者皆自有體用, 故又互相爲體用耳<同上>

다려서 어떤 곳을 용用이라 할까요. 용用이라 한다면 옳으나, 만약 바로 사람이 꺾음을 보고 꽃·버들을 용用으로 삼는다면 옳지 않다. 무릇 체용體用이란 어떤 사물에도 체體가 있다. 그러면 그 체體에서 그 용用이 있다고 하는 것은 옳으나, 예를 들어, 붓에 털도 있고. 대나무의 첨두尖頭 투갑套甲이 있는 것은 체體요, 사람이 투갑을 벗기고 붓자루가 움직여져 먹물을 먹고 종이에 운행하는 것은 용用이다. 이것을 붓의 체용이라고 하면 그럴 수 있지만, 만약에 붓을 체로 하고, 사람이 붓을 사용하는 것으로 붓의 용이라하면 옳지 않소.' 주자가 여자약呂子約에게 대답한 편지를 보면, 형이하자形而下者로 말한다면 '사물이 또 체體가 되고, 그 리理의 발현은 용이 된다'고 운운하였으니, 사람이 일을 처리하고 사물에 대응하는 것으로써 사물의 용用이라고 하지 않습니다."[173]고 했는데 형이하形而下의 체體는 물체物體, 방체方體의 체이며, 그 운용은 용用이라고 하였다. 체용의 체體는 반드시 형이상자形而上者으로 고정되지 않고 형이하의 방체方體·물체物體를 체體라고 할 수 있다고 발명했다.

(3) 퇴계의 기氣 개념

퇴계의 이기론과 율곡의 이기론의 결정적 차이는 기를 유한한 것으로 보느냐 무한한 것으로 보느냐에 있을 듯하다.

결론부터 말하자면, 주자와 퇴계의 기를 리와 대비할 때 유한한 것으로 보았고, 율곡은 서화담, 이일재, 명대의 나정암과 같이 기를 무한자로 해석하였다. 따라서 모든 자연현상 정신현상을 설명할 때 상합相合할 수 없는 이질성이 노정되었다. 새삼 말할 것도 없이 주자학적 전통인 리기불상리理氣不相離와 불상잡不相雜은 서로가

---

173) 朱子所稱花柳看折之言, 亦可分體用否? 花柳爲體, 以花柳待人看折而作如何地用, 以爲其用則可, 若直以人之看折, 爲花柳之用, 則不可, 凡謂體用者, 謂是物有是體, 則卽其體而有其用可. 如筆有毛有竹與頭套甲者體也, 待人而甲脫柄運 飮墨行紙者用也, 以是爲筆之體用可也, 若以彼爲體, 而以人之用筆, 爲筆之用, 則不可, 觀朱子答呂子約書, 謂以形而下者言之, 則事物又爲體, 而其理之發見者, 爲之用云云, 未嘗以人之處事應物, 爲事物之用也<同上卷37, 答李平叔>

다 같지만 퇴계는 리선기후를 주장하고 율곡은 리기무선후를 말할 때 비로소 기개념의 차이가 드러나게 된다. 모든 현상은 불상리 불상잡으로 설명되지만 우주의 진유가 무엇이냐 할 때 퇴계는 리理라 하였으므로 리선기후론에 서게 되었고, 율곡은 리의 현공독립 시懸空獨立時를 인정하지 아니하므로써 리기무선후론을 주장하게 되었다.

퇴계는 먼저 리의 무한성과 기의 유한성을 대비하고,

'리는 한량이 없다. 오직 기만 한량이 있으니 형체가 있기 때문이다理無限量, 惟氣有限量, 有形故也, 退溪全書, 李咸亨, 心經質疑.' 했고, '기는 생사가 있으나 리는 생사가 없다<氣有生死, 理無生死, 同上, 答鄭子中 別紙>.'고 하였으며,

리는 본래 유무가 없는 데도 유무로 말하는 사람이 있는 것 같다. 만약 기로 말하면 확대되고, 응취되어 형체가 된다고 하는 유가 있지만 되돌아가서 흩어져 없어진다면 무가 된다. 따라서 어찌 기에 유무가 없다고 말할 수 있겠는가, 기가 흩어지면 자연 사라져 민멸해 버리는 것이다.[174]

이처럼 퇴계의 기는 유무가 있는 한량이 있는 것이며 서화담, 이율곡과 같은 무한한 기가 아니다. 또 퇴계는 이렇게도 말하였다.

황은 전일에 기가 흩어지면 곧 무가 된다고 생각하였다. 그런데 근래에 곰곰이 생각해보니, 이것도 편견이며 미진한 생각이었다. 모든 음양의 왕래 소식은 점차로 이르러서 펴고, 돌아가 움츠리지 않은 것이 없다. 모든 것이 그러하다. 그렇다고 한다면 이미 확장된 기가 돌아가 움츠리게 되는데, 그 신기伸氣의 나머지도 돈무頓無하는 것이 아니라 당연히 점차 그렇게 된다고 해야 할 것이요, 이

---

174) 蓋理本無有無, 而猶有以有無言者, 若氣則至而伸, 聚而形爲有, 反而歸, 散而滅爲無, 安得謂無有無耶, 氣之散也, 自然消盡而泯<退溪全書, 答鄭子中>

미 그 굴기屈氣의 나머지도 갑자기 없어지는 것이 아니니, 어찌 점차로 없어진다고 하지 못할까. 까닭에 모든 사람이 죽은 귀鬼도 그 처음부터 갑자기 없어지는 것이 아니라, 그 없어짐은 점차로 진행된다. 옛날에 죽은 자를 섬기되 산 자와 같이 섬긴다事死如事生 하고, 없는 것을 섬기되 있는 것을 섬기는 것 같이 한다事無如事存고 한 것이 이치에 닿지 않는 것이라 할 수는 없다. 그리하여 이렇게 해서 효자의 심리를 위로함은 바로 이러한 이유이다.175)

기는 갑자기 없어지는頓無하는 것이 아니라 점차 무화無化하는 것이다. 따라서 '죽은자 섬기기를 산자 섬기는 것과 같이 한다事死如事生.'고 하는 제사의 의의를 발견할 수 있다고 생각한다. 이렇게 점차 무화하는 기를 또 사물현상과 비교해서 설명한다. 가령 불은 이미 없어졌는데 화로 중에 아직도 열이 남아 있지만 오래되면 열기도 사라져 버리는 것이다. 또는 여름날 태양은 이미 넘어 갔지만 나머지 열기가 아직도 남아 있는 것과 같이 그것도 야음夜陰이 성하게 되면 없어지는 것과 꼭 같은 이치이다.

단지 영구히 항존함이 없으며 또한 이굴已屈한 기가 방신方伸할 기로 되는 일은 없을 따름이다.176)

따라서 퇴계는 영구영존하는 기란 없다고 생각하여 서화담과 같은 '기'불변론을 배격하였다. 그런데 이와 같은 기유한설은 주자의 주장을 계승하였음이 분명하다. 이제 퇴계의 『주자서절요』 가운데 주자가 요덕명에게 기 유한을 설명한 것이 곧 그것이다.

---

175) 滉前以爲氣散卽氣無, 近來細思, 此亦偏而未盡, 凡陰陽往來消息, 莫不有漸至而伸, 反而屈, 皆然也, 然則既伸而反於屈, 其伸之餘者, 不應頓進, 當以漸也, 既屈而至於無, 其屈之餘者, 亦不應頓盡, 豈不以漸乎, 故凡人死之鬼, 其初不至遽亡, 其亡有漸, 古者事死如事生, 事亡如事存, 非謂無其理, 而姑說此以慰孝子之心理, 正如此故也<退溪全書, 卷40, 答南時甫>

176) 但無久而恒存, 亦無將已屈之氣爲方伸之氣耳<同上>

성性은 다만 리理니 취산으로 말할 수 없다. 모이면 생하고 흩어지면 죽는 것은 기일 뿐이다. 정신혼백과 지각이 있다고 한 것은 모두 기의 소위인 까닭이 모이면 있고 흩어지면 없다. 리理는 처음부터 모였다 흩어졌다 하여 유무有無가 되지 아니하였다.[177)]

이처럼 주자도 취산유무가 있는 것이 기라 규정하였고 또 리 혹은 성은 기에 선재할 수 있다고 하였다.

이 기가 없으나 이 성性은 벌써 있었고 기는 없는데 성性은 오히려 늘 있다.[178)]

기를 초월해서 상존하는 것이 성이라고 했다. 따라서 리는 유무소멸하는 기를 초월해서 영구항존하는 자이다. 이렇게 볼 때 퇴계의 기는 양적이나 리는 비질량적이며 질량성이 배제되어 있다. 리 또는 성은 기질 또는 기를 초월할수 있기 때문에 타재기질지중墮在氣質之中 곧 타재라 하고 리는 맑고 맑은 세계라고 하였다.

물론 기는 청탁, 수박 등 차별적 질량성을 지니고 있으므로 수기粹氣, 담일湛一한 기가 있는가 하면 탁기, 박기가 있게 된다. 그러나 기고봉과 같이 사단 칠정이 모두 정이므로 리기겸발이라 하거나 혹은 율곡과 같이 기발이승의 일도발이며, 사단은 선일변이다고 하지만 이점에서 퇴계는 달리한다. 기가 아무리 담일하다 하더라도 순선의 원인으로서는 부족하다고 보는 것이다. 기란 선악 미정이므로 선할 수도 있으나 그러나 그것은 순선일 수는 없다. 따라서 순선한 사단은 이발이요, 아무리 고요하고 맑은 것이라 해도 그것은 엉기는 것이므로 담일한 기의 발이라 할지라도 순선하다고는 할 수 없다. 다시 말하면 담일한 기 역시 질량성이 완전히 배

177) 性只是理, 不可以聚散言, 其聚而生, 散而死者, 氣而已矣, 所謂精神魂魄, 有如無覺者, 皆氣之所爲也, 故聚則有, 散則無, 若理則初不爲聚散而有無也<朱書節要 卷10, 答廖子晦德明>

178) 未有此氣, 已有此性, 氣有不存(無), 性各常在<同上, 答劉叔文>

제된 것이 아니다.

그러므로 퇴계는,

"담일湛一은 기의 본래이다. 이 때 아직 악이라 말할 수 없지만 그러나 기가 어찌 능히 순선일 수 있겠는가, 오직 이것은 기가 작용하지 아니할 때이라 리가 주가 되는 까닭에 순선할 따름이다."[179]

라고 주장하였다.

이처럼 기가 순수히 합리할 때는 담일하므로 선하다 할 것이므로 사단의발 순리고무불선四端之發 純理故無不善이라 한 배경이 곧 이러한 퇴계의 기관氣觀에 있었다고 보아야 할 것이다. 그러나 고봉의 말처럼 "순리이발 順理而發하는 것을 리지발理之發이라 한다면 그것은 기를 리로 삼는 병통이라."[180] 지적한 까닭이다. 곧 기를 리라고 인정하는 것이 된다는 것이다.

(4) 율곡의 기 개념

그러나 율곡은 퇴계와 반대로 음양은 무시무종無始無終이라 하여 기의 영원성을 인정하였다. 이것은 서화담의 일기불멸설一氣不滅說 혹은 나정암의 리기혼일설理氣混一說[181] 또는 이일재의 리기혼연일물설과 관계가 있다.

아, 음양은 무시하며 끝이 없으며 무외하도다. 일찍이 부동하고 부정할때가 있지 아니하니 일동일정하고 일음일양하지만 이理는 무부재하다. 까닭에 성현의 궁극하고 근원의 론은 태극이 음양의 근본이 된다는 것에 지나지 않으며 그 실상 본래 음양의 미생未生

---

179) 湛一氣之本, 當此時 未可謂之惡, 然氣何能純善, 惟是氣未用事時, 理爲主故純善耳<退溪全書 上, 卷39, 答李公浩養中 問目>

180) 以氣順理而發, 爲理之發, 則是未免認氣爲理之病<退溪文集, 卷17, 答奇明彦>

181) 言陰陽則太極在其中矣, 言太極則 陰陽在其中矣, 一而二, 二而一者也<困知記 上>

에 태극은 독립하는 때가 없는 것이다.[182)]

이처럼 율곡은 기 음양은 시종이 없는 영원자라 함으로써 리기는 시원에서 혹은 현상에서 늘 공재하는 것으로 보았다. 공재란 곧 리는 기에 내재했다는 의미이다.

율곡은 첫째,

기가 미생未生 할 때 오직 리理만 있다고 한 것은 하나의 병통이다. 또 일종의 의논이 있는데, 태허의 담일청허湛一淸虛는 곧 음양을 발생한다고 한다. 이것도 또한 한쪽으로 떨어진 의논이며 음양의 본유를 인식하지 못한 하나의 병통이다. 대저 음양은 양단에 순환하여 쉬지 아니하나니, 본래 그 시초가 없는 것이다. 음이 다하면 양이 생하고 양이 다하면 음이 생한다. 한 번 음하고 한 번 양하나 태극은 있지 않은 데가 없다. 이것은 태극이 만화의 근거가 되고 만품의 근저가 되는 소이이다. 이제 만약 담일적연한 기가 곧 음양을 생한다고 한다면 이것은 음양에 시초가 있게 되는 것이다. 시초가 있다면 마지막이 있을 것이니 그렇다고 하면 음양의 기가 지식止息함이 오래이니 옳다고 할까.[183)]

이와 같이 율곡은 기의 본유가 영원하다고 인정했다. 이와 같은 논리를 태극도로 미루어 보면, '무극이 태극'은 명목에 지나지 않고 실재하는 것은 음양양의권뿐이라는 생각이다. 이것은 퇴계와 같이 '무극이 태극권'을 초월적 실재라 하는 것을 반대한 것이다. 따라서 율곡 — 사계 — 우암 — 남당 계통은 리기불상리의 양의兩儀

182) 嗚呼, 陰陽無始也, 無終也, 無外也, 未嘗有不動不靜之時, 一動一靜, 一陰一陽, 而理無不在, 故聖賢極本窮源之論, 不過以太極爲陰陽之本, 而其實本無陰陽未生太極獨立之時也＜栗谷全書 卷9, 答朴和叔淳＞

183) 曰氣之未生也, 只有理而已, 此固一病也, 又有一種議論曰, 太虛湛一淸虛, 乃生陰陽, 此亦落於一邊, 不知陰陽之本有也, 亦一病也, 大抵陰陽兩端循環不已, 本無其始, 陰盡則陽生, 陽盡則陰生, 一陰一動, 而太極無不在焉, 此太極所以爲, 萬化之樞紐, 萬品之根抵也, 今若曰湛一寂然之氣, 乃生陰陽, 則是陰陽有是也, 有始則有終矣, 然則陰陽之機 其息也久矣 其可乎＜同上＞

만을 실재한다고 보나, 무극이태극권은 추상적 명목뿐이므로 '리선재理先在'를 극력 반대하고 음양에 내재하는 것이 리理라고 생각했던 것이다. 가령 다음과 같은 남당 한원진南塘 韓元震 의 주장이 그것이다.

나는 말하였다. 태극도 제1권은 염계가 그림을 만들 때 태극을 도출挑出해서 음양상면에 두고 태극의 본체가 음양에 뒤섞이지 않는 것을 보인 것뿐이다. 한 개의 태극이 음양상면에 매달려 독립하여 참으로 있다고 한 것이 아니다. 만약 형兄과 같이 말하면 태극이 정靜할 때 형기 밖에 매달려 독립하였다가 동할 때 바야흐로 형기 가운데로 들어가게 된다.[184]

고 한 것은 리는 늘 기에 내재한다는 것이며 리의 독자성을 거부한 것이다.

실재는 양의권이고 태극은 추상해 보인 것 뿐이라 해석하고 있다. 여기서 이들은 리기공재 만이 실재라 함으로써 그의 스승의 스승이요 율곡의 문인인 사계 김장생과 같이 리理와 기氣는 함께 무한하다고 주장했다.

리와 기는 본래 저절로 혼융했다. 이것을 음양이 발생하기 전으로 미루어도 그 시초의 합을 보지 못하고 이것을 음양이 발생한 뒤로 당겨도 그 종말의 분리를 보지 못한다, 만약 이합離合이 있다면 동정에 실마리가 있고 음양에 시초가 있게 된다.[185]

184) 余曰 第一圈 自是濂溪作圖, 挑出太極, 置之陰陽上面 以見太極本體不雜陰陽耳, 非實有一箇太極懸空獨立於陰陽上面也, 若如兄說, 則太極之靜, 懸空獨立於形氣之外, 而其動也, 方入於形器之中矣<南塘集, 雜識>

185) 理與氣, 本自混融, 推之於陰陽未生之前, 不見其始之合, 引之於陰陽已生之後, 未見其終之離, 若有離合, 則動靜有端, 陰陽有始<沙溪全書 卷17, 近思錄 釋疑>

고 한 것, 역시 리기는 혼융混融이 천지에 내재한다는 내재관이다. 이와 같이 율곡 · 사계 · 남당 등 율곡파의 전통적 이기관은 양의권兩儀圈을 실재라 함으로서 리기 혼융관에 근본하고 기의 무시무종설無始無終說 곧 기의 영원성을 도출하여 드디어 본연의 기를 창조하고 기철학에 일보를 내딛게 된다. 그리하여 율곡은 "저 리의 근원은 하나뿐이며 기의 근원도 하나 뿐이다." 시원始原과 유행流行에 있어서도 혼재混在한다고 하였다.

따라서 퇴계와 같은 유한적 기를 초월한 무한한 리의 실재를 거부하고, 리는 기에 내재하게 되었다.

다시 말하면 율곡의 이기설은 퇴계의 기 유한성을 부정하고 리의 초월성을 거부하므로서 내재관적 리기철학을 형성했다.

리기는 선후가 없고 이합離合이 없으니 그것이 둘이 됨을 보지 못하는 까닭에 동정은 실마리가 없고 음양은 시초가 없다. 리에 시초가 없으니 기도 시초가 없다.[186]

이처럼 리기무선후 · 무이합無離合, 무시무종설을 주장하여 리의 초월성을 거부하여 리는 '기'에 내재한다고 하게 되었다.

① 리일理一

"수중의 달은 다만 빛일 따름이다. 까닭에 천상天上의 달을 지적하면 실로 얻을 것이나, 수중에서 달을 건진다면 얻을 수가 없다."[187]

이처럼 천상의 달은 진형眞形이요, 수중의 달은 빛이라 할 때 실재하는 것은 천상의 달인 초월적 리요, 유한적인 사물 혹은 기에

186) 理氣無先後, 無離合, 不見其爲二物, 故非二物也, 是故動靜無端, 陰陽無始, 理無始故氣亦無始也<栗谷全書, 答成浩源>

187) 水中特光影而已, 故 天上指月則實得, 而水中撈月則無得也<退溪全書, 答奇明彦論四端七情 第三書>

내재하는 리는 우주 진유인 리의 빛 그림자에 지나지 않는다. 따라서 우주와 인간은 진유인 리 그 자체가 안고 있는 빛 그림자를 통하여 본체인 리에 도달하고자 한다. 그것을 인간에 있어서는 명선明善이요, 성신이며 복성復性이라고 하겠다.

진유인 리는 규정할 수 없는 완전자이므로 고봉에게 "리는 규정할 수 없기 때문에 상대가 없고 가감도 없다."고 하였는데 고봉은 리허理虛를 반대하였다. 그러므로 퇴계는 문인 정자중鄭子中에게 다시 리허의 본의를 설명하고 있다.

명언明彦이 또 리는 허虛로써 설명할 수 없다고 하였는데, 선유가 리를 허라 한 곳이 대단히 많습니다. 이제 어찌 분주分註의 과오를 공격코자 하여 리는 본래 참으로 허라고 말할 수 없다고 힘써 주장하는가? 대개 그 진실무망眞實無妄한 것으로 말하면 천하에 리보다 허한 것이 없습니다.

오로지 '무극이태극' 이하에서 볼수 있습니다. 명언이 한쪽만 근거하여 본래 정해져 있는 설을 공격하고자 하니 옳은 일일까요.

명언은 또 리는 허하므로 무대하다理虛故無對. 무대하므로 무가무손無對故無加無損이라는 말이 그르다 하니, 이것은 리를 지극히 정하게 본 뒤라야 마음으로 자득하는 묘요, 언어로 능히 형용할 바가 아닙니다. 또, 어찌 능히 함께 시비를 다투겠습니까. 황滉도 수 3년 이래로 비로소 의희依俙하게 리를 견도見到하였으니, 생각하건대 명언의 견득見得이 지나치게 빠르다고는 하지만 혹 정사입묘精思入妙에 있어서 옳지 못한 듯 하니 쉽게 말할 수 있을지 두렵습니다.188)

리理는 무엇이라 규정할 수 없기 때문에 허虛라 하였고, 언어로

---

188) 明彦又言理不可以虛言之, 則先儒言理爲虛處甚多, 今豈可以欲攻分註之罪而力言理本實不可言虛耶, 蓋自其眞實無妄而言, 則天下莫實於理, 自其無聲無臭而言, 則天下莫虛於理, 只無極而太極一句可見矣, 明彦據一邊以攻本分素定之說可乎, 明彦又言理虛故無對, 無對故無加無損之非, 此則見理極精後, 心所自得之妙, 非言語所能形容處, 又安能與之爭是非耶, 滉亦數三年來, 始依俙見到此, 竊恐明彦見得太快, 或不屑於精思入妙而易爲言耶<同上 與鄭子中 別紙)>

능히 형용할 수 없는 곳이다. 그것은 다른 것에 의존하지 않고 스스로 존재하기 때문에 무대無對라고 하였으며 원만하고 완전하기 때문에 리理라 하는데, 고봉은 아직 이러한 무한 실체實體로서의 퇴계의 리를 인식하지 못할 가능성이 있기에 시비를 중단했다고 고백하였다.

이와 같은 퇴계의 리는 우주의 진유 이면서 본질인 동시에 인간에게 드리우는 이성의 빛이요, 명령하는 규범이며 감각에 사로 잡혀 있지 않는 이성이며, 실현되어야 할 가치, 또한 목적이다. 그리하여 "이 리는 지극히 존엄하여 상대가 없고 사물을 명령하지만 사물에게 명령받지 않는 이유이다此理極尊無對 命物而不命於物故也<退溪全書上, 答李達李天機>."고 하였다. 인간은 리의 빛그림자에 의하여 그 리체에로 나아갈 수 있게 된다. 인간 이성의 상실, 목적의 상실, 이것은 현대인의 공통적인 자기 상실일지 모른다. 무한한 이상을 추구하되 유한한 기적 감각과 충동의 포로가 되지 않도록 욕구를 조절하여 이상처로 나아갈 것을 기약할 퇴계의 진리관에서 얻을 것이 없다고 할까요.

그러기에 퇴계는 기고봉에게 "리자理字가 알기 어렵다."라 하였고, "참으로 알고 신묘히 이해하여 완전한 곳에 도달하기는 어렵다."고 하였으므로, 온전히 투철 통견洞見 했다면 리는 지허하나 지실至實하고 지무至無하나 지유至有하며 운동하나 운동이 없고, 정지하나 정지가 없다. 순수한 세계는 한 틀도 첨가할 것이 없고, 한 틀도 감할 것도 없다고 하겠다. 이 리는 지허至虛 지실至實 지무至無 지유至有한 자로서 절대자이며, 그 자체는 동정하지 않지만 동정케 하는 원동자이며, 맑고 맑은 전혀 질량성이 배제된 존재요, 기의 작용성, 혹은 기의 제약성을 초월한 것이다. 그러므로 리의 본체는 기에 구속되지 않고, 사물에 국한되지 않는다. 기에 국유되지 않는 자유로운 존재, 그것은 일호의 첨가나 감손도 없는 원만한 완전자이기도 하다.

그러나 이러한 "리는 능히 음양 오행 만물 만사의 근본이 되나 음양 오행 만물 만사 가운데서 구속되지 않는다能爲陰陽五行萬物萬事之本, 而不囿於陰陽五行萬物萬事之中."고 하여 기氣 질質 형形 사事의 본질로서 내재하면서도 그들에게서 국유局囿되지 않는 자유로운 존재이다. 따라서 리체理體는 근원에 있어서 기의 제약을 벗어난 자유로운 존재이며 질량적이 아니다. 까닭에 잡기雜氣하여 일체一體다, 일물一物이다 할 수 없다.

단지 우리에게 내재하는 그 리를 통하여 "능히 선을 분명히 하고, 성실히 본성의 시초를 회복한다能明善誠身, 而復性之初"<退溪全書上, 答奇明彦.>고 하는 가능성이 열려 있다고 할 것이다.

우주에 있어서나 혹은 인간에 있어서 다같이 본질적인 것은 리요 부수적인 것은 유한한 기이다. 따라서 인성에 있어서도 본질적인 리와 부수적인 기를 구분하고, 정욕 인욕을 극제克制하여 정욕으로부터 초연한 생활태도, 혹은 이성적인 결단에 의하여 충동적인 욕정을 극제하여 인륜을 실천할 당위성이 곧 리칙理則이라 하겠으며 이러한 리칙을 내면화하는 것이 거경居敬이다. 성정에서 인욕배제는 우주의 본질이 기를 배제한 리라는 생각과 일치하는 합리적인 사상체계라 할 것이요, 도심과 인심에서도 동기와 결과에 이르기까지 준별峻別하고 리의 발현과 기의 극복에 목적을 둔 것 역시 인욕의 배제에 있었다.

따라서 퇴계의 리는 자연(외)과 인간(내)을 합일하는 것임으로 궁극적으로 외와 내는 리를 매개로 하여 통일된다.

주자의 말과 같이 천하의 사물은 반드시 소이연의 근거와 소당연의 법칙이 있으니 리라고 하였다天下之物, 則必有其所以然之故與其所當然之則, 所謂理也, 大學 或問 第一章고 하듯, 리는 소이연지고所以然之故인 동시에 소당연지칙所當然之則이다. 소이연은 인간행위의 당위성을 기초지우는 필연한 근거로 이해된다. 그런데 소이연지고의 고故와 소당연지칙의 측則은, 전자는 연고 곧 근거요, 후자는 천리 리측으로서 당위의 선천적 준칙이다. 여기서 필연과 당위는 그 근거인 궁극자에 당연히 준거해야 할 우리의 준칙이다. 필연의 궁극근거는 인간에게 당위인 준칙으로 나타나는 것이기 때문이다.

그것이 이른바 주자의 당연한 법칙은 리의 알맹이요, 그러한 이유의 근거는 곧 그 위 한층의 근원所當然之則, 理之實處, 所以然之故, 乃其上一層之源頭也<大學 或問下>이라는 것이다. 당연의 준칙은 리의 실천처로 말하는 것이요. 소이연지고는 당위의 필연적 궁극근거이다. 따라서 퇴계 또한 주경主敬으로서 모든 사물에서 그 당연한 것과 그러한 까닭의 근거를 연구하지 않음이 없다事事物物, 莫不窮其所當然與其所以然之故<戊辰六條疏>고 하였는데, 이와 같이 필연한 궁극근거인 리는 동시에 인간행위의 당연적인 준칙이다. 그것은 객관적으로 분석할 때는 인과율로서 필연적이지만 주관적인 행위로서는 자율적인 당위이다. 따라서 행위의 객관적인 인과와 주관적인 도덕적 자율은 궁극에 있어서 모순없이 통일되고 그것의 양면에 불과하게 되었다. 우주의 진유인 리는 기물에 국유되지 않는 자유 그것인 동시에 도덕적 극칙으로서 자율적인 것이다.

그러므로 퇴계는 고요히 천리의 본연을 함양하고 행동하되 인욕을 동기로부터 결단한다靜而涵養天理之本然, 動而決人欲於幾微<退溪全書 卷28, 答金惇叙>고 하였는데, 우리가 행동할 때 인욕을 기미에서 결단해야 할 책임이 부여되어 있다고 강조한다. 이러한 결단행위는 천리의 자율을 바탕으로 한 인간 자유의지라 보아야 할 것 같다. 인간의 자유가 긍정되는 예증이다.

② 분수리分殊理

"리일理一 가운데 기품氣稟은 일만 가지로 차이가 있으니 이것을 분수라고 하는 것이다. …… 연평延平이 주자에게 말하였다. 만약 리일理一로서 대괄하고 그 분수를 살피지 못한다면 이것은 배우는 자가 의심하고 비슷한 주장으로 참된 것이 혼란으로 흐른 까닭이요, 스스로 자각하지 못한다. 바로 이것을 말하는 것이다."[189]

---

189) 理一之中, 氣稟有萬不同, 此所謂分殊也, ……延平謂朱子曰, 若概以理一而不察乎其分之殊,

기 혹은 기품과 관련될 때의 "리理는 본래 기 속에 내재한다理固自在其中, — 奇明彦四端七情後說."면 리기불상리理氣不相離를 말하는 것이다. "본래 아직 리理 없는 기가 있지 아니하고, 또한 아직도 기 없는 리理는 있지 않다."[190]고 한 것 역시 리기불상리理氣不相離이며,그 리理는 분수의 리理이다. 그러나 리기불상잡理氣不相雜으로 분별할 때 '무극이태극無極而太極'으로서 리일理一이 도출된다.

"주자에 이르러 무극이 태극처를 논하여 말하였다. '무극을 말하지 아니하면 태극은 한 가지의 사물과 같이 일만 가지 조화의 뿌리가 되기에 부족하고, 태극을 말하지 아니하면 무극이 공적空寂에 떨어져서 일만 가지 조화의 뿌리가 될 수 없다.' "[191]

무극이태극無極而太極이 리理라 하지만 그 리理는 본체의 리理이며 리일理一의 리理이다. 그러나 '분수의 리 分殊之理'가 아니다.

"사물이 비록 만 가지이지만 리理는 하나一이다. 오직 그 리理는 하나인 까닭에 성性에도 안·밖의 구분이 없다."[192]고 명백히 리일분수理一分殊를 밝혔다.

3) 리기불상리理氣不相離와 불상잡不相雜

이와 기의 관계는 서로 떨어지지 아니하는 경우와 또 서로 섞이지 아니하는 경우라고 하는 두 가지의 길이 있었다.

"리와 기의 관계는 본래 서로 혼잡하지 아니하고 또 서로 떨어지지 아니한다. 분별하지 않고 말하면 혼잡하여 하나로 삼아서, 그 서로 혼잡하지 아니함을 알지 못한다.

此學者所以流於疑似亂眞之說, 而不自知也, 正謂此也<退溪集 卷32, 答禹景善, 別紙>

190) 固未有無理之氣, 亦未有無氣之理<退溪集, 卷16, 答奇明彦, 論四端七情, 第一書>

191) 至於朱子論無極而太極處, 亦曰不言無極, 則太極同若一物, 而不足爲萬化之根, 不言太極, 則無極論於空寂, 而不能爲萬化之根<退溪集, 卷16, 答奇明彦 論四端七情 第二書 後論>

192) 物雖萬殊, 理則一也, 惟其理之一, 故性無內外之分<答李達, 李天機>

그러나 합合하지 아니하고 말하면 완연히 두 가지로 삼아서 그가 서로 떨어지지 아니함을 모른다."[193]

리기의 관계는 불상잡不相雜과 불상리不相離가 있다고 했다. 합合해서 말하면 불상리不相離가 되고, 분分해서 말하면 불상잡不相雜이 되는 이중관계가 성립된다.

어떤 이가 주자에게 질문하였다. "반드시 리理가 있고 난 뒤에 기氣가 있다하니 어째서입니까?"

주자는 대답했다. "리는 본래 선후가 없다고 할 수 있지만 그러나 반드시 기의 근원을 미루고자 하면 꼭히 먼저 이 리理가 있다고 해야할 것이다. 그러나 리理는 별다른 하나가 아니라 기 속에 나아가서 존재하는 것이다. 이 기가 없으면 리理는 걸리어 탈곳이 없다."[194]고 하였다. 분分하여 말하며 리선기후理先氣後로 불상잡不相雜이지만 실지는 리理가 '기' 속에 즉존卽存하여 불상리不相離한다고 하는 이중관계가 성립된다.

"보내주신 편지의 뜻을 상세히 살펴보니, 리理 기氣가 서로 따라서 떨어지지 않는다不離는 것을 깊이 보고 그 설을 매우 힘써 주장하였습니다. 까닭에 리가 없다고 하여 4단과 7정에 다른 뜻이 있을 것이 아니라고 하였으니, 이 말이 비록 옳은 듯 하지만, 성현이 말씀한 뜻으로써 헤아려 보면 합당하지 않는 바가 있는 듯합니다.

대저 의리의 학과 정미한 이치는 반드시 마음을 크게 가지고, 안목을 높여서 절대로 먼저 한쪽 설로서 주장을 삼지 말고, 마음을 비우고 기운을 화평하게 하여 차차 그 의미를 살펴야 합니다. 같은 것同 중에서 그것이 다른 것이 있는 것을 알고, 다른 것異 중에도 그 같은 것同이 있는 것을 보아 나누어分 둘二로 만들어도 일찍이 떨어지지 않고不離 합合하여 하나로 만들어도 실은 서로 섞이지

193) 理之與氣, 本不相雜而亦不相離, 不分而言, 則混爲一物, 而不知其不相雜也, 不合而言, 則判爲二物而不知其不相離也<溪山記善錄, 李德弘>

194) 或問於朱子曰, 必有理然後有氣, 如何? 曰, 此本無先後之可言, 然必欲推氣之所從來, 則須說先有是理, 然理非別有一物, 卽存乎氣之中, 無是氣, 理無掛搭處<李子粹語, 卷1, 道體>

않는不相離 뒤에야 두루 다하여 편벽됨이 없을 것입니다."[195)]

4단7정의 관계 역시 불상리不相離와 불상잡不相雜의 관계가 있다고 했다. 불상리는 4단7정의 혼륜설渾淪說이고, 불상잡의 4·7의 두 쪽을 두루 다하여 편견이 없어야 한다고 했으니, 두루다하여 무편周悉而無偏이란 편견이 없는 보편이 된다는 것이다.

"그 리기의 불상리不相離는 7정의 겸리기兼理氣이다."[196)]

또"분개설할 곳에는 분개해 보이지만 혼륜이 있는 것을 방해하지 아니하고, 혼륜해 말할 곳에는 혼륜하여 보지만 분개 있는 것을 방해하지 아니한다."[197)]

분개는 분별分別로써 리理와 기氣를 분별하고 4와 7을 방해하지 않고 혼륜과 분개를 자유롭게 구사하여 보편에 도달함으로써 편견을 극복한다는 것이다.

4) 리기동정설理氣動靜說

본래 주자가 "태극은 리理이며, 동정은 기氣이다. 기가 운행하면 리理도 운행한다."[198)]고 하여 동정은 '기'라고 하였으나 "질문하기를, 동정은 태극의 동정입니까? 음양의 동정입니까?" 하였는데, "이것은 리理의 동정이다."[199)]고 하여 '기동정'과 '리동정'으로 '기'와 리理가 모두 "동정한다" 고 대답했다. "그 동과 그 정은 반드

---

195) 竊詳來喩之意, 深有見於理氣之相循不離, 而主張其說甚力, 故以爲未有無理之氣, 亦未有無氣之理, 而謂四端七情, 非有異義, 此雖近是, 而 揆以聖賢之旨, 恐有所未合也. 大抵義理之學, 精微之致, 必須大著心胸, 高著眼目, 切勿先以一說爲主, 虛心平氣, 徐觀其義趣, 就同中而知其有異, 就異中而見其有同, 分而爲二, 而不害其未嘗離, 合而爲一, 而實歸於不相雜, 乃爲周悉而無偏也<退溪集 卷16, 答奇明彦 論四端七情第一書>

196) 同上 第二書

197) 分開說處, 作分開看, 而不害有渾淪, 渾淪說處, 作渾淪看 而不害有分開<同上, 第二書, 後論>

198) 太極, 理也, 動靜, 氣也, 氣行則理亦行<朱子語類 卷94>

199) 問, 動靜, 是太極動靜? 是陰陽動靜? 曰, 是理動靜<朱子語類, 卷94>

시 동정하는 이유의 리理가 있다."<朱子集 卷45, 楊子直>하고, 그것이 태극이라는 것이라고 했으며, 또 리理는 사람에 비유하고 기는 말馬에 비유하여 다음과 같이 주장하였다.

"태극은 사람과 같고, 동정은 말馬과 같다면, 말은 사람을 태우는 것이요, 사람은 말을 타는 것이니, 말이 출입하면, 태극의 신묘한 작용이 없지 않다."[200] 이것을 종합해서 다시 생각해 본다면 운동자는 「기」요, 운동하는 이치理는 리理라는 것이니, '기동정'은 '기'의 운동으로 말하고 '리동정'은 운동하는 이치理로 말한 것이라 분간된다. 퇴계가

"태극에 동정이 있으니, 태극 자신의 동정이며, 천명天命의 유행은 천명자신의 유행이니 어찌 다시 시키는 자가 있겠는가?"[201]한 것은 중태극中太極인 태극이 아니고, 조리로서 리理가 아니라 통체태극統體太極이며 리체理體, 리일理一의 리理, 혹은 태극으로써 최고 근원자이니 그것은 자기원인에 의하여 존재하는 제일의 원동자이며, 또 천명자유행天命自流行의 천명 역시 유행의 최고 근거 그 자체라는 말이다.

"다만 인심의 동정이란 천지의 리理에 나아가 동정을 말한 것이 아니다고 고치고자 하였다. 인심 동정의 이치는 곧 천지 동정의 이치이며 두가지가 있는 것이 아니다. ……살피건데, 주자는 일찍이 '이치理에 동정이 있기 때문에 기에 동정이 있다. 만약 이치理에 동정이 없다면 기는 무엇으로부터 동정이 있게 될 것인가?"고 하였다. 대개 이치가 동하면 기는 따라서 발생하고, 기가 동하면 이치理는 따라서 드러난다.

염계濂溪가 "태극이 동하여 양을 발생한다."고 하였으니 이것은 이치理가 동하여 '기'가 발생한다는 말이다.

---

200) 太極猶人, 動靜猶馬. 馬所以載人, 人所以乘馬, 爲之一出一入, 人亦與之一出一入, 蓋一動一靜, 而太極之妙未嘗不在言<同上>

201) 太極之有動靜, 太極自動靜也, 天命之流行, 天命之自流行也. 豈復有使之者歟<退溪集, 答李達李天機>

주역易의 "복괘復卦에서 천지의 마음을 볼 수 있다."고 하였으니 이것은 '기'가 동하여 이치理가 나타나기 때문에 볼 수 있다는 것이다(모든 심心을 말한 것은 모두 이치와 '기'를 겸한 것으로 보아야 합니다.). 두 가지는 모두 조화에 속한 것이요, 두 가지 이치가 아니다.[202)]

고 하였는데, 리동理動은 동하는 이치요, 리유동정理有動靜은 리理란 동정을 주재하는 묘妙요. 기는 동정을 도우는 도구이다.

따라서 동정하는 주체가 리理인 까닭에 리동정理動靜'이라 했고 기동氣動은 동정하는 자구資具라는 것이다.

. "그 지정至靜한 가운데 동하는 실마리가 있는 것 또한 이미 동해버린 것이 아니다. 단지 동하는 이치가 있다고 한 것일 뿐이다."[203)]

정과 동은 서로 연속되며 리동理動이란 "동하는 이치理이가 있다有動之理."는 것이니, 기동氣動은 동정하는 도구馬이며, 리동理動은 "동하는 이치人"라는 것이다.

태극 리일理一은 모두 제1동인第一動因이니 자신은 동정하지 않지만 기 혹은 말馬을 움직이게 하는 원동력原動力이기 때문에 '아리스토텔레스'의 제1동인, 혹은 운동인運動因에 해당된다. 퇴계는 주자가 "리理에 동정이 있다理有動靜"을 "리理 그 자체에 동정이 있다理有自動靜."고 하여 리理가 운동의 제1동인第一動因임을 분명히 하는데 한 발 더 나아가고 있다.

퇴계의 태극 혹은 리일理一은 그 자체가 고유한 제일동인第一動因이니 "어찌 다시 그 보다도 근원에서 시키는 자가 있겠는가?"라고 하였던 이유이다.

---

202) 欲改云 但言人心動靜, 非就天地之理, 言動靜也, 然人心動靜之理, 卽天地動靜之理, 非有二也, ...按朱子嘗曰, 理有動靜, 故氣有動靜, 若理無動靜, 氣何自而有動靜乎, 蓋理動則氣隨而生, 氣動則理隨而顯, 濂溪云太極動而生陽, 是言理動而氣生也, 易言復其見天地之心, 是言氣動而理顯故可見也(凡言心者, 皆兼理氣看) 二者皆屬造化而非二致<退溪集 卷25, 答鄭子中 別紙>

203) 其所謂至靜之中, 有動之端者, 亦非謂已動也. 只是有動之理云耳<退溪集 卷19, 答黃仲擧>

4. 퇴계의 심학心學

1) 심心과 이理의 일치一致

주자와 퇴계의 심학心學은 심心과 리理의 일치 '심여이일心與理一'에 근본했으나 육상산과 왕양명의 심학은 심즉리心卽理를 본질로 한다. 까닭에 퇴계 또한 다음과 같이 주자설을 인용하고 설명하였다.

"주자가 말하였다. "사람이 학문하는 까닭은 심心과 리理일뿐이다. 심心이 비록 한 몸을 주재하나 그 본체는 허령虛靈하여 넉넉히 천하의 리理를 주관한다. 리理는 비록 만물에 산재散在하지만 그 용用의 미묘함은 실로 한 사람의 마음을 벗어나지 아니하니 시초엔 내외정조內外精粗로 논 할 수 없다."[204]
고 하였으니 심학이란 심心(主)과 리理(客)의 일치를 천명하는 것이라고 했다. 또,

다만 능히 말없이 공부해 나아가서 쉬지 않고 쌓고 익히기를 오래하여 순수하게 익숙하기에 이르면 자연 심心과 리理가 통일되어 상실하는 병통이 없을 것이다.[205]

수양공부가 순숙純熟한 결과 심心과 리理는 일치한다고 하였다. 주主(心)과 객客(理)이 빈틈없이 일치할 때, 내 마음가짐이 객관적인 천리天理와 일치할 때 인격은 완성된다.

---

204) 其說曰, "人之所以爲學, 心與理而已, 心雖主乎一身而其體之虛靈足以管乎天下之理, 理雖在萬物而其用之微妙, 實不外一人之心, 初不可以內外精粗而論也"<退溪集, 答奇明彦論改心統性情圖>

205) 但能默默加工向前不已, 積習久久至於純熟, 則自然心與理一, 而無隨促隨失之病矣<退溪集, 答鄭子中 惟一>

도체道體가 우리 일상생활에서 유행하여 조금도 멈추거나 휴식이 없습니다.

그러므로 어떤 일에서 기필하지 말고, 잊어버리지도 말며, 티끌만큼도 주관대로 하지 말고, 미루거나 조장助長하지도 말아야 합니다.

그러한 후에 심心과 리理가 하나로 되어 나에게 있는 도체道體가 결함도 없고 막힘도 없을 것입니다.206)

도체道體는 곧 리理다. 리理와 내 심心이 온전하게 하나一로 되어 천지에 유행하는 경지에 도달하는 것이 우리의 심학心學이다. 이러한 "심학이란 공자문하에서 일찍이 심학이라고 하지 아니하였으나, 심학心學은 그 가운데 있었습니다."207) 하고 퇴계는 심학의 기원을 설파하고 있다.

이와 같이 주자, 퇴계의 심학心學은 주관心과 객관理의 완전한 일치一를 말하다.

"더욱 자신을 가지고 힘써 참眞을 많이 쌓고 노력을 오래하면 자연 심心과 이치理가 서로 용납하여 모르는 사이에 하나로 녹아서 관통되고, 익힘과 일이 서로 익숙하여 점차 모든 행동이 순탄하고 자연스럽게 됨을 알 것입니다. 처음에 각각 그 하나만 오로지 하였지만, 이제는 하나의 근원에서 만나게 될 것입니다."208)

마음을 수양하고 노력을 오래한다면 결과 자연 마음心과 이치理의 내외가 서로 하나로 용납容納되어 모든 것이 녹아서 관통한다. 객관理과 주관心이 상함相涵하고 융회融會하여 관통된다. 이것이 정주程朱와 퇴계 심학心學의 본질이다. 그러나 육상산이나 왕양명과

---

206) 道體流行於日用之間, 無有頃刻停息, 故必有事而勿忘, 不容毫髮按排, 故須勿正與助長. 然後心與理一, 而道體之在我. 無虧欠無壅過矣<退溪集 卷25, 答鄭子中 別紙>

207) 孔門未嘗言心學而心學在其中<同上>

208) 尤當自信而益勵, 至於積眞之多用力之久, 自然心與理相涵而不覺其融會貫通, 習與事相熟, 而漸見其坦泰安履, 始者各專其一, 今乃克協于一<退溪先生文集, 卷7 進聖學十圖箚>

같이 객관세계의 리理를 주관 혹은 주체세계로 통일해 버리고 객관을 주관화하는 심즉리心卽理의 본심학本心學이 아니다. 유학은 본래 본천학本天學이며 불교는 본심本心이라고 하였으니, 천리天理를 근본으로 하는 퇴계와 정주程朱의 심학心學이 자기 영역을 분명히 한 까닭이다.

"도리道理는 안과 밖의 구분이 없고 무릇 바깥을 삼가면 곧 속을 함양하는 것이 되는 까닭이다."209)

이것이 안心과 밖理을 일치一致하는 심학이다. 그러나 육상산과 왕양명처럼 심은 곧 이다心卽理고 하여 밖理을 안心으로 흡수해버리는 주관화하거나 혹은 주체주의화 하는 심학心學과는 큰 차이가 있었다.

심즉리心卽理의 심학은 심心과 리理를 두 가지로 하는 것을 반대하고 심즉리心卽理라고 주장했다. 그래서 왕양명王陽明은 다음과 같이 말했다.

어떤 사람이 물었다. "회암 선생께서 '사람이 학문하는 까닭은 심心과 리理일 뿐이다'고 하였으니 이 말이 어떤 뜻입니까?" 양명이 "마음은 곧 본성이고 본성은 곧 리理이다 그 중간에 여與자를 넣은 것은 아마도 두 가지로 되는 것을 면하지 못할 것이다. 이에 대하여 학문하는 사람은 잘 살펴야 한다.210)

주자는 주관心과 객관理을 구별하고 그 통일을 심학心學이라고 했으나 왕양명은 "마음이 곧 이 理다."고 하여 리는 마음의 본성이라고 하여 리를 주체화하는 새로운 심학心學을 주장하였다. 또 양명은,

그대들은 내가 주장하는 종지宗旨를 이해해야 할 것이다. 내가

---

209) 此道理無間內外, 凡致謹於外, 乃所以涵養其中也<同上>

210) 或問, 晦庵先生曰, 人之所以爲學者, 心與理而已, 此語如何? 曰心卽性, 性卽理, 下一與字, 恐未免爲二, 此在學者善觀之<傳習錄 上卷>

지금 심즉시리心卽是理라고 하는 것은 어째서인가? 오직 세상 사람들이 심心과 리理를 나누어 두 가지로 삼는 까닭에 여러 가지의 병통이 생겼다. 심心과 리理를 두 가지로 나누게 되면 패도霸道의 거짓으로 자기도 모르는 사이에 흐르게 되어서 내가 말하는 심즉리心卽理로서 심리心理가 하나임을 알게하여 마음에서 공부하게 하고 바깥으로 외로움에 합하지 아니하도록 하니 이것이 바로 왕도의 진수이며, 이것은 내가 주장하는 종지宗旨이다.[211]

고 하여 주자의 심여리心與理의 심학을 반대하고 심즉리心卽理에 의하여 주체화, 주관화하는 심학을 주장했다. 그러나 퇴계의 심학은 심여리心與理가 일치하는 경지를 이상으로 한다.

대개 공부가 익숙하지 못한 사람이라도 그 '잊지도 말며 억지로 자라도록 돕지도 말라는 것'을 참으로 이해하여 이 마음이 시원하게 들어나고, 이 이치가 자연스럽게 유행할 때를 당하면 다시 어떤 털끝만큼이라도 힘 붙칠 곳이 있겠습니까?[212]

마음이 시원하게 들어나고, 이치가 자연 유행활동하여 조금의 노력도 필요없는 경지가 곧 심心과 리理가 일치一되는 경지이다. 심학心學은 이와 같은 내외內外 주객主客의 융합하는 일치를 목적으로 하였다. 그렇다면 이러한 융합, 일치는 어떠한 공부방법, 수양방법으로 가능할까?

---

211) 曰 諸君要識得我立言宗旨, 我如今說箇心卽是理, 如何? 只爲世人分心與理爲二, 故便有許多病痛, ……分心與理爲二, 其流至於伯道之僞, 而不自知, 我說蓋心卽理, 要使知心理是一箇, 便來心上做功夫, 不去襲義於外, 便是王道之眞, 此我立言宗旨<傳習錄 下卷>

212) 蓋雖工夫未熟底人, 當其眞得勿忘勿助, 而此心洒然呈露, 此理自然流行時, 更有甚纖毫着力處耶 <退溪集 卷29, 答金而精, 別紙>

2) 심학도心學圖

퇴계의 『성학10도』의 「제8심학도第八心學圖」와, 「심학도설心學圖說」의 설명을 살펴볼 것이다. 심心은 "허령지각虛靈知覺이요 신명神明이며, 온몸의 주재이다."고 규정하고, "본심, 양심, 적자심, 대인심, 인심, 도심이라"고 설명했다.

수양방법에서 경敬을 중심에 두고, 유정惟精은 택선이고 유일唯一은 고집固執이라고 했으며, '신독愼獨, 극복克復, 계구戒懼, 조존操存'

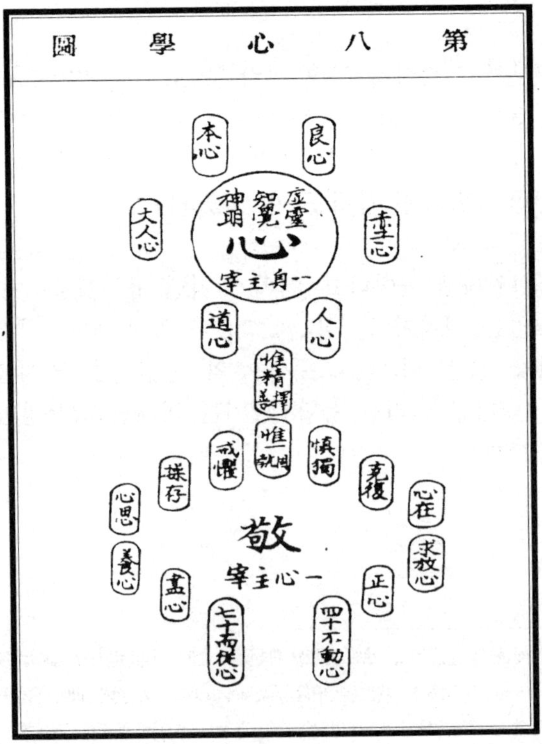

〔제8심학도〕

등 경을 공부의 구체적인 방법으로 표시하였다. '심학도'는 마음공부란 경敬공부라는 것이다. '도설'에서는 임은 정씨林隱程氏 복심復心 곧 원元의 학자의 말을 인용하여, "적자심赤子心은 욕심으로 어지럽히지 않는 양심이요, 인심은 욕망에서 깨친 마음이요, 대인심大人心은 의리가 모두 갖추어진 본심이요, 도심道心은 의리에서 깨친 마음이다. 이것은 두가지 마음이 있는 것이 아니다. 사실 형기形氣에서 발생한 인심이 없을 수 없고, 성명性命에 근원하면 도심이 된다. 정일精一과 택집擇執으로부터 이하는 인욕을 막고 천리를 보존하는 공부가 아닌 것이 없다."라고 하여 존천리存天理, 알인욕遏人欲공부로 통일했다. "신독愼獨 이하는 알인욕遏人欲하는 공부이며", "계구戒懼 이하는 존천리存天理하는 공부다."라고 했으며, "요컨대 공부하는 요령은 하나의 경敬을 떠나지 않는다. 대개 심心은 온몸의 주재요 경敬은 또 한 마음의 주재이다.", "이 공부가 익숙해야만 성인聖人의 경지에 들어감도 어렵지 않을 것이다."라고 하였다.

퇴계의 설명은 대략 다음과 같다. "심학도는 임은정씨林隱程氏가 선현이 심학을 논한 명언을 모아 만든 것입니다. 그림에서 분류, 대치시키기를 많이 하여 피하지 않은 것은 성현의 심법心法의 일단이 아니므로 모두 힘쓰지 않으면 안 된다는 것을 보여주기 위함입니다." 하고, "공부의 과정과 절차에 치지致知, 성의誠意, 정심正心, 수신修身처럼 선후가 있다는 것이 아닙니다. 어떤 사람이 의심하여 '이미 대개로 말하면 구방심求放心은 공부의 최초 일이니 심재心在 뒤에 있을 것이 아니'라고 합니다. 신臣은 생각하기를, 구방심求放心을 얕게 말하면 본래 제일 먼저 착수하고 입각해야 할 곳이지만, 그 깊은 경지에서 지극히 말하면 순식간에 한 생각이 잘못되는 것도 방심放心이 되는 것입니다. 안자顔子도 '석 달 뒤에는 인仁을 할 수 없었다'고 하니, 어기지 않을 수 없었다는 것은 곧 방심放心의 상태에 들어 간 것입니다. 다만 안자顔子는 잘못을 금방 알아차리고, 알면 곧 다시는 싹트지 않게 하였으니, 이것도 구방심求放心의 종류일 것입니다."<『성학10』, 「심학도」, 「퇴계설」>고 했다.

정복심程復心은 「심학도설」과 다르게 구방심求放心을 경敬공부의 중요 방법으로 제시하였다. 또 "정씨의 자는 자견子見이요, 신안新安 사람인데 은거하여 벼슬하지 않고 행동이 갖추어졌습니다. 늙도록 경서를 연구하여 소득이 깊고 『사서장도四書章圖』 세 권을 저술했습니다. 원元의 인종조仁宗朝 천거에 의한 소명으로 불러서 등용시키려고 했으나 자견子見이 원하지 않기에 향군박사鄕郡博士를 시켰더니 벼슬을 그만두고 시골로 돌아갔습니다. 그 사람됨이 이러하오니 어찌 소견이 없이 함부로 그림을 지었겠습니까?"<『성학10도』, 「심학도」, 「퇴계설」>하였다.

요컨대 퇴계의 심학心學은 경학敬學이며 알인욕遏人欲, 존천리存天理로 설명되니, 또 구방심求放心은 공부의 요령이라고 하겠다. 선생(퇴계)이 스스로 말씀하기를, "내가 심경心經을 얻고 나서야 비로소 심학心學의 연원淵源과 심법心法의 정미精微를 알게 되었다. 그래서 내가 평생토록 이 글을 신명神明처럼 믿었으며, 엄부嚴父처럼 공경하였다."<퇴계선생 언행록 권1, 이덕홍李德弘>고 하였다.

"선생(퇴계)는 심경心經을 가장 사랑하여 황돈(篁墩 程敏政)의 심경부주心經附註에 심경후론心經後論을 붙이고, 허노재許魯齋의 신명과 부모의 비유를 인용하기까지 하였다. 서산(西山 眞德秀)이후로 오직 선생이 글의 맛을 깊이 알았으니, 서산의 입장에서 말하더라도, 또한 후세의 자운(子雲 揚雄)을 만나지 못했다고는 할 수 없을 것이다."<퇴계선생언행록 권10, 정구鄭逑>

이와 같이 볼 때 퇴계의 심학은 심과 리의 일치心與理一를 바탕으로 하는 경敬 공부였다고 판단된다.

3) 알인욕遏人欲, 존천리存天理

대저 심학心學이 비록 다단多端하지만 통털어서 요약해서 말하면 인욕을 막고 천리를 보존하는 두가지 일에 지나지 아니할 뿐이다.[213]

고 하여 알인욕遏人欲, 존천리存天理 공부로 퇴계는 그의 심학을 요약하였다. 존천리存天理가 바로 불교의 본심本心과 대립하는 유학의 본천학本天學이다.

음식과 남녀 사이는 절실하고 긴요한 것이다. 음식과 남녀 사이에는 지극한 리理가 깃들어 있으며 크나 큰 욕망이 존재한다. 군자가 인욕을 이기고 천리를 회복하는 것은 이와 같은 지극한 이치 때문이요, 소인小人이 천리를 소멸시키고 인욕을 추구하는 것도 이 때문이다.[214]

천리를 소멸하고 인욕을 추구하여 식욕과 성욕에 치우치는 인간을 거부하였다.

인심은 인욕의 근본이며, 인욕은 인심의 흐름이다. 대체로 형기의 마음에서 발생하니 성인도 또한 없을 수 없는 까닭에 단지 인심이라 하고 바로 인욕이다고 아니한다. 그러나 인욕의 발작은 실로 이에서 말미암는다. 그러므로 말했다. 인욕의 근본이 물욕의 마음에 떨어지며, 일반사람이 천리를 배반하니 그러하다. 까닭에 이에 인욕이라는 이름을 인심으로 바꾸어 불었다. 이것은 인심의 시초가 본래 이와 같지 아니함을 알 것이니 까닭에 '인심이 흐른다'고 말하였다.

---

213) 大抵心學, 雖多端, 總要而言之, 不過遏人欲存天理兩事而已<退溪集 卷37, 答李平叔>

214) 以飮食男女爲切要, 飮食男女, 至理所寓, 而大欲存焉. 君子之勝人欲而復天理由此, 小人之滅天理而窮人欲亦由此<退溪集卷35, 答李宏仲 德弘 辛酉>

이것은 인심이 먼저이고, 인욕은 뒤가 된다. 하나는 정正이고, 하나는 사邪이나 경중으로 말할 수는 없다.[215]

고 하여 인심과 인욕의 관계를 분별했다. 인욕은 인심이 부당하게 흐른 것이다.

"인심, 도심의 뜻을 주자가 밝혀 다시 남음이 없으나 뒤의 선비들의 설명이 비록 혹은 득실이 있다고 할지라도 진실로 잘 연구하고 익숙하니 어찌 나의 설명을 기다린 뒤에 이것을 알겠는가? 분별해서 말하면 인심은 진실로 형기에서 발생하고 도심은 본래 성명性命에 근원하였다. 종합해서 말하면 도심은 인심에서 섞여 나와서 참으로 서로 도우고 서로 발하여 완연히 두 가지가 된다고 말할 수 없다. 그러므로 주자가 수양 노력할 때로 말하면 반드시 '도심은 주체가 되고 인심은 명령을 듣는다'고 하였다.

이것을 반드시 친절하게 몸소 고찰해야 하며 수양공부가 오래되어 마땅히 스스로 이해해야 할 것이다."[216]

인심은 형기에서 발생하고 도심은 성명性命에 근원하나 '상자상발相資相發'한다고 했다.

그러나 "알지 못하고 깨치지 못하는 사이에 빠르게 기氣에서 성性을 논하는 폐단으로 들어가면 인욕을 천리로 삼는 근심에 떨어지니 어찌 옳겠는가?"[217]

---

215) 人心者, 人欲之體, 人欲者, 人心之流, 夫生於形氣之心, 聖人亦不能無, 故只可謂人心, 而未遽爲人欲也, 然而人欲之作, 實由於此, 故曰人欲之本, 陷於物慾之心, 衆人遁天而然, 故乃名爲人欲, 而變稱於人心也. 是知人心之初, 本不如此, 故曰人心之流, 此則人心先而人欲後, 一正一邪, 不可以輕重言也<退溪集 卷40, 교姪 問目 中庸>

216) 人心道心之義, 考亭發明, 無復餘憾, 後來諸儒說, 雖或有得失, 苟能研思熟玩, 何待吾說而後知之耶, 分而言之, 人心固生於形氣, 道心固原於性命, 合而言之, 道心雜出於人心之間, 實相資相發, 而不可謂判然爲二物也, 故朱子言用功之際, 必曰道心爲主, 而人心聽命云云. 此須親切體驗, 用功之久, 當自見也<退溪文集 卷39, 答洪胖>

217) 不知不覺之間, 駸駸然入於氣論性之蔽, 而墮於認人欲作天理之患矣, 奚可哉<退溪文集 卷16, 答奇明彥, 第一書>

인심과 천리를 '기'로 논한다면 인욕을 천리라고 인식하는 근심에 빠진다고 경고하였다.

"그 인욕을 막고 천리를 보존하는 것을 상대공부로 삼는다."[218]

고 하여 인욕과 천리는 양립할 수 없다고 했다. 왜냐하면,

주자가 말하였다. '이 질문은 가장 요긴하다. 인욕이란 바로 천리의 반대이다. 천리로 인하여 인욕이 있다고 하면 옳으나, 인욕이 곧 천리다 하면 옳지 않다. 대개 천리 가운데 본래 인욕은 없다. 오직 그것이 흘러서 차이가 있게 되니 드디어 인욕이 발생했다.'[219]

인욕과 천리는 상반하는 것이며 천리가 잘못으로 흐른다면 인욕이 된다고 경고한다. 인심이 공공公共하지 못하고 사사私邪로움으로 흐른다면 곧 인욕이 된다고 하였다. 알인욕遏人欲의 인욕은 사욕私欲이라 하겠으니 사욕을 방어하는 것이 알인욕遏人欲이다. 따라서 식욕食欲과 성욕性欲을 배제하는 금욕주의가 아니다.

4) 심心의 체용體用

연방蓮坊 이구李球(字, 叔玉, ?~1573)는 서화담의 문인으로 기일원설氣一元說을 주장하였는데, 그는 "심에는 체용이 없다."고 한 까닭에 퇴계의 문인 김이정(金而精, 名은 金就礪, 호는 潛齋, 靜菴)이 연방蓮坊의 "심心에 체용이 없다."고 한 글을 퇴계에게 보여주었다. 퇴계는 "심心에 체용이 있다."고 반대하였다.

나는 우선 선유先儒들의 '심心에 체용體用이 있다'는 말을 가지고

---

218) 其以遏人欲存天理, 爲相對工夫<同上 卷14, 答李叔獻>

219) 朱子曰, 此問最緊要, 人欲云者, 正天理之反耳. 謂因天理而有人欲則可, 謂人欲亦是天理則不可, 蓋天理中, 本無人欲, 惟其流之有差, 遂生出人欲來<退溪文集, 卷17, 答友人論學書, 今奉奇明彦>

이것을 밝히려 하는데, 그 내용은 모두 근거할 내력이 있다.

"적寂과 감感을 체용體用이라 한 것은 『주역』에 근본하였고, 동動과 정靜을 체용이라 한 것은 대기<戴記, 禮記>에 근본하였고, 미발未發과 이발已發을 체용이라 한 것은 자사<子思, 中庸>에게 근본하였고, 성性과 정情을 체용이라 한 것은 맹자에 근본하였으니 이는 모두 심心의 체용설이다."[220]

심의 체용은 주역, 예기, 중용, 맹자에서 천명되었다고 하여 연방의 심무체용설 心無體用說을 거부하였다.

"사람의 한 마음이 비록 우주에 가득하고 고금에 뻗쳤으며, 어둠과 밝음을 관통하고, 일 만 가지의 은미隱微한 것을 통한다 할지라도 그 요점은 체용, 이 두 글자를 벗어나지 않는다."[221]

고 하였으니 심心은 우주에 가득하고 고금古今과 명암明暗에 걸치고 관통하며 일만 가지의 미미한 것까지도 꿰뚫는다고 했다.

이에서 심心은 우주, 만물의 본질이라는 심학心學을 천명하였는데, 그 심은 체용으로 분별된다고 했다.

"체용의 이름이 비록 선진先秦의 책에서 보이지 않는다 해도 정자, 주자 이래로 여러 선비가 도道를 논하고 심心을 논할 때 모두 이것을 주장하여 강론하고 분석하면서 행여 밝혀지지 못할까 두려워하였다. 그리고 진북계(陳北溪, 淳)의 '심설心說'은 더욱 이것을 지극히 말하였으니 어찌 일찍이 '심心에 체용이 없다'는 말을 한 사람이 있었던가."[222]

퇴계는 이상과 같이 "심에 체용이 있다."고 분명히 밝혔으며, 또 "심心이 고요하여 태극의 체가 구비되고, 심心이 움직여서 태극의

---

220) 其以寂感爲體用, 本於大易. 以動靜爲體用, 本於戴記, 以未發已發爲體用, 本於子思, 以性情爲體用, 本於孟子, 皆心之體用也<退溪先生文集, 卷41, 心無體用辯>

221) 蓋人之一心, 雖彌六合, 亘古今, 貫幽明, 徹萬微, 而其要不出乎此二字<同上>

222) 體用之名, 雖未見於先秦之書, 而程朱以來諸儒所以論道論心, 莫不以此爲主, 講論辯析, 惟恐不明, 而陳北溪心說, 尤極言之, 何嘗有人說心無體用耶<同上>

용이 운행하는 까닭에 심心은 태극이 된다.[223] 심의 체용인 적감寂感, 동정動靜, 성정性情, 미발未發, 이발已發을 태극太極으로 통일하니 심은 태극과 같은 존재이다. 그래서 체용일원體用一源이니 현미무간顯微無間이라."고 하였다.

그런데 주자는 "심心의 체를 성性이라 하고, 심心의 용를 정情이라'하였으며, '심의 리는 태극이며, 심의 동정은 음양이다."[224]고 하여 심의 체는 태극이 되고 심의 용은 음양이라 하여 체용을 형이상하로 구별한다. 이것은 퇴계와 차이가 있게 된 점이다. 퇴계의 심성논은 명明의 주자학의 발전과 관계가 있었던 것 같이 보여진다.

이에 퇴계는 더욱 분명히 심유체용心有體用의 근거를 제시하였다.

"황滉은 들으니, 정자께서 말하기를, '심心은 하나뿐이나 체를 가리켜 말한 것도 있고, 용을 가리켜 말한 것도 있다'라고 하였으니, 이제 이미 체와 용이 있는 것을 가리켜서 심心이라 했다면 심心에 대한 설명은 이미 끝난 것이다.

또 어찌 별도로 체용이 없는 심心이 근본으로 되어 심心 앞에 있을 수 있단 말인가."[225]

정자의 심心 체용설을 증거로하여 심心의 체와 용을 분명히 밝혔다.

심의 체용설은 정자에서 그 근원을 밝혔다. "고요하여 부동함은 심의 체요, 느껴서 드디어 통함은 심의 용이다."＜답이굉중＞고 거듭 강조하였다.

223) 心靜而太極之體具, 心動而太極之用行, 故云心爲太極＜退溪文集 卷31＞

224) 心之理是太極, 心之動靜是陰陽＜朱子語類 卷5＞

225) 滉聞程子曰, '心一而已, 有指體而言者, 有指用而言者', 今旣指其有體用者爲心, 則說心已無餘矣, 又安得別有無體用之心, 爲之本而在心之前耶＜同上, 心無體用辯＞

5) 심학心學과 『심경心經』

퇴계는 『심경心經』을 보고 심학과 심법을 알고 그 책을 평생토록 신명神明과 엄부嚴父처럼 존경했다고 하였다. 『심경』은 경敬에 대한 공부가 중심을 차지한다.

"이덕홍이 일찍이 암서헌巖栖軒에서 선생님을 모시고 앉아 있었다. 선생이 말씀하기를, '학문하는데 우선 그 주재主宰를 세우는 것보다 더 나은 것이 없다'하므로 '어떻게 해야 그 주재主宰를 세울 수 있겠습니까?' 하니 말씀하기를, '경을 주재로 세울 수 있다.' 했다. 그러자 덕홍이 '하지만 경敬에 대한 학설이 여러 가지입니다. 어떻게 해야 잊어버리거나 조장助長하는 병에 빠지지 않을 수 있을까요?'하였다."226)

마음의 주재를 확립하고자 하면 경敬공부로 해야 한다고 하였다. 그 경敬공부에 대하여 퇴계는 다음과 같이 설명하였다.

경에 대한 설명이 비록 많으나, 정자, 사상체, 윤화정, 주희의 설보다 절실한 것이 없다 다만 배우는 자들이 혹은 성성惺惺하는 공부를 하려하고, 혹은 마음에 한 물건의 티끌도 용납하려고 하지 않으려 한다. 그러나 먼저 마음에서 무엇을 찾아내려고 하거나, 혹은 인위적으로 안배按排하려고 한다면 싹을 뽑는 병에 걸리지 않는 자가 거의 없을 것이다. 조장하지 않고자 하여 조금도 마음을 쓰는 노력을 하지 않는다면 또한 씨앗 뿌린 땅을 그냥 내버려 두어, 김을 매어주지 않는 자가 되지 않을 사람도 드물 것이다. 처음 배우는 자를 위하여 계책을 말한다면, 마음과 몸을 가다듬어 엄숙한 자세로 공부하는 것 만한 것이 없다. 무엇을 꼭 찾아내려고 하거

226) 德弘嘗侍坐巖栖軒, 先生曰, 爲學, 莫先立其主宰, 曰如何可以能立其主宰乎? 曰敬可以立主宰, 曰敬之爲說多端, 何如可以不陷於忘助乎<退溪先生言行錄, 卷1>

나, 무엇을 어떻게 안배하려 하지 말고, 오로지 규율과 법도에 바탕을 두고, 남들이 볼 수 없는 으슥하고 은미隱微한 경우도 삼가하고 경계하여, 자신의 본래 이 마음으로 하여금 조금이라도 흐트러지는 일이 없도록 하여, 오랜 시간이 지나게 되면 자연 마음이 늘 깨어 있고, 자연 외물外物의 간여를 용납하지 않게 되어 조금도 잊어버리거나 조장하는 병통이 없어지게 될 것이다.[227]

『심경心經』에서 경敬에 관한 설명으로 정이천程伊川의 정제엄숙整齊嚴肅과 주일무적主一無適, 사상체의 상성성常惺惺 공부와 윤와정의 심중불용일물心中不容一物하는 경공부가 한 덩어리로 되어 따로 따로가 아니라고 강조했다.

“정이천이 일찍이 말하기를, ‘마음을 쓰는 것도 아니며 안 쓰는 것도 아니다.’ 하였고 주자가 장경부(張敬夫 栻)에게 대답한 편지에서 ‘경敬을 주재로 삼는다면 안팎이 숙연하여, 잊어버리지도 않고, 조장하지도 않으면서 저절로 마음이 보존되겠지만, 경敬으로 주재를 삼지 아니하면서 마음을 보존하려고 한다면, 하나의 마음이 다른 하나의 마음을 붙잡으려 함을 면할 수 없을 것이니, 자신의 외부에 아무런 일이 없을 때에도 그 내면에는 벌써 온갖 것들이 머리를 쳐들어서, 그 어지러움을 감당할 수 없을 것이다. 설사 마음을 잡아서 꽉 붙들어 놓을 수조차 없는 경우이겠는가?’ 하였다.”

“정자와 주자의 이 설에 절실하고 명백하여 깊이 음미할 만하다.”고 하고 이어서 말씀하기를, “동動과 정靜을 겸하고, 안과 밖을 함께 갖춘 것으로는 정자의 ‘의관衣冠을 바로 하고, 마음을 통일하여 엄숙하고 씩씩한 자세로 속이지 말고 게으르지 말라’고 한 교

227) 曰, 其爲說雖多端而莫切於程謝尹朱之說矣. 但學者, 或欲做惺惺工夫, 或欲做不容一物工夫而先有心於尋覓而或涉安排則其不生揠苗之病者, 幾希, 不欲助長而才不用意, 則其不至於舍而不芸不容尋覓, 不容安排, 只是立卻於規矩準繩之上, 戒謹於幽暗隱微之際, 不使此心, 少有放逸, 則久而後, 自然惺惺, 自然不容一物, 無少忘助之病矣<同上>

훈보다 더 좋은 것이 없다. 이를 마음 속에 깊이 새겨 다짐하지 않을 수 있겠는가?" 하였다.[228)]

이천의 자연스러운 마음공부로서 경敬수양과 주자의 내외를 통일하는 경敬공부는 제외制外 내숙內肅으로 해야 한다고 했다.

밖으로 의관을 바로 하며 정제整齊하면 내심內心을 단속하는 경공부는 결국 알인욕遏人欲과 존천리存天理로 연결되니, 선생의 학문은 다음과 같이 표현할 수 있다.

"선생의 학은 사욕私欲이 깨끗이 없어지고, 천리天理가 날로 밝아져서, 저것과 이것 사이에 피차의 경계를 볼 수 없었다."[229)]

이와 같은 퇴계의 인격은 부단한 경학敬學으로 얻어진 것이라 생각된다.

"대개 학문하는 사람은 일이 있거나 없거나 뜻이 있거나 없거나 막론하고 오직 마땅히 경敬을 주재로 하여 동할 때나 정할 때 법도를 잃지 않게 되면 그 생각이 아직 싹트기 전에는 마음 자체가 허명虛明하여 근본이 깊고도 순수하며 그 생각이 이미 발함에 이르러서 의리義理가 환히 드러남으로써 물욕物慾이 물러나고 모두 시끄러움이 차츰 감소되리니 이렇게 쌓고 쌓아서 성숙하기에 이른다면 이것이 바로 요법要法이 되는 것이다."[230)]

그러나 저 불교의 방법과는 다르다.

"대체로 불교는 세속을 떠나 멀리하고, 육체를 훼손하여 총명을 내치는 것이 바로 사욕을 잊는 극치라고 생각한 것이다. 어찌 이

---

228) 伊川嘗曰, 非著意, 非不著意, 朱子答張敬夫書, 以敬爲主, 則內外肅然 不忘不助而心自存, 不以敬爲主而欲存心, 則不免將一箇心把促一箇心, 外面未有一事時, 裏面已是三頭兩緖, 不勝其擾擾矣. 就使實能把捉得住, 只此已是大病. 況未必眞 能把捉得住乎. 程朱此說, 切當明白, 豈深味之因云, 動靜兼擧, 表裏俱該者, 莫如程子所謂正衣冠 思慮莊整齊肅, 不欺不慢之訓, 其可不服膺乎 - 李德弘<退溪先生言行錄 卷1>

229) 先生之學, 私欲淨盡, 天理日明, 物我之間, 未見彼此町疇<同上, 成德 金誠一>

230) 大抵人之爲學, 勿論有事無事, 有意無意. 惟當敬以爲主, 以動靜不失, 則當其思慮未萌也, 心體虛明, 本領深純, 及其思慮已發也, 義理昭著, 物欲退聽, 紛擾之患, 漸成分數, 積而至於有成, 此爲要法<退溪文集, 卷28, 答金惇 叙富倫 丁巳>

런 것으로써 우리의 경학敬學과 같다고 하겠습니까?"[231]

"세상을 버리고 육체를 훼손하는 불교의 선공부가 어찌 우리 유학의 경학敬學과 같을 수 있겠는가?" 하여 엄별했다.

퇴계는 『성학10도』에서 "외경畏敬은 일상을 벗어나지 못한다." 하고, 「소학도小學圖」에서 "나는 경敬의 일자一字는 성학聖學의 시작이 되고 마침이 되는 까닭이라고 들었다."고 했으며, 「대학도」에서 역시 "경敬은 철상하여 노력하고 방심을 되찾는데 모두 마땅히 종사해서 잊을 수 없는 것이다." 하였고 「심학도」는 "경敬으로 한 마음을 주재 한다."고 그렸으며, 「제9경재잠도第九敬齋箴圖」는 경敬 공부에 대하여 구체적인 사례를 중심으로 도표했다. 퇴계는 결론에서 "경敬은 성학聖學의 시종이 되니 어찌 믿지 아니하겠는가?"고 확신하였다.

또 「제10 숙흥야매잠도第十夙興夜寐箴圖」는 "아침에 일찍 일어나고", "일찍 잠을 깨어", "낮에 부지런히 노력하고" "저녁에 두려워하며 조심한다."까지 모두 경敬을 근본으로 한다고 그렸는데 "이제 신臣이 삼가 왕노재의 경재잠도를 모방하여 이 그림을 만들어 그의 그림과 상대되게 했습니다. 대개 경재잠은 여러 가지 공부하는 경우에 따라서 배열하여 그림을 만들었습니다. 이 숙흥야매잠은 여러 가지 공부하는 때를 따라서 배열하여 그림을 만들었습니다. 경우를 무시하지 않고 조그마한 차이도 없으며 때를 잃지 아니하여 조그마한 틈도 없이, 두 가지가 함께 진행한다면 성인이 되는 요령은 바로 이에 있습니다."고 하여 「경제잠도」와 「숙흥야매잠도」를 함께할 때 경敬 공부가 바르게 되어 성인이 되는 요령이라고 했다. 「경재잠도」는 경우를 따라서 수행하는 경敬공부를 그렸고, 「숙흥야매잠도」는 아침, 낮, 저녁, 밤 등 시간에 따라서 수행하는 경敬공부를 그렸

---

231) 蓋彼之離世遺物, 虧肢體黜聰明, 乃是忘之之極致, 何可以是, 同於吾敬學乎＜退溪先生文集 卷14, 答南時甫＞

으니 경우와 시간을 함께 횡橫과 종縱으로 수행하도록 하였다. 그러나 퇴계의 경학敬學은 평이명백平易明白한 데서부터 출발하니, "고요하여 엄숙함은 경의 체요, 동하여 재정함은 경의 용이다."[232]고 단정했다. 경학의 체용을 엄숙과 정재 공부로 구별하였다.

퇴계 심학은 존양存養과 성찰省察을 경으로 통관한다고 하나 필자가 젊었을 때 「선생의 언행록」에서 다음과 같은 선생의 말씀을 김학봉 성일의 기록을 보고 큰 충격을 받는 일이 있다. 성현의 수양은 생사가 달린 일이라고 생각한 일이다.

선생께서 말씀하였다. "화려하고 요란한 가운데는 사람의 마음이 가장 흔들리기 쉽다. 그래서 내가 일찍부터 이점에서 힘써 흔들리는 일이 없도록 하려고 했다. 그런데 언젠가 의정부사인議政府舍人이 되었을 때, 노래하는 기생들이 앞에 가득한 것을 보고, 문득 한편으로 기쁜 마음이 생긴 것을 느낀 일이 있다. 이 마음의 미묘한 기미는 바로 생生과 사死의 갈림길이다. 두려운 일이 아니겠는가?" 하였다.[233]

5. 심성론心性論

퇴계 역시 "성性은 곧 리理다."[234]라고 하였으니 그 심성론心性論의 본질은 '성즉리性卽理'에 근거한다.

---

232) 靜而嚴肅, 敬之體也. 動而齊整, 敬之用也<答李宏仲>

233) 先生曰, 紛華・蕩之中, 最易移人, 余嘗用力於此. 庶不爲所動而嘗爲議政府舍人, 聲妓滿前, 便覺有一端 喜悅之心, 其機則生死路頭也, 可不懼哉<退溪先生言行錄, 卷1, 金誠一>

234) <天命圖說後叙>

"대개 심은 이 리理가 구비되어 능히 동정動靜하는 까닭에 성정性情의 이름이 있고, 성정性情이 심心과 상대하여 두 가지가 되지 아니한다. 이미 두 가지가 아니라고 한다면 심 心의 동 動은 곧 성性의 소이연所以然이며, 성性의 동動은 곧 심의 소능연所能然이다. 그러한즉 어찌 선후로 나눌 수 없겠는가?

심은 성性이 아니면 인연하여 동할 수 없는 까닭에 심이 먼저 동한다고 할 수 없고, 성性은 심이 아니면 능히 스스로 동하지 못한 까닭에 성性이 먼저 동한다고 할 수 없다."[235)]

성은 심의 소이연이며, 성의 동은 심의 소능연이다. 심동心動은 성性에 법칙하고, 성性은 심동을 통하여 그 모습을 드러낸다.

"심은 성에 원인原因하지 않고 동하지 못하니." 성은 심동의 원인原因이고, "성性은 심心이 아니면 자동自動할 수 없으니" 심동心動에 의하여 성은 드러난다.

"맹자는 4단을 논하는 곳에서 '성정性情을 모두 심心이다.' 하고, 장횡거는 '심은 성정을 겸통兼統한다'고 하였으며, 주자는 또 말하기를 '동하는 것이 곧 심心이요, 동하게 하는 것은 곧 성性이다.'고 하였다. '동하게 한다'는 것은 심이 동하는 이유所以인 연고이니, 심을 벗어나 따로 성性이 동하지 아니한다."[236)]
고 하였으니 심과 성의 관계는 성性이 심동心動의 필연적인 이유이며, 심心은 동하는 자이니 심동을 통하여 성性이 드러나게 된다.

'대개 성性은 단지 심중에 갖추어진 리理이다. 성이 심心에 갖추어지나 스스로 발현하거나 스스로 작용하지 아니한다. 그 운용을 주재함은 실로 심의 리理라, 성性은 심을 기다려서 발현하는 까닭

---

235) 蓋心具此理, 而能動靜, 故有性情之名, 性情非與心相對而爲二物也. 旣曰非二物, 則心之動, 卽性之所以然也. 性之動, 卽心之所能然也. 然則何以不可分先後耶. 心非性, 無因而爲動, 故不可謂心先動也. 性非心, 不能以自動, 故不可謂性先動也<退溪先生文集, 卷29, 答金而精別紙 甲子>

236) 孟子論四端處, 性情皆以心稱之, 張子云, 心統性情, 朱先生亦云, 動處是心, 動底是性, 所謂動著者, 卽心之所以動之故, 非外心而別有性之動也<同上>

에 성이 먼저 동한다고 할 수 없고, 심은 성性에 원인하여서 동하는 까닭에 심이 먼저 동한다고 할 수 없다. 또 무릇 함께 라고 말하는 것은 두 물건이 함께 나란히 있음을 말한다. 심성心性은 이미 선후로 나누어 말할 수 없으니, 또 어찌 두 물건이 있어서 함께 동動한다고 할 수 있겠는가?

"이 말이 지극히 분명하여 남김이 없으니 심성心性은 선후로 나눌 수 없는 것을 볼 수 있는 까닭에 저번 나의 설명에, '심의 동은 성性의 소이연所以然이고, 성의 동은 곧 심의 소능연所能然이다'고 한 것이지 함께 동한다고 한 것이 아니니 곧 심心의 능동能動한 바는 실제로 성性이 동하게 하는 이유所以라고 한 것일 뿐이다."[237]

고 하여 다시 심心과 성性의 관계를 일원화一元化하였는데, 심동의 능연能然은 성性의 소이연所以然에 근거한다고 하였다. 다시 말하면 심동心動은 심이 동자動者라는 것이고 성동性動은 심동의 필연법이니 성즉리性卽理의 성리性理가 동하게 하는 근거動底이며, 동하는 것動處이 아니라고 하였다.

"주 선생의 말, 또한 심성이 함께 동한다는 것이 아니다. 바로 동자動者는 심이다. 그러나 그 동하게 하는 까닭의 연고가 성이라는 것일 뿐이다. 그러므로 내가 전날 이 구절을 해석하여 또 동하는 근거가 곧 심이 동하는 연고인 이유라고 하였으니 공은 곧 '이와 같다면 동할 때 심心이 오로지 동을 주재하는가?' 하였다. 그 동하는 원인이 성性이니 심이 어찌 능히 그 동을 오로지 하겠는가?"[238]

심성이 구동俱動하는 것이 아니라, 동자動者는 심이요, 동하게 하는 원인으로서 연고가 성性이라는 것이다. 동자인 심과 원인으로써

237) 此言極分曉無透漏, 可見心性之不可分先後處, 故前者鄙說謂心之動, 卽性之所以然也. 性之動, 卽心之所能然也. 非謂俱動, 卽謂心之所能動, 實性之所以動云耳<同上 答金而精>

238) 朱先生語亦非謂心性俱動也, 正謂動者是心, 而其所以動之故, 是性云耳. 故愚前日解此句亦曰, 動底卽心之所以動之故. 公乃曰, 如此則動之時, 心專主動耶, 夫所以動者是性, 則心豈能專其動耶<同上, 答金而精>

성性으로 동정은 있게 되므로 동動과 소이所以는 딴 것이 아니다. 함께 한다고 해서 성性은 동자動者가 아니다. 이렇게 본다면 심동心動, 성동性動은 성리할 수 없다. 이기론에서 이원론二元論이 심성설心性說에서는 상즉相卽으로 일원화一元化되었다.

1) 본연의 성本然之性과 기질의 성氣質之性

본연지성本然之性을 장횡거는 천지의 성天地之性이라 하고, 기질에 타재墮在해 있는 성을 기질의 성 氣質之性이라고 하였는데, 정자, 주자는 '천지의 성'을 '본연의 성'으로 통일하였다.

"이미 혼륜渾淪으로 말한다면 어찌 주리主理, 주기主氣의 구분이 있겠는가?

대거對擧하여 분별해서 말할 때 이 구분이 있게 되는 이유이다. 또 주자의 성을 설명하기가 가장 어렵다고 한 것처럼, '같다고 말해도 되고, 다르다고 해도 된다.'고 하며 또 '완전하다'해도 옳고, '기우렸다'고 해도 옳다고 한 것과 같다."239)

고 하였는데 동同, 전全은 '본연의 성'이고, 이異, 편偏은 '기질의 성'이다.

"하늘에 있는 달은 진짜이고, 물 속의 달은 건지려해도 건질 수 없다. 참으로 성性으로 하여금 '기' 가운데 있게 한 것은 물 속의 달 그림자와 같이 건지려 해도 잡을 수 없으니 어떻게 선善을 밝히고 행동을 성실하게 하여 본성의 시초로 되돌릴 수 있겠는가? 그러나 이것을 성性에 비유하면 혹은 방불하겠지만 만약 정情으로 비유한다면 더욱 그렇지 않는 것이 있다.

---

239) 旣曰渾淪言之, 安有主理主氣之分, 由對擧分別言時, 有此別分耳. 亦如朱子謂性最難說, 要說同亦得, 要說異亦得, 又云謂之全亦可, 謂之偏亦可<退溪先生文集, 卷17, 答奇明彦 第三書>

대체로 달이 물에 비칠 때 물이 고요하면 달도 고요하나 물이 동하면 달도 동한다. 동할 때 물이 고요하게 흐르며 빛이 비칠 경우, 물과 달이 동함에 아무런 장애도 없지만, 물이 아래로 세차게 흐르다가 바람에 부딪쳐 튀어 오르게 되면, 달은 이 때문에 부서져서 빛이 일렁거리다가 심하면 달이 없어지기에 이른다. 대개 이와 같으니 어찌 물 속의 달이 맑고 흐린 것이 모두 달의 소위所爲라고 하겠으며, 물과는 상관없다고 할 수 있겠는가.

황滉은 이 때문에 말하였다. '달의 그림자가 고요히 맑게 흐르는 물결에 비칠 경우, 비록 달을 가리켜 달의 동을 말한다해도 물의 동이 자연 그 속에 있겠지만, 만약 물이 바람에 출렁이고 돌에 부딪쳐 튀어 올라 달의 모습이 일렁이거나 없어지는 경우처럼, 그 물을 가리켜 물의 동을 말하는 것이므로, 달의 있고 없음과 밝고 어둠은 물의 동의 크고 작음 여하에 달려 있는 것이다.'"[240]

이에 하늘의 진짜 달은 '본연의 성'에 비유했지만 물속의 달은 '기질의 성'에 비유하였다. 천상의 달이 물 속에 비치어 밝고 어둡고, 맑고 흐리는 모양이 바람 물결이 본연을 가리워서 각양, 각색으로 변하여 있는 달처럼, '기질의 성'은 경험적 세계의 존재이다.

---

240) 天上指月則實得, 而水中撈月則無得也. 誠使性在氣中, 如水中月影, 撈而無得, 則何以能明善誠身而復性之初乎. 然此則就性而取比, 猶或彷彿, 若比於情, 則尤有所不然者, 蓋月之在水, 水靜則月亦靜, 水動則月亦動, 其若動也, 安流淸漾, 光景映徹者, 水月之動, 故無礙也, 其或水就下而奔流, 及爲風簸而蕩, 石激而躍, 則月爲之破碎閃颭, 凌亂滅沒, 而甚則遂至於無月矣. 夫如是, 豈可曰水中之月, 有明有暗, 皆月之所爲而非水之所得與乎. 滉故曰月之光景呈露於安流淸漾者, 雖指月而言其動而水動, 在其中矣, 若水因風簸石激而汨月無月者, 只當指水而言其動而其月之有無明暗, 系水動之大小如何耳<同上>

2) 천명도天命圖의 인성人性과 물성物性

(1) 천명도天命圖

퇴계의 설명처럼, 「천명구도天命舊圖」는 정정이鄭靜而의 작품이나, 퇴계가 서울 서소문 안에 우거寓居할 때 조카 교喬가 가져 온 것을 발견하고 검토한 결과 수정하여 「천명신도天命新圖」를 작성하였다. 그 그림에서는 한국사상사에서 두고두고 문제가 되는 성즉리性卽理와 사단四端 리지발理之發과 칠정七情 기지발氣之發이라고 하는 사단四端 칠정七情의 '이기호발理氣互撥'이 논의되었다.

「태극도太極圖」는 하늘이 사물에게 명부命賦(명령하고 부여함)하

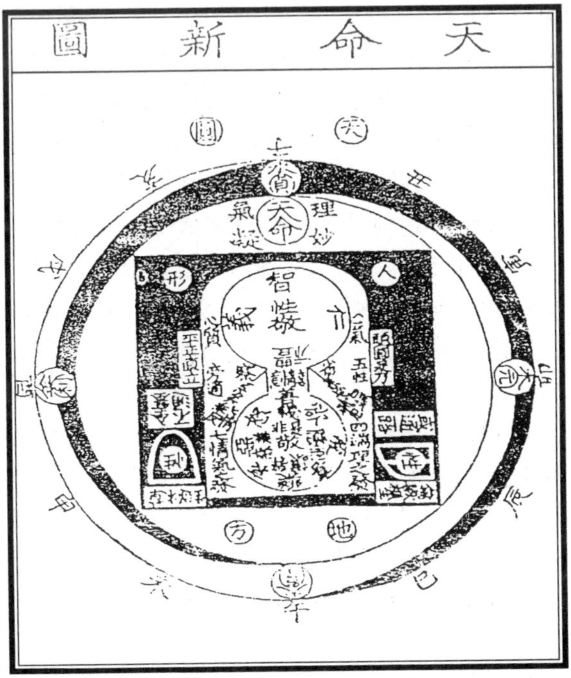

〔천명도〕

는 것으로부터 주로 하였으므로 그 그림의 상면은 곧 상제上帝가 충衷(속마음)을 내리는 최초의 원두源頭요, 품휘品彙(물건의 갖가지 종류)의 근저로서 극치가 된다고 하였으나, 「천명신도天命新圖」는 인물人物이 생生을 받은 뒤로부터 천지운화天地運化의 근원으로부터 이루졌으므로 그림의 상면은 본래 태극도太極圖」의 상면이지만, 상上의 위치 등급이 있게 한 까닭에 다른 점이 있다. 대개 태극도는 태극으로부터 시작하여 음양 오행의 차례대로 한 후에 묘응妙凝(理氣)의 권圈이 있었다. 묘응의 권은 곧 「천명신도天命新圖'」에서 그린 바의 '천명지권天命之圈'이 이것이다.

주자는 태극에 동정動靜이 있는 것은 바로 천지天地의 유행流行이라 하였다. 이 말은 믿을 만한 옳은 말이다. 천명天命의 도圖를 만들 때 마땅히 태극에서 시작할 것이지만 이제 묘합이응妙合而凝(묘하게 합하여 엉긴)에서 시작한 것은 무슨 까닭일까? 인물人物이 벌써 발생한 뒤로부터 시작하여 미루고 올라가 묘응(묘한 이치가 엉긴)한 곳에 이르게 되면 이미 극치極致가 되는 까닭에 이로써 그림 위는 천명天命을 처음 받는 곳에서 시작하였다. 그 오행五行·음양陰陽으로부터의 이상은 본래가 「천명일도天命一圖」에 구비되어 있어서, 태극의 무성무취를 또 다시 그릴 필요가 없다. 그러나 오목불이於穆不已한 것은 그 가운데 항존恒存하고 있는 것이다. 그러므로 「천명신도」는 음양오행으로부터 시작하였으나 무성무취하고 오목불이한 천원天圓이 전권全圈을 내포하도록 그려져 있는 것이다. 천원天圓은 천명天命의 리묘기응理妙氣凝한 것을 초월하면서도 내포하고 있으므로, 리묘기응의 세계를 초월하고 또 내포하는 천원天圓(理)의 세계를 전제로 삼고 있다. 만약 리묘기응의 단계가 시원始原에 있어서 퇴계의 리기理氣라 한다면 신도新圖를 잘 읽지 못한 결과가 될 것이다. 그 시원을 포괄한 자가 천원天圓이라는 것이다.

(2) 인성人性의 투수성

「천명신도天命新圖」는 '천원지방天圓地方'이라 하여, 하늘은 둥글고 땅은 모났는데, 이 천지 가운데 인간과 동물, 식물을 형태적으로 구별하여 그 성격을 도출하였다.

인간의 형체는 머리는 둥글고 발은 네모가 나서頭圓足方 천·지를 상징했고, 그 천·지 사이에 평정하게 직립했다平正直立. 그 성性은 인의예지仁義禮智이며 그것을 둘러싸고 있는 것이 기질氣質이다. 그러한 기질을 변화하는 수양이 경敬공부라고 해서 경敬이 본성의 중심에 그려져 있다. 또 아래의 정권情圈도 역시 경을 중심으로 해서 4단이 둘러싸고 있고, 그 바깥을 7정이 둘러싸고 있다. 성정性情의 수양도 경敬공부로 표시하였다.

그런데 이 그림에서 주목할 것은 인형人形이 두원족방頭圓足方하기 때문에 평정직립平正直立했고 평정직립平正直立했기에 두원족방頭圓足方했다고 하겠다. 인형人形은 직립直立 했기에 두원頭圓 했고 까닭에 엄지손가락이 자유자재롭게 움직여서 도구를 만들고 다시 문화를 창조하여 문화적인 존재로서 인간이 되었다.

그러나 동물은 횡생橫生한 까닭에 천지의 정기와 혹통일로或通一路하므로 인간에 비하면 편벽되었고, 식물은 역생逆生한 까닭에 전색불통全塞不通하였다고 그려져 있다. 인간의 '직립'과 동물의 '횡생', 식물의 역생逆生은 물론 『주자어류』의 설명이지만 퇴계 등이 이것을 명백하게 그렸으니, 이것으로 인간의 문화적인 특수성을 자각했다는 소중한 증거이다.

퇴계는 「천명도설후서天命圖說後叙」에서 질문하는 손님이 "주자周子의 그림은 태극으로부터 양위·오행까지 3층이 되고, 기화氣化 형화形化가 또 2층이 된다. 이 그림은 단지 둥그런 하나의 테두리일 뿐이니 그와 같단 말인가?"

황滉은 대답하였다. "손님은 진실로 태극과 2기二氣, 오행五行의 3층에 있다고 말하는가? 또 기화氣化와 형화形化가 3층 이외에 나와서 별도로 2층이 있다고 생각하는가?

'오행은 하나의 음양이요, 음양은 하나의 태극이다'고 하였으니 음·양 두 기운의 조화는 바로 하나의 태극이다. 그러므로 혼륜渾淪히 말하면 단지 하나일 뿐이다. 다만 주자周子가 「태극도」를 만들어 사람에게 보일 때 5층으로 나누어 만들지 않을 수가 없었을 뿐이었다."

손님이 "주자처럼 5층으로 하지 않고 하나로 만들었던 것이 이의異議를 제시한 것이 아니란 말인가?" 하고 질문하자, 퇴계는 다음과 같이 대답하였다.

"각기 주장이 있기 때문이다. 염계濂溪는 이理·기氣의 본원을 천명하고 조화의 기묘를 발명하자니, 이것을 나누어 5층으로 만들지 아니하면 사람들을 제대로 이해시킬 수가 없었기 때문이었다. 그리고 이 「천명도天命圖」는 인간과 사물의 품부稟賦로 인하여 이·기의 화생을 근거지우고 합하여 하나로 만들지 않으면 위치가 제대로 이루어지지 못하거늘 하물며, 사람의 위치에서 본다면 이른바 '일一이 나뉘어 오五가 되었다.'는 것이 완연하게 모두 구비되어 있으니, 그 뜻이 염계濂溪의 「태극도설」에 갖추어져 있다. 이것은 「태극도설」을 가지고 그려냄에 불과할 뿐이요, 이견異見을 내세운 것이 아니다.241)

염계의 「태극도」는 5층으로 분개했지만 이제 「천명도」는 혼륜하게 일원화一圓化했다는 것이다. 분개하면 5층이 되고 혼륜하면 일원一圓으로 된다. 그러나 그 내용은 다른 점이 없다. 단지 「태극도」는 리, 기의 본원을 천명했고 「천명도」는 인간과 만물의 품부로부터 하니 리묘理妙, 기응氣凝 하는 천명天命에서 시작한 차이가 있을 뿐이다."

"모든 사물이 리, 기를 받아 그 성性은 틈이 없고, 그 기는 편偏, 정正의 차이가 없지 아니하니, 이 때문에 인간과 사물이 발생할 때 그 음양의 정기正氣를 얻는 것은 사람이 되고, 음양의 편기偏氣를 얻는 것은 사물이 된다. 사람이 이미 음양의 정기正氣를 얻으면 그 기질이 달통하고 또 밝음을 알 수 있다. 사물이 이미 음양의 편기偏氣를 얻으면 그 기질의 막힘과 또 어둠을 알 수 있다. 그리하여

---

241) <退溪先生文集, 卷41, 天命圖說後叙>

인간과 사물에서 이것을 관찰하면 사람은 정正이 되고, 사물은 편偏되다. 금수, 초목에서 이것을 관찰하면 금수는 편偏한 것 가운데서 정正한 것이 되고, 초목은 편偏된 것의 편偏이 되기 때문에 금수는 혹 한쪽 길만 통달함이 있고, 초목은 단지 그 이理는 갖추었으나 전혀 막혀서 통하지 아니한다. 그러하니 그 성性의 혹은 통하고 혹은 막히는 까닭은 곧 '기'의 정正, 편偏의 차이가 있는 데에 원인한다. 그 형체가 혹은 희고白, 혹은 검은 까닭은 곧 '기'의 밝음 어둠의 차이를 드러낸다."242)

인간은 평정직립平正直立하고 금수는 횡생橫生하고 초목은 역생逆生한 까닭에 천지의 리理를 얻는데, 정正, 편偏, 편중의 정偏中之正, 편중의 편偏中之偏이라는 기질의 차이가 발생했다. 이와같은 인성人性과 물성物性의 차이 중에서도 기질의 정편正偏과 명암明暗, 통색通塞의 다양한 차이는 일만 가지의 특수물이 존재하게 되었다.

"인간과 사물의 형체가 다른 이유는 또 음양 2기의 소치所致이다. 대개 양의 성性은 순順하나 평平하고, 음의 성性은 역逆하여 도倒되는 까닭에 인간은 천지의 뛰어난 아들(秀子)이 되고 양이 되는 까닭에 머리는 반드시 하늘과 같고 발은 반드시 땅과 같으나 평정직립平正直立한다. 물物은 천지의 편색한 아들이 되며 음이 되는 까닭에 형체가 인간에 닮지 아니하여 혹은 횡생橫生하고, 혹은 역생逆生했다. 그리하여 금수는 곧 음 가운데의 양이 되는 까닭에 전부의 생이 도역倒逆하지 않고 횡橫이 되었다. 초목은 곧 음 가운데의 음이 되는 까닭에 반드시 역逆으로 생하여 도倒하게 되었다. 이것은

242) 凡物之受此理氣者, 其性則無間, 而其氣則不能偏正之殊矣. 是故人物之生也, 其得陰陽之正氣者, 爲人, 得陰陽之偏氣者, 爲物. 人卽得陰陽之正氣, 則其氣質之通且明可知也, 物卽得陰陽之偏氣, 則其氣質之塞且暗可知也. 然就人物而觀之, 則人爲正, 物爲偏. 就禽獸草木而觀之, 則禽獸爲偏中之正, 草木爲偏中之偏, 故禽獸則或有一路之通, 草木則只具其理而全塞不通焉. 然則其性之所以或通, 或塞者, 乃因氣有正偏之殊也. 其形之所以或白或黑者, 乃示氣有明暗之異也＜天命圖說, 第五節 論人物之殊＞

모두 ‘기’를 받음이 같지 아니하고 ‘기’에 순역順逆이 있는데서 말미암는다.”[243]

이로 보면 인성人性과 물성物性의 차이가 품기稟氣의 정正, 편偏, 색塞 때문이라 하고 퇴계는 “인물의 직분에 수위修爲가 없다면 천명이 운행되지 않는다. 오직 사물은 능추能推하지 못하나 사람은 능추할 뿐이다.”<有所受職分者 苟無修爲之事 則 天命不行矣 …… 惟是物不能推而人能推耳 …… 答申啓叔沃 壬戌>고 하여 인간만이 추리하는 능력이 있다고 했다.

“인간은 음양의 정기正氣를 얻고, 물物은 음양의 편기偏氣를 얻었다.”고 하지만 정기正氣 가운데 또 청탁淸濁, 수박粹駁하는 차이가 있고, 맑고 순수한 기를 받고 얻은 자는 상지上智의 사람이 되고, 맑으나 박駁하고 탁濁하나 순수한 기를 받고 얻은 자는 중인中人이 되어 천리에 합당하거나 위반하거나 한다. 탁하고 또 박駁한 것을 받고 얻은 자는 하우下愚가 되니 멀리 천리를 위반한다. 천인합일天人合一에서 합하나 차이가 있고, 차이 가운데도 합한 것이 있다. 차이가 있고 위반이 있다면 기질 氣質을 변화해야 하며 천天과 서로 합하여 어기지 않도록 해야한다.[244]

인간이 능추能推하여 도덕적 수위修爲를 가능하게 한 것은 두원직립頭円直立 형체로 정기正氣를 얻었던 이유 때문이라고 하겠다.

---

243) 人物之形, 所以異者, 亦陰陽二氣之所致也. 蓋陽之性, 順而平, 陰之性, 逆而倒, 故人爲天地之秀子, 而爲陽, 故頭必如天, 足必如地, 而平正直立, 物爲天地之偏塞子, 而爲陰, 故形不類人而或横或逆. 然禽獸則乃爲陰中之陽, 故生不全倒而爲橫, 草木則乃爲陰中之陰, 故生必逆而爲倒. 此皆稟氣之不同, 而氣有順逆之所由也<天命圖說, 第五節, 論人物之殊, 自注>

244) <張立文著, 李退溪思想硏究, 四, 心性體用與人性物性>

3) 심합이기설心合理氣說

퇴계는 심心을 다음과 같이 규정하였다.

"요컨대 리기理氣를 겸하고 성정을 통합한 것이 심心이다."<성학10도, 제6심통성정>라고 한 것으로 보아. 심心은 이기를 겸한 형이하자이나, '통성정統性情'의 통자統字는 주자에 의하면 "심心의 이동미동已動未動을 포득包得하다." 하고 "심心은 또 하나의 성정을 포총包總 한다." 혹은 "통統은 겸兼과 같다."고 하며, "심心은 성정을 통섭統攝했다." 하고 "통統은 주재主宰다'라고 했으므로 통統은 포득包得, 겸兼 통섭統攝, 주재主宰이다. 따라서 심통성정心統性情은 성과 정을 포섭包攝하여 겸하며 심心이 주재한다는 것이 되고, 또 성발이위정性發而爲情의 성발性發은 성과 정이 모두 심과 관계가 있는 까닭에 심心은 겸이기兼理氣의 형이하의 것 통성정統性情이라는 심心의 구조를 말한 것이다. 또 성과 정의 관계는 미발未發의 성, 이발已發의 정을 전제로 하여 성발이위정性發而爲情이라고 했으나, 발發은 심心을 매개로 하였으니 퇴계가 "성은 마음에 구비되나 스스로 발하거나 스스로 작용하지 못한다. …… 그것은 마음을 기다려서 발한다."<答金而精>고 했다. 심心의 미발未發이 성性이며, 이발已發이 정情이며 심心의 정靜이 성性이며, 심心의 동動이 정情이라고 한 것이므로 심心의 성체性體, 정용情用의 관계가 성립된다.

성발性發이란 성자발性自發의 뜻이 아니라 주자에 "성이 아니면 또한 스스로 발할 수가 없다."<非性則亦無自而發－朱子文集>고 했듯이 성은 발의 근거이다. 또 주자는 "성현의 성은 심에 연유하지 않는 발은 없다."<聖賢論性無不因心而發>하여 성발性發은 성인심이발性因心而發이라 했다. 까닭에 퇴계는 "이기가 합하여 심이 되니 자연히 허령지각虛靈知覺한 묘妙이다. 정情하나 중리衆理를 구비하니 성性이다. 그러나 많이 갖춘盛貯該載 이 성은 심이다. 동하고 만사에 응하니 정이다. 그러나 작용作用하고 발용하니 이 정情 또한 심心이다. 까닭에 심통성정이라고 했다."고 하였으니 심정心情은 성이 심동心動으로 말미암아 정情이 되므로, 심통성정心統性情이며, 허령지각도 합이기合理氣했기에 묘妙하게 된다는 것이다. 이렇게 하여 퇴계는 '심합리기설心合理氣說'을 주장하였다.

그러나 율곡은 '심시기설心是氣說'을 주장하였다.

"주자가 심의 허령지각을 하나일 뿐이다 고 했으며, 혹은 성명性命의 정情에 근원하고 혹은 형기의 사私에서 발생한다고 하였다. 먼저 하나의 심자心字를 앞에 두었으니 심은 기이다. 혹 근원하고 혹 발생하나 심의 발이 아닌 것이 없으니 기발氣發이 아닌가?"<栗谷全書, 答成浩源 六>하고, "성은 이理이며 ,심心은 기이니, 정情은 심의 동이다."라고 하였으므로 심이 기라면 심동心動인 정情 역시 기가 된다. 이처럼 율곡은 퇴계의 '심합리기설心合理氣說'을 반대하고 '심시기설心是氣說'을 주장했다. 심시기心是氣의 근거는 "심心은 허령지각 하나 뿐이다."는 데 있었다.

그후 김창흡金昌翕(1653~1722)도 "심은 기의 상큼한 것精爽이 모인 것이다."<三淵集 卷21>고 하였으며, 임헌회任憲晦(1811~1876) 역시 "성은 리理요 심은 기氣다."고 하여 '심시기心是氣'는 율곡파의 철안鐵案이 되었다. 그러자 영남의 이진상李震相(1818~1886)은 '심즉리설心卽理說'을 주장하게 되었다.

"심을 논할 때 심즉리보다 더 좋은 것이 없고 심즉기보다 더 좋지 않은 것이 없다. 진실로 우리 심心의 합이기合理氣에서 그 리理를 확충하고 그 기를 억제한 연후에 진심이 천리에 순수한 것을 볼 수 있다."<寒洲集, 心卽理說>고 하였다. 율곡파의 '심시기설心是氣說'과 정면으로 맞서게 되었다. 요컨대, 심心의 전체구조로 말하면 '심합리기心合理氣'라고 하겠으나, 지각하는 기능만을 말할 때는 기氣라 하겠으며 심心의 주체 즉 본질만을 지적한다면 리理라고 할 수 있다.

율곡은 사칠四七의 호발互發을 반대하고 '심기발일도설心氣發一途說'을 주장하는 근거로서 허령지각은 기가 아니냐 따라서 심시기心是氣라고 했는데, 퇴계의 경우 허령지각 역시 기뿐만 아니라 리기의 겸합兼合이라고 한 기고봉의 주장을 옳다고 했다. "령靈은 진실로 기이다. 그러나 기가 어찌 능히 스스로 신령하겠는가? 리와 합合해서 능히 영靈하게 되는 까닭이다."한 것이 고봉의 주장이다. 퇴계는 지각을 "주자가 각覺하는 바는 심心의 리理요, 능히 각覺도 심心의 리理에 근거한 것이며 단순한 기가 아니라." 하였다.

"주 선생이 심心은 기의 상큼함精爽이라고 하였다. 상큼함精爽이라고 한 것은 선생이 리기가 겸포兼包한 가운데 나아가서 지각운용하는 묘를 집어내어挑出 말했던 까닭에 오직 기의 상큼함精爽이라고 생각한 것뿐이다."고 했으므로 기의 상큼함精爽이라고 한 것은 심의 주체를 말한 것이 아니라 운용으로 말한 것이다. 율곡의 '심시기心是氣'는 심의 운용으로 말한 것이고, 한주의 심즉리心卽理의 '즉자卽字'가 일부긍정과 전면긍정의 두 가지 의미가 있었으므로 심즉리心卽理는 심의 주체가 리理라는 일부긍정의 즉卽이다. 그러므로 "내 심이 합이기合理氣한 곳에서 그 리를 확대하고 그 기를 제약한 후에 천리에 순수한 진심을 볼 수 있다."고 한 까닭이다. 이렇게 본다면 율곡의 '심시기心是氣'는 심의 운용 한 쪽만을 말했고, 한주의 '심즉리'는 심의 주체 한 쪽만을 말했으나 퇴계의 심합이기心合理氣는 심의 체용 전체를 말한 것이 되었다. 심의 체용을 통간通看하는 퇴계의 주편성周徧性이 두루 다해 편됨이 없는周悉而無偏 인식 방법에 근거한 것이다.

6. 4·7 논변

퇴계는 서울에서 「천명구도天命舊圖」를 이교李喬로부터 얻어 보고, 저자를 알고자 하던 중 정지운(鄭之雲, 자는 靜而요 호는 추만秋巒 혹은 가옹稼翁이라 했다)임을 알고 그 원본을 보게 되었다. 앞의 것과 다소 달랐다. 그 까닭은 추만秋巒이 여러 번 다시 손질했기 때문이라는 것을 알게 되었다. 추만의 간청에 따라 「태극도」와 「도설」을 증거로 하고 호남의 이항李恒이 논한 바 '정情을 기(氣테두리 속에 둘 수 없다'고 한 생각을 참조하니 장점을 집성하였다. 수개월 후에 정이靜而가 고친 그림과 설명을 보고 둘이 연구·고증하여 완성시켰다.[245] 이항의 말을 참조하였다고 한 것은 이미 이항과는 사칠四七에 관해 논한 바가 있었음을 밝혀주는 것이니, 퇴계가 「천명도설天命圖說」을 수정하기에 앞서서 혹은 추만에게 말한 것인지도 모른다. 그러나 지금 『일재집』에서는 「답김후지인후서答金厚之麟厚書」와 「답허태휘엽서答許太輝曄書」에 사칠四七에 관한 의견이 단편으로 보일 뿐이며, 성性에 대해서도 「답기명언서答奇明彦書」에 단편으로 보일 뿐이다. 여기에서 중요한 것은 김하서金河西에게 정情에 관한 이론이 있었다는 점인데 『하서문집』에서는 누락되어 있다.

"4단의 정情과 7정七情의 정情은 고금의 학자들이 뒤섞어 놓는 바람에 분별하기가 어렵게 되었다. 측은惻隱과 수오羞惡같은 것은 성性이 발하여 순선純善이 되고 열색悅色과 기미嗜味 따위는 리기理氣가 병발並發하여 합한 것이므로 선하기도 하고 악하기도 하니 7정이 이것이다. 주신 글(河西書)에서 '잔인殘忍과 탐욕貪慾과 여색과 기미幾微 역시 정 아닌 것이 없다'고 하였는데, 대개 잔인과 탐욕은 인욕의 큰 것이요, 맛과 색은 비록 성인일지라도 또한 이 정情이 없는

---

245) 天命圖說後叙<退溪全書, 雜著>

이가 없으니, 문왕이 호색하고 무왕이 창포菖蒲를 즐긴 것은 어찌 사사로운 뜻과 불선不善이라 하겠는가. 이것은 권근權近이 기미의 간幾微之間을 살피지 못한 것인데, 그대도 또한 덩달아 말하고 있으니, 이것은 모두 앎이 지극하지 못한 까닭이다. 그런즉 성의 작용에는 네 가지가 있어 측은惻隱, 수오羞惡, 사양辭讓, 시비是非가 그것이니, 이는 선하지 않음이 없다. 리와 기가 발하여 합한 것에 일곱 가지가 있으니 희喜 노怒 애哀 락樂 애愛 오惡 욕欲이 그것으로써 이는 선하기도 하고 악하기도 하다."[246]

고 하였는데, 이 편지는 이일재가 기미년己未年에 보낸 「답김후지서金厚之書」보다 앞선 것이 아닐까? 기미서는 이기설이 주가 되고 사칠四七에 관한 것이 없으며, 또 『일재집』의 편집에서 그 앞에 놓고 있다. 그렇다고 하면 이것은 고봉이 퇴계에게 올린 「사단칠정설 제1서」(己未)보다 앞선다. 따라서 일재는 "사단이란 성발이순선性發而純善하고 칠정은 리기병발이합理氣竝發而合, 고유선유악故有善有惡'이라고 했다. 일재는 또 「답허태휘서答許太輝書」에서 '측은즉성발야惻隱卽性發也'라 하고 , 사단을 '성지소용性之所用'이라 하였으므로 '리발理發'을 인정하였다. 따라서 정情을 기氣 테두리 속에 둘 수 없다."고 할 듯 싶다.

『하서집河西集』에 이기일물설을 반대하는 「여일재서與一齋書」가 기미년己未年에 보이나 사칠四七에 관한 언급도 "잔인殘忍과 탐욕과 여색과 기미 역시 정情 아닌 것이 없다."고 한 말은 보이지 않는다. 『하서집河西集』에도 누락된 부분이 있다는 증거다. 역시 『일재집』에서도 퇴계가 「천명도설후서天命圖說後叙」에서 지적한 "정을 기氣 테두리 속에 둘 수 없다."는 말이 없다. 이로 미루어 퇴고退高의 사칠四七논변 그 이전에 일재와 하서 사이에 이미 사칠四七에 관한 논의가 있었다는 것이 된다.

---

246) 答金厚之麟厚<一齋集, 書>

퇴계의 '사우士友들 사이에서 사단칠정을 논한 바 주장을 전해들었습니다.'고 한 사우士友는 고봉뿐 아니라 하서, 일재, 추만 등을 뜻할 수 있는 것이다. 하서와 추만은 다같이 김모재金慕齋의 문인이며, 특히 하서는 그의 고족高足이므로 추만의 원본을 퇴계에 앞서서 보았을 가능성이 많다. 이러한 일들은 고봉의 「사단칠정설 제1서」에 앞선 것이므로 고봉 역시 숙지熟知하고 있었다고 볼 수 있다. 무오년戊午年에 고봉은 하서·일재를 역배歷拜한 후 다시 퇴계를 만난 것과 추만과 「천명도설」에 관한 토론을 한 것 등을 어떻게 볼 것인가. 이기理氣와 사칠四七에 각기 일가견을 가진 대가에게 자기의 소견을 구술하고 토론한 과정이 아닐까. 따라서 자기의 소견을 굳혀 나간 학문적 작업이 아니었던가. 이와 같이 생각할 때 고봉의 사칠설四七說에서 일재와 하서의 영향을 지나칠 수 없다.

계축(癸丑, 1553) 10월에 퇴계는 「천명도」를 개정하고 「천명도설후서」를 지었다. 이 때 고봉의 나이는 겨우 28세요, 고향에 있을 시기다. 무오(戊午, 1558) 7월에 고봉은 하서와 태인泰仁의 일재를 만나 「태극도설」에 대하여 강론하였으나 합치하지 못하였다. 그해 10월에 급제한 후 퇴계를 서울에서 뵙게 되었고, 추만과 「천명도」에 대하여 토론한 바 있다. 11월 남귀南歸하는 중도에서 다시 일재를 찾아 「태극도설」을 토의한 바 있으나 역시 합일을 보지 못하였다.

1) 퇴계와 고봉의 4·7 논변

기미己未(1559) 정월 5일에 고봉은 퇴계로부터 사칠四七에 관한 편지를 받고 3월에 답서를 올리니, 이것이 바로 고봉의 「상퇴계 제1서上退溪 第一書」이다. 여기서 이미 하서·일재 등의 사칠四七에 관한 생각이 참작되어 있었다고 해도 무방할 것 같다.

추만이 처음 "사단四端 발어리發於理, 칠정七情 발어기發於氣"라 하였는데 퇴계는 "사단四端 리지발理之發, 칠정七情 기지발氣之發"이라 고쳤다.

사우들의 주장들을 참작하고, 다시 "사단의발四端之發은 순리고로 무불선純理故無不善, 칠정의발七情之發은 겸기고로 유선유악兼氣故有善有惡"이라 하면 어떠할지 질문하는 글을 고봉에게 보냈다. 이에 대한 고봉의 답서는 사칠에 관한 근본태도를 표시한 것으로 중요시 된다.

(1) 고봉高峯의 상퇴계사단칠정설上退溪四端七情說

고봉은 사칠四七과 이기理氣에 관한 근본입장을 이 글에서 밝혀 놓았다.

① 사단四端과 칠정七情은 다 같은 정情이다. 단지 사단四端은 칠정七情의 선일변 善一邊이요

② 사단四端은 성발性發의 직수直遂이며, 중절자中節者이다.

③ 리理와 기氣는 사물에 있어서 혼륜渾淪하고 불가분개不可分開이다. 사四와 칠七을 대거對擧해서 호언互言 한다면 리理와 기氣는 양물兩物로 갈라놓는 것이 되어 칠七이 성性에 근거하지 않게 되고 사四는 기氣를 타지 않게 된다.

④ 리理는 기氣를 벗어나지 않으니, 기氣의 과過, 불급不及없이 자연 발현하는 것은 리理의 본체가 그러한 것이다.

사칠四七을 분개할 수 없고 사四는 칠七의 중절자이다. 그 근거로써 리理는 기氣를 벗어나지 못하여 기氣가 과불급過不及 없이 자연 발현하는 리理의 본체가 그러하다는 이기혼륜설에 근거하였다. 고봉과 명나라 나정암羅整庵은 우연히 기에 내재하는 조리條理가 리理라는 데에 일치하고 있다. 명나라와 조선이라는 공간을 통털어 시간적으로 따질 때 나정암이 앞서고 고봉은 약 20여 년이 뒤진다. 이런한 생각을 근거로 해서 사칠四七의 분개설을 반박한다.

고봉의 제1서에 나타나는 이기관理氣觀을 다시 정리해 보면 "리理는 기氣의 주재요 기氣는 리理의 재료다. 이자二者는 개념상 분석할 수 있으나 사물에 있어서는 혼륜하여 분개할 수 없다."고 한 것까지는 주자 혹은 퇴계와 차이가 없다. 단지 사물의 리기理氣 혼륜불가분개渾淪不可分開를 지나치게 강조한다면 리기일체설理氣一體說 내지는 주기론으로 나아갈 소지가 마련되는 것이다.

(2) 퇴계退溪의 답고봉사단칠정분개논변答高峯四端七情分開論辨

고봉의 사칠인설四七因說이 리기일물론理氣一物論에 근거한다고 논파한 퇴계는 사물에 있어서 혼륜불가분개混淪不可分開이나, 그 혼륜 가운데서 사칠四七의 대대對待를 분석하고 대설對說로써 분개하였다. 따라서 理氣의 분별과 불상잡不相雜을 강조하게 된다. 주자朱子·권양촌權陽村·유진일제柳眞一齋 혹은 조남명曺南冥 역시 리발理發·기발氣發을 주장하였다.

① 사칠四七이 모두 정情이기는 하나 사물에 있어서 리기理氣는 상수상대相須相待하여 체용體用이 된다.

리기理氣는 불상리不相離이기도 하지만 또 불상잡不相雜한다. 이자二者를 혼합해서 일물一物이 된다고 보아 분별하지 않아도 좋단 말인가.

② 성性으로 말하더라도 본연성과 기질성이 있듯 정情 역시 사단四端과 칠정七情을 분별할 수 있다.

③ 사단四端과 칠정七情은 소종래所從來가 다르다. 사단四端은 본연성에서 나오고, 칠정七情은 외물이 형기形氣를 자극하여 생기는 것이므로 기질성에서 나오는 것이다.

④ 리기理氣를 일물一物로 보는 나정암과 비슷하게 혼전渾全만을 좋아하고 분석을 싫어하며, 합일에 힘쓰다가 '성즉기性卽氣'의 폐단으로 빠져 인욕을 천리天理라 하는 근심이 생긴다. 리기일물理氣一物·혼전渾全 합일과 성즉기性卽氣, 인욕의 긍정 등은 나정암 기철학의 요령이다. 퇴계는 이미 고봉이 일재·소재 등과 관계가 있음을

고려하고 고봉의 주기적 경향에 대하여 분석·지적한 것이 아닐까?

고봉은 인물의 성은 모두 기질의 성이라고 보았다.

⑤ 「주자어류」의 맹자사단말조孟子四端末條에 주자가 "사단은 리의 발이요, 칠정은 기의 발이다."고 한 말을 발견하고 더욱 자설自說에 대하여 자신을 얻고, 지난 날에 유자儒者들이 구설舊說을 좋지 않다고 한다면 주자설로 대치해도 좋다고 하였다

이에 중요한 것은 퇴계의 근본 주장이 어디까지나 대설對說 즉 분개론分開論 입장을 지켜 사칠四七의 소종래所從來가 다르다는 것이다. "사단四端은 본연지성本然之性에서 나오고 칠정七情은 기질지성氣質之性에서 나온다. 장張·정程·주자朱子등의 본연지성과 기질지성의 구분에 따라서 사단四端과 칠정七情 역시 '성性에 있어서 본연과 기품의 차이가 있는 것과 같다. 성性에 있어서 리기理氣로써 갈라 말할 수 있다면 정情에 있어서 리기理氣로써 갈라 말하지 못할 것이 무엇이냐?" 하고 사칠四七의 소종래所從來가 각기 본연과 기품에 있다는 독자적 견해를 제시하였다.

"사단四端은 어디서 발하는가? 인의예지仁義禮智라는 성性에서 발하는 것이다. 칠정七情은 어디서 발하는가? 외물外物이 그 형기形氣를 자극하여 내면으로부터 발동하되 대상에 따라서 나올 뿐이다."

퇴계의 이와 같은 감정의 분석은 지금의 심리학에서도 모순이 없을 것 같다.

호오好惡는 쾌·불쾌의 일반감정과 같고, 칠정七情은 정서情緒로써 희로애락喜怒哀樂이며 이것은 강렬한 안면근육의 변화 내지는 신체적 변화와 작용을 수반한다. 사단이란 곧 정조情操에 속한 것으로써 정신적 고등 감정이며 현저한 신체적 변화가 없는 지속적인 감정이다. 가령 예술적 심미감정, 윤리적 희열과 만족, 종교적 법열法悅 혹은 양심是非之心 등이 이에 속한다고 볼 때, 측은·수오·사양·시비 등은 강렬한 안면근육의 변화 또는 신체적 변화를 일으키지 않는 고급 감정이다. 도덕적 감정, 또는 윤리적 감정이다. 따

라서 칠七과 사四는 계층이 다른 감정이며 사四와 같은 고급 감정과 칠七과 같은 정서와 쾌·불쾌와 같은 일반감정을 주리主理와 주기主氣로 분간한다 해서 부자연스러울 것은 없다.

그러나 고봉과 같이 7정의 중절자를 사단四端이라 한다면 희로애락애오욕喜怒哀樂愛惡欲의 어느 감정이 중절하면 4단이 되는가의 난문제에 부딪힌다. 본시 주자도 시도해 보았고 퇴계 역시 시도했으나 불가하다는 결론을 얻었다. 그후 이율곡·장여헌張旅軒등이 시도했으나 부회附會로 끝났다. 다른 계층의 감정을 함께 묶으려 할 때 견강牽强이 일어난다.

(3) 고봉의 상퇴계론사단칠정혼륜설上退溪論四端七情渾淪說

고봉은 퇴계의 제1서를 12절로 나누어 7정의 중절자가 4단이라고 해명하여 분석한다.

① 4단을 리지발理之發이라 함은 리理를 전지專指하고 7정을 기의발氣之發이라 하나 리기理氣를 겸한 것이므로 선악이 있게 되는데 칠정이 중절한 것을 4단이라고 한다. 대거對擧, 호언互言하면 두 가지의 정과 두 가지의 선이 있는 것 같이 된다.

② 4와 7의 기원이 각기 다르다고 하나 성이란 리理가 기질 속에 떨어져 있는 기질의 성을 말하는 것이며, 따로 성性이 있지 않다. 따라서 정이란 본연이 기질 속에 타재墮在한 뒤에 발하므로 그것은 리기理氣를 겸하였고, 선악이 있게 된다. 또한'성발위정性發爲情'이므로 4단뿐만 아니라 7정 역시 '인의예지仁義禮智'에서 발한다.

③ 4·7을 대거對擧 호언互言하여 이발·기발이라 하고 기원이 다르다고 해서 소주이언所主而言이 다르기 때문이라 하나 기원이 다르다는 것은 승인할 수 없다. 사칠四七이 보두 성발性發이므로 각유소종래各有所從來가 아니다. 4단은 7정이 발하여 중절中節한 것이다.

나의 '기氣가 자연 발현한 것이 리理의 본체가 그러하다'는 것으로 리기일물理氣一物이라 하지만 "리理는 무짐無朕하고, 기氣는 유적有

迹하며 본체는 막연漠然하여 현상을 볼 수 없고, 오직 기氣가 유행流行하는 곳에서 이것을 체득할 뿐이다."고, 그 예증으로써 『논어』의 자재천상장子在川上章의 집주集註의 말을 인용하였다. 주자 말하기를 "천지의 화化는 가는 자는 지나가고 오는 자는 계속하여 쉴 사이가 없다."고 하였으며, "이것은 도체道體의 본연이라" 하였으니 이것이 기상氣上에서 식취識取하는 것이 아니겠는가? 또한 『혹문』에 "리理가 기氣에서 발현하는 곳이란 어떤 것인가?" 물었는데 주자 말하기를 "음양·오행이 착종錯綜하는데 그 조서條緖를 잃지 않으니 이것이 곧 리理다. 기氣가 결취結聚하여 과불급過不及이 없는 것이 어찌 리理의 본체가 아니겠습니까? 가령 측은·수오 같은 것도 어찌 기氣의 자연발현이 아니겠습니까? 나는 나정암의 의론議論을 아직 보지 못하였으며, 리기理氣를 일물一物이라 하지도 않았고, 또한 리기理氣가 다른 것이 아니라고 하지도 아니 하였습니다."고 하였다.

요컨대 고봉의 요지는 '칠사七四'의 근거가 곧 기질의 성만을 현실적인 인성人性이라 보는데 있다. 사칠四七은 모두 기질성의 발이므로 각유소종래各有所從來가 아니다. 그의 '성발위정性發爲情'이라는 성性은 본연의 성性이 아니라 기질성이므로 겸리기兼理氣의 성이다. 겸리기한 기질성의 발이 중절될 때 그것을 사단이라고 생각하였다. 그러나 성발性發은 심心을 통하여 발하고, 또 운용되므로 성性은 발發하는 소이所以이며, 발하는 자체가 아니다. 인성을 곧 기질지성氣質之性이라 해석한 것은 나정암의 주장이다.

고봉의 이와 같은 사칠四七뿐 아니라 인성 역시 인설적因說的으로 다루는 근거는 그이 리기관理氣觀에 있었다.

"오직 기氣의 유행처에서 리理를 인득認得한다." 혹은 "기상氣上에서 리理는 식취識取한다."고 하는 인식방법은 나정암의 '종기추리從氣推理' 또는,

리理는 반드시 기에서 인취認取하고 기를 리理라고 인식하는 것은

옳지 못하니, 이 말은 거의 바꿀 수 없는 것이다.[247)]
고 한 것과 합치된다. 리理를 인식하는 방법에 두 가지가 있는데, 하나는 '종리추기從理推氣'니 이는 논증법論證法이요, 또 하나는 '종기추리從氣推理'니 실증방법實證方法이다. 한쪽에 편중하지 않고, 양도兩途의 겸용兼用이 주朱·퇴退의 전통적 방법이었다. 어느 한쪽에 편중할 때 주기主氣와 주리主理의 분열이 생겨났다.

그러나 정암과 고봉은 '종기추리從氣推理'에 치중하므로써 주자朱子에서 자기주장에 합당한 곳을 골라서 합리화하였다. 『논어』의 「기재천상장氣在天上章 집주集註」와 「혹문或問」의 예가 그것이며, 정암 역시 주자가 "일음일양一陰一陽, 왕래불식往來不息이 즉시 도지의전체卽是道之全體"라 한 것을 옳다고 하였다. 이러한 태도가 정암·고봉에서 상합相合하는 점이다. 인성을 기질지성만으로 인정하고 기상氣上에서 리理를 인취한 태도와 "기氣가 과불급過不及없이 자연 발현한 것이 리理의 본체가 그러하다."고 하는 기氣의 조리를 리理라고 생각하는 것은 분수의 리分殊之理이다.

"정암의 소론所論을 아직 보지 못하였다."는 변명이 오히려 의심스럽고, 정암의 리기일물理氣一物과 비슷하다는 말을 퇴계는 뒤에 취소하였으나 고봉의 독창적 견해로서 반드시 정암의 곤지기困知記와 연결시킬 필요가 없는 것 같다고 한 주장은 의심스럽다.

주자의 '리의 발理之發·기의 발氣之發'은 일시一時의 우발偶發이며 정론定論이 아니라고 고봉은 부정하고 예증으로써 주자가 "심心은 모두 이발已發이다." 하다가 정자의 구설舊說임을 알고 시정했다는 것을 들고 있다.

중용에 미발이발未發已發의 뜻을 주자는 일찍이 정자가 "대강 심心이라 함은 모두 이발已發을 가리켜서 말한다." 한 것으로 말미암아 말뜻을 잘못 인식하게 되었습니다. 장남헌張南軒과 논변에 힘쓴 후

247) 理須就氣上認取, 然認氣爲理 便不是, 此言殆不可易哉<困知記續, 卷上, 38章>

에야 크게 깨쳤고, 호남의 제공諸公에게 준 편지에서 잘못을 스스로 말하고 "정자가 대강 심心이라 함은 모두 이발已發을 가리켜서 말한 것이니, 이는 곧 적자赤子의 심心을 지적해 말한 것이요, 대강 심心이라 함은 그 설명이 그릇 되었기 때문이라 하였고, 또 스스로 옳지 못하다 생각하고 다시 이것을 바로 잡았습니다. 본래 이미 고친 말을 고집하여 제설諸說이 모두 그르다고 의심하는 것은 옳지 못한 것이며, 또 온당하지 못하다고 생각하면서 그 지적한 바의 차이를 구명하지 않는 것도 옳지 않다."고 하였습니다. 이 말씀은 지공至公하고 지명至明하니 후학들이 마땅히 본받아야 할 것입니다.

이 말은 『주자전서朱子全書』 중용1장 「여호남제공논중화제일서與湖南諸公論中和第一書」의 것이로되 하필 주자정론朱子定論이 아니라는 예증으로 이것을 골랐는가? 여기에 비밀이 있다. 고봉은 계속하여 "선유의 구설舊說을 인용하여 다만 이와 같이 스스로를 그르치고 또 장차 다른 이를 그르게 함은 옳지 못하다고 생각하는 데 어떠합니까?" 하였다. 지난 날 나정암이 도심道心과 인심人心을 미발未發과 이발已發 혹은 체용으로 설명하기 위하여 '심개이발心皆已發'을 반대한 바 있었다.

대강 심心이라 함은 모두 이발已發이라고 정자가 일찍이 이와 같은 말을 하였으나, 스스로 온당하지 못하다 생각하고 이를 고쳤다. 그런데 주자는 정자의 아직 고치지 아니한 구설을 인용하였다. 서전書傳의 인심人心·도심道心 해석에서 모두 이발已發이라 한 것, 중용서에서 지각이 부동不同이 되는 까닭이라고 한 한 마디의 말 역시 모두 이발已發의 뜻이다.[248]

나정암의 이 말과 고봉의 앞의 말과 뜻이 서로 합치함은 웬일인

248) 凡言心者, 皆是已發, 程子嘗有是言, 旣自以爲未當, 而改之矣. 朱子文字猶有用程子舊說, 未及改正處 如書傳釋人心道心皆指爲已發, 中庸序中所以爲知覺不同一語, 亦皆已發之意, 愚所謂未正于一者, 此其一也<困知記, 卷上, 73章)>

가? 나정암 곤지기困知記의 이 말에서 고봉은 발상한 것이 아닐까? 리발理發·이발已發을 "선유先儒의 구설이라." 한다면 주자의 신설新說은 무엇인가? 나정암의 심心의 미발未發·이발설已發說에서 '심心의 이발已發'을 구설이라고 공척攻斥한 말투와 역시 비슷하다. 퇴계는 "주자가 심心이 이발已發이라는 말을 잘못 인식하여 오랜 뒤에 깨쳤다 하고 이로 말미암아 리理의 발·기氣의 발의 양어兩語가 우발편지偶發遍指라 하나 이 말투로 보아 주자의 말에 만족하지 않았으니 미안하다." 하고 나羅가 근본한 주자까지도 지척指斥했다고 하였다. 주자는 "심心의 미발은 성性이요, 이발已發은 정情이다."고 하여 미발의 성性과 이발의 정情으로 바로잡았던 것이다.

(4) 퇴계退溪의 답고봉비사단칠정분개변答高峯非四端七情分開辯

퇴계가 생각하는 것이 처음은 같으나 끝이 다른 것은 다름 아니라 공(高峯)의 뜻은 4단과 7정이 모두 리기理氣를 겸하여 실實은 같되 명名이 다를 뿐이니, 리기理氣로 분속할 수 없다고 생각한 것이다. "황滉의 생각은 이異에서 동同 있음을 보기 때문에 리기理氣를 혼륜해서 말할 경우가 많고, 동同에서 이異가 있음을 알았으니, 이자二者에 나아가 설명하는 것이 본시 저절로 주리主理와 주기主氣의 차이가 있는 것이니 이기理氣에 분속함이 어찌 옳지 않겠는가" 하고 리기理氣 불상리不相離 곧 리기理氣의 혼륜을 강조한다. 그러나 퇴계는 리기理氣의 혼륜을 인정하면서도 불상잡不相雜으로 힘써 분개했다.

① 고봉이 "천지인물상에서 리理와 기氣로 구분함은 무방하나 성상性上에서 논한다면 리理는 기氣 속에 타재하였고 만일 정情을 논한다면 성性은 기질氣質에 타재하여 리기理氣를 겸하였으니 선악이 있게 되는 법인데 이기理氣로 분속시킴은 편하지 못하다."고 한 것에 대하여 "사람이란 리理와 기氣가 합하여 생하였으므로 이자二者는 서로 발용하고 그 발發이 또 상수相須하게 된다.

호발互發한즉 각기 주主한 바 있음을 알 수 있고, 상수相須한 즉 그 속에 호재互在함을 알 수 있다. 호재互在하므로 혼륜渾淪으로 말함은 당연하고 각기 주主한 바가 있으므로 분별分開하여 말해도 불가할 것이 없다. 성性을 논하면 리理가 기氣 속에 있으니 자사·맹자는 본연의 성을 지적했고, 정자程子·장자張子는 기질의 성을 논하였다. 정情으로 말하면 성性이 기질 속에 있다 해서 유독 각기 발하는 바에 나아가서 4단·7정의 소종래를 나눌 수 없을까요? 리기理氣를 겸하고 선악이 있음은 정情 뿐 아니라 성性 역시 그러합니다. 그러니 어찌 이것으로써 나누지 못하는 증거가 됩니까?" 하고 반박하였다. 고봉의 사칠공발四七共發의 논거는 성性이란 '리타재기理墮在氣'한 기질의 성이라고 한 것에 있고, 퇴계의 호발은 리기理氣는 상수호재相須互在로 호유발용互有發用하니 본연의 성과 기질의 성의 분개가 가능하다는데 있었다. 곧 사칠四七의 인설因說(上下說)과 대설對說(左右說)의 대립이라고 하겠다.

그러나 리理의 '타재墮在'란 말 자체를 나정암은 반대한 바 있는데 '타재'라 할 때 리理가 초월적으로 실재하다가 사물에 하강 내재하는 것같이 생각되므로 이것은 리기이물理氣二物이라 보았기 때문이다.[249] 따라서 '타재'를 강조하는 고봉의 리理는 초월적인 것이니, 이미 나정암은 반대한 바 있었다. 이 점이 뚜렷이 나정암과 다르다.

② 사단·칠정이 모두 외물外物에 감하여 동動한 것이다 해도 혼륜과 분개가 겸용되어야 한다. 분개하면 사칠 역시 혈맥이 따로 있다. 그러므로 "사즉리발이기수지四則理發而氣隨之하고, 칠즉기발이리승지七則氣發而理乘之한다." 하고 '인승마출입人乘馬出入'의 비유로써 호발互發설을 굽히지 아니하였다.

그런데 주목해야 할 것은 고봉의 '겸리기유선악兼理氣有善惡'과 '발

249) 나정암은 천명의성을 리일로 보고 솔성의 도를 분수로 보았다. '氣質之性, 卽太極全體墮在氣質之中, 夫卽以墮言, 理氣不容無罅縫, 惟以理一分殊蔽之, 自無往而不通'<困知記上 15章>이라 하였고, '性一而兩名, 且以氣質與天命對言, 語終未瑩, 朱子尤恐人之視爲二物也<同上>'라 하였다. '對言' 즉 對說을 반대하였다.

이중절發而中節 · 부중절不中節'을 강조하고, 사칠의 기원이 다르지 않다는 것이다. '겸리기유선악兼理氣有善惡'은 기질지성氣質之性뿐이라는 것이고, 중절中節 · 부중절不中節에 비상한 관심을 가진 것은 웬일인가. 모든 리理는 분수의 리理라는 생각에서이다.

나정암이 정의 선악을 유절有節과 무절無節에 달렸다고 한 것을 고봉은 중절中節과 부중절不中節로써 시비 · 진망眞妄이 판결된다고 했던 것이다.

오직 이 희 · 노 · 애 · 락의 발은 반드시 모두 중절中節하지 아니하니 이것이 선과 악으로 나누어지는 까닭이다. 절節이란 리일理一이 분수分殊 가운데 있되 절도에 맞는다면 천명의 본연을 상실하지 않는다. 어떤 선이 이와 같은가, 혹은 지나치거나 혹은 미치지 못하니 선이라고 하는 것이 존재한다는 것과 같고, ……인욕이 발동하고 정情이 치성하여 비록 혹 흘러서 돌아가기를 잊어버린다 할지라고 내재하는 실체는 진실로 그대로 있다.[250]

여기서 나정암의 글을 인용한 것은 고봉의 정情의 선악관과 리관理觀에 너무도 흡사하기 때문이다. 기氣의 과 · 불급 없는 발현이 리理라고 한 고봉의 생각과 "해가 공중에 있는데 그 광경은 만고상신萬古常新하다. 비록 운무雲霧가 가리어도 그 광경은 손해될 것이 없고 자약自若하다. 리理가 기氣 속에 있는 것도 이와 같다. 희로애락喜怒哀樂과 측은 · 수오의 리가 혼연히 가운데에 있음은 그 본체의 진眞이요 혹 기품과 물욕에 구폐拘弊되어도 리理의 본체는 자약自若하지만 그 발현한 것에서 곧 혼명진망昏明眞妄의 분分이 있게 된다."[251]

---

250) 惟是喜怒哀樂之發, 未必皆中節, 此善惡之所以分也, 節也者, 理一之在分殊中也, 中節卽無失乎天命之本然, 何善如之, 或過焉或不及焉, 猶有所謂善者存焉. (中略) 欲動情勝, 雖或流而忘反, 而中之本體固自若也<困知記上 16章>

251) <高峯理氣往復書 下篇, 21章>

이것은 나정암의 「중의 본체는 본래 그대로다中之本體固自若也」라고 한 것의 구체적인 설명이 아닌가.

(5) 고봉高峯의 「상퇴계재론사단칠정혼륜설上退溪再論四端七情渾淪說」

고봉은 4단과 7정을 리발理發과 기발氣發로 분속시켜서는 안 된다고 반대하고 그의 논거인 기질성론을 강력히 주장하였다. '七包四'를 주장하는 고봉의 근거는 기질의 성관에 있다고 지적한 바 있다.

"성을 논한다면 이른바 기질의 성은 리理가 기질 속에 타재한 것이요, 별개의 일성一性이 아니다. 본성·기품이란 자연현상에서 리기理氣로 나누어 각자일물各自一物이 되는 것과 같은 것이 아니다. 오직 하나의 성性을 그 소재所在에 따라서 분별해 말하는 것 뿐이다."

인설因說이라는 입장에서 기질성·본연성이라 할지라도 본연성이 기질 속에 내재한 뒤는 기질의 성이라 하겠고, 장소에 따라 이름이 다를 뿐이다고 했다. 그런데 나정암은 곤지기困知記에서 육왕의 유심론을 반대하고 또 한편 정이천·주자의 이원론을 반대하는 등 양면작전을 폈다. 따라서 기질의 성만을 인성으로 인정하였다. 고봉의 "하나의 성을 소재에 따라 달리 표현한 것뿐이다."고 한 기질성설은 나정암설과 일치한다.

고봉의 이 글의 요지는 대략 다음과 같이 정리할 수 있다.

① 고봉은 4단과 7정을 리발理發과 기발氣發로 대립으로 호언互言한다 던가 혹은 리理와 기氣에 분속시킬 수는 없다. 주리主理·주기主氣의 부동不同 역시 동의할 수 없다.

② 이른바 4단과 7정은 곧 리타재기질이후사理墮在氣質以後事이므로 흡사 물 속의 달과 같은 것이다. 주자 말하기를,

"천지의 성은 태극 본연의 묘이고 만수의 일본이다. 기질의 성은 이기二氣가 교운交運하여 생하는 일본一本에 대한 만수萬殊이다. 기질

의 성은 즉 이 리理가 기질 속에 타재한 것이요, 따로 또 다른 성이 있는 것이 아니다."고 하였다. "천지의 성이란 천지자연에 나아가 그것을 통 털어서 말한 것이며, 기질의 성은 인물의 품수稟受에 따라서 말한 것이다. 천지의 성을 비유한다면 하늘 위의 달과 같고, 기질의 성은 물 속에 있는 달과 같다. 달이 비록 하늘에 있고 하나는 물 속에 있다 할지라도 달임에는 한가지다. 이제 하늘의 달은 달이라 하고 물 속의 달은 물이라고 한다면 되겠습니까?"

하늘의 달은 본연의 성이요 물 속의 달은 기질의 성이라고 한다면 본연의 성은 인물人物을 초월한 것이고, 기질에 하강 투영된 것을 기질의 성이라 하게 된다. 따라서 본연은 진유眞有요 기질성은 투영投影된 가유假有이다. 초월적으로 있다가 기질 속에 타재한다고 생각하는 입장은 나정암설과 다르다.

고봉은 "대설對說이란 좌우로 말하는 곧 대대對待이며 인설因說이란 상하로 말하는 곧 인잉因仍한 것과 같은 것이다."고 하였으니, 사칠四七과 본연·기질 혹은 리理와 기氣를 상하로 인잉因仍한다는 것인데, 이렇게 볼 때 일원론一元論이 된다. 왜냐? 초월적으로 있던 본성이 기질 속으로 타재하며 4단은 7정 속에 타재한다고 해석할 때, 그것들은 상·하로 대립되는 이물二物이 되는 것이다. 그러므로 나정암은 '타재'라는 말 자체가 이물二物을 전제한 것이라 보았는데 기氣로부터 초월한 리理와 기질氣質에서 초월한 본성을 인정하지 않고 리理와 기氣는 어느 하나도 초월적으로 보지 않는다. 따라서 리기理氣는 혼연일체요 이미 성性이라 할때는 분수分殊이므로 기질성 뿐이라고 하였다. 고봉의 기질성론이 정암의 영향을 받았을지라도 근본적으로는 뚜렷한 차이가 있었다.

리理의 초월화와 본성의 초월화를 천상월天上月이라 표현할 때 리理와 본성을 일차적으로 보는 리理 철학에 속하게 되며 나정암과 같이 기氣의 '조리'를 리理라고 한 기철학과는 서로 구별된다. 고봉의 리학理學이 주자설에서 벗어나지 않지만 방법에 있어서 나정암의 생각을 도입한 흔적이 많다.

③ 4단은 천리의 수연粹然한 본체가 드러나 조금도 결缺하지 않으므로 흡사 기氣를 볼 수 없는 것과 같다. 비유하면 달이 맑은 못물을 비칠 때 더욱 달빛은 명랑하고 표리表裏가 통투通透하여 물이 없는 것 같으므로 리理에서 발현하였다고 할 수 있다.

④ 4단의 '리발이기수지理發而氣隨之'와 칠정의 '기발이리승지氣發而理乘之'를 정情이 발현할 때 혹 '리동이기구理動而氣俱' 하고 혹은 '기감이리승氣感而理乘'이라 한다면 어떨까요?

⑤ '리지발理之發'이라는 것도 기가 '순리이발順理而發' 한 것이다. 그렇지 않다고 하면 주자의 이른바 "음양·오행이 착종錯綜해도 그 조서條緖를 잃지 않는 것이 곧 리理다."고 한 분수의 리理와 다를 수 없다고 고봉은 주장하였다.

이에 4단은 천리의 수연粹然한 본체가 드러난 것이며 혹은 리동이기구理動而氣俱라 함은 리理의 현현顯現과 동動을 인정한 것이나 '불실조서不失條緖'를 리理라 하고, 기의 '순리이발順理而發'을 '리의 발理之發'이라 해석한 것이다. 따라서 전자는 리동理動·기감氣感의 리기이원론理氣二元論에 속하게 되고, 후자는 기 운동에 내재하는 조리條理라 생각되므로 기일원론의 리理이다.

"주자 말하기를 '기는 응결조작하지만 리는 정의도 없고 계탁도 없고 조작도 없다. 다만 이 기의 응취한 곳에 리는 그 속에 있다.' 고 한 바 있다. 이제 리기가 호융互融한다고 한즉, 리는 정의가 있고 계탁이 있고 조작이 있는 것이 된다. 마치 리기 둘은 두 사람과 같다. 그리하여 한 마음 속에 분거하여 번갈아 가면서 작용하고 서로 수종首從이 되는 것이다."

고 하여 퇴계의 호발설을 반대하였다. 이 때 인용한 주자의 말 역시 앞서 지적한 것과 같이 기의 조리로써의 리이다.

'지차기응취처只此氣凝聚處, 리변재기중理便在其中'이라는 표현이 곧 조리인 리理이다. 이와 같이 자설自說에 유리한 것만 인증引證하고 있음에 주목해야 한다.

고봉은 4단을 전지리專指理라 하고 7정을 겸이기兼理氣라 하여 그의 생각을 굽히지 않는다. 이미 지적한 바와 같이 고봉의 이러한 생각은 일재 이항一齋 李恒의 사칠四七과 관계가 있는 듯하다. 일재는 일찍이 4단을 '성발이순선자性發而純善者'라 하였고, 7정은 '리기병발이합理氣並發而合, 고유선유악故有善有惡'이라고 하였다. 따라서 고봉과 일재의 사칠四七은 상관이 없다고 할 수 없다.

성의 작용에 넷이 있으니 측은·수오·사양·시비이다. 이는 선하지 않는 것이 없다. 리기理氣가 발하여 합한 것에 일곱이 있으니, 희·노·애·락·애·오·욕이다. 이는 선도 있고 악도 있는 것이다.[252]

이처럼 고봉의 '성발性發' 즉 겸이기의 기질성발氣質性發을 7정이라 한 것과 일치한다. 이들은 나정암의,

저 욕과 희·노·애·락은 모두 性이 소유한 것이다夫欲與喜怒哀樂, 皆性之所有者.

고 한 것, 혹은 악기樂記의 욕과 호오好惡 및 중용의 희·노·애·락은 다함께 "칠정의 그 리는 모두 성에 근원한다七情其理, 皆根於性者也."[253]고 한 것이 선구가 될 것이다. 이러한 나정암·이일재·기고봉 등의 근사점近似點을 어떻게 보아야 할 것인가?

일재의 리기혼원일체설理氣渾圓一體說은 나정암에서 받은 영향인데, 고봉의 과정에 있어서의 기일원적 입장은 그 연원이 어디에 있을

---

252) 性之所用有四, 惻隱, 羞惡, 辭讓, 是非 是也. 此無有不善也. 理氣發而合者有七, 喜怒哀樂愛惡欲是也, 此有善有惡者也<一齋集, 答金厚之>

253) <困知記上, 17章>

까? 초당허엽草堂許曄은 「고봉만高峯挽」에서

일재문하에 참여하고 퇴계의 집에 왕래하였다一齋門下參函丈, 退老堂中幾往來.

고 하였다. 초당은 화담문인이지만 퇴계·일재·고봉 등과 관계가 깊고, 일재와 고봉, 퇴계와 고봉, 서로의 학문관계를 입증할 수 있는 인물이다. 그러므로 고봉을 '일재문하참함장一齋門下參函丈'이라 한 것이 주목된다.

(6) 고봉高峯의 후설後說 및 총설總說

퇴계는 고봉의 '재론再論'을 받고 회신을 아니하다가 얼마 후에 미결된 공안公案이 몇 가지 있다고 지적하면서 "다만 부질없는 한쟁閑爭으로 성문聖門의 대금大禁을 범했다 하고 다시 논변하기를 느끼지 아니한다."고 했다. 이 때 조남명曹南冥은 "세소절洗掃節도 모르면서 구담천리口談天理하여 계욕도명計欲盜名한다." 하고 중지할 것을 권하였다. 고봉은 매우 실심失心했으나 드디어 「후설後說」 및 「총설總說」을 보내왔다. 퇴계는 고봉이 구견舊見을 고친 것으로 이해하고 환영하고 칭찬하였다. 그러나 고봉의 근본 태도는 변함이 없었다. 따라서 완전한 귀일歸一은 못 보았다. 뒤에 율곡은 고봉설을 계승한 바 있음은 공지公知의 일이다.

① 사단칠정후설四端七情後說

㉠ 고봉은 "7정이 발해서 중절한 것과 4단이 다르지 않다." 하고 여전히 주장을 굽히지 아니하였다.

㉡ 퇴계의 "이른바 정에 4단과 7정의 구분이 있는 것은 성性에 본연과 기품의 차이가 있는 것과 같다."고 한 것을 "기질의 성이란 리理와 기氣를 섞어서 말한 것이다. 대개 본연의 성은 기질 속에 타재墮在하므로 섞어서 말하는 것입니다. 그러나 기질의 성의 선한 것이 바로 본연의 성이요, 따로 일성一性이 있는 것이 아닙니다. 그런 즉 저의 주장에 7정이 발해서 중절한 것과 4단은 실實이

같으면서 명名이 다릅니다." 하고 은근히 퇴계설을 반대하였다.

② 사단칠정총론四端七情總論

㉠ 「총론總論」 역시 「후설後說」과 마찬가지로 고봉은 발이중절發而中節을 4단이라 하고 「리기공발설理氣共發說」을 굽히지 아니하였다.

㉡ 혹문의 희·노·애·락·애·오·욕이 인의仁義에 가깝다고 한 것과 주자의 "본래 서로 비슷한 곳이 있다."고 한 말로써 희·로·애·락을 인·의·예·지에 분배하면 주자의 뜻과 과연 어떠할지는 모르겠습니다고 하였다.

퇴계는 "이에 대하여 이제 희·노·애·락으로 인·의·예·지에 분배함은 본시 비슷하나 미진하다." 하였고 "사덕四德인 인·의·예·지에 정분배합定分配合할 수 없다."고 했다. 오랜 논변은 일단 끝맺었으나 고봉이 공발설共發說과 호발설互發說은 각기발명일의各是發明一義이다. '아마도 혼합해서 한 가지로 말할 수 없습니다.' 한 것으로 끝내었다. 고봉의 경우와 같이 "4·7은 모두 정이다四七均是情, 칠정은 선일변이다七情之善一邊."를 주장하고자 하면 7정을 4덕에 분배할 수 있어야 한다. 주자는 그러나 "본래 서로 비슷한 것이 있다固有相似處."[254] 하고, "7정을 4단에 분배할 수 없다七情不可分配四端."[255]고 하였던 것이다. 따라서 7정은 4단과 차원次元이 다른 감정인데도 고봉처럼 "4단은 발하여 중절한 것이다." 하거나 "7정의 발이 중절한 것은 4단과 처음에 다르지 않다."고 한 것은 무리였다.

③ 기고봉의 4단 7정설의 기초

기고봉의 4단 7정설 기초에는 다음과 같은 몇 가지가 있다.

254) 四端是理之發, 七情是氣之發, 問看得來, 如喜怒哀樂愛惡欲, 却似近仁義, 曰固有相似處<朱子語類, 卷第53, 孟子三, 人皆有不忍人之心章, 廣>

255) <朱子語類>

㉠ 리기理氣는 "진실로 혼륜하여 분개할 수 없다."[256]고 하여 리理는 기에서 벗어나지 아니하며 '기'의 과過나 불급不及이 없고 자연으로 드러나는 것이 곧 리理의 본체가 그러함을 알아야 한다.[257]
고 하였으니 리기理氣를 혼륜하게 보았다. 고봉은 이기혼륜설의 증거로 다음과 같은 주자설을 증거로 하였다.

주자께서 말하기를 "음양, 오행이 착종錯綜하여 실마리를 잃지 아니한 것과 같은 것이 곧 이理이다." '기'가 결취結聚하여 실마리를 잃지 아니한 것과 같은 것이 곧 이理이다. 만약 '기'가 결취 아니할 때는 이理도 부착할 바가 없다 했다. 그러하니 '기'의 자연스러운 발현에 과過와 불급不及이 없는 것이 어찌 이理의 본체가 아닐까요? 그러하니 그 소이연한 것所以然者이 리理다.[258]
고 단정하니, 사물상의 이기혼륜설을 이기설의 근본으로 한 것에서 퇴계의 이기설분개설을 이해하지 못하니, 따라서 이기설의 격차가 있었고 출발점이 같지 아니하였다.

㉡ 고봉은 이기혼륜설에서 출발한 까닭에 성설性說 역시 본연의 성本然之性이란 기질에 타재한 것이다[259]고 하여 "대개 이미 성性이라고 했다면 기질 가운데 타재墮在했다."[260]
고 하며 "이 성자性字는 기질을 지적해서 말한다."[261]

하고 또 "성性이라고 한 것은 기질을 겸하여 말한다. 그러하니 성性은 주主가 되나 기질을 겸하였다."[262]

이상을 종합하면 고봉의 인물성人物性이란 '기질의 성'으로 판명되니 '기질의 성'은 겸이기兼理氣로서 이기혼륜설이다.

---

256) 固渾淪而不可分開<高峯上退溪四端七情說>
257) 須知理之不外於氣而氣之無過不及自然發見者, 乃理之本體然也<同上, 己未 三月>
258) 朱子曰, 如陰陽五行錯綜不失端緖, 是理也, 若氣不結聚時, 理亦無所附着, 然則氣之自然發見無過不及者, 豈非理之本體乎? ....然其所以然者, 則理也<同上, 第10節>
259) 本性墮在氣質<同上, 第5節>
260) 蓋旣謂之性, 則雖墮在氣質之中<同上, 第9節>
261) 此性字指氣質而言<同上>
262) 所謂性, 兼氣質以言之, 然則性爲主而兼乎氣質也<同上>

"나는 천지의 성天地之性이란 천지상에서 총설한 것이고, 기질의 성氣質之性이란 인물人物이 받는 것으로부터 말한다. 천지의 성天地之性을 비유하자면 하늘에 있는 달이고, 기질의 성氣質之性을 비유하자면 물 속의 달이다."263)

고 하여 인성, 물성은 물 속의 달처럼 기질의 성氣質之性이라는 것이다.

㉢ 그래서 4단, 7정이 함께 기질성과 관계가 있다고 보았다.

"4단, 7정이라고 하는 것은 곧 리理가 기질에 떨어져 있었던 이후의 일이다."264)

고 하여 4단, 7정이 기질성의 발현이라고 한다. 그래서 이발, 기발의 분개는 거부된다.

이에서 고봉은 계속하여 다음과 같이 비유한다.

"흡사 물 속의 달빛과 같으니, 그 빛이 7정은 밝은 것이 있고 어두운 것이 있는 것과 같고, 4단은 다만 그 밝은 것이다. 그러나 7정의 밝음과 어두움은 진실로 물水의 청탁淸濁에 근원하지만 4단이 중절하지 못한 것은 빛이 비록 밝으나 파도의 움직임이 있음을 면하지 못한 것이다."265)고 하여, 역시 4단, 7정을 혼륜하게 기질성의 발현으로 일원화一元化한다.

"대개 나의 주장은 4단이 곧 7정 가운데서 발하여 중절하는 싹이라고 생각한다. 앞서 또한 4단을 7정 가운데서 발하여 중절中節한 것과 실은 같으나 이름만 다르다고 생각하였다."266)

---

263) 愚謂天地之性, 是就天地上總說. 氣質之性, 是從人物稟受上說, 天地之性譬則天上之月也, 氣質之性譬則水中之月也＜高峯答退溪再論四端七情書＞

264) 所謂四端七情者, 乃理墮在氣質以後事＜高峯答退溪再論四端七情書＞

265) 恰似水中之月, 而其光也. 七情則有明有暗, 四端則特其明者, 而七情有明有暗者, 固因水之淸濁, 而四端之不中節者, 光雖明而未免有波浪之動者也＜同上, 第一書改本, 第2條＞

266) 蓋鄙說以爲四端乃七情中發而中節者之苗脉, 而前書亦以爲四端與七情中發而中節者, 同實而異名＜高峯答退溪再論四端七情書, 第一書改本, 兩先生四七理氣往復書下篇 卷2＞

7정 중의 중절한 것이 4단이라고 하는 것은 곧 '칠포사七包四'가 되니 4·7혼륜설이다.

이렇게 리기혼륜理氣渾淪의 원칙 아래 본성과 기질성의 혼륜설에서 4, 7의 혼륜설로 일관하는 것이 고봉의 학문체계이다. 그러나 자세하게 검토하면 문제가 있음을 알 수 있다.

④ 퇴계는 기고봉의 혼륜 한쪽의 체계에 대하여 다음과 같이 비판한다.

㉠ "나(퇴계)는 일찍이 망녕되게 정情에 4단, 7정의 구분이 있으니 마치 성性에 본성, 기품氣稟의 차이가 있는 것과 같이 생각했다. 그러하니 성性에서 이미 리기理氣로 나누어 말 할 수 있다면 정情에서만 홀로 리기로 나누어 말할 수 없겠는가?"[267]

하여 성性에서 본성, 기품을 분개하고, 정情에서 4단, 7정을 분개한다. 퇴계는 고봉의 혼륜설에 대하여 분개설해 보였다.

동同 중에서 그 이異가 있음을 알고, 이異 중에서 그 동同이 있음을 본다. 나누어 둘이 되어도 그 일찍이 떨어지지 아니함을 해치지 않고, 합해서 하나로 하여도 실은 서로 섞이지 아니함으로 돌리니, 곧 두루 다하여 편偏됨이 없다.[268]

동중同中에 이異가 있고, 이중異中에 동同이 있다. 혼륜 중에 분개가 있고, 분개 중에 혼륜이 있다. 퇴계의 이러한 동이론同異論은 일종의 변증법이라고 했다. 이 理와 기氣, 본성과 기질, 4단과 7정의 상호관계는 위와 같은 변증법에 의하여 보편타당普遍妥當한 경지가 전개되는 것이지, 단순한 자연세계를 설명하는 형식논리, 즉 "기 가운데 조리가 있다."고 한 자연적 조리로서 가능한 것이 아니라는 신념을

267) 愚嘗妄以爲情之有四端七情之分, 猶性之本性氣稟之異也, 然則其於性也, 旣以可以理氣分言之, 至於情, 獨不可以理氣分言之乎<退溪答高峯四端七情分理氣辯, 兩先生四七理氣往復書上篇, 卷1>

268) 就同中而知其有異, 就異中而見其有同, 分而爲二, 而不害其未嘗離, 合而爲一, 而實歸於不相雜, 乃爲周悉而無偏也<退溪答高峯四端七情分理氣辯, 兩先生四七理氣往復書上篇, 卷1>

제시하였다. 또 퇴계는 "대저 강학하여 분석을 싫어하고 합合에 힘써서 하나로 삼아 말하여, 옛 사람이 골륜새가 맛도 모르고 대추를 삼킨다고 했으니, 그 병통이 적지 않다."[269]고 경고하였다.

㉡ "하나(4단)는 이理를 주로 삼는 까닭에 이理에 나아가서 말하고, 하나(7정)는 '기'를 주로 삼는 까닭에 '기'에서 말한 것뿐이다. 4단에 '기'가 없지 아니하나 다만 이理의 발發이라 하고, 7정에 이理가 없지 아니하지만 다만 '기'의 발이라고 한다. 하나는 단지 이의 발理之發이라 했고, 하나는 주기主氣로 말하여 다만 기의 발氣之發이라고 했다.[270]

"이제 반드시 하나를 고집하여 다른 하나를 폐지하고자 하니 곧 편偏되지 아니할까? 대체로 혼륜으로 말하면 7정이 이기를 겸한 것은 많은 말이 필요없음이 분명하고, 만약, 7정이 4단과 대립하여 각기 분석하여 말한다면 7정의 '기'와 관계처럼, 4단과 이理의 관계도 같다, 그 발發에는 각기 혈맥이 있고 그 명칭들 모두 지적한 바가 있는 까닭에 따를수 있음과 그 주체로 분속한다. ……사四는 이가 발하여 기가 이에 따르고, 7은 기가 발하여 이理가 이에 탈 뿐이다."[271]

퇴계는 칠포사七包四인 혼륜설보다는 '사대칠四對七'의 분별에 주목하여 7정과 4단의 각기 특수성을 주기主氣와 주리主理로 분석해야 한다고 했다.

옛 사람은 "사람이 말을 타고 출입하는 것을 비유하기를, '이理'가 '기'를 타고 간다고 하니, 바로 좋았다, 대체로 사람은 말

269) 夫講學而惡分析, 務合爲一說, 古人謂之鶻圇呑棗, 其病不少<同上, 第11節>

270) 一則理爲主, 故就理言, 一則氣爲主, 故就氣言耳, 四端非無氣, 而但云, 理之發. 七情非無理, 而但云氣之發<退溪答高峯四端七情分理氣辯, 第二書>

271) 今必欲就一而廢一, 無乃偏乎. 蓋渾淪而言, 則七情兼理氣, 不待多言而明矣. 若以七情對四端, 而各以其分言之, 七情之於氣, 猶四端之於理也. 其發各有血脈, 其名皆有所指, 故可隨, 其所主而分屬之耳. ...四則理發而氣隨之, 七則氣發而理乘之耳<同上>

이 아니면 출입하지 못하며, 말이 아니면 길을 잃는다. 사람과 말은 서로 의지하고 서로 떠나지 아니한다. ……그가 갈 때는 사람과 말은 모두 그 가운데 있으니, 4·7을 혼륜으로 말하는 것이 이것이다. 혹은 사람이 가는 것만 지적해 말하면, 반드시 말을 함께 말한 것도 아니지만, 말이 감을 그 가운데 포함되었으니 4단이 이것이다.

그런데 지금 황滉이 분별해서 4·7을 말하는 것을 보면 늘 혼륜해서 말하는 것만을 인용하여 공격한다. 이것은 남이 "사람이 가고, 말이 간다."고 말하는 것을 보면 인마人馬는 하나이니 나누어 말할 수 없다고 말한다.

황이 기발氣發로 7정을 말함을 보고는 리발理發이라고 힘주어 말하니, 이것은 남이 "말이 간다."고 하는 것을 보면 반드시 "사람이 간다."고 말한다. 황이 리발理發로써 4단을 말한다면 또 기발氣發이라고 힘주어 말하니, 이것은 남이 "사람이 간다."고 한 것을 보고는 반드시 "말이 간다."고 하는 것과 같다. 이것은 바로 주자의 이른바 숨박꼭질 놀이와 비슷하다.[272)]

이것은 퇴계의 고봉 혼륜설에 대한 매우 평이 명백平易明白한 답변이라 생각된다.

"대저 이발이기수지理發而氣隨之가 있다는 것은 주리主理로 말할 수 있을 뿐, 이理가 기를 벗어 났다고 하는 것이 아니라, 4단이 이것이다. 기발이이승지氣發而理乘之로 하는 것이 있다는 것은 주기主氣로 말할 수 있을 뿐, '기'가 이理를 벗어났다고 말하는 것이 아니다. 7

272) 古人以人乘馬出入, 譬理乘氣而行, 正好. 蓋人非馬, 不出入, 馬非人, 失軌道, 人馬相須不相離……其行則人馬皆在其中, 四七渾淪而言者是也. 或指言人行, 則不須並言馬, 而馬行在其中, 四端是也. 或指言馬行, 則不須並言人, 而人行在其中, 七情是也. 今見滉分別而言四七, 則每引渾淪言者, 以攻之, 是見人說人行馬行, 而力言人馬一也, 不可分說也, 見滉以氣發言七情, 則力言理發, 是見人說馬行. 而必曰人行也, 見滉以理發言四端, 則又力言氣發, 是見人說人行, 而必曰馬行也, 此正朱子所謂迷藏之戲相似如何如何<退溪答高峯四端七情分理氣辯, 第二書>

정이 이것이다."[273)]

"이가 발하여 '기'가 따른다."고 한 것은 이理가 주체라고 말한 것뿐이요<可主而理言耳>. '기'가 발하여 '이'가 탄다氣發而理乘之는 것은 '기'가 주체라고 말한 것뿐可主而理言耳이라고 분개分開하였다. 또 퇴계는 앞서 인용한 것처럼,

"분개설할 곳은 분개하여 보아 혼륜이 있는 것을 방해하지 않고, 혼륜해 말할 곳은 혼륜해서 보나 분개가 있음을 방해하지 아니한다."[274)]

분개와 혼륜의 두가지 방법을 구사하면 점차 조리가 드러나고,

"횡설하고 수설하여도 각기 타당한 바가 있어 서로 방해 될 곳이 없다."[275)]

고 단정하여 편견에 구애되지 않고 정당한 견해에 도달할 방법을 밝혔다.

그런데 기고봉은 재론에서 인설因說로써 말하고 대설對說은 마땅하지 않다고 하였다.

"만약 꼭 대설로서 말한다면 비록 주부자朱夫子의 본설 일지라도 아마도 착인한 병통을 면하지 못할 것입니다."[276)]

하고 4·7 대설을 반대하고, 4·7·이·기·본성·기질성의 상하 곧 인잉적인 것上下便是因仍底을 주장했다. 곧 '기' 에서 '이'를 척발剔發하고, 기질에서 본성을 척발하며, 7에서 4가 중절中節한다는 것이다. 매우 분명한 것 같지만 이와 같은 방법은 역시 일편一偏을 면하기가 어렵다. 만약 고봉처럼 7정의 중절中節이 4단이라고 하면 희·노·애·락·애·오·욕 중에서 어느 것이 중절하면, 측은,

273) 大抵有理發而氣隨之者, 可主理而言耳, 非謂理外於氣, 四端是也. 有氣發而理乘之者, 則可主氣而言耳, 非謂氣外於理, 七情是也<同上>

274) 分開說處, 作分開看, 而不害有渾淪, 渾淪說處, 作渾淪看, 而不害有分開<同上, 後論>

275) 橫說竪說, 各有攸當, 不相妨礙處<同上>

276) 若必以對說者, 而言之, 則雖朱夫子本說, 恐未免錯認之病<高峯答退溪再論四七書>

수오, 사양, 시비의 4단이 되는가? 이미 7정의 중절을 4단에 배당해 보았지만 근사하지만 꼭히 합당한 것은 없었다. 주자·퇴계가 당초 시도하였고, 뒤에 장현광(張顯光, 旅軒)도 시도했지만 온전하지 못하여 실패하였다고 했다.

또 고봉처럼 천지의 성天地之性은 하늘 위에 있고 현실적인 인간에게는 기질의 성氣質之性 뿐이라고 한다면 기질은 선악善惡이 고정되지 아니한다. 그렇다면 '맹자' 이래의 「성선설性善說」은 어떻게 설명할 것인지, 고봉처럼 중절中節한 정情은 리理에 근거하니 선하다고 해도 부중절할 가능성이 있으니 기질성은 '선할 수도 있고, 악할 수도 있다. 따라서 그것은 「성선악혼합설性善惡混合說」에 알맞게 된다.

7. 퇴계의 경학敬學

퇴계학을 본래 경학敬學이라고 하여 왔다. 물론 정주학程朱學에서는 지경持敬, 거경居敬, 주경主敬 등으로 불리어졌으며, 『심경心經』은 경敬 공부의 4원칙을 주간으로 하였다. 퇴계가 『심경心經』을 신봉한 후 경학敬學을 한 평생의 수양하는 공부로 전일專一하였다. 또 경학敬學을 독립적인 학문으로 높이고, 경학의 체용설體用說로 평이平易하게 설명한 것은 퇴계의 자득自得에서 온 것이다. 그의 자득 정신은 주경을 근본으로 하고, 궁리치지와 반성실천으로 통일되어 있다. 다시 말하면 경 공부는 궁리치지의 지知와 반성실천의 역행力行 3자를 통하여 이루어진다. 지知가 수반되지 않은 경敬은 무의미하고, 행行이 없는 경敬은 공허하다. 퇴계의 주경主敬은 궁리치지와 반성실천을 통일한다고 하겠다. 지知와 경敬은 진지·실득의 방법이므로 거경·궁리를 두 날개로 삼고 있다.

주경이 주정主靜에서 유래한 까닭과 정제엄숙整齊嚴肅을 기본으로 한 퇴계 경학의 체용설은 참으로 그의 자득이라고 하겠으니 이제 그 여부與否를 고찰할 것이다.

1) 거경居敬과 궁리窮理

정주학은 궁리와 거경을 학문의 근본으로 하여 이른바 심학心學의 수양방법으로 했다. 따라서 퇴계는,

"도가 넓으니 학자가 그 문으로 들어가기가 어려웠다. 정주程朱가 일어나 거경居敬과 궁리窮理 두가지 말로써 만세의 큰 교훈으로 확립하였다."277)

거경居敬과 궁리窮理는 참사람이 되는 학문에 입문하는 방법이라는 것이다. 궁리란 치지致知인데, 그 지知는 도덕지道德知요 인격지人格知이며 사실지事實知인데 유가 정통의 도덕적 세계관 인간관을 기본으로 하는 까닭에 치지궁리致知窮理라 해도 사물지事物知, 자연에 관한 지식이 아니라 도덕적, 윤리적 지식이 주체이다.

그래서 주자는,

"정부자程夫子가 말하기를, '궁리는 실마리가 많다'고 하였는데 혹은 '글을 읽고 도리를 강명하고, 혹은 고금의 인물을 논하여 그 옳고 그름을 분별하며, 혹은 일에 대응하고 사물과 교섭하여 그 정당여부를 구하는 것이 모두 궁리이다.'고 하였다."278)

도리, 시비, 당부는 모두가 궁리이다. 궁리에 의한 지知는 거경居敬의 첫 조건이다. 지知가 없는 경敬 공부란 생각할 수도 없다.

---

277) 道之浩浩, 學者難得其門而入, 程朱之興, 以居敬窮理而言, 爲萬世立大訓<退溪先生文集卷12, 與朴澤之>

278) 程夫子曰, 窮理多端, 或讀書講明道理, 或論古今人物, 別其是非, 或應事接物, 求其當否, 皆窮理也<朱熹集卷58, 答王欽之>

이에 주자문하에서 거경居敬을 크게 여기고, 궁리를 귀중하게 여기는 것이 학문하는 첫 째라고 하였음을 알아야 한다.[279]

율곡 이이栗谷 李珥가 퇴계를 계상溪上에서 뵈옵고 3일 뒤에 강릉에 가서 보내온 편지에 대답하는 글에서 "두 차례나 보내 온 편지에서 나를 도와주는 약석藥石은 주지 않고 도리어 귀머거리에게 듣고 싶어라는 것은 웬일인가?……다만 끝내 아무 말도 하지 아니 않는 것도 서로 사귀는 도리가 아니므로 어쩔 수 없이 속에 있는 말을 하겠습니다. 지난번 편지에서 지난 날 배움을 그르친 것(불승 곧 중이 된 것)에 대해서 깊이 한탄했던데, 그대는 지금 나이 아직 젊고, 재주가 뛰어났으니, 학문하는 기회를 잃었다고 할 수 없습니다만 오히려 그렇게 말한 것은, 배운 것이 잘못되었으면 배우지 않는 것과 같다고 여기기 때문이 아니라고 하겠습니다. 지난 날의 잘못을 깨치고 그것을 고치려고 생각하여 궁리窮理, 거경居敬하는 실제의 공부에 종사할 줄 알고 있으니, 허물을 고치는 데 과감하고, 도道를 향해 가는데 열심히 하여 그 방향을 그르치지 않았다고 할 수 있습니다."[280]

하고 간절히 학문방법을 젊은 율곡에게 지도하였으니 궁리·거경으로 하였다.

"지난번 듣자니 사람들이 '그대가 불교서적을 읽고 거기에 꽤 중독되었다.'고 하기에 마음 속으로 애석하게 여긴 지 오래되었습니다."[281]

"이것을 벗어나려면, 역시 다른 데서 찾을 것 없이 오직 궁리窮理, 거경居敬 공부에 충분히 노력하면 되는데, 이 두 가지를 실천하는 방법은 『대학大學』에 있고, 주자의 「대학장구大學章句」에서 밝혔으며, 「대학혹문大學或問」에서 자세히 뜻을 말했다."[282]

---

279) 乃知朱門大居敬而貴窮理 爲學問第一義<退溪先生文集, 卷12 答崔見叔問目>

280) <退溪先生文集, 卷14 答李叔獻珥, 戊午>

281) <同上>

고 지적하여 가르치고 있다. 또,

"궁리하여 실천에서 체험해야 비로소 진지眞知가 되고, 주경主敬하여 마음을 두 가지, 세 가지로 하지 아니해야 바야흐로 실득實得이 있게 된다.[283]

고 하여 궁리는 도덕실천으로 연결되어야 하고, 주경은 인욕을 소멸해야 참된 얻음이 있다 하고 공부를 구체적으로 지도하였다.

"대체로 근세 여러 사람들이 자기의 스승을 지극히 추존하기만 힘쓰고, 그 온당하는지 온당하지 않는지는 논하지 않고 그것을 가지고 세속에 과장해 빛내려고만 하니, 사람들의 마음 씀씀이가 공정하지 못한 것이 이와 같습니다. 일반사람들도 오히려 속일 수 없는데, 하물며 후세에 어찌 안목을 갖춘 사람으로써 능히 진실과 거짓을 꽤 뚫어 볼 수 있는 사람이 없겠습니까? 이는 매우 두려워할 만한 일입니다.

그러므로 옛사람이 자기의 스승을 높이고 공경하는 것이 지극하지 않은 것은 아니지만 호오봉胡五峯(宏)이 지은 「지언知言」의 작박한 대목에 대해 장남헌張南軒(栻)이 비판하기를 꺼리지 않았고, 양구산楊龜山(時)의 말 가운데 참으로 불교나 노장에 관계된 대목은 회암晦菴(朱子)이 숨기지 않고 지적하였습니다. 남헌은 오봉의 문인이었고, 회암은 구산의 계통이었습니다. 회암은 비단 구산의 말에 대하여 그렇게 할뿐만 아니라, 스승 연평延平의 말일지라도 조금 잘못이 있으면 왜곡되게 비호하지 않았습니다. 이 이치는 지극히 공정하여 털끝만한 사사로운 뜻도 드러낼 수 없는 것입니다."[284]

---

282) <同上>

283) 窮理而驗於踐履, 始爲眞知, 主敬而能無二三, 方爲實得<同上>

284) 大抵近世諸人, 於其師門, 務極推尊, 更不論當與不當. 欲以之誇耀世俗, 其用意不公如此, 衆人且不可欺, 況後世, 豈無具眼人, 能覰破眞贗者耶, 甚可畏也. 故古人尊敬師門. 非不至也, 五峯知言駁處, 南軒不諱, 龜山之言,, 苟涉佛老處, 晦菴不隱, 南軒五峯之門人, 晦菴龜山之源流也, 非徒龜山, 雖延平之言, 有少差, 晦菴亦不回護者, 此理至公, 著一毫私意不得耳<退溪先生文集, 卷14, 答南時甫>

이것은 퇴계의 학문정신을 들어내는 동시에 궁리정신을 나타낸 것이다. 자주적인 비판없이 학술을 묵수墨守한다면 그것은 학문의 궁리가 아니라, 일종의 종교적 신앙이다. 비판없는 궁리는 창조가 없고 창조는 전통에 대한 비판에서 새롭게 전개된다.

2) 경학敬學

퇴계는 경학敬學에 대하여 다음과 같이 주장한다.

"대체로 저들 도가道家는 세속을 떠나 물욕을 버리며, 팔·다리를 훼손하고 총명을 물리침이 물욕을 잊어버리는 극치라고 생각하니, 어찌 이것으로써 우리 유가의 경학敬學과 같을까?"[285]

경학이라는 용어를 사용하고, 또 경학敬學은 체體와 용用이 있다고 한다. 심心에 체용이 있는 것처럼 경敬에도 체용이 있다. 퇴계는 경敬을 학문적으로 승화하였다. 퇴계가 경을 지니는 공부에서 "나 같은 사람도 아침 저녁으로 정신이 맑고 기운이 안정될 때는 엄연儼然하고 숙연肅然하여 마음과 몸을 다잡아주지 않더라도 스스로 보존되고 사지四肢를 단속하지 않더라도 스스로 공손하여진다."고 했다.<퇴계선생언행록 권1> 마음은 안정되고 통일되어 있는 공부가 경공부이다.

〔경敬의 체용體用〕

"고요하여 동하지 아니하니 심心의 체體요. 느껴서 통하는 것이 심의 용用인 것처럼 고요할 때 엄숙함은 경의 체體이며, 행동할 때 제정齊整함은 경의 용用이다. …… 경의 체용은 심心으로 인하여 드러난다고 함은 옳으나 …… 경敬의 체용이 곧 심心의 체용이다 하

285) 蓋彼之離世遺物, 虧肢體黜總明, 乃是忘之之極致, 何可以是, 同於吾敬學乎＜退溪先生文集, 卷14, 答南時甫彥經＞

면 옳지 않다."[286]

고 하여, 경敬의 체용體用은 조용할 때 엄숙한 공부가 경의 체이고, 행동할 때 몸을 가지런히 하는 것은 경의 용用이라고 한다. 이러한 체용은 "심으로 인하여 드러난다因心而見."고 하였으니 경공부는 마음공부라는 것이 된다.

그런데 주자는 경敬의 체용을 퇴계와 같이 설명하지 아니한다. 주자가 "경자敬字는 동정을 관통한다. 다만 미발할 때 혼연하니 경敬의 체體이고, 이미 발했을 때 일에 따라서 반성하고 통찰하니 경敬의 용用이 운행된다."[287]

고 함으로서 퇴계의 경체敬體가 엄숙嚴肅이며 경용敬用은 제정齊整이라는 것과 다르다. 주자는 심의 미발에서 혼연한 것이 경체요, 이발하여 일에 따라서 반성하고 통찰하는 것이 경敬의 용用이라고 하였으니 주자의 경의 체용은 미발할 때에 경의 체가 있고, 이발할 때 일에 따라 성찰하는 것이 경의 용이 되지만 퇴계가 말한 정제엄숙整齊嚴肅은 경체敬體요, 동이제정動而齊整은 경용敬用이다고 한 것과 같지 않다.

〔주경主敬, 궁리窮理와 실천實踐〕

주경主敬은 궁리와 서로하는 공부라 했고, 궁리는 실천과 연결된다고 했는데,

"주경主敬하여 그 근본을 세우고 궁리하여 그 지知를 극진히 하며, 반성하여 실천한다. 세가지 공부가 서로 진행되고 쌓기를 오래하여, 이와 같이 해야함을 진지眞知하고 이와 같이 해서는 안 된다는 것을 참으로 아는데 이른다면 반은 알고 반은 모르는 사람을

---

286) 亦猶寂然不動, 心之體也. 感而遂通, 心之用也. 靜而嚴肅, 敬之體也. 動而齊整, 敬之用也. … 敬之體用, 因心而見則可. ….敬之體用, 便是心之體用則不可<退溪先生文集 卷36, 答李宏仲戊辰>

287) 敬字通貫動靜, 但未發時, 則渾然是敬之體, 既發則隨事省察而敬之用行焉<朱熹集, 卷43, 答林澤之>

거의 면할 수 있을 것이다."[288]

고 하여 주경主敬과 궁리窮理, 실천實踐의 세 가지가 병행하고 축적되어야만 진지眞知가 획득된다는 것이다.

보내 온 편지에서 "경敬을 지키기는 쉬우나 격물格物은 어려운 것 같다."고 하였는데, 그것은 나의 생각과 다르오, 격물格物도 진실로 쉬운 것은 아닙니다. 그러나 경敬을 지키는 것이 어찌 쉽겠소? 대개 경敬이란 위아래로 통하지 않는 데가 없으니, 진실로 능히 경敬을 지키는 방법을 알게 되면 이치가 밝아지고 마음이 안정되어서, 격물을 하게 되면 사물의 이치가 나의 거울에서 도피하지 못 할 것이고, 일에 응하게 되면 그 일이 마음의 누가 되지 못 할 것이니, 격물하는데 무슨 어려움이 있으며, "마음에 한 가지 욕심도 두어서는 안 된다."고 한 것에 대해 무슨 의문이 있겠는가?[289]

지경持敬하면 정신이 맑고 기분이 안정되어 이명심정理明心定하고 격물格物이 함께 이루어져야 한다고 했다. 격물, 궁리와 지경持敬은 마음의 안정에 근본이 있었다고 하겠다.

거경 · 궁리를 대립해서 말할 수 있다. "이와 같이 말하면 경으로 지행知行을 겸하고 동정을 관통해 말하니, 그대의 말과 같으오."[290]

고 하였는데 경敬은 지행知行을 겸하고 동정을 일관하는 공부이며 궁리와 거경은 병행되어야 참된 실천實踐이 가능하다. 격물이라는 지知와 실천의 행이 병행되나 그 근본은 거경 · 궁리에 달렸다는

288) 主敬以立其本, 窮理以致其知, 反躬以踐其實, 三省之功, 互進積久, 而至於眞知其如此 眞知其不可如此, 則庶可免矣<退溪先生文集 卷36, 答李宏仲>

289) 來喩, 又謂持敬似易, 而格物難, 此與愚見異矣, 格物固不易, 然持敬亦豈易乎. 蓋敬者, 徹頭徹尾, 苟能知持敬之方, 則理明而心定, 以之格物, 則物不能逃吾之鑑, 以之應事, 則事不能爲心之累, 何難於格物, 何疑於心不有一事耶<退溪先生文集 卷28, 答金惇敍 癸丑>

290) 以居敬窮理對言, 則如此說, 以敬兼知行貫動靜言, 則如公說<退溪文集, 卷32, 答禹景善 問目>

것이다. 이것은 왕양명이 지행知行합일의 근본이 양지良知라 한 것과 비교될만하다.

3) 주경主敬과 주정主靜

주렴계의 주정主靜을 정자程子에 이르러 주경主敬으로 전환시켰는데, 그후 여러 주장들이 나왔다.
"진서산眞西山이 경정敬靜은 하나라고 했으니 경정敬靜을 동정으로 나누어 볼수 있겠는가?" 질문하므로 퇴계는 "그렇지 않다." 하고 다음과 같이 말하였다.

경敬은 동動과 정靜을 스스로 겸함으로 정靜과 상대시켜 동정으로 나누어서도 아니 되고, 정靜이 비록 동動에 상대되는 명칭이지만 그러나 이제 경敬과 하나로 본 이상 역시 경敬과 상대시켜 동·정으로 나누어서도 안 되는 것이다. 또, "경을 서로 전수하는 일은 옛부터 그러하였다. 예를 들면, 요堯의 공손, 밝음欽明과 순舜의 경계하고 조심하여 불안해 하고 두렵게 여김兢業과 탕湯의 성스러움과 공경이 날로 향상됨聖敬과 무武의 경이 나태함을 이김敬勝, 공자의 독경篤敬을 행함, 자기를 수양함에 경敬으로 함이 바로 이러한 것들로서, 경자敬字 공부는 동과 정을 관통하기에 정靜으로 꼭 말하지 않아도 저절로 만족했다(주역의 적연부동寂然不動과 맹자의 평조야기平朝夜氣는 정의 이치를 말하면서도 정자靜字를 드러내어 말하지 않고, 대학의 정정定靜은 지지知止의 효과만을 설명하였을 뿐, 주정主靜의 학을 말하지는 않았음). 염계선생에 이르러서 주정主靜의 설이 있기는 하였으나 역시 성인은 동과 정의 덕을 온전히 하지만 늘 정靜에 근본한다는 것을 말하였을 뿐, 학문에까지는 언급하지는 않았지요. 정자 문하에서 비로소 학문하는 자들의 시끄러움을 적정하는 이가 많기 때문에 정좌靜坐에 대한 설을 발표하였으니, 이는 사람을 가르침에 있어 그 병에 따라 약을 쓰자는 생각이었소. 그러나 그 말은 조금만 틀리어도 선禪으로 흐르기가 쉽다. 지금 남헌南軒은 그렇지 않아서 경敬이 곧 주정主靜의 뜻인 줄 알았고, 또 경敬에 뜻을 집중시켜 주정의 깊은 맛을 깨달았으니, 그는 선禪으로 흘러가지 않고, 주자周子, 정자程子의 근본 뜻을 얻었음을 알 수 있다. 까닭에 서산西山이 이와 같이 찬탄한 것이니, 배우는 이로서는 마땅히 남헌南軒이 어떻게 해서 경敬이 곧 주정主靜의 뜻임을 알았는가를 찾아보아야 하며, 또 마땅히 남헌이 경자敬字에서 얼마나 힘을 집중하여 주정의 깊은 맛을 깨달을 수 있었는지, 이것에 힘쓰고 힘써서 공부를 더해야 한다. 아마도 준비도 없이 그냥 동과 정으로 나누는 데에 심력을 허비해서는 아니될 것이다.[291]

주정主靜으로부터 주경主敬으로 전환은 선화禪化를 경계한 것이 근거인데, 그 역사적인 과정은 흠명欽明, 긍업兢業, 성경聖敬, 경승敬勝, 행독경行篤敬, 수기이경修己以敬, 적연부동寂然不動, 평조야기平朝夜氣, 정정定靜, 주정主靜, 정이천程伊川의 정좌靜坐가 모두 주경主敬으로 전환되었다.

그러나 주정공부主靜工夫는 여전히 존중되었으므로 퇴계는 다음과 같이 설명하여 주정主靜의 약점을 경고한다.

주정主靜의 뜻은 공자 · 맹자 · 주자周子 · 정자가 모두 말했고 구산龜山문하에서는 서로 전수하는 지결旨訣로 하여 회암에까지 이른 것도 역시 이 정靜에 있었는데, 더구나 그대의 경우는 병을 고치는 약이 될 뿐이겠는가? 다만 이 일이 한 번 어긋나게 되면 선학禪學으로 들어가게 되는 까닭에 정주程朱가 또 경敬으로 하고 정靜을 해서는 안 된다는 말이 있게 되었으니, 이것은 곧 사람이 잘못 들어갈까 걱정하여 이렇게 해서 구제하려는 것이고, 주정主靜이 옳지

291) <退溪先生文集, 卷37, 答李平叔 咸亨>

않다고 한 것은 아니다. 그러나 또 박문약례博文約禮가 번거롭다고 하여 흙덩이처럼 정靜만을 위주로 해서는 안 되는 것이다. 연평延平이 말하기를, "그 도리는 오로지 일상생활 속에서 익숙하기에 달려 있다. 만약 정靜하는 곳만 있고, 동動하는 곳이 없다면 그것은 잘못이다."고 하였는데, 대개 정靜만 있고 동動이 없다면 다름이 아니라, 박문약례를 싫어하고 한갓 주정主靜만 하기 때문이다. 모름지기 동정動靜에 다 그 공력을 이루어 익숙하고 또 익숙해져서 동動과 정靜이 일체가 되고 그 체体와 용用이 합해져야만 바야흐로 궁극적인 경지에 이르는 것이다.[292]

주정공부가 옳지 않다는 것이 아니라 동을 싫어하는 폐단이 있기 때문에 주의하는 것이다. 그래서 동정을 일체로 삼고 체용을 합하는 공부에 익숙해야 한다고 주장했다. 따라서 주자의 경敬은 동정을 겸해야 한다는 주장이다.

"주자께서 이연평 문하에서 정靜 가운데서 주재하고 존심양성存心養性하는 법을 배웠습니다. 그래서 불교・노장에 빠지는 것을 면하고, 유학의 근본줄기를 배우게 된 것이 이에 있었습니다. 그러나 정靜을 말하는 것은 경敬을 말하는 것만 못하다는 것을 정이천이 이미 말한 바가 있습니다. 주자가 어찌 사문師門이라는 이유 때문에 억지로 맞추어 말할 수 있겠습니까?"[293]

주정主靜과 주경主敬과의 관계에서 주경主敬이 불교・노장의 「주정무욕설」을 벗어남에 분명하다고 하였다.

---

292) 主靜之意, 孔孟周程, 皆言之. 龜山門下, 相傳旨訣, 以及於晦菴, 亦在此, 況於公, 尤爲對病之藥乎. 但此事一蹉, 則入於禪, 故程朱子又有用敬不用靜之說, 此乃恐人之誤入, 故發此以救之, 非以主靜爲不可也. 然亦不當厭博約之煩, 而塊然以主靜, 延平曰, 此道理, 專在日用處熟, 若靜處有而動處無, 卽非矣. 蓋靜有而動無無他, 厭博約而徒主靜故耳, 須是兩致其功, 熟之又熟, 而至於動靜一, 體用合, 方爲究竟處耳<同文集, 卷28, 與金而精 就礪>

293) 朱子於延平之門, 得靜中有主宰存養之法, 由是免入釋老, 去而學之, 宗統在是, 然說靜不若說敬, 程先生已言之, 朱子豈得以師門之故, 而遷就爲說耶<同上, 卷33, 答吳子强 問目, 健, 延平答問>

실지로 주자周子의 "주정한 까닭에 무욕이라主靜故無欲"고 한 것은 유가의 「과욕설寡欲說」을 벗어나는 오해가 있었던 까닭에 주경主敬이라고 고친 정이천의 역사적 이유가 있었던 것이다.

4) 지경법持敬法

지경持敬의 공부방법에 관하여 여러 가지가 주장되어 왔는데, 실지 공부에서 어떤 것이 가장 효과적인가?

앞서 어진사람들이 경敬에 대해 해석한 것이 하나뿐이 아니지만 대개 각각 자기 소견을 형용해 말하였을 뿐이며, 어찌 별다른 이유가 있겠습니까? 지금 공公이 지경공부持敬工夫를 하고자 하여 반드시 병에 대한 약을 구하러 한다면 이는 세 분 선생(정이천, 사상채, 윤화정)의 주장에서 자기에게 더욱 절실한 것을 가려서 취하고 실행하려고 함이나, 이는 이와 같이 할 필요가 없습니다. 병을 치료하는 것으로 비유하면, 경敬은 모든 병통의 약이고 하나의 병증에 대하여 한 약제藥劑를 쓰는 것과는 다르니, 어찌 반드시 병에 대한 처방을 요구할 것이 있겠습니까?

또 3선생의 4조목의 설이 같지 않기는 하지만 주자는 일찍이 말하기를, "그 실지는 다만 같을 뿐이다." 하였고 또 말하기를 "만일 한쪽에서 세 방면으로 들어가려면 들어가는 곳이 모두 이 속에 있게 된다."고 하였으며, 진서산眞西山도 말하기를, "세 선생의 말을 합하여 노력한 뒤에야 안과 밖을 서로 수양되는 도리가 비로소 갖추어진다."고 하였습니다. 다만 지금 착수하여 노력할 곳을 구하자면 마땅히 정부자程夫子의 정제엄숙整齊嚴肅을 우선으로 하여 오래도록 게을리 하지 아니하면 이른바 "마음이 곧 한결같아서 그르고 사특한 것의 침범이 없다."는 말이 나를 속이지 않음을 징험할 수

있을 것입니다.[294]

퇴계는 지경공부의 4조 중 정자의 정제엄숙整齊嚴肅으로 마음을 전일專一하게 하는 것으로부터 착수한다면 마음이 통일된다고 주장한다.

외모가 엄숙하고 마음이 한결같아서 "마음을 오로지하여 잡념이 없다主一無適<정자설>."고 하는 것과 이른바 '그 마음을 수렴收斂하여 한 가지 물욕도 용납하지 않는다其心收斂不容一物<尹和靖說>.'는 것과 이른바 '늘 마음이 깨어있다常惺惺<謝上蔡說>.'는 것이 모두 그 가운데 있으니 각 조목을 별도의 단계로 공부하지 않아도 됩니다.[295]

고 하니 정자程子의 「정제엄숙整齊嚴肅」과 「주일무적主一無適」공부 2조에, 사상체의 상성성常惺惺과 윤화정의 「기심수렴불용일물其心收斂不容一物」 2조를 합하여 4조가 된다. 그 4조에서 중요한 지경공부는 어느 것 한 조목만 고집하지 말고 경우에 따라서 어느 곳에서나 착수해야 한다고 하였다.

황滉은 가만히 생각하건대, 4선생(정이천, 사상체, 윤화정, 주자)이 경敬을 말한 가운데 정자의 외모를 가지런히整齊 하고, 마음을 엄숙히 한다嚴肅의 대목에서 주자의 편지 뜻이 유래하였으므로, 처

294) 前賢訓敬不一, 蓋各以所見形容說出耳. 豈有他哉. 今公欲做持敬工夫, 而必欲求對病之藥, 則是於三先生之說, 欲柬取其尤切己者行之, 此則不須如此也. 譬之治病, 敬是百病之藥, 非對一證而下一濟之此, 何必要求對病之方耶. 且三先生四條說 雖不同, 朱子嘗曰, 其實只一般, 又曰, 若從一方入三方, 入處都在這裏, 眞西山亦曰, 合三先生之言而用力然後內外交相養之道始備, 但今求下手用功處, 當以程夫子整齊嚴肅爲先, 久而不懈, 則所謂心便一而無非僻之干者, 可驗其不我欺矣<退溪先生文集, 卷29, 答金而精 就礪>

295) 外嚴肅而中心一, 則所謂主一無適, 所謂其心收斂不容一物. 所謂常惺惺,者, 皆在其中, 不待各條別做一段工夫也<同上>

음 배우는 사람으로서 먼저 배워야 할 바가 이보다도 더 절실한 것이 없습니다. 이로부터 들어가 노력하기를 오래하여 공력이 깊어져 얻는 것이 있게 된다면, 이른바 세 가지 방면에서 들어가는 것이 모두 그 가운데 있다는 말이 나를 속이지 않는다는 것을 비로소 믿을수 있을 것입니다.[296)]

여기서 퇴계 경공부의 착수처가 정이천의 「정제엄숙整齊嚴肅」에서 시작한 것을 알 수 있다. 먼저 지적한 듯이 "고요할 때 엄숙한 것은 경의 체體요. 행동할 때 제정齊整하는 것은 경의 용用이라."고 하여 퇴계 경학의 체용體用이 있었던 것이다.

그러나 경고를 잊지 아니한다.

"정靜할 때 공부가 한 번 잘못되면 선학의 함정으로 굴러 떨어진다."[297)]

4선생 중 주자는 경을 요약하여 어떻게 표현하였는가?

"단지 일에 따라서 한결같이 삼가하고 두려워하여 방종하지 아니할 뿐이다."[298)]고 하며 또 "경은 외자畏字이다."고 하였는데. 근외謹畏, 외畏는 천리에 대하여 삼가는 마음가짐이라고 하겠다. 그러나 주자의 경敬에서 매우 천종교天宗教적인 냄새가 물신하다. 유가는 천리天理의 유행을 고찰하여 우리 이성理性의 발현을 위하는 까닭에 존양存養하고 성찰省察하지만 선가禪家의 좌선坐禪은 마음공부요, 불佛이 무언가? 하는 점에서 큰 차이를 발견한다. 정주程朱는 천리공부天理工夫를 하고, 선불禪佛은, 불심공부佛心工夫를 한다. 따라서 각각 근본처가 매우 다르다.

---

296) 滉竊謂四先生言敬之中, 程子整齊嚴肅一段, 卽朱子此書之意所從出, 始學之所當先, 莫切於此, 由此而入, 至於力久至深而有得焉, 則所謂三方入處, 皆在其中者, 始信其不我欺矣<同上, 卷35, 答李宏仲>

297) 靜中工夫一蹉, 則墮落若禪學窠窟中也<同上>

298) 只要隨事專一謹畏, 不放逸耳<朱熹集, 卷64, 答○○○ 易簡>

퇴계는 첫째 "경학敬學"이라 하여 마음 공부를 주재화하고, 둘째 경의 「체용설體用說」을 주장하나 일상에서 매우 평이平易하게 경敬하는 정제整齊와 엄숙嚴肅으로 하였으며, 세째 선현의 4가지 경敬하는 방법을 수시수처隨時隨處에서 활용하여 하나로 고집하지 아니하였으며, 넷째 진지眞知는 주경과 궁리와 실천으로 획득된다고 했다. 퇴계 평생의 학문은 주경敬, 궁리知, 실천行에 있었다고 하겠다.

지知와 행行이 경敬으로 관통될 때 진지眞知가 획득된다고 하였다.

5) 정좌靜坐와 쇄락洒落 및 지경법持敬法

정좌는 가장 긴요한 지경법이다. 지경은 정좌를 통하여 효과적으로 수행된다. 이연평李延平의 「정좌법」은 정명도, 정이천의 경敬 공부를 종합하여 주자에서 경공부로 발휘되었다.

퇴계는 평이平易하고 명백明白하게 김성일金誠一에게 정좌에 대하여 대답하였다.

"정좌한 뒤에 몸과 마음이 거두어져서, 도리도 비로소 한 곳으로 모이게 될 것이다. 만일 몸이 흐트러지거나 통제되어 있지 않으면, 마음과 몸이 혼란할 것이며 도리가 흩어져 갈피를 잡지 못한다. 그러므로 주자는 이연평을 마주하여 온 종일 정좌하고 물러나와 혼자 있을 때도 또 정좌하였다."<退溪言行錄 卷1, 論持敬, 金誠一> "공께서 퇴청하면 꼭 정좌하시고 독서하여 직무가 바쁘다고 게을리 하지 않으셨다."<同上實記>고 했으니 정좌靜坐는 마음을 통일하고 맑게 하는 경공부이다. 현대인들이 정신을 맑게 하고 스트레스를 해소하는데 탁월한 효과가 있다는 것이 각종 연구에서 많이 밝혀졌다.

현대인들이 각종 질병 중 많은 것들이 정신적인 스트레스 때문이라는 것도 잘 알려져 있다. 이러한 스트레스 해소에서 정좌를 생활화한다면 좋은 효과가 있다고 한다.

퇴계는 정좌에 의하여 지경공부에 탁월한 수련이 있었던 학자이다. 그는 「연평답문발延平答問跋」에서 “연평선생의 정좌가 중中을 구한다는 설이 분명하여 선학禪學으로 빠지지 않고 대본달도大本達道가 관통되지 아니한 것이 없는 까닭이다.”299)고 하였으니 정좌는 대본 중中과 달도 화和의 중화中和를 구하는 것이 연평 정좌의 요지이다.

“정명도가 사람에게 정좌를 가르치니 연평선생도 사람에게 정좌하기를 가르쳤다.”<朱子語類>

명도·연평·주자·퇴계의 정좌는 대중大中하고 달도한 화和로 마음과 몸의 안정을 구하는 것이 지경持敬하는 법이다. 그래서 퇴계는 “주정主靜하여 동動을 잘 다스리는 것은 성현이 중화中和로 하는 까닭이며 정靜에 탐닉하여 사물을 단절하는 것은 불교·노장이 편벽되게 하는 까닭이다.300)

“명도明道가 사람에게 정좌를 가르치고, 이선생延平도 사람에게 정좌를 가르쳤다. 이 정좌를 보건대 비로소 잘 마음을 거두어 드렸다收斂<延平先生答問後錄>.

명도·연평의 정좌는 마음의 ‘수렴’이라 하였다.

“대개 마음에 매우 소란한 것을 버리면 어떻게 도리를 인식하게 됩니까? 반드시 마음이 조용하면 바로 인식됩니다. 이른바 정좌는 단지 겹쳐서 마음에 번거로운 일이 없을 때 도리가 비로소 드러납니다. 도리가 벌써 드러나면 마음은 더욱 밝고 고요해집니다.”<同上>

정좌의 효과는 마음이 천리에 밝고 안정安靜된다는 것이다. 마음을 거두어 들여서 천리에 밝고 안정된다면 이른바, “묵좌증심默坐澄心하여 천리를 체인體認한다. 이와 같이 하면 털끝만큼의 사욕의 발

---

299) 此先生靜坐求中之說 所以卓然不淪於禪學而大本達道, 非不該貫者也<退溪先生文集 권43, 延平答問跋>

300) 主靜而能御動者, 聖賢之所以中和也, 耽靜而絶事物者, 佛老之所以爲偏僻也<退溪先生文集 권42, 靜齋記>

동이라도 물리치고 천리의 명령을 듣게 될 것이다."<同上>고 하였다. 즉 정좌는 사욕을 물리치고 마음이 맑고 밝아서 천리를 체인하는데 집중된다고 할 것이다. 쇄락洒落이 정좌의 목적으로 강조된 것도 정이천·이연평부터라 생각된다.

정이천의 이른바 "다만 경敬하고 리理에 밝지 못하면 경은 다만 힘쓰고 노력한 것에서 나올 뿐이요, 쇄락자득하는 공부가 없으니 뜻이 정성스럽지 못하다."고 하였다. 쇄락자득洒落自得하는 기상은 그 자리가 매우 높다. …… 이에 연유하여 지수持守하기 오래면 점점 녹아 풀리어 이로 하여금(이천의) 밖에서 제약함이 있는 것을 보지 않게 하여 지경持敬하는 마음으로 리理와 마음心이 하나가 될 때 거의 쇄락에 가깝게 된다.[301]

지경持敬하는 방법이 정좌靜坐이고 정좌는 리理와 마음心을 하나로 통일하여 쇄락洒落을 자득自得하는 기상에 도달하며 쇄락자득할 때 정신적인 스트레스는 모두 해소되는 효과가 있다고 하겠다. 까닭에 문인(鄭進一)이 "선생의 타고난 품성이 매우 높아 본성이 충실하고 존양함에 도리가 있고 쇄락하며 기운과 정서가 맑고 그윽하다. 씩씩하고 성실하여 혼자라 해서 양심을 속이지 않으며, 단정하고 엄숙하니 의연한 기색은 범접할 수 없을 듯했다."[302]고 하여 퇴계의 쇄락한 기상이 인격화 되어 있었던 모습이 완연하다.

---

301) 伊川所謂 但敬而不明於理, 則 敬特出於勉强, 而洒落 自得之功, 意不誠矣, 洒落自得之氣象, 其地位甚高.……由此持守之久, 漸漸融釋, 使之不見有制之於外, 持敬之心, 理與心 爲一, 庶幾洒落爾<延平先生師弟子答問, 門人朱熹 編>

302) 先生天品甚高, 充養有道, 襟德洒落, 韻致淸遠, 莊正誠實, 不欺闇室, 端居整肅, 毅然之色, 若不可犯 ……<退溪言行錄 卷2, 資品>

퇴계는 시 「관심觀心」에서

고요히 지경持敬하고 옷깃을 여미노라 靜中持敬只端襟
마음을 본다 하니 마음이 둘이런가 若道觀心是兩心
연평에게 이 뜻을 물으려 하였으나 欲向延平窮此旨
얼음항아리 가을달을 아득히 찾지 못했노라 氷壺秋月杳無尋

"연평의 지경하는 정좌靜坐는 얼음 항아리에 가을달과 같이 맑아서 한 털의 사욕의 티가 없었다."고 했다.

"깨끗하고 정미靜微하며 그대로 쇄락灑落한 기상은 말로 형상하기 어려운 것이고 즐거움도 또한 끝이 없는 것이다."303)

청명淸明, 고원高遠한 마음 속이 간혹 광풍제월光風霽月과 같은 홍취興趣가 천인합일天人合一을 이루어 쇄락한 기상으로 형상하기 어려운 즐거움이 끝이 없다고 하였다.

또 퇴계는,

"장황거가 …… 정몽正蒙에서 '대개 고심하고 힘써 찾아서 체득한 경우가 많아 가끔 너무 작위적으로 안배하고 견강부회한 것이 있어, 설이 자연스럽지 못합니다.' 이 점이 바로 정평延平의 완전히 통달하여 작위적인 것을 떨치고, 쇄락하게 자득하는 것과는 비슷하지 않습니다."304)

퇴계는 정이천의 장횡거에 대한 비판을 인용하고 쇄락은 인위적인 안배와는 다른 경지라고 하였다. 마음과 몸이 쇄락한 경지는 말할 수 없는 즐거운 기상이다. 퇴계가,

"연평의 학문은 모두 통달해서 쇄락한 경지에 도달하였다. 그래서 그 기상이 마치 얼음항아리의 가을달처럼 투명하였다."305)

---

303) 潔淨精微, 從容灑落低氣象, 言所難狀, 樂亦無涯<退溪文集 卷36, 答 李宏仲>

304) 橫渠說道……乃在正蒙云, 大抵多由苦心力索而得, 故往往有安 牽强處, 說得不自在. 正融釋脫落洒然 自得處 不相似人<退溪先生文集, 卷33, 答吳子强問目, 健◯延平答問>

305) 曰 延平之學, 已到得通洒落處 故氣象如氷壺秋月<言行錄 金誠一>

퇴계는 쇄락기상을 빙호추월氷壺秋月로 상징화 하였으니 말하기 쉽지 아니한 경지이다.

8. 이학異學, 이단異端의 비판

퇴계의 정밀한 이론과 경학은 길이 사표가 되었고, 특히 그의 이단·이학관은 후세에 계승되었으니, 오히려 묵수라고 한 것이 알맞았다.

퇴계는 일체의 이학에 대하여 추호의 관용도 없이 필주筆誅를 가하여 노장과 관상적인 공리설 혹은 문장, 과거를 위한 구이학口耳學 등을 배격하고, 주자의 문인인 양구산揚龜山의 학설마저 불신하였으며, 노불에 오염되었다고 인정되는 육왕학은 말할 것도 없고, 명의 주자학도인 정암 나흠순의 리기일물설理氣一物說등을 비판하였다.

우리나라 학자로서는 고운 최치원을 "온 몸이 부처에 아첨한 사람이라" 하고 또 김종직에 대하여 "학문하는 사람이 아니라 한 평생 한 일은 화려한 사장詞章에 있었다."고 하였으며, 서화담의 「주기설비판主氣說批判」과 노소재蘇齋가 곤지기困知記에 중독됨을 경계하는 등 "이단 보기를 음탕한 소리나, 미녀가 사람을 유혹하는 것과 같이 여겨서 그것을 엄하게 끊지 못할까 걱정하였다."고 하였다.

이 글에서는 육왕학을 이학異學이라 규정하는 논리 및 서화담 등 주기설비판主氣說批判의 내용을 파악하려 한다.

1) 이학異學과 이단異端

퇴계는 상산학을 이단이라 하였는데, 선불교와 다름 없으니 우리와 다르다고 다음과 같이 말했다.

묻기를, "상산의 학문이 무엇 때문에 이단이라 하십니까" 하였는데, "부처는 천리를 끊고 머리카락을 헐어 버리는 것인데, 상산에게 이런 일은 없었다 해도 단지 하나의 돈오頓悟하는 학으로 되어 버렸으니, 궁리窮理로써 정신을 피로하게 한다 하고 학문을 하지 아니 하였다. 바로 불교의 부립문자不立文字나 견성성불見性成佛한다는 것과 무엇이 다른가?" 이것이 상산이 우리의 도와 다르게 된 까닭이라고 하였다.306)

유가에서 볼 때는 노장의 도가와 불교는 당연히 이단異端이라 할 것이나, 다같이 공맹학을 표방하더라도 여러 유학파가 있을 수 있다. 그러므로 중국은 주자학도가 상산학을 이학異學이라 하고, 상산학도는 또 주자학을 지리支離한 구이口耳의 속학이라고 서로 비난하였으나, 퇴계와 같이 바로 이단이라 지적하지는 아니 하였다. 퇴계는 「답남시보答南時甫」에서,

우리 도가 자족한데 하필이면 이학에 기어 다니면서 인증을 바라며 합하기를 구할 것입니까, 전날에 공이 장자를 보고 이제 그것에 중독됨을 알겠으니, 이학異學이 사람의 마음을 옮기기 쉬우니, 참으로 두려운 일이라.307)

---

306) 問象山之學, 何故謂之異端, 曰爲佛者, 滅絶天理, 虧毁髮膚, 今象山非有此事, 只是爲一超頓悟之學, 以窮理爲疲精神, 不做問學工夫, 正如釋氏不立文字 見性成佛何異, 此象山所以爲異於吾道也<退溪, 言行拾遺>

307) 吾道自足, 何必匍匐於異學, 而援引求合乎, 向者公看莊子, 今覺已其毒, 異學移入之易, 深可畏<陶山全書>

하였으므로 장자를 이학異學으로 지칭하였다.

그런데 「근사록近思錄」의 이단異端에서 정명도는 "양묵揚墨의 해가 신불해申不害 · 한비자韓非子보다도 심하고, 불교와 노자의 해는 양주揚朱 · 묵적墨翟보다도 심하다……. 불교나 노자의 말이 이치에 가까워서 또 양묵에 비교할 바 아니나, 이것이 해로움은 양묵의 해보다도 더 심하다."[308]고 하였는데 주자도 주석에서 "양주揚朱는 곧 노담老聃의 제자이다. 맹자가 양주 · 묵적을 물리쳤으니, 노장의 배격은 그 속에 포함되어 있다."[309]고 하였다. 양주를 물리칠 때는 그가 노자의 제자이기 때문에 노자의 배격도 포함되어 있다는 것이다. 이러한 논법으로 본다면 이학이라 한 것이 된다. 중국에서는 노장을 이단이라 하고 상산학을 이학이라 하였는데, 퇴계는 오히려 장자를 이학이라 하고 상산을 이단이라고 하였다. 이로 미루어 이학과 이단에 대하여 명확한 규정이 없었던 것 같다.

원래 이단이라는 말은 『논어』에 공호이단, 사해이이攻乎異端, 斯害而已라 한 것이 처음이었고, 그 후에 맹자가 이단으로 공격한 양묵과 노장이 아직도 표면화하지 아니하였기 때문에 공자가 말하는 이단은 무엇을 말한 것인지 알 수가 없었다.

그러나 『중용』의 '색은행괴索隱行怪'한 것은 이단이요, '화이불류和而不流'하고 '중립이불의中立而不倚' 하여 '용기중어민用其中於民'하는 것은 군자의 도이며 요순의 도라 생각하고, '집기양단執其兩端'이라는 표현을 빌린다면 양단에 기대고 흘러서 화하고 중립하지 못한 학설이 이단이라 할 수 있다. 명의 왕양명은 이단을 규정하기를, '우부우부愚夫愚婦'가 다같이 하는 것을 동덕同德이라고 하고, 우부우부愚夫愚婦와 다른 것을 이단이라 한다<전습록>고 하였다. 동덕에 대하는 이단이란 보편과 대립되는 편벽, 또는 보편하지 못한 것에 의지한 교학이 이단이라 생각된다.

---

308) 楊墨之害 甚於申韓, 佛老之害, 甚於楊墨<近思錄>

309) 朱子曰 楊朱則老聃之弟子, 孟子闢楊墨 則老莊在其中矣<同上>

그렇다고 하면 이단과 이학의 구분은 불가능한 것인가?

「송원학안」의 상산학안象山學案 첫 머리에 전조망全祖望이 "만약에 세상의 뇌동하는 자들이 스스로 능히 주자학紫陽學을 보호한다 하고 드디어 상산을 이학이라고 비방하는 것을 나는 아직 믿지 아니했다."고 하였으니, 자양학도(주자학도)가 상산학을 이학이라 하였음을 알 수 있고, 또 황종희는 상산학이 존덕성을 중심으로 삼고 자양학은 도문학을 주로 하였다하고 "주朱를 종주로 하는 자는 육陸을 비방하되 광선狂禪이라 하고, 육을 종주로 하는 자는 주를 속학이라 하여 양파가 각각 문호를 이루어 거의 빙탄氷炭과 같았다." 고 하였다. 전조망은 「순희4선생사당비문」에서

이것은 대개 따라 들어간 길과 각각 무게를 두는 곳이 다르다. 그러나 성학聖學의 온전함에 이르러서는 그 하나를 얻고 그 하나를 버리는 일이 없었다.[310]

공부하는 방법과 무게를 두는 것이 각기 다르기 때문에 유파가 생기는 것이나, 성학은 한 쪽에 기울어지는 것이 아니다. 퇴계도 「심경후론」에서

우리 유가의 법은 본래 자연 이와 같으니, 노선생(老先生, 주자)이 평생에 이 두 가지(존덕성 · 도문학)에 종사하여 조금이라도 한 쪽에 기울어졌다고 깨달으면 맹성하여 병통을 고쳤기 때문에 그것이 왕래하는 편지 사이에 서로 억눌리고 치켜올렸음이 드러난다. 이것이 곧 스스로 우리 법을 사용하되 이바지하고 도와서 대중지정大中至正한 길로 나아갈 뿐이다.[311]

---

310) 斯蓋其從入之途, 各有所重, 至於聖學之全, 則未嘗得其一 而遺其一也<宋元學案>

311) 吾儒家法, 本自如此, 老先生一生, 從事於斯二者, 纔覺有一邊偏重, 則猛省而痛改之故, 其見於書尺往復之間者, 互有抑揚, 此乃自用吾法 而自相資相救, 以趨於大中至正之道耳<退溪集 卷41, 心經後論>

존덕성尊德性에 기울어진 것이 상산학이요, 주자학은 존덕성과 도문학道問學에 기울어 짐이 없는 대중지정大中至正한 도, 그것이 정학正學이라고 하였으며, 정황돈程篁墩과 같은 주륙절충학자도 "주자의 학은 대중지정大中至正하여 한 쪽으로 떨어지는 폐단이 없었다."312) <心經附註>고 하였다. 대중지정한 학문이 주자학이라 할 때 존덕성에 편중하는 상산과 양명의 학문을 이학이라 한 것이다. 다시 말하면 존덕성이라는 주관적인 면에 편중되어 객관적인 지知를 궁구하는 도문학을 소홀히 하였으므로 정학이 아니라 이학이라 한 것이다.

그러나 이단 역시 중화中和하지 못하고 불화不和하여 색은행괴索隱行怪한 것이라 하였으니, 대중지정에 위배되는 이학과 별다른 차이를 발견할 수 없다.

주자학과 육왕학은 다같이 이학에 속하되 주관적인가, 혹은 객관적인가의 차이 뿐이다. 그러나 원류가 다른 도나 선은 주자학의 이학이므로 이단이라 해도 무방할 것 같다. 그러므로 육왕학을 주자학의 입장에서는 이학이라 하면 온당할 것이나, 이단이라 한다면 지나친 말이 될 것이다.

2) 이학異學 비판의 기초

(1) 송유宋儒의 영향

퇴계의 이학관은 멀리 송유宋儒들의 이단관과 관계가 있다고 보아야 할 것이다. 물론 송유의 이단관 역시 공맹孔孟에까지 소급한 것이나, 직접적인 관계는 역시 송유들의 이단관에 있다할 것이다. 그들은 거의 처음에는 선禪과 도가道家 등의 서적을 연구한 경력이 있었으나, 뒤에 극력 이단으로 배척하였다.

312) 朱子之學, 大中至正, 無墮於一偏之蔽矣<心經附註>

정자程子는 처음에 제자백가를 두루 연구하였고, 또 노장학과 불교에 출입한 지가 몇십년이 되었으며 그 후 다시 육경六經으로 돌아와 도를 구하였다.

장횡거張橫渠도 불교와 노장에서 도를 구하다가 육경으로 돌아온 경력이 있으며, 주자·왕양명등도 젊을 때는 몇 십년 동안 노·불에서 도를 구하였다. 이러한 경력은 그들의 행실에 명백하게 드러나 있다. 그들이 유가로 돌아온 후부터 노·불을 이단이라고 준엄히 배격하였지만 부지중 그들의 말하는 사이에는 노·불의 냄새가 있음은 어쩔 수 없었다. 이들 신유학은 원래가 노·불에서 영향을 받았던 사실은 사상사의 흐름으로 보아 당연한 귀결이었다.

가령 주염계의 '무극이태극無極而太極'의 무극과 '주정입인극主靜立人極'의 정靜을 노장과 불교 냄새가 있다 해야 하며, 더욱이 '무욕고정無欲故靜'이라 한 염계의 사상은 금욕주의를 표방한 것인데, 노·불의 영향이라 하겠다. 또 정이천의 '사리일치事理一致' 등은 화엄종의 영향이라고 하였다.'도즉기, 기즉도道卽器, 器卽道'는 『반야심경般若心經』의 '공즉시색, 색즉시공 空卽是色, 色卽是空'과 논리상 어떻게 구분할 것이며 『주자어류』의 '심생도야心生道也' 혹은 '차심본래허령, 만리개비此心本來虛靈, 萬理皆備'라 한 것을 불교의 심생만법心生萬法과 어떻게 논리적으로 구별할 것인가?. 청대의 대동원戴東原은 그의 『맹자자의소증孟子字義疎証』에서 "송유들은 노·불에 출입하였기 때문에 노·불의 말을 섞어서 말하였다."고 하였다.

"불노의 해는 깊은 변명을 기다리지 아니 하여도 명백하다. 단지 삼강오륜을 폐지한 이 한 가지 일만으로도 극히 큰 죄명이 될 것이니 다른 것은 다시 말할 필요조차 없다."[313] <주자어류> "저 불과 노의 무리들은 바로 사물에 따라서 이 마음 속의 천리를 정밀하게 살피고 그 본연의 양지를 이루지도 못하면서 윤리를 버리고 적멸과 허무를 옳다 하니 이것으로는 제가치국평천하齊家治國平天下

313) 佛老之害, 不待深辯而明, 只是廢三綱五常, 這一事, 已是極大罪名, 其他更不消說<朱子語類>

할 수 없다."[314]<전습록>

이와 같은 주자와 왕양명등의 불교와 도가에 대한 배척은 중국의 사회성이 뒷받침 되어 있다. 주자는 삼강오상을 폐지하는 것이 죄라 하였고, 왕양명도 윤리를 버렸다 하고, 치국·평천하할 수 없는 것이라고 배척하였다. 이와 같은 노·불의 사상은 대가족 제도와 중앙집권적인 관료체제에 어긋나는 위험한 사상이 되었다.

중국사회와 같이 대가족을 단위로 하여 가족적이며 신분적인 윤리인 삼강오상을 부정한다는 사실은 중국의 사회를 근본으로부터 부정하는 결과를 가져 올 위험이 있으며, 효孝와 제悌를 기본으로 하는 가족 질서유지의 효치주의孝治主義가 부정되는 판국에 도달할 뿐 아니라, 그러한 상하의 종적縱的인 질서·신분으로 구성되어 있는 국가의 윤칙도 위험에 처하게 된다. 그러므로 삼강오상을 무시하는 불교사상은 중국사회에서 볼 때는 위험사상이라고 하겠다. 고대 양주의 개인주의나 묵적의 겸애주의도 그들에게는 무군무부無君無父로 생각되었는데, 하물며 노장과 불교 등은 비사회적이며, 반국가, 반가족적인 사상으로 배척될 운명에 있었던 것이다. 불교사상의 진수가 아직 이해되기 전에는 호국불교 혹은 『부모은중경父母恩重經』과 같은 효를 중심으로 위장하였지만 그 이론을 깊이 이해함에 따라 위장이 폭로되어 위험사상으로 낙인이 찍히게 된 것이다. 가부장적인 은정을 골격으로 하는 중국인에게는 법가 역시 각박하고 비인정적으로 비쳐 배척을 받았음에야 더 말할 것도 없다. 이러한 바탕에 알맞은 유가가 전통화되고 기타는 이단화 될 것이 명확하고, 이러한 노불의 배척은 비단 중국뿐 아니라 조선사회를 이해한다면 당연히 배척될 운명에 있었다.

---

314) 彼頑空虛靜之徒, 正惟不能隨事隨物, 精察此心之天理, 以致其本然之良知, 而遺棄倫理, 寂滅虛無以爲常, 是以要之, 不可以治國平天下王陽明.<傳習錄>

(2) 퇴계의 심학

퇴계의 심학心學은 '심心과 리理의 일치一致'를 기본으로 한다. 퇴계는 육왕학을 "일초돈오지학一超頓悟之學"[315]이라 하고, 또 "선학禪學은 기름과 같아서 가까이 하면 바로 더러워진다. 왕양명이 또 웅변으로 사람을 거느렸기 때문에 더욱 유혹되기가 쉽다."[316]고 하여 이단시하고, 한편 나정암도 겉으로는 배척하나 속으로는 도우는 선도禪徒라 지목한, 그의 시대적 요청은 무엇이었을까. 그로 하여금 그렇게 하지 않으면 안 될 배경이 있었을까.

첫째 한 때, 온 세상을 주름 잡던 사상이라 할지라도 역시 생성과 전성 및 분열하고, 쇠퇴하는 과정을 밟게 된다. 고려말부터 사대부들의 이론으로 기반을 굳히기 시작한 정주학은 이조 건국과 더불어 보급되기 시작하였다. 그러나 「가례家禮」 혹은 『소학』의 쇄소응대灑掃應對 등이 습득되고, 성종 때의 왕의 호학과 제도의 정비 및 활판술의 보급은 급속도로 독서인을 확대해 나아갔다. 그리하여 독서인의 확대는 사대부 계층의 증가로 말미암아 과거제도라는 통로에 집중되었다. 이에 따라 건국의 훈구파와 사대부층의 대립이 또한 파생되었다.

한편 고려 때부터 내려온 불교세력은 기회가 있는 대로 궁중으로 파고들고 있었다. 영리를 목적으로 하는 과거의 속학이나, 궁중으로 파고 들어가는 불교는 사대부의 이념을 뒤흔들고 있었다.

그러므로 퇴계는 「무진6조소戊辰六條疏」 가운데서 불교배척을 왕에게 부탁하였다.

신이 삼가보건대, 동방 이단의 가장 심한 해는 불교이니, 고려는 이 때문에 나라가 멸망함에 이르렀사옵니다. 비록 우리나라의 융성한 다스림으로도 오히려 능히 그 밑 뿌리를 끊지 못한 까닭에

---

315) 退溪言行拾遺

316) 禪學如膏油, 近人則輒軌汚, 陽明又以雄辯濟之, 尤易惑人<退溪先生文集, 卷13 與洪應吉>

때때로 틈을 타고 침투하여 퍼지니 비록 선왕께서 그 그른 것을 깨달으시고 빨리 씻어버릴 것을 힘쓰셨으나, 이 여파와 찌꺼기가 아직도 남아 있는 것이 있사옵니다.317)

불교세력을 씻어 버리려고 힘을 쓰기 시작하고, 또 불교의 배척을 사명으로 생각한 정주학도들은 고려말부터 온갖 노력을 기울였다. 그것이 이론적으로 체계화되어 정삼봉의 『불씨잡변佛氏雜辨』이 되었으며, 길야은, 김강호金江湖 등 재야의 선비들도 혹은 불교의식의 배척으로 혹은 교리의 비판에 힘을 기울였으며, 이회제 언적李晦齋 彦迪의 조망기당에 대한 사상적 비판도 역시 불교적인 것에 대한 것이었다.

정학正學의 올바른 확립을 사명으로 자각한 퇴계로서 불교의 배척은 당연한 귀결이며 또 정주이념의 보급을 위하여 마땅한 요청이었다.

이미 지적한 바와 같이 사화파詞華派로 자처한 훈구파와 그에 예속한 공리학인 과거하는 공부 역시 배척의 대상이 되었다. 이와 같은 신진 사대부 계층과 훈구파의 갈등은 드디어 4대 사화를 일으키게 하여 사대부 계층에게 아픈 상처를 안겨 주었다.

노장학의 허망한 망발을 혹 깊이 숭상하여 성인을 업신여기고, 예법을 멸시하는 풍습이 더러 일어나고, 관중管仲과 상앙商鞅의 학술과 사업은 다행히 전술하는 자는 없으나, 공리를 계획하고 이익을 꾀하는 폐단은 오히려 고질이 되고, 향원鄕愿들이 덕을 어지럽히는 풍습은 보잘것 없는 무리들이 세속에 아부하는 데서 시작되고, 속학들이 방향을 그르치게 하는 걱정은 과거꾼들이 녹리와 명예를 추구하는 폐습에서 일어남이 요원의 불길과 같은데, 하물며 명예를 구하고 벼슬길에 나와서 기회를 틈타 엿보고, 이랬다 저랬

317) 東方異端之害, 佛氏爲甚 而高麗氏以至於亡國, 雖以我朝之盛治, 猶未能絶其抵, 往往投時而熾漫, 雖賴先王旋覺其非, 而汎掃去之, 餘波遺燼尙有存者<戊辰六條疏>

다 하고 속이고 저버리는 무리들이 또한 어찌 전혀 없을 수 있겠습니까. 이로서 본다면, 지금 인심이 심히 올바르지 못함이 심하겠습니까. 가령 불행히도 주상께서 이끌어 가시는 마음이 조금이라도 전과 같지 못하여 혹 좋아하고 미워하는 것을 편파적으로 나타내고, 혹은 사사로움으로 소홀한 틈이 있게 되면 무릇 이와 같은 통속의 인물들이 반드시 너저분하게 많이 어울려 나와 산귀신 물귀신과 같이 술수를 부리고 괴이한 일을 하여 온갖 실마리를 통해 뚫고 들어올 것이니, 한 번 그 술수에 떨어지면 문득 그들과 함께 동화될 것이옵니다. 그들에게 동화되면 이쪽을 변하게 할 것이요, 좋은 것이 그들 쪽에 있으면 싫은 것이 이쪽에 있게 될 것이요, 그들과 한 덩어리가 되면 이쪽엔 원수와 같이 될 것이니, 예로부터 임금이 처음에는 맑고 밝아 정치가 가히 볼만하다가 얼마쯤 지나면 간사한 무리들에게 떨어지는 바가 되고, 이단에 미혹되는 바가 됨으로써 공효를 무너뜨리고 나라를 병들게 하는 것이, 송나라의 철종, 휘종, 영종, 리종과 같이 된 자를 어찌 이루 다 셀 수 있겠습니까.318)

성현을 기약하고 요순 성군 즉, 내성외왕內聖外王을 이상으로 하는 정주학도로서 이러한 정학과 상반되는 노장, 관상학管商學, 과거학 등의 허망하고, 공리와 영달을 목적으로 하는 이단, 속학은 용납될 수 없었다. 특히 훈구파들이 외교문서에 능하기를 바라 사화詞華에 힘썼고, 또한 사대부들이 사화士禍로 희생되는 경향은 참을 수 없었다.

318) 老莊之虛誕, 或有耽尙, 而侮聖蔑禮之風間作, 管商之術業, 幸無傳述, 而計功謀利之弊猶錮, 鄕愿亂德之習 濫觴於未流之媚世, 俗學迷方之患, 燎原於擧子之逐名, 而況名途宦路. 乘機抵巇, 反側欺負之徒, 亦安可謂盡無也, 以此觀之, 今之人心不正甚矣, 設若不幸而 主上嚮道之心, 少不如初, 或見於好惡之偏 或漏於己私之隙 則凡此數等之人, 必有雜然並進, 魑魅魍魎, 舞術眩怪, 百端攻鑽, 一爲所中 則使與之俱化於彼矣, 化於彼則變於此, 好在彼則惡在此, 黨乎彼則仇乎此, 自古人君, 始初淸明. 其政可觀, 旣而爲姦邪所中, 異端所惑, 以敗功殄國, 如宋之哲徽寧理之爲者, 何可勝數<退溪先生文集 卷6, 戊辰六條疏>

그럼에도 불구하고, 점차로 지도이념으로 기반을 다지게 된 정주 정학正學은 또한 종교적인 신념으로까지 굳어서 이학과 이단에 대하여 가차할 필요도 없게 되었다. 퇴계 이후 전성기를 지나 분열시기에 이르러서는 더욱 정주학적인 종교관으로써 학문적인 자주정신마저 말살하기를 서슴치 않았다.

윤백호 휴 尹白湖 鑴의 희생이 바로 여기에 해당하며, 육왕학의 도입은 중대한 문제를 안고 있었다. 퇴계의 시대에서는 정주학으로 굳쳐야 할 사명감이 있었으므로 육왕학의 배척이 일어났으며, 그 후에는 종교화된 정주학과 상반되는 이단설과 정주학를 공격하는 육왕학은 기성질서에 대한 도전이 되는 것이기 때문에 보수파로서 기반을 가지고, 또한 지도이념으로 확립된 정주학으로서는 새로운 일체의 이학을 배척할 필요가 있었다. 기존질서와 기존이념에 충성하는 길이 퇴계의 이학배척이었다.

둘째 이러한 이학배척에는 퇴계 자신의 성격과도 관계가 있다고 할 것이다.

퇴계는 주지적主知的이며, 이론적이요, 또한 온정적恩情的이었다.

유운용柳雲龍이 "퇴계선생은 시사에 관하여는 한 마디도 말이 미치지 아니 하였다."[319]고 한 것으로나, "나의 진퇴는 젊을 때와 늙을 때와 달랐던 것 같다. 젊을 때는 왕의 명이 내리면 곧 나아갔으나, 늙어서는 왕이 불러도 반드시 사양하고, 비록 나아갔더라도 오래 머물지 아니 하였다. 대개 벼슬자리가 낮으면 책임이 가벼우나, 한 번 벼슬이 높으면 책임이 커지니 어찌 함부로 나아갈 것인가."<退溪言行拾遺>하였다. 이로 미루어 무의미한 시사, 혹은 벼슬길의 영달보다는 내면적인 수양이 앞섰고, 감당할 수 없는 책임을 맞지 않으려는 태도가 엿보인다.

내면생활의 충실을 바란 그는 진지眞知와 실천을 구하여 체험, 체인體認을 중요한 과제로 삼고, 천리의 존양과 사욕의 방어로 인

319) <退溪言行拾遺>

격을 닦고 학풍의 변혁을 시도하였고, 산림수양을 찬양하고 형식적인 이론을 교정하려 하였다. 그리하여 거경居敬의 실득에 힘을 기울였다.

"요순의 군민君民은 비록 군자의 뜻이긴 하나, 어찌 때와 자기 힘을 헤아리지 않고서 성공할 수 있겠는가. 기묘년의 실제는 바로 이것이다."<同上>

한 것으로 보아도 그의 성격은 주지적이라 생각된다.

안안안순암 정복安順庵, 鼎福은 "퇴계의 말씀은 자애로운 아비의 훈계와 같다."<李子粹語跋>고 하였다. 이들 성격으로 보면 그는 연심파軟心派에 속한 것 같으며, 이에 속하는 인간형은 종교적이라고 W. James가 『실용주의』란 책에서 지적하고 있다. 연심파는 종교적이다 한 것으로서 퇴계가 「일종주자설一從朱子說」하고, 이에서 벗어나면 규탄해 마지 아니한 것이 이해된다. 그러므로 그의 이학異學배척排斥을 이러한 성격의 일면에서도 이해할 수 있다.

그리하여 그의 이학비판은 시대적 요청인 동시에 성격적 결과의 하나로서 당연한 귀결이라 할 것이다. 그러나 더욱 중요한 것은 '심과 리의 일치'를 주장하여 주관과 객관의 회통을 도모하는 정자·주자·퇴계의 심학와 육상산·왕양명의 심즉리를 골간으로 하는 주관적이며 주체적인 심학과 차이에 근본이 있었다.

3) 심즉리心卽理의 비판

(1) 상산학象山學의 주관적 관념론

퇴계가 이단시한 상산학은 주자학풍과는 좋은 대조를 이루고 있었다. 주자는 정이천, 양구산, 나예장, 이연평 등의 도문학 즉 주지파에 속한 객관적 관념론자라 할 수 있고, 상산은 정명도, 사상채, 왕신백, 임죽헌, 장무구, 임애헌 등의 영향을 받아 존덕성 즉 주의

파에 속하는 주관적 관념론자라 할 수 있다. 주자 쪽에서 말한 것과 같이 상산학을 광선狂禪이다 이학異學이다 할 근거도 적지 않다.

퇴계는 본래 성학聖學은 본천本天하고 불교는 본심本心한다고 하였으니 육상산의 심즉리는 불교의 본심설과 같다고 생각했으므로 퇴계는 주관적 심과 객관적 리의 일치心與理一를 주간으로 했다.

전조망全祖望은 「상채학안上蔡學案」에서 상채를 "그는 불교에 떨어졌다."고 하였으며, 장무구張無垢는 "불학을 겸하여 중 종고宗杲와 더불어 놀았으므로 그 영향을 받음이 더욱 깊다."고 평하였고 임애헌林艾軒을 "일용은 뿌리요, 언어문자는 주각 注脚이라" 하였으므로 불립문자不立文字와 같은 생각을 가졌으며, 이들 계통의 학문을 집대성한 것이 바로 육상산이니 주자는 이들에 대하여 "홍수나 맹수와 같은 재해가 있다."고 공격하였다. 특히 왕신백王信伯을 비난하였으니, 주자의 이러한 태도는 퇴계에 이르러 재현되었으며, 한걸음 더 나아가서 퇴계는 정이천의 문인이던 양구산에게도 공격의 화살을 퍼부었다.

만일 공의 설과 같다면 일재의 "일음일양一陰一陽이 곧 도라." 함을 지적한 것과 같다. 형이상하를 합쳐서 한 덩어리의 물건을 만들어 말하였는데, 이것은 구산 양시의 "가는 곳마다 도 아닌 것이 없다."는 설이요, 그래서 물건을 잘못 가리켜 도라 하는 병폐에 들어가게 되는 것이다. 이것은 형이상하의 분별에 어두울 뿐만 아니라, '석씨의 작용이 성이라.'하는 실수에 떨어지게 되는 것입니다. 또 학자로 하여금 "도가 없는 곳이 없으니 내가 알기만 한다면 미치고 망령된 행동이라도 가는 곳마다 도가 아님이 없다고 하게 될 것이나, 그것이 어찌 옳겠습니까. 주자가 양씨의 이 실수를 논한 것이 곧 도불가리장道不可離章의 혹문或問의 설명이니, 당연히 상고하여 정진하심이 어떠하겠습니까.<退溪集, 書5, 答禹景善問目>

그러나 퇴계에게 구체적으로 상산학설을 비판한 것이 없으며, 단지 단편적으로 보일 뿐인데, 이것을 종합하여 보면 위의 양구산도 석씨의 실수에 떨어졌다고 한 바와 같이 일종의 선이라 하고, 진백사와 양명의 학설이 상산으로부터 나와 본심을 종지로 삼는 선학이라고 하였다.

그리하여 「백사시교白沙詩教」에서 퇴계는 다음과 같이 말하고 있다.

"삼가 살피건데 왕양명의 학문은 모두 상산으로부터 나왔으며, 본심을 위주 하였으니, 대개 모두 선학禪學이다."

이미 지적한 바와 같이 상산의 학문은 문학공부問學工夫를 경시하여 불립문자, 견성성불의 설과 다름이 없다하고 이단으로 배척한 바 있는데 본심으로써 종지를 삼았다고 지적한 것은 상산의 심즉리를 말한 것이며, 문학공부가 없다고 한 것은 존덕성尊德性 한 쪽에 기울어졌다는 말이다.

이를보면 대체로 상산학설의 강령은 파악하고 있는 비판이다.

상산을 일찍이 "우주에 가득 찬 것은 하나의 리일 뿐이다."<與趙泳道書> 하였으며, "우주는 곧 나의 심이요, 나의 심은 곧 우주라."<상산잡설> 하고 유심唯心을 주장하였으므로, 퇴계와 같이 "심은 리기의 합이라." 한 생각과 멀다 할 것이며, 또 "육경六經은 모두 나의 주각이라." 한 상산의 생각은 도문학道問學 공부를 무시한 것이 되므로 퇴계는 "나는 유儒요, 저는 선禪이다."<심경후론> 고 한 것이다.

상산이 존덕성을 강조할 때 주자와 퇴계는 도문학과 존덕성을 아울러 높였으나 「선지후행설先知後行說」로 대립하였다. 그러므로 퇴계는 다음과 같이 논박했다.

공자는 "박학어문博學於文하고 약지이례約之以禮"라 하였으며 자사子思는 "존덕성尊德性하되 도문학道問學이라." 하였고 맹자는 "박학博學하여 상설지詳說之하며 장이반설약將以反說約하라." 하였다. 두 가지(박학약례와 존덕성, 도문학과 박학·반약)는 서로 기다려 수레의 두 바퀴와 같고, 새 짐승의 두 날개와 같아서 하나가 없으면 갈 수도 나를 수도 없으니, 참으로 주자의 설과 같이 우리 유가의 법

은 본래 이와 같다.[320)]

공孔, 사思, 맹孟의 전통이 두가지를 양륜兩輪, 양익兩翼으로 하여 경중을 둘 수 없는 것이요, 병진並進하는 것이라 할 것인데, 상산학은 존덕성에 기울어져 편협한 이학이 되었다. 양자는 퇴계 말대로 '상자상구相資相救'하여 '대중지정大中至正한 도'인 정학으로 나아가는 까닭이다. 그렇다고 하면 과연 주자나 퇴계가 실지로 이 점에 있어서 중정하였으며, 도문학에 기울어진 일이 없는가.

명말의 황종희黃宗羲는,

"상산의 학은 존덕성을 종주로 삼고, 먼저 그 큰 것을 세웠다 하며…… 동시 사람인 주자의 학문은 곧 도문학을 위주하여 격물궁리를 일컬어 우리들이 성인이 되는 단계라고 하였다.<상산학안>"

하고 주륙의 근본적인 차이를 설명하였다. 성학 또는 정학이 성인에 그 목적이 있다고 한다면 도문학 즉 박학으로써 입성하는 단계와 방법으로 삼는 것과, 덕성을 함양하기 위하여 도문학의 공부가 필요하다는 것, 그 어느 것이 빠른 길일까. 유학 본래의 정신으로 볼 때 오히려 덕성을 함양하기 위해서 도문학 공부가 수반되어야 하는 것이 아닐까.

도문학道問學의 공부 즉 박학만 힘쓰게 되면 잡박한 폐단이 생길 가능성이 있게 될 것이고, 존덕성 즉 명덕明德 공부만을 하다 보면 객관적인 지천리知天理가 수반되지 아니하고, 독선과 독단에 빠지는 병통이 있게 될 것이다. 그러므로 이것을 절충하려는 움직임이 발생했다.

---

320) 孔子曰博學於文, 約之以禮, 子思曰尊德性而道問學, 孟子曰博學而詳說之, 將以反說約也, 二者之相須, 如車兩輪, 如鳥兩翼, 未有廢一而可行可飛者, 此實朱子之說也, 吾儒家法, 本自如此<退溪集 心經後論>

(2) 주륙절충파朱陸折衷派 비판

원나라의 오초려 징과 정사산옥 및 정황돈 민정 등은 주륙의 두 학설을 절충하였다. 오초려吳草廬 국자감승이 되었을 때에 "주자는 도문학 공부에 공이 많았으나, 육자陸子는 존덕성을 위주로 삼았다. 학문이 덕성을 근본하지 않으면, 그 폐단은 반드시 언어훈석의 말엽에 기울어짐으로, 학문은 반드시 덕성으로써 근본을 삼아야 이것을 얻은데 가깝다."<草廬學案>고 하였으므로 육학자로 지목되었다. 그러나 도문학의 공부가 존덕성을 근본으로 할 때 비로소 성학聖學이 가능할 뿐 아니라, 도문학도 의의가 있게 될 것이다. 그런데 퇴계가 오초려에 대해 다음과 같이 비판하였다.

> 오초려가 "귀에 대고 가르치면 글자 하나 모르는 범부凡夫로 하여금 곧 신묘한 곳에 이르게 할 수 있다."고 하였다. 황은 살피건데 초려의 이 말은 역시 선가의 갑자기 깨닫는(돈오) 기틀이니, 성인聖人의 문에는 이런 법이 없다.[321]<白沙詩教辯>

이러한 초려草廬의 귀절을 꼬집어 낸다면 퇴계의 평이 옳을 것 같으나, 그가 주륙 사이를 왕래하다가 마지막에 주자설로 귀일하였다. 이것만으로 선학이라 단정할 것인가,

> 오직 초려공의 학설만은 이리저리 연구해본 즉, 결국 "속세에 있는 불교 신도優婆塞의 기미가 있다."는 나정암의 말이 꼭 들어 맞았다.[322]

다시 나정암의 말을 인증으로 퇴계는 불교신도의 기미가 있었다고 지적하였다.

---

321) 吳草廬亦云，提耳而誨之，可使不識一字之凡夫，立造神妙，滉按草廬此言，亦禪家頓悟之機，聖門無此法<陶山全書>

322) 惟草廬公之說，反復研究，終有伊蒲塞氣味，羅整庵之論得之<心經後論>

"초려草廬를 계승하되, 주육의 학문을 화회한 것은 정사산鄭師山이다. 초려草廬는 육학에 더 많이 동조하였고, 사산은 주학을 도왔다. 이것이 그 같지 않은 까닭이다."<師山學案>고 했는데, 정사산의 이름은 옥玉이며 원나라 사람으로 주육절충파에 속한 학자이다.

그 후 정황돈은 '심경부주'에서 끝으로 '존덕성재명'의 주해에서 항평부, 임택지, 유자징, 하숙경, 정윤부, 황직경 등에게 대답한 주자의 편지를 실어 주자가 만년에는 존덕성을 더욱 강조하였다는 증거로 삼아 육학에 귀일하였다고 주장하는 저의가 있었으므로 퇴계는 이 조목을 볼 때마다 불쾌하게 여겼다.

평생에 이 글(심경)을 높여 믿기를 사서四書와 근사록 아래 두지 않았고, 항상 그 글을 읽다가 그 책 끝에 가서 또 한번도 그 사이에 의심을 두지 않는 적이 없어서 "오씨가 이런 말을 한 것은 무엇을 보고 한 것이며, 황돈이 이 대목을 뽑아 놓은 것은 무슨 뜻이냐, 그 중에 천하 사람들을 거느리고 육씨에게로 돌아가려는 뜻이 있는 게 아니냐." 하다가 또 스스로 해석하기를, 주자의 학문은 대중하고 지정하여 한 쪽으로 치우치는데 떨어지는 폐단이 없는데도, 오히려 스스로 말하기를 "나는 들뜬 잘못이 있다." 하며, 그 문인들에게, 흐트러진 마음을 가다듬고 착실한 공부를 하라고 힘껏 경계하였으니 지금부터 소급해 올라가서, 그 종유하던 선비와 사숙하던 무리들이 혹 능히 그 뜻을 깊이 본받지 못하고, 말단인 입과 귀로만 익힌 사람이 적지 않으나, 이 두 분(오초려와 정황돈)으로 말하면 그 뒤에 나서 성찰을 담당하고, 딴 길로 흘러가는 것을 올바르게 붙들어 주려는 뜻이 간절하여 할 수 없이 이런 말을 하였으니, 이것도 또한 주자의 뜻인 즉 무엇이 나쁠 것이 있느냐 하고, 의심할 것은 초려가 육씨의 학문을 하던 그 당시에도 이미 그런 말이 있었고, 후세에서도 공론이 있었던 것이다." 하였으며, 또 내가 황돈의 사람됨과 그 학문한 것이 필경 어찌된 것인지 몰랐더니, 얼마 전에 횡성 조사경이 황명통기를 읽다가 기록해 놓은 그 가운데 황돈의 사실의 서너 줄거리를 본 뒤에 대강 황돈의 사람됨과 그 학문한 것이 결국 이러한 것인 줄을 알고, 여기서 기막히게 탄식하고, 마음 아파한 지가 여러 달이 되었는데도 오히려 석연하지 않았다.[323]

하여 심경을 높히 믿었지만 부주附註의 오징吳澄·정황돈程篁墩의 주륙朱陸 절충설折衷說에 실망했다고 술회하였다.

진건陳建이 황돈의 도일편道一編을 변론할 적에, 그 설에서 말하기를, "황돈이 육씨의 학문을 미봉하려고 주육朱陸 두 분의 말을 가져다가 조만간 그 말을 변경해 가며 혼란을 일으키는 터무니없는 거짓말을 깨끗이 뒤집어 엎었다."고 하여 "주자도 젊을 때는 잘못 상산을 의심하다가 늙어서 비로소 뉘우치고 깨달아 상산과 함께 합했다 하니, 그 후학을 그르침이 너무 심하다." 하고, 곧 그 일을 위해서 『학부통변學蔀通辨』과 『편년고정編年考訂』을 저술하여 주·육 두 학설의 같고 다름과 옳고 그른 귀추를 끝까지 밝혀 놓았다 하였으니, 기막힌 노릇이다. 이 말을 믿는다면 황돈이 과연 잘못하였고, 그 학문이 과연 의심스러운 데가 있다.[324]

---

323) 平生尊信此書, 亦不在四子近思錄之下矣, 及其每讀至篇末也, 又未嘗不致疑於其間, 以爲吳氏之爲此說也, 何見, 篁墩之取此條也, 何意, 其無乃有欲率天下, 歸陸氏之意歟, 旣而又自解以爲, 朱子之學, 大中至正, 無墮於一偏之弊矣, 猶自謂有浮泛之失, 力戒門人, 以收斂著實工夫 自今以遡, 求之其從遊之士, 私淑之徒, 或未能深體此意, 流而爲口耳之習耳, 亦何傷之有哉, 所可疑者, 草廬之爲陸學, 當時, 己有其議, 後世公論亦多云云, 又未知篁墩之爲人與爲學, 畢竟何如耳, 頃者橫城趙士敬, 因讀皇明通紀, 錄示, 其中篁墩公事實數三條然後. 略知篁墩之爲人與爲學, 乃如此, 於是概念而嘆, 忽焉傷者, 累月而猶不釋也<心經後論>

324) 陳建論公道一編說也, 其說云 篁墩欲彌縫陸學, 乃取朱陸二家言語早晩. 一切顚倒變亂之. 矯誣朱子以爲早年誤疑象山, 晩年始悔悟而與象山合, 其誤後學甚矣, 因爲之著學蔀通辨, 編年考訂, 以究極同異是非之歸云, 噫, 信斯言也, 篁墩其果誤矣, 其爲學果有可疑者矣<同上>

오초려가 말한 주자의 만년귀일설은 어디에 근거를 두었으며, 황돈의 주석에서 그 말을 취한 본 뜻은 어디에 있었는가. 천하로 하여금 육학에 귀일케 하자는 저의가 아닌가.

옛날에 정윤부程允夫가 소식蘇軾을 끌어다가 정자程子에게 합쳐붙이려고 하여 소정지실蘇程之室이란 말이 있으니, 주자가 나무라기를 "이것은 향내나는 풀과 구린내나는 풀을, 또 얼음과 숯을 한 그릇에 섞어 넣은 것과 같으니, 향내나고 깨끗하여 더럽지 않기를 바라기는 어쨌든 어려운 노릇이다."고 하였다. 어리석은 나의 생각으로 황돈이 주육 두 분의 학설을 같게 하려 하는 것은 거의 정윤부의 식견과 같게 되는 것이다. 그 전에 만약 주자가 나중에 육씨와 같게 된 사실이 있었으면, 육씨가 죽었을 때에 주자가 어떤 사람에게 보낸 편지에 어째서 "크게 머리를 내밀고 큰 소리를 치다가 갑자기 이렇게 되었는가."고 탄식하였으며, 또 "어째서 그 학설이 세상에 퍼지게 되면 어진 사람의 뜻을 손상시키고, 어리석은 사람의 허물을 더하게 될 것이다."고 근심하였겠느냐, 육상산은 일찍이 그 문인에게 이르기를, "주원회朱元晦는 태산교악泰山喬嶽 같으나, 오직 그가 자기의 본 것만을 스스로 옳다 하고, 남의 말을 듣기를 좋아하지 않는 것이 한이다." 하였으니, 이것은 그 두 분이 평소에 도가 같다는 말을 한 마디도 한적이 없는데, 뒤에 사람들이 이리저리 끌어 맞추어 억지로 같게 만들려 하는 것이니, 어찌 될 법이나 한 노릇이냐.325)

---

325) 昔程允夫, 欲援蘇而附於程, 有蘇程之室之語, 朱子斥之曰 是無異雜薰蕕氷炭於一器之中, 欲其芳潔而不汚, 蓋亦難矣, 愚謂篁墩之欲同二家, 殆亦同歸於允夫之見矣, 向使朱子眞有晩同地實則陸氏之死也, 與人書, 何以歎其平日大拍頭胡叫喚而遽至此哉, 又何以憂其說, 頗行於江湖間, 損賢者之志而益愚者之過哉, 象山嘗告其門人曰 朱元晦如泰山喬嶽 惟恨其自是已見, 不肯聽人說話, 是則二氏之平日, 未嘗有一語相許以道同也, 而後人欲牽合附會, 將使之同歸, 豈可得耶＜退溪集書六, 雜著, 心經後論＞

이와 같이 황돈의 귀일설을 부정하고 비판하였다. 그러나 여러 경서를 주석하고 훈고한 주자의 태도로 말미암아 그 후학도 가운데는 구이말학口耳末學에 흐르는 폐단이 있었으므로 그 폐단을 바로잡기 위하여 절충학이 발생하였던 것이다.

(3) 양명학의 비판

① 먼저 명나라 양명학의 선구로 생각되는 진백사陳白沙에 대한 퇴계의 공격부터 살피기로 하겠다.

명나라 사상의 특색을 마련한 진백사(1428~1500)는 오강재吳康齋의 문인이다.

강재는 평생을 청경우독晴耕雨讀으로 각고刻苦 실천한 주자학도이며 문왕, 공자, 주자를 꿈속에서도 그리며 성현을 사모하고 온갖 힘을 기울여 성현배우기에 노력하였다. 그러므로 백사가 그로부터 '격려분발의 공'을 배웠다고 하였다.

백사는 날로 글을 읽고 도리를 궁구하되, 침식을 잊고 힘썼으나 "이 나의 마음과 저 이가 어쩐지 합하고 일치하지 못하였다." 글을 읽고 궁구하는 태도를 버리고 가는 곳마다 천리를 체인한다는 방법을 발명하고, 정좌에 노력하였다.

그러므로 퇴계는 「백사시교 전습록사전 인서기후白沙詩敎 傳習錄抄傳因書其後」에서 진백사와 왕양명의 학문은 모두 육상산으로부터 나와서 본심을 종지宗旨로 삼았으니, 대개 모두가 선학이라고 했다.

백사白沙는 오히려 순전한 선이 아니라, 우리 학문에 가까움이 있다. 그러므로 스스로 말하기를, "학문을 하던 처음에는 성현의 글을 강론하지 않은 것이 없어서 문을 닫고 나오지 않은 지 여러 해가 되었으나, 나의 마음此心과 이 리此理가 한데 모여 합쳐지지 않았다. 이에 번거로운 것을 버리고 요약한 것을 구하여 정좌靜坐하기를 오래 한 연후에 마음의 본체가 그대로 들어나는 것을 볼 수 있어서 일용간 에 수작하는 것은 나의 하고 싶은대로 따르고, 사물의 이치를 체인하며 성인의 교훈을 살피니, 각각 두서와 내력이 있어서 환연히 자신을 얻었다."고 하였다. 이것은 그가 글의 교훈을 다 폐하지 않고, 사물의 이치를 다 녹여 없애지 아니하여, 대개 매우 배반한 것은 아니다. 그러나 다만 그 깨달아 들어간 곳이 마침 내 선가의 기량이므로, 비록 선이 아니라고 하나 그 말이 가끔 두드러지게 선의 말이 있다. 이것은 나정암이 이미 말했고, 그 고명한 제자인 하극공도 또한 말하기를, "스승이 너무 높은 듯한 의미가 있으니, 후학이 그 좋은 점을 쫓고, 그 틀린 것은 고치는 것이 옳다."고 하였다.[326]

명나라 초기는 주자학 일색으로 모든 진리는 이미 주자에 의하여 완성되었다고 생각하므로서 활기가 없었다. 다만 남은 과제는 실천 밖에 없었다. 그리하여 주자학도는 구비말학으로 떨어져 새로운 것이 없고 실천과 수양에 혈로를 얻으려고 하였다. 그러므로 이미 언급한 오강재와 같은 학풍이 성립되었다. 이와 같이 주자학 일색이 된 이유를 소급해 보면 원나라는 허노재와 유정수劉靜修 등의 노력으로 1314년 과거를 부활하고 4서를 사용하였다. 주자 「사서집주四書集註」와 주자나 그 문인의 새로운 「경서주經書註」에 의거하게 된 까닭에 주자학은 압도적인 우세로 일반화되기 시작하였다.

주자학은 본래 인심을 규율하고 규제하는 근본원리로 이를 내세웠고, 또 그것은 자연계 뿐 아니라 인륜의 성립근거로 되어 있었다. 우주의 법도이며, 인간정신의 기본법칙이고, 인간행동의 기준으로 그 정리설定理說이 인정된 것이다. 그러나 이러한 리가 객관적

326) 陳白沙王陽明之學, 皆出於象山 而本心爲宗, 蓋皆禪學也, 然白沙猶未純爲禪而有近於吾學, 故自言其爲學之初, 聖賢之書, 無所不講, 杜門累年而吾此心與此理, 未湊泊脗合 於是舍繁求約, 靜坐久之然後. 見心體呈露, 日用應酬, 隨吾所欲, 體認物理, 稽諸聖訓, 各有頭緖內歷,鑠物理, 大概不甚畔去, 但其悟入處, 終是禪家伎倆, 故雖自謂非禪而其言往往顯是禪語, 羅整庵已言之, 而其高弟賀克恭, 亦謂其師有過高之意, 後學終其善, 而改其差可也＜退溪集書六, 雜著＞

윤리규범으로 인정됨에 따라서 주관적인 윤리설과 갈등이 생겨났다.

또 주자학은 정치권력과 결합하여 권위를 발휘하게 되었으므로, 그 학문에 대한 내용을 다시 검토한다든지, 혹은 새로운 비판을 시도할 기회는 사라지게 되고 명나라 초기의 침체도 여기에 원인하게 되었다. 그러나 이에 대한 인종忍從과 실천으로 강요된 마음은 정치적 기회가 마련되기만 한다면 새로운 방향을 모색한 준비가 진행되고 있었다. 주자의 도문학의 지양, 이것이 곧 명나라 심학의 출발 기점이며, 명학의 특징이 된 이유다.

명나라 중엽 이후 정치적 부패와 국가적 혼란은 주자학에 대한 반성을 일어나게 하였으며, 새로운 마음의 안정을 기도하여 '심과 리의 일치' 혹은 심과 리의 괴리를 벗어나기 위한 정좌법을 유일한 방법으로 백사에 의하여 채택되었던 것이다. 정좌법은 이미 송유의 일반적인 수양법이나 심과 리의 일치감 획득에 유일무이한 방법으로 사용한 것이요, 그것이 백사의 특색이었다. 그러나 이 내용 그 자체의 파악은 주자와 별다른 것이 없었다.

황이 살피건데 정좌의 학은 이정二程으로부터 발단되었는데, 그 말이 선禪인가 의심스러우나 이연평과 주자에 있어서는 심학의 본원이 되었으니 선은 아니다. 백사와 의려醫閭같은 이는 사물을 싫어하고, 정定을 구하기 위하여 선에 들어갔으나, 의려는 백사에 견주면 비교적 실實하고 바른 데에 가까우며, 양명에 이르러서는 선 같으나 선이 아니요, 또한 정靜만 주장하지 않으므로 정도를 해친 것이 더욱 심하다.[327]

백사는 심과 리의 일치를 구하는 심학이며, '심즉리'의 본심학이

327) 滉按, 靜坐之學, 發於二程先生 而其說疑於禪, 然在延平朱子則爲心學之本原而非禪也, 如白沙醫閭則爲厭事求定而入於禪, 然醫閭比之白沙, 又較近實而正, 至於陽明似禪非禪, 亦不專主於靜, 而其害正甚矣＜退溪集書六, 雜著, 白沙醫閭先生集附白沙陽明沙後復書其末＞

아니다.

② 왕양명 수인王陽明 守仁(1472~1528)은 처음 주자학의 객관적인 격물법에 따라 공부하였으나, 그에 대한 의심이 생겨 제자백가와 노·불 등으로 사상적 편력을 시도하였다. 드디어 도교는 비합리적이며, 미신적이라 그의 열렬한 지성을 만족시킬 수 없었으며 불교는 출세간적이며 초신분적인 점에서 오히려 현실적인 욕구를 만족시킬 수 없었다. 그리하여 유학으로 되돌아왔으나, 이미 주자학은 그의 정신적인 기둥이 될 수 없었다. 특히 환관으로부터 박해와 권력자로부터 받은 고난 속에서 혹은 반란이라는 정치적 혼미 속에서 직접 체험하고 살아나가는데 새로운 정신력이 필요하였던 것이다. 그리하여 그의 학문적 출발은 대학의 격물치지格物致知에 관한 새로운 해석으로부터 시작되었다.

〔격물치지格物致知의 격格은 정지正之이다〕

정주의 「신본대학新本大學」을 반대한 양명은 「고본대학」의 정당성을 주장하고, 『대학』의 격물치지의 해석을 다시 하였다.

군자는 치지의 지知를 지식이라 하고, 격물의 물物은 천하사물의 리라 보았다. 그리하여 리를 궁지窮至하는 것을 격물이라 하고, 『대학』의 여덟 가지 조목 가운데서 격물치지가 모든 조목의 근본이며, 출발점이라 하여 주지적 혹은 선지후행先知後行적인 태도를 보였다.

그러나 왕양명은 격물의 물이란 물리를 말하는 것이 아니라 심의心意의 사思라 보았고, 격은 '궁지'의 뜻이 아니라 심의의 사事를 바로잡은 것이라 생각하고 '정지正之'라고 해석하였다. 물物을 '심의心意의 사事'라고 하면 '사思'는 인간의 심사心事이므로 객관적인 사물이 아니라 주관적인 것이 심사로 주관화되었다. 그리하여 『대학』 8조목 가운데서 성의가 기본이라 보고 주의적主意的 태도를 취하게 되었다.

이러한 격물치지格物致知에 대한 견해의 차이는 곧 도문학에 무게를 두면 주지가 되나, 존덕성尊德性에 무게를 두면 주의主意가 되는 결과를 가져 오는 것이다. 성의誠意에 근본을 두고, 격을 '정지正之' 즉 심의의 일들을 바로 잡는 것이라고 한 양명의 태도는 객관적인 사물의 이치를 궁구하므로써 마음의 이치가 드러나는 것이 아니라, 오히려 마음의 이치를 추구하므로써 객관적인 사물의 이치가 드러난다고 하는 객관이 주관으로 회전되는 것이다.

이렇게 주관으로 회전시키고, 심이 곧 리라는 유심론의 입장에서, 주자의 신민新民을 친민親民이라 해야 옳다고 하였으며, 또 명명덕明明德과 지선至善의 해석에서도 주자와 달리하게 되었다.

퇴계는 「전습록논변傳習錄論辯」에서 양명의 글을 인용하고 비판을 가하였다. 「전습록」에서 양명의 문인 서애徐愛가 신민이라 하지 않고 재친민在親民이라고 해야 하는 이유를 양명에게 묻는데, 양명은 대학전의 작신민作新民의 신新은 재신민의 신과는 다르다. 치국·평천하장 이하는 신新 자에 대한 발명이 없고, 전3장의 군자는 현賢을 현으로 여기고, 친을 친하게 여긴다. 소인은 락을 락으로 여기고 리利를 리로 여기며, 강고康誥의 "적자赤子를 보존하듯 하라." 하고, 석치국평천하釋治國平天下에서 "백성의 좋아하는 것을 좋아하며, 백성이 미워하는 것을 미워함이 백성의 부모이다." 하는 따위는 모두 친親의 뜻이며, 그것으로 꿰뚫고 있다.

요전堯傳의 백성이 친하지 못하니 설契로 하여금 사도司徒를 삼아 삼가 오교五敎를 펴서 친하게 함도 '친지親之'의 뜻이며, 요전의 구족九族을 친하게 하여 다스림과 협화에 이른 것이 곧 친민이요, 공자는 수기하여 백성을 편안하게 한다고 하였는데 수기修己는 명명덕이요, 안백성安百姓은 곧 친민이며 맹자의 친친인민親親人民과 같으니 친하게 하는 것은 곧 인하게 하는 것이요, 인민人民에는 교양의 뜻을 겸하나 친민親民은 편벽된 해석이라고 대답하였다.

그러나 퇴계는 명명덕과 친민에는 모두 학습의 뜻이 있으며 양養과 친親의 뜻과는 처음부터 아무런 관련도 없다고 하였다.

이 장 첫머리에 "『대학』의 도가 명덕을 밝히는데 있다."고 한 것은 자기가 배움으로 말미암아 그 덕을 밝히는 것을 말한 것이요, 이어서 "백성을 새롭게 하는데 있다."고 말한 것은, 자기가 배운 것을 백성에게 미치게 하여, 백성으로 하여금 그 덕을 새롭게 함을 말한 것이니, 그 두 가지(명덕과 신민)가 모두 학자의 뜻을 펴고 있어, 한 꿰미의 말이 되는 것이고, 기른다養之, 친한다親之의 뜻과는 처음부터 서로 관계가 없는 것이다.[328]

신민新民과 친민親民 어느 것이 옳고 그르다 함에는 각기의 입장에 따라 다르다. 또 양명은 '수기이안백성修己以安百姓'의 '수기'를 명명덕明明德이라 하였으나, 퇴계는 명명덕이란 자기의 학문으로 말미암아 그 덕을 밝히는 것이라 하였으니, 신민과 명명덕이 모두 '학' 자의 뜻을 띄고 있다고 하므로써 학學, 도문학道問學, 지知에 치중하는 주지적主知的 해석이 되었다. 그런데 양명은 친민과 명명덕을 '양지養之'의 뜻이 있다 하였으니, 사思, 존덕성尊德性, 의意에 치중하는 주의적主意的 해석이 되었다. 그러므로 존덕성에 치중하느냐, 도문학에 치중하느냐에 따라서 차이가 생겨난 것이다. 다시 말하면 객관적 관념론 입장에 서느냐, 주관적 관념론 입장에 서느냐의 차이가 되는 것이다. 그러나 퇴계는 늘 도문학과 존덕성 혹은 학學과 사思는 양륜兩輪·양익兩翼과 같다고 하였으며, 또 그렇게 하므로서 대중지정大中至正한 도가 확립된다고 함에도 불구하고 학자學字로서 해석은 도문학, 학문을 중시하는 주지설이 되었다. 이렇게 왕양명설과 차이가 있다.

〔지선至善〕

서애徐愛가 양명에게 "지선을 다만 심心에서만 구한다면 천하 사

328) 此章道曰, 大學之道 在明明德者, 言己之由學以明其德也, 繼之曰在新民者, 言推己學以及民, 使之亦新其德也, 二者皆帶學字意 作一串說, 與養之親之之意, 初不相涉<退溪文集, 傳習錄論辯>

물事物의 이치를 다하지 못할까 두렵다."고 하였는데, 양명은 "심心이 곧 리理이니, 천하에 또 심 밖의 일과 심 밖의 리가 있는가." 하니, 서애가 "아비 섬기는 효와 임금 섬기는 충 등 그 사이에 허다한 리가 있으니, 살펴야 하지 않겠습니까?" 하였다. 양명이 탄식하기를, "이 말의 폐단이 오래되었다. 아비를 섬기는 데는 아비에게서 효의 리를 찾아낼 수 없고, 임금 섬기는 데는 임금에게서 충의 리를 구할 수 없는 것이요, 모두가 이 마음 속에 있는 것이다. 심이 곧 리이니, 이 심이 물욕의 가리움이 없다면 곧 천리요, 외면에 한푼도 보탤 필요가 없는 것이다. 이 천리에 순수한 마음을 써서 아비 섬기는데 말하면 이것이 효요, 임금 섬기는 데서 말하면 이것이 충이니, 다만 인욕을 버리고, 천리를 보존하는 데에 공부하여야 한다." 하였다.[329]

지선至善을 양명은 심즉리의 원칙에서 해명하였다. 리와 일들은 심안의 것이며, 심 바깥 것이 아니다. 충·효도 심 바깥 것으로 볼 수 없으며, 충하고 효함을 바깥 대상에서 그 리를 찾을 것이 아니라, 모두가 심중에 있으므로 '심즉리心卽理'이다. 이 심心은 곧 천리天理이므로 천리를 인욕이 가리우지만 않는다면 나의 심이 발하여 대상으로 옮겨 마땅하게 된다는 것이다. 먼저 격물치지에서도 격格은 '정지正之'며, 물은 대상인 사물의 이치가 아니라, 심의心意 속에 있는 일들이라 하였으므로 심의를 바로 잡은 것이 격물이요, 또 치지의 치致는 지극한 곳까지 미루어 완성하는 것이며, 지知는 객관적인 지식이 아니라, 고유한 양지이므로 양지를 완성하는 것이 치지致知였다. 이것 역시 심즉리와 치양지설致良知說이 바탕이다.

그런데 퇴계는 "본래 궁리의 공부를 논한 것인데, 일전하여 실천의 공효 위에 옮겨서 혼돈하도록 말하였다."[330]고 하였다.

퇴계는 양명이 궁리와 실천의 구분을 못한 것이라고 하였으나,

329) 退溪集書六, 卷41, 傳習錄 論辯

330) 辯曰, 本是論窮理工夫, 轉就實踐功效上袞說<退溪集書六, 卷41, 傳習錄 論辨>

양명으로서는 천리가 심에 있는 것을 양지라 하므로 양지와 실천은 일치한 것이라고 생각하고 이렇게 말한 것이다. 그러므로 양명의 지선은 곧 천리이다.

정조삭鄭朝朔이 지선은 사물 위에서 옳고 마땅한 것을 찾을 것이라 함에 대하여 양명은 부모를 받드는 절목과 봉양에 마땅함을 얻는 것은 쉬운 일이다. 무슨 학學, 문問, 사思, 변辨이 필요한가. 다만 봉양할 때 이 심이 천리에 순연함이 문제이다. 일호의 사욕도 없이 천리에 순연한 심만 가졌다면 지선은 이룰 수 있다. 이에 대하여 퇴계는,

"사람의 도이民彛와 만물의 법칙物則이 천충天衷으로 참되고 지극한 리가 있음을 듣지 못하였는가."라고 반박하고 "지리至理는 천성이며, 없는 곳이 없으니, 사물의 이치를 버리지 말고 밝혀야 한다." 즉 객관적인 리를 파악해야 내외가 관철하고 정조가 일치하는데, 그 방법은 이른바 주경·궁리라고 하였다.

이어서 다음과 같이 양명의 「심즉리설心卽理說」을 불교와 같은 이단異端이라고 몰아세웠다.

양명이 한갓 외물이 심心의 누累가 될까 근심하여, 사람의 도리와 만물의 법칙이 진지眞至한 이치가 곧 내 마음에 본래 갖추어 있는 이치이며, 강학講學하고 궁리하는 것이 바로 본심의 체를 밝히고, 본심의 용에 통달하는 것임을 알지 못하고, 도리어 사사물물을 일체로 쓸어 없애고 모두 본심에 끌어들여 혼돈해 말하려 하니, 이것이 불교의 생각과 무엇이 다른가. 때로는 조금씩 불교를 공격하는 말을 하고, 자기 학문이 불교에서 나오지 않는 것을 밝히나, 이것도 역시 자기를 속이고 남을 속이는 것이 아닌가, 저 문하가 처음에는 밝았는데, 그에 떨어짐을 깨닫지 못하고, 이에 말하기를, "말만 하면 깨닫는다." 하였으니, 또한 불쌍한 일이다(서애徐愛의 자는 왈인曰仁, 양명의 문인이며, 이 말을 기록한 자이다. 이 조목

끝에서 말하기를, 이날에 서애徐愛가 말하자 곧 이해했었다고 하니 또한 딱하도다.).[331]

퇴계로서는 양명은 민이물칙民彝物則이 진지眞至한 리요, 또 심에 본구本具하는 리인 줄 모르고서 강학하고 궁리함이 본심의 체와 용을 밝히고 통달하려는 것인 줄 몰랐다. 심에는 체와 용이 있어 대상인 사물에 통달함으로서 얻는 것이 심의 용이다. 객관적 사물에서 이理를 구할 줄 모르고 일체를 무시해 버렸으니, 정주程朱의 심心과 리理의 일치를 모르고 '심이 곧 리心卽理'라고 하여 주관화하니 불교와 무엇이 다르냐, 불교와 다른 점이 없다는 것을 서애徐愛의 '언하유성言下有省'으로서 인증하였다.

그러나 양명은 '심즉리', '천리즉지선天理卽至善'이므로 궁리란 객관적인 지식이 아니라, 그 지知는 내심 즉 주관적인 것이라고 했다. 얻어지는 지知 역시 경험적인 지식이 아니라 심의心意 속의 양지이다. 퇴계와 같이 심이란 리와 기가 합친 것이라 보는 생각과는 맞지 않는다. 퇴계는 객관과 주관의 대립을 인정하나, 양명은 주관적 입장에서 지선을 말하니, 서로 합할 수 없었다.

〔지행합일知行合一〕

왕양명은 지행합일이라는 새로운 학설을 표방하고 대학에서 참다운 지행을, "호색을 좋아 하듯이, 악취를 싫어 하듯이" 하였으나, "아름다운 색을 보는 것은 지知의 범주에 속하고, 아름다운 색을 좋아하는 것은 행行의 범주에 속한다."고 하겠다. 그러나 색을 보았을 때는 이미 좋아한 것이며, 보고 난 후에 좋아하게 되는 것이 아니다. 그러므로 "지知는 행行의 시작이며 행은 지의 완성이

---

331) 陽明, 徒患外物之爲心累, 不知民彝物則眞至之理, 卽吾心之本具之理, 講學窮理, 正所以明本心之體, 達本心之用, 顧乃欲事事物物一切掃除, 皆攪入本心滾說了, 此與釋氏之見何異, 而時出言稍攻釋氏, 以自明其學之不出於釋氏, 是不亦自欺以誣人乎, 彼其徒之始明者, 不覺其墮坑落塹於邪說, 乃曰言下有省, 亦可哀哉? <退溪集書六, 卷41, 傳習錄 論辨>

라."고 한 것이다.

서애가 양명에게 "효도하고 공손하여야 하는 것을 알면서 효도하지 못하고, 공손하지 못하니, 이것은 지知와 행行이 두 가지입니다." 하였는데, "이것은 벌써 사私가 끼어든 것이고, 지행의 본체가 아니다. 성현이 지행을 가르친 것은 바로 본체를 회복시키려는 것이다. 『대학』에 '호색하듯이 하라……' 하였다."고 대답한 것과 또 "지금 사람들이 강론하고 참된 것을 알기를 기다려서 바야흐로 행의 공부를 하기 때문에 필경에는 평생동안 행行도 못하고 지知도 못한다."고 한 것을 예로 들어서 퇴계는 반박하였다.

대개 사람의 마음이 형기形氣에서 말하는 것은, 배우지 않아도 저절로 알고, 힘쓰지 않아도 저절로 능하여, 좋고 싫은 것이 겉과 속이 한결 같으므로 호색을 보기만 하면 곧 그 좋은 것을 알고 진실로 좋아하며, 악취는 그 악을 알고 싫어할 것이다. 비록 행行이 지知에 붙어 있다고 하여도 오히려 옳으나, 의리에서는 그렇지 않다. 배우지 않으면 알지 못하고, 힘쓰지 않으면 능하지 못하여, 바깥으로 행한 것이 꼭 양심상 참된 것은 아니다. 착한 것을 보고도 착한 줄을 모르는 자가 있으며, 착한 것을 알고도 마음으로 좋아하지 않는 자가 있으니, 착한 것을 볼 때에 이미 스스로 좋아했다고 말할 수 있겠는가? 불선한 것을 보고도 싫어할 줄을 알지 못하는 자도 있으며, 싫은 것을 알고도 마음으로 싫어하지 않는 자가 있으니, 싫은 것을 알 때에 이미 스스로 싫어했다고 말할 수 있는가.

그러므로 대학의 표리여일表裏如一한 호오好惡을 빌어서 학자에게 자기를 속이지 말라고 권한 것은 옳으나 양명이 형기가 하는 짓(본능)을 끌어서 의리의 지행를 밝히려고 하니, 이것은 크게 옳지 못하다.

의리의 지행을 합하여 말하면 참으로 서로 기다려서 함께 행하여 어느 쪽도 없을 수 없으나, 나누어 말하면 지를 행이라 할 수 없고 행을 지라 할 수 없는 것과 같다. 어찌 합하여 하나로 할 수

있는가.[332]

이상의 논평으로 미루어 보건데 양명의 지행합일의 지知는 단순히 '안다'는 경험적인 '앎'이 아니고, 본체인 천리에 순일하여 사의私意로 격단되지 않는 그의 양지를 말한 것이다. 그러나 퇴계의 지행상수知行相須 혹은 병행론의 지知는 양지가 아니라 경험적인 '앎'이다. 그러므로 자연 내용의 파악이 다른 만큼 귀일될 턱이 없었다.

그런데 퇴계는 형기 즉 본능적인 지행知行은 양명과 같이 말할 수도 없으나 의리 즉 도덕적인 진지眞知와 역행力行은 지행합일知行合一이라고 할 수 있다고 도덕적 지행합일知行合一은 긍정하였다. 그러므로 퇴계와 양명은 서로 지知에 대한 내용 파악의 차이가 있었으며 지와 행의 대립을 인정하는 퇴계의 「지행론」과 양명陽明의 「양지적 지행론」의 차이라고 할 것이다.

4) 주기설의 비판

우리 나라 학자의 학설로서 퇴계의 비판대상으로 된 학자는 일재 이항一齋 李恒의 「리기일물설」과 소재 노수신蘇齋 盧守愼의 「인심도심설」 및 김하서金河西의 「숙흥야매잠주」 등이며 화담 서경덕과 그 문인 연방 이구의 리를 기의 속성으로 한 주기학이 그 대표적인 것이다.

---

332) 蓋人之心發於形氣者, 則不學而自知, 不勉而自能. 好惡所在表裏如一, 故才見好色卽知其好而心誠好之. 才聞惡臭卽知其惡而心實惡之, 雖曰行寓於知, 猶之可也, 至於義理則不然也, 不學則不知, 不勉則不能, 其行於外者, 未必誠於內, 故見善而不知善者有之, 知惡而心不好者有之, 謂之見善時, 己自好可乎, 見不善而不知惡者有之, 知惡而心不惡者有之, 謂之知惡時, 己自惡可乎, 故大學借彼表裏如一之好惡, 以勸學者之毋自欺則可, 陽明乃欲引彼形氣之所爲, 以明義理知行之說則大不可, 故義理之知行, 合而言之, 固相須並行而不可缺一, 分而言之, 知不可謂之行, 猶行不可謂之知也, 豈可合而爲一乎<退溪集書六, 卷41, 傳習錄 論辨>

서화담에 대하여 퇴계의 「비리기위일물변증非理氣爲一物辨證」으로, 「연방蓮坊설」에 대해서는 「심무체용변心無體用辨」으로 비판되었다.

5) 서화담의 주기설

퇴계의 화담에 대한 평으로써 「퇴계언행록」에 정유일과 문답한 것이 있다.

일찌기 화담의 공부를 물었더니, 선생(퇴계)은, "그 이론을 보건대 기를 논한 것은 지극히 정밀하고 남음이 없으나, 리에 대해서는 그다지 정밀하지 못하였다. 그래서 기를 주장하기에 너무 치우치고, 혹은 기를 리로 알기도 하였다. 그러나 우리 동방에는 이보다 앞서 책을 지어 이렇게까지 말한 사람이 없었는데, 기와 리를 밝힘에 있어서는 이 사람이 처음이다. 다만 그가 말할 때에 자부함이 너무 지나친 것으로 보면, 아마 그 알아 얻은 것이 깊지 못한 것 같다."고 하였다. 화담이 일찍이 「귀신생사론」을 지어, 박희정 민헌·허태휘 엽 등 여러 사람들에게 보내면서, "이 이론은 말이 비록 졸렬하기는 하지마는 그 본 바는 천성이 다 전하지 못한 지경에까지 이르렀으니, 후학들에게 전할만 하고, 성리서性理書 끝에 붙이어, 멀고 가까운 화이華夷들로 하여금 동방에 학자가 났다는 것을 알게 할만한 것이다."고 하였는데, 선생은 이 말을 매우 못마땅하게 생각하여 너무 풍을 치는 병통이 있다고 하였다. 그러나 그 사람을 매우 중히 여기었으니, 어떤 사람이 공부하러 송도에 갈 때 선생은 그에게 시를 주었는데,

서로가 학을 타고간 뒤	徐老今爲鶴背身
깊고 밝게 남은 자취 쓸쓸하여라	藏修遺跡揔成陳

어느 누굴 위해 화담원을 지었는가　　何人爲築花潭院
그 마음 이어 전한이 몇 사람이던고.　　心緒相傳有幾人

하여 권권拳拳함이 이러하였다.

화담의 이에 대한 생각과 「귀신사생론鬼神死生論」은 비판의 대상이 되었다. 또 남시보 언경에게 보낸 퇴계의 편지에 화담에 대한 사람됨과 학술을 다음과 같이 논하였다.

태휘(許曄)가 말한 바를, 비록 감히 경솔하게 논의할 수 없으나, 화담이 어찌 감히 백사를 바라 볼 수 있겠습니까. 비록 백사도 또한 허탕하여 선문禪門에 들어갔으나, 그 인품이 매우 뛰어나고 맑아 시원스럽게 트였으며, 시 또한 고상하고 현묘 하였습니다. 화담은 그의 성질이 소박한 것 같으나 실상은 허망하고, 학문은 고상한 것 같으나, 실상은 잡박합니다. 그가 리기를 논하는데 들어가고 나감과 관련되는 것을 전혀 이해하지 못하였던 것입니다. 근원된 곳이 이러하니, 그 아래의 학문이 '어떻다는 것을' 유추할 수 있으며, 그의 시문도 어떤 것은 좋으나 좋지 못한 것도 또한 많습니다.333)

퇴계는 화담이 리기관계를 잘 이해하지 못하였다고 지적하고, 또 정자중 유일 鄭子中 唯一에게 대답하는 편지에서 다음과 같이 말하였다.

화담의 소견이 정밀하지 못하고, 저술은 병통이 없는 것이 없으며, 남시보의 편지에서 허태휘가 화담을 진백사에게 비할만 하다

---

333) 太輝所云 雖不敢輕議, 然, 花潭何敢望白沙耶, 白沙, 雖亦虛蕩入禪窟去, 其人品, 超邁來徹, 詩亦高妙, 花潭, 其質似朴而實誕, 其學似高而實駁, 其論理氣處, 出入連累, 全不分曉, 原頭處如此, 下學處, 可以類推, 其詩文, 好處好, 不好處亦多, 若擬於白沙, 恐失其倫也<退溪集, 書二, 答南時甫>

하여서 그때 백사에게 미치지 못한다 했더니, 남시보가 이 글을 허태휘에게 보이니 태휘가 한 번 글을 보내와서 "장횡거와 다를 것이 무엇이 있겠느냐?" 하였고, 또 종실인 종성령 이구李球에게 보이니, 황滉의 말을 배척하였습니다. 이들과 다툴 수 없기에 우선 대답하기를 "화담은 공이 친히 배운 바요, 황은 전해 들은 것뿐이니, 전하여 들은 사람의 말을 잘못이라 하여야 할 것 같소. 그러나 화담의 저술을 황이 보았는데 서명西銘에 견줄만한 글이 어느 글이며, 정몽正蒙에 비할 만한 글은 어느 글인지 모르겠소." 하였습니다.[334]

또 이어서,

다만 그 중에는 서화담의 이른바 취聚와 산散은 있지만 유와 무는 없다고 한 것을 매우 정밀하다 한 것이나, 또 자신이, 그 기가 흩어져서 천지의 기와 혼합混合하여 일치되어 있다고 한 것이 있는데, 이런 두어 곳이 의심되는 것입니다. 대개 리란 원래 유와 무가 없는 것인데, 유와 무가 있는 것으로 말한 것 같은 것이 있으며, 만일 기라면 이르면 펴지고, 모이면 형을 이루어 유가 되고, 돌리면 돌아가고, 흩어지면 없어져서 무가 되는 것이니, 어찌 유와 무가 없다고 할 것입니까. 또 기가 흩어지는 데는 자연히 소진하여 없어지고 반드시 천지의 기와 함께 혼합 일치된 후에야 없어지게 되는 것은 아닙니다.[335]

하였으므로 리에는 유무가 없으나 기에는 유무가 있다고 하였다.

---

334) <退溪先生文集 卷25, 答鄭子中 講目>

335) 但以徐所謂有聚散, 而無有無者, 爲甚精, 又自云, 其氣却散, 而與天地之氣混合無間, 此數處爲可疑, 蓋理本無有無, 而猶有以有無者, 若氣則至而伸, 聚而形爲有反而歸, 散而滅爲無, 安得謂無有無耶 或別有所據某未記耶 氣之散也, 自然消盡而泯滅, 不待必與天地之氣混合無間而後就泯也<同上>

그러므로 화담의 기불멸설氣不滅說은 용납 받지 못했다. 퇴계는 기가 어떻게 소진하고 마는 것인가에 대하여 남시보에게 대답하는 편지에서 비유 설명하고 있다.

무릇 사람이 죽어서 된 귀신이란 처음부터 갑자기 없어지는 것이 아니고, 점차 없어지게 될 것입니다. 옛날에 "죽은 자 섬기기를 산사람 섬기듯이 하라." 하는 것은, 그 이치가 없는 것을 꾸며서 만들어서 효자의 마음을 위로하려고 한 것이 아니라 이치가 진정 이러하기 때문인 것입니다. 이런 견지에서 보면, 공자가 재여宰予의 물음에 대답한 것이 또한 의심할 것이 없습니다. 눈 앞에 보이는 사물을 가지고 말한다면, 불이 이미 꺼졌는데 화로 속에는 오히려 더운 기운이 있어서 오래 지난 뒤에 비로소 없어지며, 여름날에 해가 이미 넘어갔는데도 더위가 남아 있어서 야음이 짙어진 때에 비로소 식어버리는 것은 다 같은 이치입니다. 오래되어도 항상 존재하는 것은 없으며, 또한 이 같은 이치입니다. 오래되어도 항상 존재하는 것은 없으며, 또한 이 굴한 기가 바야흐로 신한 기가 되는 일도 없을 뿐입니다.[336]

하고 화담의 일기항존一氣恒存을 반대하고 일기는 점차로 화롯불이 꺼져 더운 기운이 식어 버리는 것과 같이 없어지는 것이라고 하였다.

우경선 성전禹景善 性傳이 "대학서문 소주의 묘중리妙衆理라는 '묘妙'자를 오래도록 분명한 해석을 하지 못하였습니다. 지금 들으니 화담이 일찍이 해석하기를 '농득弄得의 의미와 같다'고 하였는데, 이 말이 잘 형용한 것 같은즉 어떠할지요." 하고 퇴계에게 질의하

336) 凡人死之鬼, 其初, 不至處亡, 其亡有漸, 古者, 事死如事生, 事亡如事存, 非謂無其理而姑說此以慰孝子之心, 理正如此故也, 由是觀之, 孔子答宰我之問, 亦無可疑矣, 以眼前事物言之, 火旣滅, 爐中猶有重熱, 久而方盡, 夏月日旣落, 餘炎猶在, 至夜陰盛, 而方歇, 皆一理也, 但無久而恒存, 亦無將已屈之氣, 爲方伸之氣耳<退溪集, 書二, 答南時甫>

였는데, "묘자는 자연히 하나로 합하여 운용하기를 짐작하지 못하게 하는 의미가 있는 것입니다. 화담의 설명은 완전하지 못합니다."[337]고 하였다.

퇴계는 화담의 주기설을 비판한 근본태도 "저도 모르는 사이에 이미 불교의 견해에 빠지게 되었다."는 데에 있었다.

왜냐하면 남시보에게 대답한 글에서

귀신의 이치는 듣고 보아서 알거나, 짐작으로 상상할 수 없는 것입니다. 여러번 물음을 받았으나 대답할 수 없었습니다. 시험삼아 보내 준 편지에 들고 있는 두 가지 조목을 가지고 말한다면. 과연 '두가지 조목은' 서로 같지 않은 것 같습니다. 그러나 주자가 "굴屈한 기운에 신伸이 있다는 것으로써 귀신에게 영이 있다고 한 것은 반드시 귀신이 이미 한 기로 돌아 와서 나타나 영이 된다는 것을 말한 것은 아닐 것이요. 다만 굴屈한 기에는 또한 영이 있는 것이고, 그 영이 있는 것을 굴한 가운데 신伸한 것이라고 하는 것이 옳다고 말한 것입니다. 수레바퀴가 빙글빙글 도는 설과 비유하여 같다고 하겠습니다.

서화담의 생각은 기수일변氣數一邊에 치우쳤으니, 그의 설은 리를 기로 인식한 것을 면하지 못하였으며, 또한 기를 가리켜 리라고 한 것도 있는 까닭에, 지금 여러분도 또한 혹 그 설에 익숙해져서, 반드시 기로써 고금에 걸쳐 항상 존재하고 소멸 아니 하는 것이라고 하다가 저도 모르는 사이에 이미 불교의 견해에 빠지게 되니, 여러분은 진실로 잘못인 것입니다.[338]

---

337) <退溪集, 卷32 書五 答禹景善 問目>

338) 鬼神之理, 非聞見之知, 料度之想所及. 屢示辱訪, 無以爲對. 試以來示所擧兩條言之, 果似不同. 然朱子屈中又有伸. 爲鬼之有靈. 非必謂鬼以旣屈之氣轉向來. 形現爲靈也. 但言方屈之氣, 而亦有靈, 其靈處, 謂之屈中之伸, 可言云爾. 豈可與氷水凝釋. 一往一回, 如輪之周轉之說. 比而同之哉. 因思花潭公所見, 於氣數一邊路熟. 其爲說去免認理爲氣. 亦或有指氣爲理者, 故今諸子亦或狃於其說. 必欲以氣爲亘古今常存不滅之物, 不知不覺之頃, 己陷於釋氏之見, 諸公固爲非矣<退溪集 書二 答南時甫>

하고, 「일기항존설一氣恒存說」이 「윤회설輪回說」과 비슷하다고 비판하였다.

(1) 비리기일물변증非理氣一物辯證

이 논문은 주로 서화담과 연방蓮坊 등의 주기설에 대한 비판이라 하겠다. 그러나 또 나정암과 일재 이항의 리기일물설의 비판도 겸할 수 있으며, 그 뒤의 주기론자들과도 입장을 달리하는 것이라 할 것이다. 이에 퇴계의 글 전부를 다시 들어볼 것이다.

이 글의 구성내용은 삼단으로서 첫째 단에서는, 공자가 말하기를 "역에 태극이 있으니, 이것이 양의를 낳는다." 하였고, 주자周子는 "태극이 동하여 양을 낳고, 정하여 음을 낳는다."고 하였으며, 또 "무극의 진과 이오二五의 정이 묘하게 합하여 엉긴다." 하였다고 한 것을 인증으로 하여 다음과 같이 주장하였다.

지금 살피건데, 공자와 주자가 음양은 태극이 낳은 것이라고 밝게 말하였는 데, 만일 리와 기가 본래 하나라 한다면 태극이 곧 양의이니, 어찌 '태극이 음 양을' 낳는다 할 수 있는가, '무극'의 진眞이니, '음양, 오행'의 정精이니 하는 것이 하나가 아니기 때문에 묘하게 엉긴다고 하였지, '리와 기'가 만일 하나라면 어찌 묘하게 합하여 엉킬 것이 있겠는가.

둘째 단에서는, 정명도가 "'역'에서 형이상은 도가 되고, 형이하는 기器가 된다고 하였지마는, 기가 또한 도요, 도가 또한 기라."고 하였다고 한 것을 인용하고,

지금 살피건데 만일 리와 기가 과연 하나라면 공자께서 어찌 반드시 형이상하로써 도와 기를 나누었으며, 정명도가 어찌 반드시 "모름지기 이렇게 말은 하나" 하였는가. 명도는 또 기를 떠나서 도를 찾을 수 없으므로 기가 또한 도라 한 것이지, 기가 곧 도라

고 말한 것은 기가 곧 기라고 말한 것은 아니다(도와 기의 나누어짐이 곧 리와 기의 나누어짐이기 때문에 끌어서 증거를 삼는다).

셋째 단에서는 주자가 유숙문劉叔文에게 회답하는 편지에서, "리와 기는 필시, 두 물인데, 다만 물 위에서 본다면 두 물이 한 덩어리가 되어서 따로 떼어 각각 한 곳에 있게 할 수는 없으나不可分開 두 물이 각각 한 물이 되는 것은 틀림이 없고, 만일 이 법상으로 본다면 비록 물은 있지 않으나, 이미 물의 이법은 있는 것이다. 그러나 역시 그 법이 있을 뿐이요, 실제로 이물二物이 있는 것은 아니다." 하였고, 또 "이 기는 있지 않아도 이 성性이 먼저 있음을 반드시 알아야 한다." 하였으니, 기는 있지 않는 수도 있으나 성性은 있으며, 비록 바야흐로 기 가운데 있을지라도 기는 스스로 기요, 성性은 스스로 성이며, 또한 서로 섞이지 않는 것이 모두 물에 체가 되지 않은 곳이 없음을 논한다면, 또 기의 정精하고 조粗한 것을 논할 것 없이, 이 리가 있지 않음이 없으니(지금 살피건대, 리가 물에 국한되지 않는 까닭에 능히 물마다 있지 않음이 없다.) 기의 정한 것을 성으로 삼고, 성의 조한 것을 기로 삼을 수 없는 것이다(성은 곧 리이므로 인용하여 증거로 삼는다.).고 하였다.

리는 무한자요, 기는 유한자인데 어찌 한 가지라 할 수 있는가. 「화담설」은 공자, 주자周子의 뜻, 또는 정자, 주자의 설과 다르며 또 화담의 설은 성현의 설과 하나도 부합되는 곳이 없으며, 화담은 평생에 리란 글자를 투철하게 알아 내지 못하였으니 형이하의 조粗하고 얕은 형기 한 쪽 현상론의 설명에 떨어졌다 하였고, 기를 성性이라 한 유숙문의 잘못을 지적한 주자의 말은 유숙문보다 화담에 해당되는 말이며, 잘못된 학설에 딱 붙어있는 것을 주자가 유숙문에게 경고하였는데, 이것은 연방에 대한 정문일침頂門一針이라고 하였다.

(2) 연방蓮坊 이구李球의 주기설

퇴계는 서화담의 범주에 속하는 연방설을 비판함에 「심무체용변」[339]으로 하였다. 먼저 "마음에 체용이 없다."한 것을 퇴계는 "마음에 체용이 있다."고 「선유설」을 인증으로 하여 맞섰다.

둘째로 "동動과 정靜이란 실한 이치요, 체와 용이란 허虛한 말이니, 도리에는 본래 체와 용이 없으며, 동과 정으로 체와 용을 삼는다."고 한 「연방설」을 반대하고, 퇴계는 "도리에 동과 정이 있으므로, 그 정靜한 것을 가리켜 체라 하고, 동動한 것을 용이라 한다면, 도리의 동·정의 실상은 곧 도리의 체·용의 실상이다. 또 어찌 따로 체와 용이 없는 도리가 있어, 근본이 되고 동과 정의 먼저에 있을 수 있겠는가" 하고 변석하였는데, 이것은 퇴계의 체용의 논리를 관철시킨 것이다. 「비리기위일무변증非理氣爲一無辯證」[340]에서 주자가, "유숙문이 만일 알아 내지 못하거든 마음을 허심으로 평이하게 볼 것이요, 강하고 똑똑하게 주장할 것이 아니니, 오래되면 자연히 보이는 곳이 있어서 많은 얘기를 허비하지 않을 것이다." 하였다. 만일 그렇지 못하면 아직 이 일설은 내버려두고 따로 다른 곳을 보면 도리가 무궁하니, 혹시 다른 한 가지 일로 인하여 이 이치를 관철할지도 모르므로 반드시 풀과 같이 딱 붙도록 지켜서 마음과 힘을 공연히 허비 할 것이 아니다. 나는 또, "이것이 또한 숙문을 위하여 한 말이 아니라, 연노蓮老를 위하여 정문일침한 것과 흡사하다." 하겠다고 변석하였다. 연노 즉 연방이 서화담의 주기설에 집착하여 그것을 고집함을 지적한 것이다.

퇴계는 「답우경선문목答禹景善問目」에서 연방이 허초당에게 회답한 글을 우성전禹性傳이 의심하여 그의 생각으로 「정임은도程林隱圖」를 변석하였는데, 퇴계는 우성전의 말이 옳다고 하였다. 연방의 글은 다음과 같다.

---

339) <退溪集 卷41, 雜著, 心無體用辯>

340) <退溪集 卷41, 雜書, 非理氣爲一物辯證>

이 그림(程林隱圖)은 매우 좋습니다. 대개 하늘과 땅이 갈라진 후는 모두 기요, 음양·동정도 이것일 뿐이니, 기 위에서 그 리를 미루어 찾을 수 있는 것입니다. 문왕의 괘사에서는 "건은 원형이정이다."했으니, 이것은 먼저 기를 말한 것이고 공자가 "역에 태극이 있다."고 하였으니, 역시 먼저 기를 말한 것이며, 자사는, "소리개가 날아 하늘에 이르고, 고기는 못에서 뛰어 논다." 하였으니, 이것도 먼저 기를 말한 것입니다. 만약 기가 아니면 성인이라도 그 리를 말하기 어려울 것입니다. 정자·주자의 논한 것도 이 그림의 뜻과 지나치게 차이가 없을까 합니다.

고 하였다.

이에 대하여 우성전禹性傳은 "「태극도설」의 양의도 가운데에 있는 ○는 형이상의 것이니 태극이요, 연비어약鳶飛魚躍 위에서 이렇게 할 수 있으나, 그것을 기氣라 할 수 없다."고 하였다. 퇴계는 "정공程公의 그림이 오전된 것이 아닐까." 하고, "가운데 둥근 것을 기로 삼는 것은 실수인데 연방蓮坊은 아주 칭찬하였으니 어쩐 일입니까? 연방은 이를 보는 것이 분명하지 못하고 기를 주장하 는 것이 너무 지나쳐서. 이런 잘못이 있으니, 그렇게 괴이하게 생각할 것도 없습 니다." 하고, "원형이정元亨利貞은 리와 기를 겸한 것이니, 기를 먼저 말한 것이라 할 수 없고, 연비어약도 기 가운데서 리를 가리켜 말한 것이요, 먼저 기를 말함

〔연방도〕

은 아닙니다."
고 하였다.
연방은 그림을 그리고, 도설을 다음과 같이 지었다.

주역의 도는 다만 기제괘既濟卦·미제괘未濟卦요, 감이坎離는 다만 기입니다. 기라는 것은 리理의 성한 것이요, 리라는 것은 기의 묘이니, 리가 아니면 체가 서지 못하고, 기가 아니면 용이 행하지 못합니다. 이래서 인仁이 나타나는 것은 기요, 용에 감추어 지는 것이 리입니다. 화담 선생은 말하기를, "감이坎離가 용에 감추어진 것이니, 형상이 먼저 있다는 것은 용에 감춰진다는 것을 깨달아 밝힌 설이요, 유행하는데 이르러야 도가 비로소 전한다는 것은 인仁이 나타난다는 것을 깨달아 밝힌 설이다." 하였는데, 이 그림은 괘卦에서 천지인 삼재天地人 三才의 도가 다 하였음을 볼 수 있습니다.

우성전禹性傳은 "도설은 연방이 지은 것인데 중간의 기자氣字는 그 가운데 이를 포함하였다고 하지만, 선유들이 중간에 흰 곳을 태극이 된다는 설명으로 보면, 차이가 있고, 리가 성하고 기가 묘하다는 설명은 역시 어디에서 나온 것이 겠습니까?"고 퇴계에게 질의하였다. 그에 대한 대답은 다음과 같다.

아홉개의 기자氣字 중, 어느 것이 두 기가 되며, 아홉 개의 이자 중에서 어떻게 하나의 이로 볼 것인가, 미제未濟·기제旣濟 두 괘 중 구기九氣는 있지만 한 이와 두 기의 실이 있음을 볼 수 없으니, 어인 일입니까. 리가 성하고 기가 묘하다는 것은 모두 전에 듣지 못하였습니다.

연방蓮坊의 이 그림과 도설은 자신의 창작인 것 같으나, 그 근거될 만한 것이 없다. 그러나 내 생각에는 송나라 주염계가 「태극도」를 만들 때 과연 주자나 퇴계와 같이 중간의 둥근 곳(이른 바

중태극)을 리라 생각하였는지, 설명이 없으므로 알 길이 없고, 그 것도 기로 본 것이 아닌지 모르겠다. 왜냐하면 주염계에서는 아직도 리개념이 그 훗날처럼 독립적으로 사용되지 아니 하였으며, 진한 이래의 태극을 기라 한 해석의 전통을 과연 벗어났던가 하는 의심이 있기 때문이다. 그러나 이미 연방도 리기理氣개념을 상대적으로 사용하고, 또 리의 성과 기의 묘라 한 생각도 잘 알 수 없다. 정주학 입장에서는 전통적으로 리의 묘, 기의 성이라고 할 수 있을 뿐이다. 이상과 같은 화담 혹은 연방의 리를 기의 속성으로 생각한 주기설은 대중지정大中至正한 성학을 괴롭히는 이학異學이라고 퇴계는 생각하였고, 그것은 리의 독자성을 발견하지 못한데 기인한 것이라고 비판하였다.

9. 퇴계의 선비정신

조선조 선비의 모습은 퇴계를 모범으로 하였다.

1) 선비의 마음가짐

제자 김성일金誠一은 퇴계에 대하여 "평이명백平易明白은 선생의 학문이요 정대광명正大光明은 선생의 도이다."[341]고 하였으며, "아침에 일어나면 반드시 향을 태우고 정좌靜坐하여 하루 종일 책을 보지만 일찍이 게으른 모습을 보지 못했다."<同上> 하고, 또 "평소 어두

341) <退溪先生言行錄 卷2, 金誠一>

울 때 일어나 한 방에서 정좌하여 마음공부하고 의리를 연구하니 마치 흙으로 만든 사람과 같았다."<秋瀟 기록>고 하며, "종일 정좌하여 혹은 때로는 반좌盤坐하나 또 단정하고 엄장하여 조금도 몸을 기울이지 아니하였다. 때로 몸이 고단하면 눈을 감고 단정히 앉을 뿐이었다."<同上> 하고 혹은 "닭이 울면 일어나 이불을 끼고 앉아 혹은 마음의 본원을 함양하고 혹은 선현의 가르침을 마음 속으로 외웠다."<同上, 李德弘>

"선비가 의리를 논하는 것은 마치 농부가 뽕과 삼을 논하고 공인工人이 잣대를 의논하는 것처럼 또한 각기의 일상적인 일이다."[342]

선비가 부지런히 노력하는 것은 농부나 공인이 자기 직업에 근면하는 것과 다른 것이 없다. 그러한 노력의 결과에 의하여 정신적인 지도자가 되어 일반대중을 교화敎化하게 된다. "옛날의 선비를 보건대 그가 궁핍하기가 매우 심할수록 그의 의지는 더욱 굳세며, 그의 절조는 더욱 기특했다. 만약 하나의 하잘 것 없는 빈곤 때문에 굳게 지킬 절조를 포기한다면 선비라고 할 수 없다."[343]

또 선비의 학문도 다음과 같다고 했다.

"옛사람이 진실로 학문에 뜻하며 곤궁 때문에 폐지하지 않는다. 곤궁하다고 폐지하면 처음부터 학문에 뜻한 자가 할 일이 아니다."[344]

선비, 학문하는 선비는 곤궁 때문에 의리를 포기하거나 학문을 그만두질 않는 법이다.

"무진戊辰 7월 18일에 서울로 들어가는데, 광나루에 도착했더니 마침 큰 비바람으로 강물의 파도가 치솟아 거의 배가 전복하게 되니 배에 있는 사람들이 놀라 어찌할 줄을 모르나, 선생의 얼굴색

---

342) 士之論義理, 如農夫之說桑麻, 匠石之議 繩墨, 亦各其常事也<天命圖說, 後叙>

343) 觀古之士, 其窮愈甚, 其志益勵, 其節益奇, 若因一困拂而遽喪其所守, 則不可謂之士矣.<退溪集, 答金應順>

344) 古人苟志學, 不以窮困而廢. 窮而遂廢, 初非志學者爲耳.<退溪集, 答琴聞遠>

이 동요하지 아니하였다."[345]

이러한 위급에서도 부동不動하던 신색神色은 마치 옛날 정이천程伊川이 부주涪州로 귀양갈 때의 도강고사渡江故事와 같았다.

"이천이 부주涪州로 귀양가다가 한강 중류에서 배가 흐르니 전복될 듯했다. 배 속 사람이 모두 울부짖는데 이천伊川은 홀로 옷깃을 바로 하고 편안히 앉아 평소와 같았다. 저 언덕에 이르자 같은 배를 탔던 늙은이가 묻기를, '배가 위험할 때 그대가 바로 앉아 얼굴색이 매우 장엄하니 어찌해서 그러한가?' 하였는데, 이천이 대답하기를 '마음에 성경誠敬을 보존할 뿐이요.' 하니, 늙은이가 '마음에 성경誠敬을 보존하는 일은 진실로 좋으나 그러나 무심無心보다 못하다'고 하였으니 이천伊川이 같이 이야기하고자 했지만 늙은이는 서둘러 떠나버렸다."<二程外書12, 右七事見氏聞見錄 邵康節 아들의 기록>

퇴계와 정이천程伊川의 고사故事를 비교하면, 퇴계의 광지나루에서의 고사에서의 신색부동神色不動은 평소 성경誠敬공부의 결정이라고 생각된다.

퇴계는 집이 겨우 비바람을 피할 뿐이요, 사람이 견디기 어려워했지만 여유있게 지냈다고 한 문인들의 기록은 선비정신을 몸소 시범한 것이라 생각된다.

"대저 사군자四君子가 마땅히 문장이 단아端雅하고 조용하며 담박하여 과욕으로 스스로 처신하고, 다른 일로 생업에 이른다면 해로울 것이 없겠지만, 그러나 만약 전혀 문장의 단아와 결신潔身을 잊어버리고 평생 동안 산재를 경영하며 이복 갖추는 것에만 골똘한다면 이는 시골 속인들의 행위이니 어찌 선비의 기풍이 되겠는가?"[346]

고 하여 과욕하여 리산利産에 마음을 두지 아니한다. 아들 준寯에게 편지로,

---

345) 戊辰 七月, 將入京, 低廣津, 遇大風雨波濤洶湧, 幾至覆舟, 舟中人驚懼失措, 先生神色不動.<同上, 起居語默之節, 安道 기록>

346) 大抵士君子 常以風素文雅恬淡, 寡慾自處而餘事及於生業, 則無言. 若全忘文雅修潔, 而埋頭沒身於營產眠服飾之末, 則此乃鄉里里俗人所爲何有於儒家之風手.<同上, 家書>

"빈궁은 선비의 일상이니, 또 어찌 마음을 두리오? 너의 아비는 평생에 이 때문에 사람들로부터 웃음거리가 된 일이 많았지만 다만 굳게 참고 순리대로 하여 자기 수양으로 천리를 기다리는 것이 좋을 것이다."347)

가난하고 궁색한 것은 선비의 일상이다. 굳게 참고 순리대로 처신하여 수양하고 천명을 기다려야 한다고 아들에게 선비정신을 가르친다.

"퇴계께서 서울에 계실 때 이웃집에 밤나무가 있으니 몇 가지가 담장을 넘었는데, 알이 익어 정원에 떨어졌다.아이들이 주워 먹을까 두려워해서 주워서 담장 밖으로 던졌다. 그 맑은 지조가 이와 같았다."348)

선비는 평소의 일상 생활에서 자세한 주의가 요긴하다. 평소에 정좌靜坐하고 부지런히 마음을 닦으니 위급에 대처하는 인격이 형성된다. 정이천이나 퇴계의 정좌에 의한 마음공부는 정성스럽고誠, 마음의 주체성을 상실하지 아니하는 경敬 공부에 의했던 것이다. 선비의 정좌靜坐가 심정리명心定理明에 있다면 주경主敬은 나의 주체성 확립에 목적을 두는 마음수양이다.

그 선비는 인간자유의 자각자自覺者이다.

퇴계는 기고봉에게 선비로서 벼슬하고 그만두는 일에 대하여 다음과 같이 말하니 간절했다.

"'대체로 벼슬에 나아가고 그만두는 것은 마땅히 스스로 마음 속에서 결단할 것이다. 남과 의논할 수도 없으며, 또 남이 능히 함께 의논할 것이 아니다'고 한 호강후안국胡康侯安國의 생각이 탁월하니 본받을만 함이다. 다만 평소에 이치가 정미하지 못하고 뜻이 굳지 못하면 그 스스로 결단한 것이 혹시나 그때에 마땅한 도리에

---

347) 與子寯書曰, 貧窮士之常事, 亦何介意? 汝父平生以此被笑於人多矣. 但當堅忍而順處, 自修以待天可也.<同上, 家書>

348) 其僑居漢城也, 隣家有栗樹數枝過牆, 子熟落于庭園, 恐思童子食, 而投之牆外, 其介潔如此.<同, 栗谷日記>

어둡고 소원하고 사모함에 빼앗겨 그 당연성을 읽을까 걱정될 뿐입니다."[349]

선비뿐만 아니라 인간의 "거취去就는 마땅히 마음에서 자결自決할 뿐이라."고 한 호안국胡安國의 인간 의지의 자유自由를 주장한 일에 대하여 공명한 퇴계는 다시 기고봉에게 인간의 자유를 설득한다.

선비란 자유인自由人이요 자주인自主人이다. 따라서 자기가 결단하고, 또 자기가 책임지는 것이다.

이어서 퇴계는 다음과 같이 고봉에게 선비정신을 설득한다.

"대체로 선비가 이 세상에서 태어나서, 혹은 벼슬에 나아가고, 혹은 집에 머물며, 혹은 때를 만나고, 혹은 만나지 못하고 돌아가 그 몸을 깨끗이 하고, 그 도의를 실천할 뿐이며, 화복禍福은 논할 것이 아니다. 그러나 일찍이 괴상하기도 우리 동방의 선비가 조금 생각이 도의를 사모하는 자가 있으면 흔히 세상 근심에 걸립니다. 이것이 비록 땅이 좁고 사람이 많은 까닭과 또한 스스로 하는 행위에 도리를 다하지 못하여 그러한 것이 있습니다. 그 도의를 다하지 못했다고 한 것은 다름이 아니라 학문이 성숙하지 못하고 자처함이 너무 높고, 애국을 헤아리지 않고 세상경영에 용감하니 이것은 실패하는 도리요, 큰 이름을 업고 큰일을 담당할 자가 간절히 경계해야 할 것이다. 그러므로 공公이 오늘의 도를 위하여 지나치게 높게 자처自處하지 말고, 갑자기 경세經世에 용맹하지 말며, 모든 것에서 지나치게 스스로 주장하지 말 것이다."[350]

선비란 모든 행위는 결신행의潔身行義로 하나 화복禍福을 말하지

---

349) 大抵出處去就, 當自決於心, 非可謨之於人, 亦非人所能與謨, 胡康候所見, 卓然可法, 第患平時, 理有所未精, 志有所不剛, 則其所自決, 或不免昧於時義, 奪於願幕而失其宜耳. <退溪文集 卷16, 答奇明彥>

350) 夫士生於世, 或出或處, 或遇或不遇, 歸潔其身行其義而已, 禍福非所論也, 然嘗怪吾東方之士, 稍有志慕道義者多罹於世患, 是誰由地褊人澆之故, 亦其所自爲者, 有未盡而然也, 其所謂未盡者, 無也, 學未熟而自處太高, 不度時而勇於經世, 此其取敗之道, 而負大名當大事者地切戒也. 故爲公今日之道. 勿太高於自處. 勿遽勇於經世. 凡百勿太遇於自主張. <同上>

말 것이다. 선비가 늘 환난患難을 당하는 원인은 학문이 완전하지 않는데도 너무 고도高蹈적이며 시세를 잘 파악하지 않고 경세經世에 지나치게 용감한 것이 탈이 되었다. 경계할 것이니 지나치게 이상理想으로 자처하거나 경세에 용감하지 말며 모든 것에서 자기 주장을 지나치게 하지 말 것이라고 했다. 조광조의 실패가 바로 이러한 까닭이라고 반성하고 경고하였다.

2) 사대부士大夫의 진퇴進退와 양사養士

퇴계는 사대부의 진퇴에 관한 생각을 다음과 같이 말하였다.

"제가 듣기에, '벼슬이 높으면 책임과 기대도 더욱 중대학 책임과 기대가 중대하면 진퇴가 더욱 어렵다.' 라고 하였습니다. 그래서 옛날의 사대부들은 자취를 산림山林에 두지 않으면서도 간혹 경상卿相으로 부르면 오지 않는 자가 하나둘이 아니나, 또 사람들이 나를 옛 현인賢人으로 끌어와 스스로 의탁한다고 말할까 두려워서 감히 그렇게 하지 못하겠습니다.…… 그래서 황滉은 일찍이 망령되이 '나아가는 것이 옳을 때 나아가면 나아가는 것이 공손함이 되고, 나아가지 않는 것이 옳을 때 나아가지 않으면 나아가지 않는 것이 공손함이 된다.'라고 생각하였습니다."[351]

벼슬이 높으면 책임이 더욱 중대하고 진퇴가 더욱 곤란하다. 그러므로 옛날 선비로서 대부大夫의 신분에 있는 자가 산림선비가 아니지만 진퇴에 망령되지 아니하였으니 선비의 진퇴가 신중해야 할 것이라고 했다.

「영천군수榮川郡守에게 소수서원紹修書院에 대한 논의」에서 "나라

351) 遇聞爵位愈高, 則責望愈重, 責望愈重, 則進退尤難故古之士大夫, 跡非山林, 或至卿相而召之不至者, 非一二, 猶可指數, 又恐人謂我援古賢以自託也, 故未敢焉.……故遇嘗忘以學. 可進而進, 以進爲學, 可不進以不進, 以不進爲恭.<退溪文集 卷9, 答閔判書箕, ・丙寅>

가 서원설립을 허용하는 것은 무엇 때문인가? 장차 현인賢人을 존중하고 선비를 양성하며 인재를 즐거이 기르는 것이 아닐까요?"[352]라고 하여 선비양성, 인재교육에 서원의 역할의 중요성을 말하여 종래의 향교는 과거교육에 구속되었으므로 사립私立의 서원설치는 과거에 구속되지 않는 참다운 선비양성에 목적이 있다고 하였다.

까닭에 퇴계는 서원의 역할이 선비양성에 있다고 분명히 하였으니 퇴계는 「서원10영書院十詠」[353]의 '죽계서원竹溪書院, 풍기'에서 "뉘라서 명明과 성誠을 지도할고" 하여 선비의 기본이 명성明誠이라 지적했고, '임고서원臨皐書院, 永川'에서 "수양하는 선비에게 한말씀을 부치노니, 정포은의 연원과 그 절의 둘 다 숭상하여 추모" 하고 '문헌서원文憲書院, 海州'에서 "산림을 진작시킨 그 일은 생각 않고, 헛되이 서원에다 비방만 모여 드네."라고 비판했으며, '영봉서원迎鳳書院, 星州'에서 "원컨대 여러분이 이 학문을 밝히면 헛된 싸움, 뜬 의론이 저절로 없어지라."라고 하여 선비들의 헛된 말다툼, 쓸모없는 의론을 경계했으며, '구산서원丘山書院, 江陵'에서 "오늘 교화 장차 밝게 하오."라고 했으며, '남계서원藍溪書院, 咸陽'에서 "백세에 전한 바람 꽃다움을 길이 생각하네一囊." 하여 정여창鄭汝昌선생의 선비정신을 백세풍전百世風傳이라고 칭송했으며, '이산서원伊山書院, 榮川'에서 "거문고와 노랫소리 풍성이 적지 않네."라고 하여 공자 이래 선비의 현가絃歌 듣기를 기대하였고, '서악정사西岳精舍, 慶州'에서 "다만 학자들을 이에 많이 길러내면 나라 은혜 흡족함이 선비에게 미치련다."고 하여 선비양성을 칭송했으며, '화암서원畵巖書院, 大邱'에서 "듣건대 이제부터 학문이 밝으려니" 항 개원開院을 축하하였다.

'서원총론書院總論'에서 "어이하여 과거길이 온 바다를 뒤집어서,

---

352) 國家之許立書院, 何爲也哉, 將非尊賢養士, 樂育人材之地也乎<退溪文集 卷12, 擬與榮川守論紹修書院事>

353) <退溪先生文集 卷4>

나의 시름 일으키어 구름처럼 가리는고" 라고 하여 과거교육을 비판하고, 서원교육은 참 선비교육에 목적이 있다고 하여 서원교육의 의미를 총론하였다.

"하 · 은 · 주夏 · 殷 · 周 이후 국가에서 선비를 대우한 것이 송나라보다 훌륭한 일이 없었다. 그러나 소인이 뜻을 얻으면 힘써 천하의 공론과 싸워서 군자를 간사하다 혹은 위학이라 지적하고 배척하여 세상에 용납되지 않도록 했다. 오직 원나라만이 오히려 이러한 일이 없어 선비에게 도학을 기피하지 않게 하였으니 조금은 칭송할 만하다."[354)]

선비를 대우한 것은 송나라가 가장 훌륭했다.

사학제생四學諸生에게 "학교는 풍속을 바르게 하고 백성을 교화하는 근원이며 선비예절 실천의 중요지이다. 선비는 예의의 근본이며 원기의 집이다. 나라에서 학교를 설립하여 선비를 양성하는 그 뜻은 매우 융성하다……. 안으로 충신忠信을 주로 하고 바깥으로 공손하고 겸허하여 서로 도와서 국가가 예법을 존중하여 교화를 발전하게 하니 학교를 설치하고 선비를 양성하자는 뜻이다."[355)]

학교는 양사養士하는 장소이며, 소인을 경계하여 도덕사회건설의 근거이다.

선비란 충신忠信스럽고, 공손 · 겸허한 인격자이다. 이들은 문화와 교화의 담당자이다. 문화 · 도덕의 국가적 담당자가 전하지 못한다면 소인들이 날뛰는 혼란사회가 출현한다는 생각에서 선비양성이 중대시되었다. 동 · 서 · 남 · 북東 · 西 · 南 · 北의 사학四學과 지방의 향교鄕校는 국립이라 하겠고 서원은 사립이지만 모두 양사養士 곧 선비양성에 그 목적이 있었다.

왕이 퇴계를 '문묘에 종사할 때 가묘 제사를 내린 교지문(文廟從時

---

354) 三代以下, 國家待士之道, 莫善於宋, 然小人得志者, 九戰天下之公誠, 指君子爲奸僞, 斥逐排擯, 使之不容於世, 惟元朝却無此事, 使士不諱道學, 差可尙耳<詩集>

355) 學校風化之源, 首善之地. 士子禮義之宗, 元氣之寓也, 國家設學以養士, 其意甚降……內主忠信, 外行遜悌, 以副國家右文興化, 設學養士之意<退溪年譜>

祀家廟賜祭教文)에서 "멀리는 공자洙泗의 실마리를 궁구하고 가까이는 정자洛와 주자閩로 흐른 가닥을 맞이항 성대하게 세상의 참다운 선비가 되니, 사림士林에 비로소 의지하여 돌아갈 곳이 생기고, 온나라가 그에 의지하게 되어 높은 산봉오리로 되었도다."[356]

퇴계의 선비정신을 요약했다. 오직 퇴계만을 더벅머리 소년 때부터 이미 스스로 짊어지는 뜻이 있어 주자紫陽에 침잠하니, 평생 얻은 힘은 참으로 여기에 있었다. 일에서 성명誠明을 다하고 외모外慕를 단절하여 기초가 성립되니 지조와 행실이 독실해졌고 미묘한 도리를 밝히고 빛이 쏟아져 나왔다고 평해서 참된 선비의 모습을 잘 드러내어 선비로써 맑은 지조와 독실한 실행, 성誠과 명明을 쫓아 종사하고 세속적인 세리勢利를 끊고 근기根基를 세웠으니, 우리에게 선비정신을 가르쳐주었다.

그러나 참으로 선비의 학문하는 궁극은 다음과 같다고 힘주어 말하였다.

"선비가 학문하는 데 모두 평범하고 가까운 실처에 나아가 생각을 공손히 하고 마음을 비워서 차근차근했던 것입니다. 뒤에 와서 도덕이 높고 성대하여 고원하고 원대함이 극치에 이르게 되었으나 이른바, 평범하고 가까운 실처에서 뜻을 겸손히 하고 마음을 비우는 뜻은 그대로 있었던 것입니다."<퇴계집, 권29, 答金而精>고 하여 학문하는 방법을 개술하였으며, 장횡거張橫渠도 말한 바가 있었지만, "까닭에 학자의 자기책임責任이 중대합니다. 비록 세계를 위하여 입심立心하고, 생민을 위해 표준을 세우며立極, 지난 성인을 위해 단절된 학문을 계승하고, 만세를 위해 태평太平을 열어 주었으나, 허황되게 과장한 자취를 보지 못하는 것은 먼저 자기 말을 실천하고 뒤에 말이 행동을 따르게 한 때문입니다."[357]고 하였는데,

---

356) 遠究洙泗之緖, 根接洛閩之派. 而蔚爲世之眞儒, 士林始有依歸, 而朝野倚之爲喬嶽矣<退溪先生言行錄, 卷6, 教文>

357) 故其自任之重, 雖爲天地立心, 爲生民立極, 爲往聖絶學, 爲萬歲開太平, 而不見其虛夸 之逆者, 先行其言, 而後從之故也<退溪先生文集 卷29, 答金而精 就礪>

"선비의 자임自任은 ① 세계를 위하여 입심하고, ② 생민을 위해 표준을 세우며, ③ 단절된 성인의 학문을 계승하고, ④ 만세를 위해 태평한 세상을 개척한다." 이러한 네 가지를 실천하는 것이 선비가 학문하는 궁극이라고 설파했다. 퇴계는 "학문의 효과가 더디다 해서 공부를 그만두지 말고 익숙해서 깊은 곳에 이르면 자득自得하게 될 것이니, 이와 같이 박실朴實하게 공부해가는 것이 가장 좋습니다."[358]고 하였는데, 자임自任과 학문은 자득自得에 있다고 강조한다. 위기의 학爲己之學은 자임·자득으로 성취되니 모두 인간의지의 자유를 근본으로 하는 것이요, 학문의 성취여부成就與否는 자기의 책임責任인 것을 분명히 자각하도록 해주었다.

10. 윤리설倫理說

퇴계는 「백록동규도白鹿洞規圖」에서 오륜五倫을 도표하고 말하기를 "신이 이제 삼가 규약문規約文의 본조목에 의하여 이 그림을 만들어 보고 살피시기에 편리하도록 하였습니다. 원래 요순시대의 가르침은 오품五品, 오교五教에 있었고, 하·은·주 3대의 학문은 모두 인륜을 밝히게 하는 것이었습니다. 그러므로 이 동규洞規의 궁리窮理와 역행力行도 모두 오륜五倫에 근본하였습니다. 그리고 제왕帝王의 학문은 그 준칙과 금지조목이 비록 일반학문과 서로 다 같지 않지만, 윤리에 근본하여 궁리하고 역행하면서 저 심법心法의 절실하고 요긴한 것을 찾는 것과 같지 않을 수 없습니다. 그러한 까닭에 이 그림도 함께 바쳐 아침 저녁으로 아뢰는 잠언箴言에 보태는 것입니다."<洞規後叙>고 하였으므로 퇴계가 오륜五倫을 윤리행위의

358) 勿以效遲而輟功, 熟深之至, 將自得, 如是朴實頭做工夫, 最好.<同上>

근본으로 한 것을 알 수 있다.

이 그림이 본래 부자유친父子有親과 군신유의君臣有義와 부부유별夫婦有別과 장유유서長幼有序와 붕우유신朋友有信의 오륜五倫을 실천하는 조목으로 "박학博學, 심문審問, 신사愼思, 명변明辨은 궁리의 요령으로 삼았고, 독행篤行에서 '말이 충신忠信스럽고 행동은 독경篤敬으로 하며, 분노하는 것을 징계하고, 욕심을 막으며, 선善으로 옮기며 허물을 고치는 것'을 수신修身하는 요령으로 하였다." 하고 또 "그 의義를 바로 하고 그 이익을 도모하지 아니하는 것과 그 도리를 밝히고 그 공功을 헤아리지 않는 일을 처리하는 요령으로 삼았다."

마지막에 "'내가 바라지 아니한 것을 남에게 시행하지 말며, 행동이 적중하지 못하면 이것을 자기에게서 반성하라.'고 한 것을 사물(인간)과 접촉하는 인서仁恕의 요령으로 한다."고 설명되어 있다. 궁리는 박博, 심審, 신愼, 명明으로 하나, 독행은 수신, 처사, 접물로 하여 인서仁恕를 실천해야 한다는 것이 요지로 되어 있다. '접물接物'을 주자는 그의 「인설仁說」에서 "서恕로써 남과 관계를 맺는다."고 했으니, 접물의 '물物'은 "사람의 일들이고" '접接'은 "관계를 맺는다."라고 하겠다. 인간관계에서 인서仁恕로 관계한다고 할 것이다. 그것이 독행의 마지막 실천조항으로 되어 있다.

인仁과 서恕의 구별에 대하여 퇴계는 다음과 같이 대답하였다.

"자기에 본래 있는 것으로써 자연히 남에게 미치기 때문에, 그것은 인仁이 되며, 자신이 하고 싶거나 하기 싫은 것을 미루어서 남에게 미치려하기 때문에 그것은 서恕가 된다."고 하였다……. 「논어강록論語講錄」<퇴계선생 언행록 권2>

자기에게 고유하며 남에게 어질게 하는 것이 인仁이고, 그 인仁을 실천하는 것이 서恕이다. 서恕는 인仁의 작용이라고 하겠다.

"덕자德字는 행行자와 직直자와 심心자를 따라서 만들어진 글자로, 곧은 마음을 행하라行直心는 뜻이다."[359]

359) 德字 從行從直從心, 卽行直心<退溪先生言行錄 卷1 李德弘>

인仁과 서恕, 덕德은 직심直心을 실행하는 것이다.

음식이나 남녀관계는 절실하면서도 긴요한 것인데, 음식과 남녀관계에는 지극한 천리天理가 붙어 있는 곳이고, 큰 욕심이 거기에 깃들어 있습니다. 군자가 인욕人欲을 이기고 천리天理를 회복하는 것은 이 때문이며 소인이 천리를 없애버리고 인욕을 끝까지 추궁하는 것도 이 때문입니다. 그래서 마음을 다스리고 수신하는데 이 일은 진실하고 긴요하게 여기는 것입니다.[360]

'인욕에 이기고 천리를 회복하는' 데서 인륜은 출발한다, 음식의 식욕과 남녀의 성욕에서 천리를 순응하는 일은 수양, 즉 치심수신治心脩身이 필요하다.

공자는 "천지가 있은 뒤에 만물이 있고, 만물이 있은 뒤에 부부夫婦가 있다. 부부가 있고 난 뒤에 부자父子가 있고 부자가 있고 난 뒤에 군신君臣이 있고 군신이 있고 난 뒤에 예의가 있을 곳이 있다."고 하였다. 자사子思도, "근자의 도리는 부부로부터 실마리가 이루어지며, 그 지극함에 미친다면 천지의 도리를 살필 수 있다."고 하였다. ……부부夫婦의 윤리는 그 중대함이 이와 같다.[361]

고 하였다. 부부의 윤리가 윤리의 시초요, 시발이라고 했으나 퇴계 윤리설의 본질은 오륜五倫의 실천이고, 나아가 오상五常을 행동화하고 실현하는 데에 있었다.

이렇게 회복천리恢復天理하여 도덕생활의 시발인 부부夫婦의 윤리倫理을 시행하자면 어떻게 해야 하는가?

"대저 사람의 학문은 일이 있고 일이 없거나 의지가 있고 없음

360) 以飮食男女爲切要, 飮食男女, 至理所寓, 而大欲存焉, 君子之勝人欲而復天理, 由此, 小人之滅天理而窮人欲亦由此, 故治心修身, 以是爲切要也<退溪集 卷35, 答李宏仲 德弘>

361) 孔子曰, 有天地然後有萬物, 有萬物然後有夫婦, 有夫婦然後有父子, 有父子然後有君臣, 有君臣然後禮義所措. 子思曰, 君子之道, 造端乎夫婦, 及其至也, 察乎天地.....夫婦之倫, 其重如此<退溪集 卷37, 與李平叔>

을 물론하고 오직 마땅히 경敬을 주로 삼아 동정에서 잃지 아니하면 그 생각에 당연히 인욕이 싹트지 않을 것이다."[362]

필경 윤리생활의 시행은 주경主敬 공부에 의존하며 인욕을 막고 천리를 보존하는 것이 인륜교육의 방법이지만, '알인욕遏人欲, 존천리存天理는 주경主敬 공부의 잘 잘못에 달려 있다고 요약하였다.

윤리의 근본은 지선至善이라 하겠는데, 퇴계가

"지선至善은 일마다 사물마다에 자기 흡족한 도리가 있음을 가리켜서 말한다. 예를 들면 군주는 인仁하고, 신하는 공경하며 어버이는 사랑하고, 아들은 효도하는 종류가 이것이다."[363]

고 간명하게 규정해 보인다. 인경仁敬이라는 군신관계와 자효慈孝라는 부자간의 상호 윤칙의 실천을 지선至善에까지 실천해야 한다.

1) 「인설도仁說圖」의 주자인설朱子仁說 비판

윤리의 근본 원리가 인仁이므로 주자 인설도仁說圖를 만들었다. 퇴계는 『성학10도聖學十圖』 중 「제7인설도第七仁說圖」에서 주자설을 인용하고 또 도설圖說도 인용하였다.

"인仁은 천지가 생물生物하는 마음이며 사람의 마음은 미발未發의 전前은 4덕이 구비되었으나 인仁은 사덕四德을 포함한다.

생生의 성性이란 사람의 이理며 인仁의 체体이다. 이발已發할 때 4단이 들어나니 오직 측은이 4단을 관통한다. 이른바 성性의 정情이니 사랑의 발현이고 인仁의 용用이다. 미발은 체体요, 이발已發은 용用이다 인仁은 체요, 측은이며, 용用이다. 등등"

하였다. 즉 인仁의 체용體用을 설명하는 것이 주자의 「인설도仁說

362) 大抵人之爲學, 勿論有事無事有意無意, 惟當敬以爲主, 而動靜不失, 則當其思慮未萌也<同上, 答金惇叙 丁巳>

363) 至善, 是指事事物物各有恰好底道理而言, 如君仁, 臣敬, 父慈, 子孝之類是也<退溪集, 卷19, 答黃仲擧>

圖」이며 인설仁說이다.

그런데 주자의 인설仁說을 인용하였으나, 정명도程明道의 인설의 특수성인 "천지만물과 일체로 삼는다." 하고 또 "인仁은 혼연히 만물과 체體을 같이 한다."고 하여 인仁의 대동설大同說을 주장한 것이 있지만 주자의 「인설仁說」은 인仁이란 마음의 덕心之德이요, 사랑의 리理愛之理라고 설명하였으며 결론에서 정명도程明道의 만물과 체體를 같이 한다고 한 인仁을 비판하여, "또한 범연하게 체가 같다고 한 말은 사람으로 하여금 어리벙벙하게 할 뿐 절실히 경계하는 공과가 없으니, 그 폐단이 혹 사물을 나로 아는 자가 있을까 한다. 등등"364) 한 것을 퇴계는 주자의 「인설仁說」에서 삭제해 버렸다. 퇴계가 주자의 「인설仁說」을 인용하나 정명도의 '인자仁者 여물동체與物同體설'을 비판한 부분을 삭제한 이유는 무엇인가?

퇴계가 황준량에게

"인仁이란 천지만물과 일체가 되니 측은한 마음이 넉넉히 사해四海를 두루 하고 우주六合에 펴져 있는 까닭이다. 그러나 이것은 빈 공중에 걸린 사물이나 일이 아니다. 사람의 심장腔子는 곧 근본 처이니, 까닭에 이것은 이 속에 가득 차 막아 천하의 큰 근본이 되었다. 그것은 형체도 없고, 내외도 없는 까닭에 가득 차 맥힌 것이다. 이 속에 있는 마음은 곧 만물을 일체로 하고 사해四海를 두루 한 마음이다."365)

이와 같이 주자와 반대로 퇴계는 "인仁은 천지만물과 한 몸이 되는 이유이다."고 하여 인체仁體의 대동大同을 말하였고, 인仁의 용用은 정情으로 드러난 측은인데, 우주에 두루 하며 빈 것, 쓸모 없는 것이 아니라 그 본질心이라고 했다. 이와 같이 인체仁體의 인용仁用인 측은심의 작용을 설명했고, 「서명고증강의西銘考證講義」에서도,

---

364) 抑泛言同體者, 使人含糊昏緩而無警切之功, 其弊或至於認物爲已者, 有之矣<朱熹集, 卷67, 雜著>

365) 此仁者, 所以與天地萬物爲一體, 惻隱之心, 足以普四海彌六合也. 然這也. 不是懸空底物事, 人有腔子, 乃其爲樞紐總腦處, 故這箇物事, 充塞在這裏, 爲天下之大本, 由其無方體, 無內外, 故充塞, 在這裏底心, 卽是體萬物普四海底心<退溪文集 卷19, 答黃仲擧>

"이제 장횡거張橫渠도 생각하기를, 인仁이란 비록 천지만물과 일체가 되기는 하나, 그러나 반드시 먼저 나부터 근본으로 삼고 주재가 되어야 한다. 나아가 꼭 남과 내가 하나의 이치로 서로 절실하게 관련된 의미와 또한 가슴 속에 가득 찬 측은한 마음이 뚫고 유행하여 널리 퍼져 들어가서 막힘이 없고, 두루 미치지 않는 곳이 없음을 깨달아야 비로소 인仁의 실체實体라 하였던 것이다. 만약 이러한 이치를 알지 못하고 무턱대고 천지만물과 일체를 인仁이 된다고 한다면 이른바 인체仁體는 건잡을 수 없이 허황하게 될 것이니 내 심신心身 수양과 무슨 관계가 있겠는가."366)

고 한 것은 "나의 주체성 확립이 없는 천지만물과 하나의 몸이라는 인체仁體가 있을 수 없다."고 경고한다. 참으로 정미하고 간절한 설명이다. 주자는 단지 인仁을 애지리愛之理요, 심지덕心之德을 근본으로 삼고 "천지만물과 일체가 된다."고 한「인체설仁體說」을 거부하였다.

그러나 퇴계가 주자의 인설仁說을 거부한 까닭은 정명도程明道의 "인체仁體는 천지만물과 일체"라는 주장에 공명하였기 때문이다. 퇴계의 이러한 자득적 학문태도는 인설仁說에서 뿐만 아니라 자득적인 비판정신의 일단을 퇴계에서 배울 수 있다.

주체적인 인仁의 체득은 깊은 사색의 결과이다.

주자의「훈몽시訓蒙詩」를 명나라 호경재胡敬齋 등도 존중했지만, 퇴계는 위작僞作이라고 단정하고, 또 '이정수언二程粹言'도 양구산楊龜山의 작품이 아니며 정자程子의 참뜻을 어긴 것이라고 했다. 주자의「역학계몽易學啓蒙」의 일절一節에 대해서도 퇴계는 의심했다. 이와 같이 퇴계는 주자학을 맹목적으로 존중한 것이 아니다. 옛부터 "퇴계는 주자를 배우고, 율곡은 주자를 사모하며, 우암尤庵은 주자

---

366) 今橫渠亦以爲仁者, 雖與天地萬物爲一體, 然必先要從自已爲原本爲主宰, 仍須見得物我一理相關親切意味, 與夫滿腔子惻隱之心, 貫徹流行, 無有壅閼, 無不周徧處, 方是仁之實體, 若不知此理, 而泛以天地萬物一體爲仁, 則所謂仁體者莽莽蕩蕩, 與吾身心, 有何干預哉<退溪文集, 卷7, 西銘考證講義>

에게 파당한다."고 하였는데 퇴계는 주자를 사모한 것도 아니고 파당한 것도 아니다. 자주적으로 비판한 자유로운 태도로 배운 것이 그의 학풍이다. 자득적 비판 정신이 없다면 참된 창조도 없다. 도道를 독신 한 까닭에 주자의 언행言行에서 배우고 자기의 학문을 위하여 정밀히 연구하여 체찰體察하고 체험體驗하였다. 퇴계학을 일관한 정신은 학문의 자주비판정신이요, 자유로운 태도였다.

2) 제왕帝王의 윤리倫理

퇴계가 『성학10도』를 만들고 왕에게 올리는 의미를 설명한 차자箚子에서 이와 같이 말하였다.

"성왕聖王의 학은 큰 단서가 있고, 심법心法은 지극한 요령이 있습니다. …… 사람에게 입도入道하는 문과 덕德을 쌓는 기초를 보여 주는 것은 이 또한 후현들의 부득이한 일입니다. 하물며 임금의 마음은 온갖 일이 말미암는 바다……."고 하였으며, "옛적 성제聖帝, 명왕明王들은 이것을 지적 하여 조심하며 소심小心, 외신畏愼하기를 날 마다 해도 오히려 부족하게 여겨……오직 옛 현인賢人, 군자君子가 성왕의 학을 밝히고 심법心法을 얻어서 그림을 그리고 「도설圖說」을 지어 사람에게 입도入道하는 문과 덕을 쌓는 기초를 보여 준 것이 세상에 전해져 해와 별과 같이 환하므로 감히 이것을 임금님께 올려 제왕帝王들의 공송工誦, 기명器銘의 남긴 뜻에 대신고자 하오니 혹 옛 것에 의지하여 장차 유익함이 되지 않을까 하는 생각입니다.……오직 왕께서 깊이 살피시고 특별히 유의하시어 시종 끊임없이 반복해서 보시고, 경미한 일이라고 해서 소홀히 하거나 번잡하다 해서 버려두는 일이 없으시면 나라의 다행이요, 신민臣民의 다행이 되겠습니다. 야인의 미나리, 햇볕을 올리는 정성으로 지엄至嚴을 번거롭힘을 무릅쓰고 이를 드리니 황공하옵니다."[367]

퇴계의 『성학10도』는 성왕聖王의 학문을 그림과 설명으로 집약하였으니 제왕학帝王學으로 정치윤리이며 수기치인修己治人의 대법이며 심학心學 심법心法이라고 하겠다. 그 심학, 심법은 거경居敬으로 일관된다는 것이 퇴계 『성학10도聖學十圖』의 정신이요, 제왕학의 근본이라고 한다.

11. 교육론教育論

퇴계의 교학은 평이명백平易明白한 곳에서 공부하게 하는 것이다. "평이명백한 것이란 부모를 섬기고 형에게 순종하는 일상적인 행위가 아닙니까?" 퇴계께서 대답하기를, "그러하다, 공자께서 번지에게 거처함에 공손하고 일을 함에 공경하며 남과 사귈 때 충성스럽게 한다." 하니 모두 이것이 평이명백한 곳이라고 하였다.<퇴계언행록> 공恭·경敬·충忠의 실천이 모두 평이명백한 것이라고 가르쳤다.

367) 聖學有大端, 心法有至要,…… 以示人入道之門, 積德之基, 斯亦後賢之所不得已而作也, 而況人王一心, 萬幾所由, …..古之聖帝明王. 有憂於此. 是以 兢兢業業, 小心畏愼, 日復一日, 猶以爲未也, …惟有昔之賢人君子, 明聖學而得心法有圖有說, 以示人入道之門, 積德之基者, 見行於世, 昭如日星, 玆取欲乞以是進陳於左右, 以代古昔帝王, 工誦器銘之遺意, 庶幾借重於旣往, 而有益於將來,… 惟在天鑑, 留神加意, 反復終始, 勿以輕徹而勿之, 厭煩而置之, 則宗社幸甚, 臣民行甚, 臣不勝野人夫曝之誠, 冒瀆宸嚴, 輒以爲獻＜退溪先生文集, 卷7, 進聖學十圖箚＞

1) 백록동규白鹿洞規

퇴계의 교육론을 전반적으로 요약한 것은 『성학10도聖學十圖』 중 '제5백록동규도第五白鹿洞規圖'이다. 퇴계의 설명에 의하면 "이 규약은 주자가 지어 백록동서원의 학생들에게 제시한 것이다. 이 백록동은 남강군南康軍의 북쪽 여산廬山 남쪽에 있는데 당나라 이발李渤이 여기에 은거하여 흰 사슴을 기르며 지냈으므로 백록동이라는 것이 그 동네 이름으로 됐다. 남당南唐은 서원을 세워 서울에 있는 학교라고 불렸고 배우려고 오는 자들이 언제나 수백명씩 되었다. 송宋 태종(960~976)은 서적을 나누어 주고 동주洞主에게는 관직도 주어 아끼며 격려해 주었다. 그러나 그 이후로는 점차 해이해졌다. 주자가 남강지사南康知事로 봉직했을 때 조정에 청하여 그 서원을 다시 고쳐 세웠고 학생들을 모으고 규율을 세웠으며 도학을 널리 밝혔던 것이다. 마침내 이 서원에서의 가르침이 천하에 성행하게 되었다."[368]고 그 백록동서원의 동규, 즉 백록동서원게시白鹿洞書院揭示에 대한 내력을 잘 설명하고 또 이어서 주자의 서원교육의 목적, 순서, 강요綱要를 간명하게 제시하였다. 이것을 또 우리나라 서원교육의 본질로 제시되였다.

"신臣이 이제 삼가 규약의 기본이 되는 목차에 의하여 이 그림을 만들었으니, 전하께서 보시고 그것들을 깊이 생각해 보실 수 있도록 하였습니다. 대체로 요임금, 순임금의 가르침은 오품五品(五敎)에 있었고, 3대의 학문은 전적으로 인륜을 밝히는 일이었습니다. 그러므로 이 규약에 있는 원리를 탐구하고 역행力行하는 것도 모두 이 오륜五倫에 근본을 두고 있습니다."[369]

서원교육의 궁리역행窮理力行이 오륜五倫에 근본한다고 밝혔으니

368) <白鹿洞 規圖 . 退溪說>

369) 臣今謹依規文本目作此圖, 以便觀省, 蓋唐虞之敎, 在五品, 三代之學, 皆所以明人倫, 故規之窮理力行, 皆本於五倫<同上>

즉 서원교육은 오륜교육五倫教育에 근본한다고 했다.

"또 제왕의 학帝王之學에서 그 지켜야 할 규범과 금지하는 구체적 사항이 전적으로 일반학생들과 같을 수는 없다고 할지라도 오륜五倫이나 인륜人倫같은 인간관계에 근본을 두고 궁리역행窮理力行하는 것이 마음을 갈고 닦는데 있어서 적절한 방법이라는 점에서 전혀 다를 바가 없습니다."370)

정치학 즉 제왕의 학도 인륜, 오륜을 궁리窮理하고 역행力行하는 실천이 그 심법心法의 간절한 요령이라고 하였다. 인간교육과 제왕학帝王學의 근본도 오륜교육五倫教育에 있다고 했다. 수기치인修己治人의 치인학은 오륜五倫에 근본한다고 하겠다.

백록동규는 오륜을 궁리하는 요령으로써 박학博學, 심문審問, 신사愼思, 명변明辯으로 했고 독행篤行은 수신修身, 처사處事, 접물接物하는 요령을 각기 자상하게 설명하고 주자는 「동규후서洞規後叙」에서 "옛날 성현이 교육하고 학문하도록 하는 것을 살되건데 의리를 설명하고 밝히는 것이라고 알게 되었다. 수양이 이루어지면 그 영향이 다른 사람에게 자지 미치게 되는 것이다. 다만 읽고 외는데 힘쓰고 사장詞章을 일삼아 명예를 구하고 자신의 이익이나 녹을 구하려고 해서는 안 된다."371)고 경고한 것이 주자 동규의 요지이다. 교육하고 배우는 뜻은 의리를 밝혀서 수기급인修己及人하는 것이며 공리功利가 목적이 아니라고 했다. 그런데 퇴계의 황중거黃仲擧에게 박영朴英의 「백록동규집해白鹿洞規集解」에 대하여 대답한 글을 살펴보면, 이利의 화和는 의義라고 설명하였으며,

나는 일찍이 백록동규 뒤에 부친 여러 설명을 되풀이 하여 읽어보고 참람되게 다음과 같이 변론합니다.372)

---

370) 且帝王之學, 其規矩禁防之具, 雖與凡學者有不能盡同者, 然本之彝倫, 而窮理力行, 以求得夫心法切要處, 未嘗不同也＜同上＞

371) 熹竊觀古昔聖賢所以教人爲學之意, 莫非講明義理, 以修其身然後推以及人, 非徒欲其務記覽爲詞章, 以釣聲名取利祿而已＜洞規後叙＞

"또 주자의 학문은 모두 체体와 용用이 다 갖추어져 있어도 배우는 자를 위하여는 규법을 세움에서 특히 오륜五倫으로 근본을 삼고 이어서 학문하는 순서를 말하였으며 행동을 돈독하게 하는 일로 마쳤을 뿐 도체道體의 전부는 말씀하지 않았으니 이 또한 공자의 남기신 뜻이고 선왕들을 가르치는 법이었습니다. 박학博學 이하는 치지致知이고 독행篤行이하는 역행力行이니 이 두 가지(知行)로 천하의 선비를 기다렸던 것입니다. 이치는 정밀하고 조잡함이 없지만 배우는 것은 조잡한 데서 시작하여 정밀한 것을 얻고 가르치는 말씀은 상하를 통하고 배우는 순서는 아래로 인사人事를 배우고 위로 천리天理에 통달하는 것이니 마치 뭇사람이 강물을 마시는 데 각자의 양量을 채우는 것과 같습니다. 높은 경지는 성현이 되고 낮더라도 착한 선비가 되는데 이 모두가 이같은 이치에서 얻어지는 것입니다."[373)]

교학의 법은 오륜五倫을 근본으로 삼고 독행篤行으로 끝맺으며 하학이상달下學而上達을 학문방법으로 한다고 제시했다.

또 "공이 스스로 그 허물을 이른 것을 살펴보니 거기에, ① 학술이 거칠고 고루하며 ② 생각이 조급하고 잡스러워 ③ 자기 행동이 전도되고 ④ 처사가 들뜨고 망녕되어 ⑤ 사물을 접촉함이 널리 소홀하다고 하였는데 이 오병五病은 바로 내가 평일에 깊이 근심하여 그것을 바로 잡으려 하던 것인데 지금 공이 먼저 말하게 되었을 뿐입니다. 공도 일찍이 주자의 「백록동규白鹿洞規」를 들었습니다. 내 생각으로는 오병五病을 다스리고자 할진대 이 하나의 규약規約에 있습니다. 대체로 그 교육은 명륜明倫에 근본하여 박학博學, 심문審問, 신사愼思, 명변明辯을 궁리하는 요점으로 삼고 수신修身으로부터 일을 처리하고 사물에 접촉하는 것에 이르기까지를 독실히 행하는篤

372) 愚嘗反復規後諸說而僭爲之論<退溪先生文集 卷19, 答黃仲擧白鹿洞規集解>

373) 且子朱子之學, 全體大用皆備, 而其爲學者立規也, 特以五倫爲本, 而係之以爲學之序, 終之以爲篤之事, 不及於道體之全者, 其亦孔門之遺意, 先王之教法也, 博學以下. 致知也, 篤行以下, 力行也, 是二者, 待天下之士, 理無精粗, 由粗而得精, 語徹上下, 下學而上達, 如群飮於河, 各充其量, 高而聖賢, 下學善士, 皆可以得之於此<同上>

行 조목으로 삼습니다. 대저 학문 사변하여 격물物格하고 지知가 지극하면 리理가 밝지 아니함이 없어서 학술이 정미함에 이를 수 있을 것이다. 수신修身에 충신忠信과 독경篤敬을 주로 하여, 분忿을 경계하고 욕심을 막으며 선善으로 옮겨 가고 허물을 고쳐가는 것으로 보충하면 행실이 독실하지 않음이 없어서 생각이 조급하고 잡스러운 데에 이르지 않고 자기 행동이 전도됨에 이르지 않을 것입니다. 처사에 정의명도正義明道하고 사물에 접촉함에는 너그럽게 행하여 자기를 반성한다면 독실한 행동이 또 사물에 나타나서 들뜨고 망령됨은 근심할 바가 아니고 널리 소홀함은 염려할 것이 아닌 것입니다."374)

백록동규는 오병五病을 치유하는 그 교학이 명륜明倫에 근본하고 궁리하며 수신하여야 했다. 수신해서 처리하고 행동함에 독행篤行으로 한다. 결국 학문은 돈독한 실천에 있고 실천이 수반되지 않는 이론만으로 학문은 무의미하다는 것이다. 궁리와 수신, 독행으로 오병五病의 치유에 힘쓰자고 하였다. 또 학문에는 순서, 차례가 있었다.

2) 하학상달下學上達의 학문방법

종래 『소학小學』, 『근사록近思錄』을 성리학에 입문하는 방법으로 하였으므로 김굉필金宏弼의 '소학동자小學童子'라는 교육법이 있었고,

374) 觀公自誦其過曰, ① 學術麤陋 ② 心慮躁雜 ③ 行己顚倒 ④ 處事浮忘 ⑤ 接物泛忽. 此五病者, 正滉平昔所深患, 而欲矯之者, 而今乃爲公之先發耳. 公亦嘗聞朱子白鹿洞規乎? 滉以爲欲治五病, 在此一規, 蓋其爲教也. 本於明倫, 而以博學, 審問, 愼思, 明辯, 爲窮理之要, 自修身以至於處事接物, 爲篤行之目, 夫學問思辨而物格知至, 則理無不明, 而學術可造於精微矣. 修身主於忠信篤敬, 而補之以懲窒遷改, 則行無不篤, 而心慮不至於躁雜, 行己不至於顚倒矣. 處事以正義明道, 接物以行恕反己, 則篤行又見於事物, 而浮妄非所憂, 泛忽非所慮矣<退溪文集, 卷29 答金而精>

조광조趙光祖 이래로 『근사록近思錄』을 학문중심으로 하는 교육법이 있었으나 퇴계에 이르러 심경心經에 근본하는 심학心學이 제기되었다. 그래서 초학자에게 하학상달下學上達의 과정에서 새로운 방법이 제시되었다.

"대저 유자儒者의 학문은 높은 곳에 오르기 위해서는 반드시 낮는 데서부터 시작하고 멀리 가기 위해서는 반드시 가까운 데서부터 시작합니다."375)

고 하여 비근한 일상생활의 올바른 행동으로부터 천리에로 통달해 들어가는 학문방법으로 하여 교육과정에서 하학이상달下學而上達하도록 하였다.

"선생님이 말씀하시기를, '하학下學하여 상달上達하는 것이 정상적인 순서이다. 그러나 배우는 자들이 오랫동안 배워도 얻는 것이 없으면 중도에 그만두기가 쉽다. 그러므로 차라리 그 본래적인 근원은 바로 가르쳐 주는 것만 못하다.'

고 하였다. 그래서 선생은 배우는 자들을 접하여 이끌어주면서 흔히 이치의 근원에 대해서 지시하여 주었다."376)

이래서 비근한 일상생활에서 정당한 도리를 연구하고 배워서 세계의 근본처에 통달하는 상달上達이 학문하는 고정된 순서라고 제시하였으나, 본원의 지시가 특히 퇴계 교육방법에서 중요시되고 강조되었다. 학문방법은 일상생활의 쇄소응대라는 하학下學을 적습積習하여 천리본원의 이치에 통달한다. 곧 우주의 근원의 이치를 체득하는 것이 우리의 목적이요, 수양방법이다.

(1) 입지立志

퇴계는 먼저 문인제자들에게 '성현이 될 뜻을 세우라.'고 교육한다.

375) 大抵儒者之學, 若升高必自下, 若陟遐必自邇<同上>

376) 又曰, 下學上達固是常序, 然學者習久無得, 則易至中廢, 不如指示本源也, 故先生之接引學者, 頗指示源頭處. 鄭惟一<退溪言行錄, 卷1>

"대저 선비의 병통은 입지立志가 없는 일이다. 만약 뜻이 돈독하게 참되다면 무엇 때문에 학문이 지극하지 못하거나 진리를 듣기 어려울까 걱정하겠습니까?"377)

고 하여 학문하는 첫째는 '입지立志'라고 했다. 김효원金孝元 또는 김수金睟에게,

"수睟가 질문하기를 '학자가 시초에 무엇을 제일 먼저 해야합니까?' 선생님(퇴계)께서 대답하시기를, '입지立志가 먼저이지 그러나 그 뜻하는 것이 무엇인가를 살펴야 하니라'고 하였다."378)

학문하는 시초는 무엇보다도 '입지立志'가 중요하다는 것이다.

(2) 위기학爲己學

위기爲己 혹은 자득自得 교육은 인간의 자유自由를 전제로 한다. "신해辛亥(1551) 정월에 선생을 퇴계로 찾아뵈었다. 모두 입지立志가 독실하지 못하고 행동이 말을 따르지 못함에 관한 것이었는데 다정하고 훈계하는 말씀이 모두 자신의 학문을 위한 절실한 말씀이었다."379)

고 하여 조월천趙月川도 선생이 입지立志를 종일 말하여 자기를 위하는 학문爲己學이 간절한 점을 훈계 받았다고 했다. 퇴계의 입지立志의 위기학이 간절히 연결되었다고 하겠다. 과거를 위한 학문은 위인지학爲人之學이며, 자기수양을 위한 학문을 위기지학爲己之學이라고 존중하였다. 퇴계의 교학敎學은 모두 자기수양, 인간교육에 있었다.

(3) 위기학爲己學은 난향蘭香

선생이 말씀하기를, "군자의 학문은 자기를 위할 따름이다. 이른

---

377) 夫士之所病, 無立志耳. 苟志之誠篤, 何患於學之不至而道之難聞耶<退溪先生文集 卷24, 答鄭子中惟一>

378) 睟問, 學者之初, 何先? 先生曰 立志爲先, 然觀其所志亦下事. 金睟<退溪言行錄, 卷1>

379) 辛亥正月, 謁先生于退溪, 先生終日賜教, 皆以立志不篤, 行不顧言, 諄諄戒之, 皆爲己切實之言也. 趙穆<退溪言行錄, 卷1>

바, '자기를 위한다'는 것은 장경부張敬夫의 '아무런 작위作爲가 없으면서도 저절로 그러한 것이다.' 예를 들어 깊은 산 수풀이 무성한 속에 한 떨기의 난초 꽃이 피어 있다고 하자, 하루 종일 맑은 향기를 토하건만 난초 자신은 그것이 향기로운 것인지도 모른다. 이것이 바로 군자가 자기를 위하는 학문이라는 뜻에 정확하게 합치된다. 깊이 새겨보아야 할 것이다."고 하였다.[380]

군자의 위기학을 심산深山에서 향기를 피우는 난초와 같다고 했다. 자기도 모르는 사이에 향기는 온 종일 피어난다. 그러한 난초 향기蘭香가 군자의 모습이다.

선생이 말씀하기를, "자기의 인격도야를 위한 학문爲己之學은 우리를 위하여 당연히 도리를 실천해야 한다. 가까운 데서 공부를 시작해서 마음에 터득하고 몸소 실천하기를 기약하는 것이 이것이다. 그러나 남의 이목을 위하는 학문爲人之學은 마음에 터득하거나 몸소 실천하는 일에 힘쓰지 않고 거짓으로 꾸며서 남들의 평판에만 관심을 두어 명성이나 칭찬을 구한다. 이러한 것이 남의 이목을 위하는 학문이다."고 하였다.[381]

자기의 수양을 위하는 학문爲己之學과 남의 이목을 위한 학문爲人之學의 차이란 하나는 심득궁행心得躬行하는 자득이고, 하나는 명예만 바라는 학문이라고 했다.

"일찍이 담소談笑하다가 세상에 명리名利에 골몰하는 자에게 미친다면 거듭 한탄하고 애석해 하면서 좌중의 사람들에게 손을 맞잡고 말씀하시기를, 여기 우리들은 이와 같은 명리名利의 마음을 맹

380) 先生曰, 君子之學, 爲己而已, 所謂爲己者, 卽張敬夫所謂無所爲而然也, 如深山茂林之中, 有蘭草, 終日薰香而不自知其爲香, 正合於君子爲己之義, 宜深體之. 李德弘<同上, 敎人>

381) 先生曰, 爲己之學, 以道理爲吾人所當知, 德行爲吾人之所當行, 近裏著工, 期在心得而躬行者, 是也. 爲人之學, 則不務心得躬行而飾虛徇外以求名取譽者, 是也. 金富倫<同上>

렬히 반성하여 소인小人이 되는 일이 없도록 해야 할 것이다."382)

남의 눈과 귀를 위하는 위인지학爲人之學을 배격하여, 명리名利에 골몰하는 소인小人이 되지 않도록 맹성猛省해야 한다고 가르쳤다.

그래서 퇴계는, "사람을 교육함에는 반드시 충신忠信스럽고 독실篤實하며, 겸허謙虛하고 공손恭遜으로 하셨다."383)

고 하였으니 교육의 내용이 인륜교육으로서 충신스럽고 독실하여 신실信實한 사람이 되고, 겸허하고 공손한 마음과 태도를 지닌 사람이 되도록 하는 인간교육, 도덕적 인간교육을 근본으로 하였다고 하겠다.

3) 교수법敎授法 — 인재시교因材施敎

개성을 존중하고 그 학의 천심淺深에 따라서 교육하여 획일적인 교육을 배척하고 개성교육으로 개인주의 교육을 근본으로 했다. 정이천程伊川은 공자의 교육방법을 존중하여 "공자께서 교육할 때 각기 그 재주에 따랐다. 문학에서 들어가는 자가 있는가 하면 정사政事에서 들어가는 자가 있고, 언어言語에서 들어가는 자가 있는가 하면 덕행德行에서 들어가는 자가 있었다."<程子遺書 卷19>고 하여 공자의 인재시교因材施敎를 발견하였다. 따라서 퇴계 또한 다음과 같이 실천하였다.

"학생이 학업에 대하여 묻고 요청하면 그 자질의 얕고 깊음에 따라서 가르쳐 주고 만약 깨닫지 못하는 곳이 있으면 거듭해서 자세히 설명하여 깨우쳐주고야 말았다. 가르치고 이끌어주는 일을 싫어하거나 귀찮아하지 않았고 비록 병이 있어도 강론을 그치지

382) 嘗語及世之沒溺於名利者, 反復歎惜拱手謂在座曰, 凡我同人 須猛省此心, 勿爲小人之歸, 可乎. 金誠一<同上>

383) 教人必以忠信篤實謙虛恭遜. 禹性傳<言行錄, 卷1>

않았다. 돌아가시기 전 달에 이미 중한 병이 들었는데도 학생들과 강론하기를 평소와 다름없이 하였다. 학생들이 오랜 뒤에야 깨닫고 강론을 거둔 지 며칠만에 병이 이미 위독해졌던 것이다."<김성일>[384)]

퇴계는 또 황중거黃仲擧에게 "재주에 따라서 성취하여 각기 소득이 있었다."[385)]고 하여 "재주에 따라서 성취한다隨材成就"고 하며 "각기 소득한 것이 있다各有所得." 하고 한 것으로 교수방법을 제시하였는데 곧 재주에 따라 약을 쓰는 것이다.

주자의 서찰에서 각기 사람들의 재품材稟의 고하와 학문의 얕고 깊음에 따라 병세를 살펴서 약을 쓰며 사물에 따라 저울로 달 듯이 알맞게 하였다. 혹은 억제시키고 앙양시키며 혹은 인도하거나 혹은 구원하며 혹은 격려하여 진취시키기도 하고 혹은 배척하여 경계하기도 하였다. 심술의 은미한 사이에 작은 악이라도 용납하지 않고 의리를 연구할 때 조그마한 차이도 먼저 비춰 주었다. 규모가 광대하고 심법이 엄밀하며 깊은 물가에서 조심하듯 얇은 얼음을 밟듯 조심하여 혹시라도 쉴 때가 없게 하였다. 악을 경계하여 막고 허물 고치기를 미치지 못하듯이 두려워하며 강건하고 독실하여 그 빛이 날마다 덕을 새롭게 되도록 하였다.[386)]

퇴계의 "인재에 따라서 성취케 한다." 하고 또는 "재질에 따라서

384) 學者, 質業請益, 隨其淺深而告詔之, 若有未曉處, 則反復詳說, 啓發乃已. 訓誨引進, 不厭不倦, 雖有疾恙, 不輟講論, 易簀前月. 已被重病, 而尙與諸生講論, 無異平昔, 諸生久乃覺之, 輟論數日, 病已草矣. 金誠一<言行錄, 卷1>

385) 隨材成就, 各有所得<退溪文集, 卷19, 答黃仲擧>

386) 至於書札, 則各隨人, 材稟高下, 學問之淺深, 審證而用藥石, 應物而施爐錘, 或抑或揚, 或導或救, 或激而進之, 或斥而警之, 心術隱微之間, 無所容其纖惡, 義理窮索之際, 獨先照於毫差, 規模廣大, 心法嚴密, 戰兢臨履, 無時或息, 懲窒遷改, 如恐不及, 剛健篤實輝光, 日新其德<退溪文集, 卷42, 朱子書節要序>

교육한다因材施敎."고 하는 교육법은 주자의 서찰에서 각기 그 재품材稟의 높고 낮음과 학문의 얕고 깊음에 따라서 약을 사용하듯 각기 교도한다는 것에서 계승했다고 하겠다.

"대저 군자의 도리는 혹은 출사하고 혹은 고향에 있으며, 혹은 가고, 혹은 가지아니함이 어찌 같을 수 있겠는가만 귀일점은 그 몸을 깨끗하게 할 뿐이다."387)

군자의 사람됨이란 오직 결신潔身에 귀일歸一된다고 단정하였으니 학문하는 목적을 제시한 기고봉에게 선비의 도리를 말한다.

"저 선비가 세상에 태어나서 혹은 벼슬할, 혹은 집에 있으며, 혹은 때를 만나고 혹은 만나지 못하나 그 몸을 깨끗이 하고 그 의리를 실천할 뿐이요, 화복禍福은 논할 것이 아니다."<答奇明彦>고 선비정신을 설파했다.

남시보南時甫의 아우인 계헌(季憲, 彦紀)이 당전唐牋 8폭을 가지고 와서 나에게 잠경사箴警辭를 써 달라고 요구하기에 …… 계헌은 자실이 아름답고 뜻이 독실하니 정말 참으로 알고 힘껏 실천하는 것으로 급무를 삼으면 편편구구篇篇句句가 모두 실학實學일 것이다. 그렇지 않고 세속에 물들어 뜻을 망치고 적은 것만 얻고 스스로 만족한다면 비록 성현의 격언格言이 날마다 좌우에 있다 해도 역시 빈말일 것인데 그것이 어찌 도움이 되겠는가.388)

실학實學할 것을 간절히 친절하게 지도하고 있다. 퇴계의 이러한 교육정신으로 진지眞知, 역천力踐을 일삼았다.

정미년(丁未年 1547) 9월 27일에 응교應敎를 조강朝講에 입시入侍하여 『논어』를 강하였다. 글에 임하여 아뢰기를, "성인聖人의 교육은

---

387) 大抵君子之道, 或出或處, 或去或不去, 何可同也, 歸潔其身而已<答鄭子中別紙>

388) 南時甫之弟季憲, 以唐牋八幅, 索余書箴警之辭, ...季憲質美而志篤, 苟眞知力踐之爲務, 篇篇句句, 皆實學也, 不然染俗而壞志, 得少而自足, 則雖聖賢格言, 日陳左右亦空言也, 其奚補哉<退溪文集, 卷43, 題南季憲彦紀箴銘後>

각각 그 재품에 따르는 것이다. 그 재품에 따라서 성취시켜 주려하기 때문입니다. 만약 공자가 임금지위를 얻어서 그 도리를 실천하였다면 역시 각자 그들의 재품에 따라서 그 장점을 취하여 임용하였을 것입니다. 임금은 임금과 스승의 책임을 겸하였으므로 인재를 기르는 데도 이것으로 원칙을 삼아야하며 사람을 쓰는 데도 역시 이것으로 기준을 삼을 것입니다."[389]

그 재품材稟에 따라 교육하고 또 등용하는 기준으로 삼을 것이라고 하였다. 이러한 교육법은 공자 이래의 개성교육법이며 획일적인 현대교육법을 반성하게 한다.

4) 독서법讀書法

퇴계의 독서는 도덕, 인륜에 관한 것이며 자연과학에 관한 것은 물론 아니다. 우리가 치지致知하기 위한 격물格物의 물物은 물리物理가 아니라 인간행위에 관한 것이다. 그러므로 지知를 극진히 한다致知는 것은 인간행위 또는 인간에 관한 일들에 이르는至 것이다. 퇴계의 학문 곧 치지致知의 과정이 이에서 이해될 것이다. 퇴계는 12세에 숙부 송제공에게 『논어』를 배웠고 17세에 『소학小學』을 읽고 쇄소의 절도와 효제의 도를 연구했고 그 과정이 엄중하였으며 「태극도설」을 얻어 읽고 천지조화의 근원과 인물의 근본을 분명하게 알았으므로 천지의 본원문제를 자각하게 된다. 퇴계는 스스로 19세 때 『성리대전』의 첫 머리 권과 마지막 권을 처음으로 얻어 읽고 깨치지 못한 사이에 눈이 열리고 반복해서 맛을 보니 점차 의미를 알고 그 길이 트여서 비로소 성리학을 알게 되어 체계

389) 丁未九月二十七日, 以應敎入侍, 朝講論語, 臨文, 啓曰, 聖人敎人也, 各人其材者, 所以因其材之近而成就之, 使孔子得位行道, 則其用人, 亦當各因其材, 取其所長而任之矣. 人君兼君師之責, 養育人材, 嘗以此爲法, 而其於用人, 亦嘗以是爲則也<言行錄, 堂後日記>

가 분간되었다고 하여 "내가 『심경心經』을 얻은 뒤에 비로소 심학心學의 연원과 심법心法의 정미를 알았다. 그러므로 내 평생에 이 책을 믿어 신명神明처럼 하고 이 책을 존경하기를 엄중한 어버이와 같이 하였다."[390]

고 하여 『심경心經』에 탐익하였다. 독서의 순서가 존중되나 중도폐지를 막는 방법으로 천리의 근원을 제시하는 교육이 필요하다고 했다.

"선생(퇴계)이 일찍이 성균관에서 배울 때 기묘사화己卯士禍의 참변을 갓 겪은 때여서 사람들이 모두 학문하기를 꺼리고 매일같이 장난이나 하는 것이 습속으로 되었다. 그러나 선생은 홀로 몸가짐을 거두어들이고 거동과 언행을 한결같이 하며 법도에 따랐으므로 이를 보는 자들이 서로 손가락질하면서 비웃었다. 함께 교육한 자는 단지 하서 김인후河西 金麟厚 뿐이었다. 일찍이 진사인 황씨 성을 가진 사람을 방문하여 비로소 『심경부주心經附註』를 보게 되니 그 주석은 모두 정주程朱의 『어록語錄』이나 사람들이 보고 구독句讀을 잘 분간하지 못하였다. 이에 선생이 문을 닫고 들어앉아 몇 달 동안 깊이 연구해서 반복하여 읽은 결과 저절로 이해하게 되었다. 만약 이해되지 않는 곳이 있으면 역시 무리하게 탐색하지 않고 한쪽에 밀어두고는 수시로 꺼내어서 평정한 마음으로 반복해서 음미하다가 보면 끝내는 통하지 않는 곳이 없었다."[391]

『심경부주』는 정민정程敏政이 주석한 것이지만 그는 주자와 육상산학의 절충자이므로 존덕성尊德性에 무게를 두어 심경을 이해하였다.

그런데 "퇴계의 학문은 한결같이 정자와 주자를 준칙으로 삼았

---

390) 先生自言, 吾得心經而後, 始知心學之淵源, 心法之精微, 故吾平生信此書如神明, 敬此書如嚴父 <退溪言行錄, 李德弘>

391) 先生嘗遊學許官, 是時初經己卯之變, 人皆以學問爲忌諱, 日以戱謔爲習, 先生獨斂然自持, 動靜言行, 一遵糾纙. 見之者, 相與指笑之, 所與交遊者, 惟金河西麟厚字厚之一人而已, 嘗訪上舍姓黃人, 始見'心經附註', 其爲註, 皆程朱語錄, 人見之或不分句讀, 先生閉門數月, 沈潛反復, 自然心會, 如有不得者, 亦不强探力索, 故置一邊, 時復拈出, 虛心玩味, 未有不洞然處, 李德弘<退溪先生言行錄, 卷1, 學問>

다. 경敬과 의義를 좌우에 가지고 지知와 행行이 병행하며 겉과 안이 한결같으며, 근본根本과 말엽末葉이 함께 하며 큰 근원大本을 환히 보며 큰 근본을 확립했다. 만약 그 극치를 논하니 우리 동방의 일인자이다."[392]라고 하였다. 까닭에 퇴계학은 정주학을 준법으로 했다. 그런데 주자학에 대하여 퇴계는 이와 같이 이해하였으니,

묻기를, "주자는 늘 학자로 하여금 평이명백平易明白한 곳이란 곧 어버이를 섬기며 형에게 순종하는 평상시의 일입니까?"

하니 선생께서 "그러하다."고 하셨다. 공자가 번지에게 고하여 말하기를, "거처에서 공손하고 일하는데 경敬하며 사람과 관계에서 충忠하라." 하였으니, 모두가 평이명백平易明白한 것이라고 하였다.[393]

퇴계의 학문이 늘 평이명백한 까닭은 주자의 학문하는 방법을 알뜰하게 체험한 데에서 근원한 줄 알게한다. 퇴계의 독서는 『소학』, 『대학』, 『사서四書』, 『근사록』, 『심경』에 근본하나 특히 「심경」을 신명과 같이 어버이와 같이 존중한 것은 퇴계 심학心學의 본질인 동시 후세에 큰 영향을 주었다. 조선성리학계가 퇴계 이후 『심경』을 중심으로 하는 심법학心法學이 그 특수성을 드러낸 것은 여기에 근원이 있었다.

묻기를 『소학小學』, 『근사록近思錄』, 『심경心經』 중에서 어느 책이 가장 절실하고 온당합니까?

선생이 말씀하기를,

"『소학』은 체용이 구비되고 『근사록』은 의리가 정미하여 모두 읽지 않을 수 없다. 그러나 초학자가 노력해야 할 것으로는 『심경』보다 더 절실하고 온당한 것이 없다." 하고 또 말씀하기를,

"내가 보기에 『주자서朱子書』를 능가하는 것이 없다. 옛 친구 문

392) <退溪先生 言行錄 鄭惟一>

393) 問朱子常令學者, 於平易明白處. 用工夫, 所謂平易明白處, 乃事親從兄, 日用常行之事乎. 先生曰, 然. 孔子告樊遲曰, 居處恭, 執事敬, 與人忠, 皆是平易明白處也<退溪言行錄 卷1 金誠一>

인의 기질이나 병통이 모두 같지 않기 때문에 그 재주에 따라서 교육하고 증세에 따라 처방하는 약을 내렸으니因材施教, 對證下藥, 허다한 문답 중에서 자연 나와 합치되는 것이 어찌 없겠는가?[394]

초학에 『심경心經』보다 절실한 것이 없으며 인재시교因材施教 하고 대증하약對證下藥 하는 교수법을 제시하니 공자 이래의 전통적 교육법이다.

일찍이 말씀하기를 "성학聖學은 사서四書에 지나지 않으니 선비가 학문에 뜻을 두는 자가 이 책을 버려두고 무엇으로 하겠는가?"[395]

이제 앞서 말한 것처럼 『소학』, 『근사록』, 『심경』, 『사서』, 『주자서』를 읽도록 권하였으며 『가서家書』에서 자손들에게 훈도하여 다음과 같이 말하였다.

"자손을 훈계하여 교육할 때는 반드시 먼저 『효경孝經』, 『소학小學』과 같은 책들을 가르쳤으며 어느 정도 문리가 통한 다음에 사서四書를 가르쳐서 정연한 순서가 있었다. 독서 단계를 뛰어넘는 법이 없었다. 자손들에게 잘못이 있으면 심하게 꾸짖지 않고 거듭거듭 타이르고 훈계해서 스스로 감동하여 깨치도록 했다. 비록 종들이라도 박절하게 화를 내어 꾸짖지 않았으며 집안팎이 즐겁고 화목하여 소리를 높이고 얼굴을 변하는 일이 없어도 모든 일이 저절로 다스리도록 하였다.[396]

이 까닭은 퇴계의 수양공부법과 인품을 들어내는 가르침이라 할

---

394) 問小學近思錄心經, 何書最切, 先生曰, 小學體用具備, 近思錄義理精微, 皆不可不讀而初學用工之地, 莫切於心經, 又曰, 以余觀之無喩於朱子書, 知舊門人,資質病痛, 有萬不同, 故因材施教, 對證下藥, 許多問答之中, 豈不有偶合於我者乎<同上, 讀書, 金睟>

395) 嘗曰, 聖學不過四書, 士之志學者, 舍是書何以哉<同上, 金誠一>

396) 訓誨子孫, 必先以孝經小學等書, 略通文義然後, 及於四書, 循循有序, 未嘗躐等焉, 子孫有過則不爲峻責, 警誨諄復, 俾自感悟, 雖婢僕亦未嘗遽加嗔罵, 閨門內外, 怡愉肅穆不動聲色而萬事自理焉<同上, 卷2, 家訓>

것이다. 다시 "독서하는 법의 질문에서 선생은 익숙하도록 읽을 것이다. 독서자가 비록 글 뜻은 이해하더라도 익숙하지 못하면 읽고 곧 잊어버려서 마음에 간직할 수가 없다. 반드시 배우면 다시 복습하는 공력을 들인 뒤에야 비로소 마음 속에 지닐 수 있으니 흠뻑 젖은 맛이 있을 것."이라고 하였다.[397]

독서법은 익숙하고 복습하는 공력이 필요하다.

"선생님이 교육할 때 먼저 『소학』으로 하고 다음에 『대학』에 미치며 다음에 『심경』에 미치고 『논어』,『맹자』에 미치고 다음에 『주자서』에 미친다. 그러한 뒤에 여러 '경서'에 이르게 되었다."[398]

고 하여 독서하는 순서를 제시하였다. 퇴계는 "자기가 처신하고 사물과 접촉할 때 한결 지성至誠으로 하여 한 점의 비루하거나 속이는 마음이 없었다."[399]고 하여 그가 일상생활과 교육에 지성至誠의 태도로 임했던 것을 엿볼 수 있다.

"선생의 학문은 사욕私欲이 깨끗이 다 사라지고 천리가 날로 밝았다."[400]고 하였으니 퇴계는 이미 성현의 경지에 이르렀던 것을 알 것이다.

"독서하는 요령은 반드시 성현의 언행을 마음에 새기고 침잠하여 탐구한 다음에야 비로소 함양되어 학문이 진보하는 성과가 있을 것이다. 만약 대충대충 읽고 대강대강 말해버린다면 이것은 말마디나 외우고 귀로 듣고 입으로 옮기는 말습末習에 불과한 것이다. 아무리 천편의 글을 외우고 머리가 희도록 경전經傳을 이야기한들 무슨 소용이 있겠는가? 하였다."[401]

---

397) 問讀書之法, 先生曰, 止是熟, 凡讀書者, 雖曉文義, 若未熟, 則旋讀旋忘, 未能存之於心. 旣學而又加溫熟之功, 然後方能存之於心,而有浹洽之味矣. 金誠一＜退溪先生言行錄, 卷一, 讀書＞

398) 先生敎人, 先之小學, 次及大學, 次及心經, 次及語孟, 次及朱書, 而後及諸經＜言行錄, 李德弘＞

399) 處己接物, 一以至誠, 無一點鄙詐之心＜同上, 金誠一＞

400) 先生之學, 私欲淨盡, 天理日明＜同上＞

401) 曰, 讀書之要, 必以聖賢言行體之心而지潛求默玩然後方有涵養進學之功, 若忽忽說過. 泛泛誦說而已, 則是不過章句口耳之末習, 雖誦書千編, 白首談經, 亦何益哉.＜同上, 金誠一＞

독서하는 요령은 성현의 언행을 명심하고 탐구하여 함양하고 진학하는 공력이 있도록 해야 한다.

"낮에 읽은 것은 반드시 밤에 사색하고 해석해 보아야한다."[402]

곧 학學과 사思의 일치, 병행竝行을 독서법의 요령으로 했다.

5) 요산요수樂山樂水

퇴계의 즐거움은 세속적인 물질생활에 있었던 것이 아니라 산수자연을 사랑하여 흥취가 일면 시를 짓는 것에 있었다.

"산수山水가 아름답고 폭포가 흐르는 곳이 있으면 가끔 여가를 내어 홀로 찾아가서 구경하고 시를 읊다가 돌아왔다."[403]

1548년, 퇴계는 단양군수가 되었는데 이 군은 산수의 고장이기 때문에 구담龜潭, 도담島潭등이 절경이었으나, 그 때 마침 연거푸 흉년을 만나 빈민을 구제하느라 명승지를 왕래할 수가 없었다. 그러나 공무 여가에 간혹 놀러가 구경하고 즐기면서 시를 읊기도 하였다.

두 군(단양과 풍기)에 재임할 때 맑은 바람이 시원하듯 한 점의 사사로운 마음이 없었다. 때로는 초연히 홀로 나가서 수석水石의 사이를 배회하였다. 밭 가는 늙은이나 마을의 노인들이 바라보면 마치 신선과 같았다고 하였다.

"만년에 도산에 터를 잡아 집을 짓고 서적을 보관하였다. 그런데 자리가 강가이어서 겨울에는 몹시 추워서 거처하지 못하고 봄과 여름에는 늘 거기서 거처하였다. 때로 꽃핀 아침이나 달 밝은 저녁이면 홀로 쪽배를 타고 물을 거슬러 오르락내리락 하

402) 晝之所讀, 夜必思繹<同上>

403) 若有山水明媚, 瀑布側流處, 時或抽身獨往. 玩詠而還.<退溪先生言行錄, 卷3, 樂山水李德弘記>

다가 흥이 다하면 돌아왔다. 경적經籍을 탐구하여 음미하고 산과 물을 즐기면서 조용하여 마치 세상에 마음이 없는 것 같았다."<鄭惟一>

선생이 도산을 얻었으나 아직 정사精舍를 짓지 못했을 때 항상 말씀하기를 "산수가 맑고 기이하여 구하던 것에 꼭 맞다. 몽매간에도 항상 여기에 와 있다."고 하였다.<김부윤金富倫>

권호문權好文(1532~1587, 호 송암松巖, 자는 장중章仲)인데 그는 문장을 좋아하였다. 퇴계는 권장중에게, "요산樂山, 요수樂水는 성인(孔子)의 말씀입니다만 산은 인仁이 되고 물은 지智가 되는 것이 아니고, 또한 사람과 산수山水가 본래 동일한 성품임을 이르는 것도 아닙니다. 다만 인자仁者는 산과 비슷하기 때문에 산을 좋아하고 지자智者는 물과 비슷하기 때문에 물을 좋아한다고 한 것이니 이른바 비슷하다는 것은 단지 어질거나 지혜로운 사람의 기상과 생각을 가리킨 것일 뿐입니다."404)

인자仁者는 산을 닮고 지자智者는 물을 닮았다. 인지仁智는 사람의 기상과 생각으로 말한 것이라고 하니 인지仁智는 인간 도덕의 근본이다. 산수山水를 즐기는 가운데 인지仁智의 기상과 의미를 터득해야한다고 했다.

"요산요수의 본질은 진실로 사람의 본래 동일한 성품입니다. 이미 요산요수 한다고 하였으면 그것은 사람을 지적해서 말한 것 같으며, 그 밑에 또 진실로 사람의 본래가 동일한 성품이라고 한다면 이는 산과 물을 지적해서 말한 것 같기도 합니다. 만약 산수의 성품을 지적한다면 이요자二樂字는 덧붙여진 것이며, 또 말하기를

---

404) 樂山樂水, 聖人之言, 非謂山爲仁而水爲智也, 亦非謂人與山水, 本一性也, 但曰仁者類乎山, 故樂山, 智者類乎水, 故樂水. 所謂類者, 特指仁智之人氣象意思而云爾<退溪先生文集, 卷37, 答權章仲好文, 丙辰>

二樂의 성품은 사람마다 있는 것이라 하였으니 이는 이요자二樂字가 산이 되기도 하고 물이 되기도 합니다. 대체로 산수山水는 물체이고 좋아하는 것은 사람입니다. 어떻게 요자樂字가 산이 되고 물이 된다고 하겠습니까? 모두 이것은 다 장중章仲이 글 연구에 정밀하지 못하고 이치 분석에 투철하지 못했기 때문입니다."[405]

요산요수樂山樂水는 사람의 성품을 지적한 것이지 산수를 지적한 것이 아니다. 산수는 대상물이지만 요樂는 인간의 일이다. 산수를 좋아한다는 요樂는 우리 인간의 성정이니 산수로 상징되는 인지仁智를 나의 성정으로 하는 것이 요樂라고 하였다.

산당山堂에 있을 때 마침 앞을 말을 타고 지나는 사람이 있었다. 일 보던 중이 말하기를 내리지 않고 지난다고 책망하였는데 선생은 "말 타고 가는 자의 모습이 마치 그림 속의 사람 같다. 하나의 아름다운 멋을 더했는데 무슨 잘못이 있겠는가?"고 하였다.<언행록 권3, 이덕홍李德弘>

퇴계가 인간을 이처럼 자연화하여 행위를 아름답게 보는 태도는 성현의 경지에 도달하지 않고는 쉬운 일이 아니다. 학도로 하여금 지智를 인화仁化하는 인지仁智를 터득하게 하는 방법이 바로 요산요수樂山樂水의 이요二樂에 있다고 지도하였다. 인간과 자연환경과 관계가 긴밀하니 어찌 자연을 인간의 이기심 때문에 파괴할 수 있겠는가?

---

405) 樂山樂水之性, 固人之本一性也. 旣云樂山樂水, 則似指人而言, 而其下云, 固人之本一性, 則又似指山水而言, 若指山水之性, 則二樂字贅矣. 又云二樂之性, 人皆有之, 此則二樂字, 爲山爲水, 夫山水, 物也, 樂者, 人也, 何可認樂字爲山水耶. 凡此, 皆章仲究書不精, 析理未透之過也<同上, 再答權章仲>

6) 사제師弟간의 사랑

퇴계는 많은 문인을 교육하는데 사랑으로 지도하였다. 그의 편지글 속에는 수처數處에 사제師弟간의 정의情誼가 드러난다. 겸암 류운룡謙庵 柳雲龍에게 준 편지의 하나는 제자를 사랑하는 지정至情으로 넘치고 있는 예이다.

"병환이 가볍지 않음을 알고 늘 마음에 잊을 수가 없었습니다. 어느 날 꿈에 나도 모르는 무슨 일로 안동 학사로 가서 며칠 동안 머물다가 홀연히 공에게 생각이 미쳐 사람을 보내 안부를 물으려고 했습니다. 또 생각해 보니 가서 만나 보고자 하면 병을 참고 응접하는 폐단이 있을 것이고 가서 보지 않으면 정이 미진할 것이라고 여겨져 바야흐로 어찌할 것인가를 고심하다가 미쳐 사람을 보내지 못하고서 꿈에서 깨어나고 말았습니다. 그래서 무엇 때문에 이런 꿈을 꾸었을까 하고 스스로 괴이하게 여기고 있었는데 그 다음날 아이가 와서 공이 그에게 준 편지를 전해 주었습니다. 그 편지에 전의 병환이 상쾌히 회복되고 또 호산연우湖山煙雨의 홍취에 대한 말씀이 있어 매우 반가운 마음이 들었습니다. 그래서 꿈에 나타난 것이 이유가 있다는 것을 알았습니다."[406)]

문인 제자의 병을 근심한 나머지 꿈을 꾸게 된 그 정애情愛는 후세의 아름다운 이야기로 될 듯하다.

7) 상경여빈相敬如賓의 부부夫婦 윤리교육

퇴계 연보에 의하면 21세에 부인 허씨許氏에게 장가들고 서로 공경하기를 손님처럼 하였다相敬如賓.

또 손자 안도安道에게,

---

406) <退溪先生文集, 卷35, 答柳應見 雲龍>

"대저 부부夫婦는 인륜人倫의 시초이고 만복의 근원이니 지극히 친밀한 관계이지만 또한 지극히 바르고 조심할 자리이다. 그러므로 '군자의 도는 부부에서 발단한다.'고 한 것이다. 세상사람들은 도무지 예경禮敬하는 것을 잊고 곧장 서로 친압하여 마침내 업신여기고 능멸함을 불러서 못하는 것이 없는 것은 모두 서로 손님처럼 공경하지 아니한 까닭에서 나온 것이다."407)

"서로 손님처럼 공경하지 아니함不相賓敬의 연고에서 발생한다."고 하여 부부상견여빈夫婦相敬如賓으로 퇴계의 부인에 대한 태도를 다시 손자에게 교시敎示한 것이다. 부부상경여빈夫婦相敬如賓의 도리는 그 역사가 오래이다. 물론 『소학小學』의 「계고편稽古篇」에서

"구계臼季가 기冀라는 읍을 지나다가 극결郤缺이 김을 매고 있는 것을 보았다. 그의 아내가 점심을 가져다 주는데 공경하여 서로 대접하기를 손님처럼 하는 것을 보고 극결을 데리고 돌아가서 이 것을 진문공晋文公에게 아뢰어 공경한다는 것은 덕德이 모이는 것이니 잘 공경하면 반드시 덕이 있는 것입니다. 덕으로써 백성을 다스리는 것이니 임금에게 청합니다. 이 사람을 등용 하시옵소서. 신은 들어오니 문 밖에 나와서는 손같이 공경하며 일을 받드는 것은 제사를 받드는 것처럼 한다는 것은 인仁의 법칙이라 하옵니다. 문공文公이 까닭에 하군대부下軍大夫로 삼았다.408)

구계臼季는 진나라 대부 이름이며 서신胥臣이고 문공文公은 진나라 군주로 이름이 중이重耳이다. 극결부부가 "경敬하기를 상대여빈相待

407) 大抵夫婦, 人倫之始, 萬福之原, 雖至親至密, 而亦至正至謹之地, 故曰君子之道, 造端乎夫婦, 世人都忘禮敬, 遽相狎昵, 遂致侮慢凌蔑, 無所不至者, 皆生於不相賓敬之故, 是以欲正其家, 當謹其始, 千萬戒之<退溪先生文集, 卷40, 與安道孫, 庚申>

408) 臼季使過冀, 見冀缺, 耨. 其妻饁之, 敬相待如賓, 與之歸, 言諸文公曰, 敬德之聚也, 能敬必有德, 德以治民, 君請用之. 臣聞, 出門如賓, 承事如祭, 仁之則也. 文公, 以爲下軍大夫<小學, 稽古編>

如賓했다."고 하였는데 본래 이 말은 좌씨춘추左氏春秋 희공僖公 33년에 극결이 처와 경敬하되 상대여빈相待如賓함으로 등용했다고 하였다. 이러한 부부의 상대여빈相待如賓을 퇴계 조손祖孫이 전수한 것을 발견할 수 있다. 이 부부 인륜은 진晋의 『극결郤缺』, 『소학小學』 퇴계 손자 안도安道에게 지시한 부부윤리교육이다. 이러한 부부간의 윤리는 일부지방, 일부가정에서 전통으로 교화되어 왔다. 그러나 일부만의 전통윤리라 하더라도 당금에 계승 되어야할 가치를 인정해야 할 것이다.

퇴계의 문인 이율곡李栗谷도 『성학집요聖學輯要』에서 "부부간에 서로 공경하여 손님처럼 하고 이불 위에서 친히 회롱하는 실태가 없고 어두운 가운데서 정숙整肅한 모습을 가진다면 후비后妃 또한 감화하여 변화함을 볼 것이다."[409]고 부부의 '상경여빈相敬如賓'을 계승하였다. 영남의 소퇴계小退溪라고 하는 대산 이상정大山 李象靖(1711~1781)도 그의 제자 노애 류도원盧厓 柳道源이 편찬한 대산大山 묘지명墓地銘에 의하면 선생은 "부인과 서로 공경하기를 손님 대하듯 하고相敬如賓, 안방에 들 때는 반드시 의관속대를 단정히 하였다."<대산선생 실기 권2>고 하였으니 부부관계의 도리가 면면히 계승되었음을 알 수 있다.

12. 서원교육書院教育

백록동서원게시白鹿洞書院揭示는 서원교육의 모범이 되었다고 하였으니 퇴계의 서원교육 역시 다같이 관학의 결점을 보강하는 사립

409) 夫婦之間, 相敬如賓, 衽席之上, 無昵狎之失, 幽暗之中, 持整肅之容, 則後妃亦且觀感變化<栗谷全書, 卷23, 聖學輯要5>

학으로서 인륜교육이었다. 퇴계도 오륜五倫을 근본으로 하며 궁리窮理, 역행力行, 존심存心의 세 가지로 했으며 평이명백平易明白하고 지행知行의 병진並進으로 덕행을 단련하고자 하였다.

1) 백운동서원白雲洞書院

우리나라 최초의 서원인 풍기백운동서원豊基白雲洞書院에 대하여 퇴계는 군수 김경언金慶言에게 "저 서원은 무엇 때문에 세웠는가? 존현尊賢하고 강도講道하기 위해서 세워진 것이 아닌가? 송나라 때 4서원(白鹿洞書院, 岳麓書院, 睢陽書院, 嵩陽書院) 이후로 남송南宋시대는 점차 성대하여 원元·명明 대에 크게 성하였습니다. 저 몇 대에 국학이나 향교가 없지 아니 하였는데 반드시 다시 서원을 세운 까닭은 무엇이겠습니까? 국학이나 향교는 과거의 법에 구속을 받아 서원이 어진 이를 높이고 도를 강구하는 아름다운 뜻에 전념할 수 있는 것만 못하기 때문입니다. 그래서 사립私立하나 나라가 은총의 칙명을 내리는 경우도 있었습니다. 우리 동방에서는 조선조 이후 비로소 서원을 세우는 것을 허락하였으니, 이른바 사립私立하고 나라에서 은총의 명이 있는 경우에 해당합니다. 가만히 선조의 뜻을 생각해 보니 몇 대의 유풍을 사모하여 그에 가깝고자 한 것이 아니겠습니까?[410]

백운동서원의 역사적 건립을 하례하며 그 사명을 논의 하였으니 존현尊賢, 강도講道가 사명이라고 하겠다.

국학과 향교와 같은 국립, 공립교육기관에 대하여 사립의 서원은

---

410) 夫書院, 何爲而設也, 其不爲尊賢講道而設乎. 自宋朝四書院之後, 漸盛於南渡, 而大盛於元·明之世, 彼數代非無國學鄕校, 而必更立書院者, 何也. 國學鄕校, 有科擧法令之拘, 不若書院, 可專於尊賢講道之美意, 故或因私立而國寵命之, 或國命立之而擇人敎養也. 若吾東方則至當代而後始許立院. 所謂因私立而國寵命者, 竊仰聖朝之意. 豈非慕數代之 遺風而欲庶幾云云耶<退溪集 卷12, 擬與豊基郡守論書院事, 丁巳>

과거학에만 구속되지 않고 존현尊賢을 중대시하여 그 도를 강명 하는 것이었다. 그러나 사립私立서원이라고 하겠지만 국가에서 보호하는 교육기관이었다.

아아! 서원은 무엇 때문에 설립되었는가?

그것은 존현尊賢하기 위하여 설립한 것이 아닐까? 도를 강구하기 위하여 설립한 것이 아닌가? …… 예의염치禮義廉恥(四維)가 무너짐이 마치 산이 움직이고 바다가 뒤집히듯 그침이 없어 한 때의 풍습이 허물어짐이 이렇게 극에 이른 것이니, 다만 상서로운 조짐이 아님이 분명하니, 단지 한 서원의 근심만도 아닙니다.411)

이처럼 심술이 파괴되고 인륜이 무너지면 서원교육은 어디에 필요한가?

'백운동서원' 곧 '소수서원紹修書院'은 주신재周愼齋(世鵬)가 영주에 설립했지만 서원을 서원으로 자리 잡게 한 것은 퇴계이다.

퇴계가 풍기군수로 있을 당시 심통원沈通源 감사에게 다음과 같은 편지를 썼다.

군에 있는 백운동서원은 전 군수 주세붕周世鵬이 세웠는데, 죽계竹溪의 물이 소백산小白山 아래서 발원하여 흘러서 옛 순흥順興의 폐부廢府 가운데로 지나갑니다.

실로 사문斯文 선정先正 안문성공 유安文成公 裕(1243～1305)의 옛 집터입니다. 고을이 그윽하고 깊으며 구름 덮인 골짜기가 아득하고 조용합니다.

주周 군수가 이 고을을 다스리는데, 특히 학문을 일으키고 인재를 기르는 것을 먼저 힘쓸 것으로 생각하여 이미 향교에 정성을 쏟았습니다. 또 죽계는 전현前賢의 유적이 있는 곳이라 하여 이에 나아가 그 땅을 살펴서 서원을 지으니, 무릇 집이 삼십여 칸인데,

---

411) 嗚呼書院, 何爲而設也, 其不爲尊賢而設也, 講道而設耶..........四維橫決, 如山移海飜, 無所底止, 一時風俗之壞, 至此極也, 殊非吉祥之兆, 不獨爲一院之憂也<同上>

사묘四廟를 두어 문성공을 받드러 모시고, 문정공 안축文貞公 安軸(1287～1348)과 문경공 안보文敬公 安輔(1302～1357)를 짝지어 모셨습니다.

그리고 곁에 당재堂齋, 정우亭宇를 지어 여러 생도들이 노닐고 생활하며 독서하는 곳으로 삼았으며, 땅을 파서 묻혀 있는 구리 얼마간을 얻어 경사자집經史子集 수백 권을 사서 소장해 두었습니다. 쌀 꾸어준 이식과 기금이 되는 토지를 두어 고을 안의 여러 생원으로 하여금 그 일을 주관하게 하고, 고을의 선비 김중문金仲文(자 彦彬, 호 對影堂)에게 그 사무를 맡게 하여 학도들을 불러모으니 사방에서 모여 들어서 이들을 권장하며 이끌고 가는데 힘을 다하였습니다. 이윽고 주周군수가 군을 떠나자 문성공의 후손인 지금의 판서공判書公 현玹이 마침 관찰사로 부임하여 사당을 배알하고 선비들을 예로 대하였습니다. ……황滉이 가만히 보니 지금의 국학國學은 진실로 어진 선비와 관계가 되나 군현郡縣의 학교와 같은 것은 다만 문구文具만 갖췄고 가르치는 방법이 크게 파괴되어 선비들이 향교에서 공부하는 것을 도리어 부끄럽게 여겨서 그 병폐가 극심하여 구할 방도가 없으니 한심하게 여길 만한 일입니다. 오직 서원의 교육이 오늘날 성대히 일어난다면 학정學政의 결핍을 거의 구제할 수 있게 되어, 학자가 의지하며 돌아갈 데가 있고, 사풍士風이 크게 변하여, 습속이 날로 아름다워지고 왕화王化가 이루어질 수 있으니 그것이 성치聖治에 작은 보탬만은 아닐 것입니다 …… 구구한 소원을 이기지 못하여 삼가 죽음을 무릅쓰고 글을 받들어 아뢰옵니다.[412)]

안유安裕와 함께 최충崔沖, 우탁禹倬, 정몽주鄭夢周, 길재吉再, 김종직金宗直, 김굉필金宏弼들이 거처하던 곳에도 다 서원이 세워질 것을 희망하였다.

---

412) <退溪先生文集, 卷9, 上沈方伯通源, 己酉>

2) 이산서원伊山書院

영주에는 또 이산서원伊山書院이 설치됐다.

퇴계는 「이산서원기伊山書院記」에서

"영주는 소백산 남쪽에 있는 땅이 신령하고 풍속이 아름다워 인재의 소굴이라고 한다. 옛날은 수재秀才를 곡식으로 양성했는데, 정덕연간正德年間(1506~1521)에 군수 이항李沆이 설치하고 가정嘉靖 갑인년(1554) 겨울에 순흥 군수 안상安瑺이 부임하여 학문을 숭상하고 인재를 권장하였다. 고을 동쪽에 터를 잡아 6~7리의 거리로 번천蕃川고개가 우뚝 솟아 있고 그 안에 무오년(1558) 7월에 시작하여 4개월만에 공사를 마쳤다. 이산 서원은 모두 32칸의 집이 있고 양정당養正堂을 곁에 옮겨지었으니 양정당은 군수 금의琴椅가 창설하여 어린이를 가르치던 곳이나, 이에 규약을 정하고 수백 여 석의 곡식을 비축하여 양천良賤 약간 명에게 준 다음, 크게 선비를 모아 낙성식을 거행하였다. 유생 장수희張壽禧를 보내 황滉에게 제사할 선정先正에 대한 정논이 없고 서원의 규모도 갖추지 못하니 우선 서재書齋 이름을 정하자고 하여 '이산서원'으로 이름하고, 정당正堂을 경지敬止, 동재는 성정誠正, 서재는 진수進修, 문은 지도知道, 대臺는 관물觀物이라 하였고, 주방과 창고 등을 갖추었다. 이로부터 선비들은 원근을 막론하고 찾아오기를 마치 자기 집으로 돌아 간듯하였다. 인륜人倫을 가르쳐 금수와 구별하여 오륜五倫으로 근본하고 궁리·독행으로 학문했다. 주자의 「백록동규白鹿洞規」, 성명양진誠明兩進, 경의해립敬義偕立 등은 또 부영賦詠에 보이는 것이 그러했다."[413]
고 하여 이산서원의 내용과 인재양성의 방법을 자세히 설명하였다.

이 「기문記文」은 퇴계 58세(1559)의 저작이다.

또 「이산서원伊山書院의 원규院規」는 주자의 「백록동서원 원규白鹿洞書院 院規」와 비교된다. 모두가 12조이다.

---

413) <伊山書院記, 退溪先生文集, 卷42>

① 학생은 사서四書 오경五經을 근본으로 하고, 『소학小學』, 가례家禮를 문호門戶로 삼으며 국가의 인재 양성법에 따르고 성현의 가르침을 지키며 성선性善을 알고 도의 실현을 궁행躬行하며 명체적용明體適用의 학을 힘쓰도록 한다.

여러 사서史書와 문집, 문장, 과거의 공부도 널리 힘쓰고 통달하지 않으면 안 된다. 그러나 내외內外와 본말本末 경중輕重과 완급緩急의 순서를 알아서 스스로 격앙하여, 타락하지 않도록 해야 한다. 사탄邪誕하고 요망하며 음탕하고 궁벽한 책은 모두 서원에서 보지 못하게 해서 난도혹지亂道惑志하지 않토록 한다.

② 학생이 입지가 굳으며 생각이 정직하여 원대한 공업을 기약하여 도의를 행함을 목적으로 하는 자는 잘 배우게 되고, 마음을 낮게 가지며, 취사가 현혹되어 지식이 누추한 세속을 벗어나지 못하고 뜻과 희망이 오로지 이욕에 있는 자는 잘못된 배움이 되는 것이요, 성품과 행실이 괴상하며 예법을 비웃고 성인을 업신여기며, 경도經道에 위반되고 거친 말로 친한 사람을 욕하며, 여러 사람에게 피해를 끼치고 법도를 따르지 않는 자는 서원에서 함께 배척한다.

③ 학생은 늘 조용히 각기 서재에 앉아 독서에 정진하고 의심스러운 것을 질문하는 경우가 아니면, 잡담하지 말며 마음을 거칠게 하고 학업을 폐하는 일이 없도록 한다.

④ 이유 없이 자주 출입하지 말고, 모습, 동정, 언행에 각기 간곡히 말하고 세밀히 타일러 서로 선善해지도록 한다.

⑤ 명륜당에 이천伊川의 「사물잠四勿箴」과 주자의 「백록동규白鹿洞規」 10가지 교훈과 진무경陳茂卿의 「숙흥야매잠夙興夜寐箴」을 써서 곁에 놓았으니 그 뜻이 매우 좋다. 서원 안에도 이것을 벽위에 걸어 놓아 서로 경계해야 한다.

⑥ 책은 문을 나가지 말고 여색은 들어오지 말며, 술을 빚지 말고 형벌은 사용하지 말 것이다. 책이 나가면 잃기 쉽고 여색이 들어오면 더럽히기가 쉽다. 술 빚는 것은 학사學舍에서 마땅하지 않고 형벌은 선비의 일이 아니다.

⑦ 서원유사書院有司는 근처에 거주하고 청렴하며 일을 잘 주선하는 품관品官 두 사람을 임명하고, 또 선비 중에 사리를 알고 행의行儀가 있어 사람들이 존경하고 복종하는 자 한 사람을 상유사上有司로 삼으며 모두 2년마다 교체한다.

⑧ 학생과 유사有司는 예의로 서로 대하며, 경신敬信으로 서로 상대한다.

⑨ 서원에 소속된 사람들을 잘 구휼한다. 선비와 학생은 늘 하인下人을 애호하여 서원 일과 서재의 일 이외는 사사로이 부리지 말고, 사사로운 노여움에 따라서 벌 주지 말라.

⑩ 서원을 세워 양사養士함은 국가에서 문교를 숭상하고 학교를 일으켜 인재를 진작하려는 뜻을 받드는 것이니, 누가 마음을 다하지 않겠는가마는 이 고을에 부임하는 자들은 서원의 일에 대해 제도를 증가하고 규칙을 축소하지 않는다면 사문斯文의 다행이 아니겠는가?

⑪ 어린이는 수업하는 경우와 초청한 경우가 아니면 입덕문入德門 안에 들어오지 못하도록 한다.

⑫ 서원에 임시로 있는 생도들은 관례冠禮를 하였거나 관례를 안 하였거나를 막론하고 일정한 인원수가 없으니 재목을 이루어야 서원에 오를 수 있도록 한다.<伊山書院>

3) **영봉서원기**迎鳳書院記 **뒤의 천곡서원**川谷書院

퇴계는 60세 경신庚申(1560)의 「서원기書院記」에 의하면,

"옛날 삼대三代가 융성할 때 교육법敎育法이 극히 잘 갖추어져서 집에는 숙塾이 있고, 마을에는 상庠이 있고 고을에는 서序가 있고, 나라에는 학學이 있었으니, 가는 곳마다 학이 아닌 데가 없었다. 후세가 되어 교학이 무너지니 국학과 향교가 겨우 형식만 남았을

뿐, 가숙家塾, 당상黨庠의 제도가 전무하여 독실한 뜻으로 배우고자 하는 선비가 책을 안고 귀일 할 곳이 없었다. 이에 서원書院이 생기게 된 이유다.

대개 서원이 가숙, 당상과 함께 그 제도는 비록 다르지만 의미는 동일하니, 그 모두 풍화風化에 관계됨이 크다. 그러므로 도를 아는 선비와 선치善治를 원하는 임금이 여기에 정성을 다하지 않을 이가 없었다. 이것이 중국의 서원이 근고近古에 성행되고 우리 나라 서원도 오늘날 시작되는 원인으로서 이 모두가 교敎와 사思를 확대하고 교화의 근원을 독실히 하는 것이요, 그 사당祠堂을 세워 선현先賢을 제사하는 일은 숭도崇道하고 사람을 일으키는 방도에서 더욱 구비되었다."[414]

고 하였다.

교육제도의 국공립國公立과 사립私立의 서원제도는 중국서원을 모방하여 교敎와 사思, 교화의 근원을 독실히 하는 데에 목적이 있다고 지적하였다.

이 서원은 50여칸으로 정당은 성정誠正, 동재는 극복克復, 서재는 경의敬義니, 영봉서원이라고 했다. 사묘祠廟에 이문열 조년李文烈 兆年과 이문충 인복李文忠 仁復과 김굉필金宏弼의 3현三賢을 모시도록 하고, 충의忠義, 도덕道德을 배우고, 『소학』과 『대학』에 따라 성경誠敬을 지니며 육경六經의 뜻을 발휘하여 성현의 지경에 이르도록 기약할 것을 교학敎學으로 천명하였다.<개령향교성전중수기開寧鄕校聖殿重修記>

---

414) 昔在三代之隆, 敎法極備, 家有塾黨有庠州有序國有學. 蓋無適而非學也. 降及後世敎壞而學崩, 則國學鄕校, 僅有文具, 而家塾黨庠之制寥寥焉. 至使篤志願學之士, 抱墳策而無所於歸, 此書院之所由以起也, 夫書院之與家塾黨庠. 制雖不同, 義則同歸, 其有關於風化也甚大, 故知道之士. 願治之主, 莫不於是而拳拳焉. 所以中國書院, 鼎盛於近古, 我東書院, 亦昉於今日, 皆所以廣敎思敦化原也, 而其有廟以祀先賢者, 則其於崇道作人之方, 尤爲備也<退溪文集, 卷42, 迎鳳書院記>

4) 연경서원기研經書院記

퇴계는 67세(丁卯, 1567) 10월의 「서 이대용 연경서원기후書李大用研經書院記後 기문」은 다음과 같았다.

이대용(이름은 叔樑. 자는 大用, 永川人 이현보의 아들)은 예안禮安에 살았는데 금보琴輔와 오수익吳守益과 함께 선성3필宣城三筆이라고 칭송되었다 퇴계는 「연경서원기후研經書院記後」에서 '달성부大邱사람들이 서로 원을 부동府東 연경리研經里의 화암畵巖에 세우자고 상의하여 영천 이상사 대용을 그 일에 주관하도록 추천했다. 서원이 이미 완성되자, 여러 사람이 또 대용이 평소 황滉과 서로 알고 왕래한다고 하여 대용에게 부탁해서 서원의 일을 같이 기록해 가지고 와서 황滉에게 기문을 지어 달라고 청한다.[415]

대구의 '연경서원'은 문충, 서거정(文忠, 徐居正 1420~1488)과 관계가 있으므로 "서문충徐文忠처럼 문재文材가 뛰어난 자" 등으로 말했으며, "나는 일찍이 열 서원의 시를 지었는데 연경서원이 그 중 하나이다. 비록 서원의 경중에 무관한 것인 줄 아나 또 제군에게 숨기고 싶지 않다. 그래서 삼가 뒤에 기록하니 제군들이 힘쓰면 매우 다행이겠다."

시는 다음과 같다.

화암 뛰어난 풍경 그림으로 이루기 어려운데	畵巖形勝畵難成
서원을 세우고 서로 불러서 육경을 외우네	書院相招誦六經
이를 쫓아 우두커니 서서 도를 밝히는 법을 들어	從此佇聞明道術
잠을 청하는 뭇 사람을 깨게 할 수 없겠는가	可無呼寢得群醒

<退溪文集, 卷43>

415) 書李大用研經書院記後<退溪文集, 卷43>

퇴계는 이산서원규伊山書院規 하나를 보내 걸도록 했는데, 이숙량李叔樑이 규정에 따라 실행하기를 청원하였다.

5) 역동서원기易東書院記

퇴계는 70세(庚午, 1570) 5월에 학생들과 역동서원에 모였고, 7월에는 역동서원에서 학생들과 『심경心經』을 강의하였으며, 8월에 역동서원이 낙성되니 그 기념 날에 참가하였다.

퇴계는 1568년(戊辰) 68세에 「역동서원기」를 지어 "서원의 제도가 근래 우리 나라에서 성행하고 있는데, 영남 각 고을에 세워진 것이 타도에 비해 가장 앞서고 많이 차지하였다. …… 대체로 덕을 높히고 어진 이를 표창하며 인재를 기르기를 좋아하는 것은 실로 인심이 다 함께 원하는 일이며 왕도정치에서 당연히 가상히 여겨야 할 일이다. 우리 예안 고을이 비록 땅이 비좁지만 산천이 수려하고 인물이 무성하고 문현의 칭송이 옛부터 있었다. 고을 향교 이외에 산림을 의지함직한 곳에 유관儒館이 설치되어 학업을 익히는 일이 어찌 없을까? 더구나 고려 우제주禹祭酒선생의 만년 퇴거退居가 실로 이곳에 있었고, 지금까지 그 후손이 이곳에 살고 있어서 사전史傳에 실린 사실을 상고하면, 선생의 충의대절忠義大節은 이미 천지를 움직이고 산악을 흔들었으며, 그 경학經學의 밝음과 진퇴의 방정方正함이 크게 남보다 지나침이 있었으니, 후학의 사범이 되어 백세토록 묘식廟食할 수 있는 분이 선생이 아니고 그 누구이랴?"416)

서원을 안동 예안에 우탁禹倬을 사모하여 세우도록 했다는 것이다.

"학문도 여러 가지이지만 귀일점은 같다. 그러므로 오교五教를 밝힘이 당우唐虞, 삼대三代가 다 같으나 정일집중精一執中은 순舜과 우禹

---

416) <退溪先生文集, 卷42, 易東書院記>

의 전심傳心하는 방법이며, 경의직방敬義直方은 주공, 공자가 역易을 체득하는 학문이며, 사물四勿, 삼성三省은 또 안씨顔氏와 증씨曾氏가 인仁을 행하는 공덕과 도道에 드는 실적이다……. 우리 서원에 드는 모든 선비는 군자유가 되려는가, 소인유가 되려는가? 이에 능히 그 선택할 바를 알면 거의 치욕을 면할 수 있으리라."417)

이상은 퇴계의 역동서원에 대한 기록이니 서원의 사명을 오륜五倫의 인간관계 윤리를 근본으로 했던 것으로 요약할 수 있다. 서원과 향교, 국학 등의 모든 공사公私의 교육기관은 윤리도덕의 수양을 기본으로 했기 때문에 자연과학의 연구와는 다르다. 따라서 전통적인 교육사상은 도덕적인 인간의 형성에 목적이 있었다고 하겠다. 산업사회, 현대사회 교육처럼 기술습득을 위주로 하여 기능자나 기술자를 양성하는 자연과학 교육과는 전혀 다르다. 문인 이담李湛에게 "황은 이 주자문집을 읽고, 사우師友간의 의리가 이처럼 중대함을 알게 되었다." 하고, 주자의 편지에 "수일간 매미소리蟬聲가 더욱 맑아 이것을 들을 때마다 고풍高風을 생각하지 않을 수가 없었다."고 했다. "황은 평소 지극히 이러한 곳을 사랑했는데, 늘 여름 녹음이 우거질 때 매미소리가 귀에 가득하면 마음 속으로 주자와 여동래 두 선생의 고풍高風을 우러러 생각하지 아니한 일이 없었고, 또 뜰의 풀은 하나의 쓸모없는 것일 뿐이지만 볼 때마다 곧 주렴계의 생의生意가 우주와 같음을 생각한다."<퇴계집 권10, 答李仲久 癸亥>고 하여 자연과 인간은 하나요, 맑은 매미소리는 사람의 고상한 기상을 상징한 것이다. 사우師友간의 교학은 인간의 고상한 정서 양성에 있다고 하겠다.

---

417) <退溪先生文集, 卷42, 易東書院記>

13. 정치론政治論

"군주는 배요, 서민은 물이다."고 한 것은 순자荀子의 왕제편王制篇에 처음으로 보인다.

"전傳에 말하였다. "군주는 배요, 서민은 물이다. 물은 배를 싣고, 물은 배를 전복한다."[418]고 하였는데, 당나라 제왕학帝王學을 서술한 『정관정요貞觀政要』에 의하면 위징魏徵은 정관년에 이세민 태종에게 다음과 같이 대답하였다.

나는 다음과 같은 옛 말을 들었습니다. 군주는 배요, 인민은 물입니다. 물은 배를 띄우고 사람을 싣지만 또한 배를 전복하게도 합니다君舟也, 人水也, 水能載舟, 亦能覆舟고 하였다. <貞觀政要>

퇴계는 "백성은 신信이 없으면 일어나지 못하고, 예禮를 모르면 일어날 수가 없다고 하는데 신의信義와 예절禮節은 어느 것이 중요합니까?" 하고 질문하자 대답하기를 "변란을 당하여 백성들과 함께 신의를 지킬 때는 신의信가 중대하고, 학문을 닦아서 이를 몸으로 실천할 때는 예절이 중요하다. 신의와 예절은 그 중요한 것이 이미 다르기 때문에 서立는 까닭도 역시 다르다. 신의가 없으면 서지 못한다. 백성이 세상에서 서지 못하면 나라도 서지 못한다는 것을 말하며, 예절을 모르면 설 수가 없다. 이목耳目이나 수족을 어디에 둘 곳이 없어서 몸을 일으킬 수가 없다는 말이다."고 하였다.[419]

신信이 확립되지 않으면 백성이 서 있을 곳이 없고, 백성이 서지 못하면 나라도 서지 못하여 나라가 나라답지 못하다. 이같이 백성

---

418) 傳曰, 君子, 舟也, 庶人者, 水也, 水則載舟, 水則覆舟<荀子, 王制篇>

419) 問民無信不立, 不知禮無以立. 信禮孰重? 曰臨亂而與民守之. 信爲重 爲學而以身體之. 禮爲重, 信與禮. 所重旣異, 故所以立. 亦不同, 無信不立, 謂民無以立於世, 而國亦不得立也, 不知禮, 無以立, 謂耳目手足, 無所加措. 而身無以立也<退溪言行錄, 論語講錄>

과 나라의 기초는 신信이며, 신信을 실천할 때 예禮를 따라야 한다.

입국立國은 입신立身에 기초한다. 또,

"임금을 사랑하고 나라를 걱정하는 마음은 진퇴進退에 따른 틈이 없었다. 어떤 정령政令의 잘된 것을 들으면 기뻐서 잠을 못 잤으며, 잘못 처리하는 조처를 보고는 근심하는 빛을 나타내었다. 항상 임금의 덕을 보양保養하고 사림士林을 부호扶護하는 것을 우선적인 일로 삼았다."<退溪先生言行錄, 卷3, 事君, 金誠一>[420)]

라고 하였는데, 퇴계가 애군우국愛君憂國하는 마음과 사림士林을 부호扶護하는 것을 선무先務로 삼았다는 것을 알 수 있다.

박순朴淳이 선생의 「행략行略」에서 "임금을 사랑하고 나라를 걱정하는데 지성至誠에서 나왔다고, 늘 임금의 덕을 보양하고 사림士林의 진정鎭定을 먼저 하는 일로 했다."고 하였으며, 정유일鄭惟一은 퇴계 「언행통술言行通述」에서 "매양 근본을 배양하여 사림士林을 부식扶植함이 지금의 급무로 삼았다고 했다." 무진戊辰(1568) 8월에 「6조소六條疏」를 올리고, 12월에 『성학10도聖學十圖』와 '차자箚子'를 올렸는데 "무진에 조정으로 들어가 임금의 뜻을 알고 개연히 임금의 마음을 바로잡은 것을 자기의 임무로 생각하여 6조소를 올리고 서명西銘을 진강하도록 청하였으며, 또 『성학10도』를 올려서 근원을 맑게 하고 근본을 바로잡은 일을 우선적으로 하셨다."고 하였으며, 또 김성일金誠一도 퇴계의 「실기實記」에서 "「6조소」와 『성학10도』를 올렸다."고 한 것으로 보아 이 두 가지 논의가 정치론의 대표적인 저작이라 생각된다.

---

420) 愛君憂國之心, 不以進退而有間, 聞一政令之善, 喜不能寐, 或擧措失宜, 憂形於色, 常以輔養君德, 扶護士林爲先務<退溪先生言行錄, 卷3, 事君, 金誠一>

1) 「무진6조소戊辰六條疎」

제1조는 왕통을 중시하여 인효仁孝를 갖출 것
제2조는 참소를 막아 선조와 인순왕후가 친하게 할 것
제3조는 성왕의 학聖學을 돈독히 하여 정치의 근본을 세울 것
제4조는 도술道術을 밝혀 인심을 바로 잡을 것
제5조는 복심腹心을 미루어 생각하고 이목耳目을 통달하게 할 것
제6조는 반성하고 정성스럽게 하여 하늘의 사랑을 이어받을 것

등으로 요약되는데 그 중 매우 중요한 것을 조별組別로 대략 보면 다음과 같이 될 것이다.

(1) 왕통의 계승을 중히 하고, 인효仁孝를 온전히 한다

왕통의 체體를 계승하니 지대지중至大至重한 왕통을 계승한 것이다. 지대지중至大至重한 의리를 잘 인식해야 할 것인데 효도에 부끄러움이 있고 인仁의 도리를 다하지 못하는 일이 많습니다. 반지支로서 들어와 계승한 군주로서 인효仁孝를 다하는 자가 적습니다. 그래서 이륜彝倫의 가르침에 죄를 얻는 자가 자주 생기니, 두려워할 일이 아니겠습니까? 오호! 하늘엔 두 해가 없고 백성에겐 두 임금이 없으며, 가정에서는 두 어른이 없습니다. 효는 백 가지 행위의 근원이 되어 하나의 행동이라도 결점이 있으면 순효純孝가 되지 못하고, 인仁은 모든 선善의 우두머리이니 한 가지 선善이라도 불비함이 있으면 전인全人이 못되는 것입니다.

(2) 참소를 막고 양궁兩宮을 친하게 한다

부모의 자식사랑은 자慈가 되고, 자식이 부모를 잘 섬기면 효孝가 됩니다. 효자孝慈의 도리는 천성天性에서 나오니 모든 선의 으뜸이 되고, 그 은혜가 지극히 깊고 그 윤리가 지극히 무겁고 그 정

이 가장 절실합니다. 지심한 은혜로써 지중한 윤리에 따라서 가장 절실한 정情을 실행하는 것이니 사리로 보아서 다하지 못하는 자가 없을 듯한데, 혹 효도에 결점이 있고 인순왕후도 모자람이 있는 수가 있으며 심한 경우는 지친至親이 변화하여 시랑으로 되어 돌보지 못함이 보통사람에서 면하지 못함은 물론이요, 제왕가帝王家에서 이러한 근심이 더욱 많으니 그 까닭은 무엇이겠습니까? 그것은 정세情勢가 막히기 쉽고 참소가 더욱 많기 때문입니다. 정세情勢가 막히기 쉽다는 것은 궁중에서 모시고 날마다 세勢가 혹 막히고 일에 단서가 많아 정情이 혹 막히기 때문입니다. 좌우에 있는 시종이 모두 환관과 여인들이니 이들은 대개 음사陰邪하고 교회狡獪하여 간사하니 경계해야 합니다.

(3) 성왕의 학을 돈독히 하여 정치의 근본을 세운다

제왕학과 심법心法의 요령이 "인심을 오직 위태하고, 도심은 오직 미약하니 오직 정밀하고 오직 순수히 하며 마땅히 그 중도를 고집하라."고 한 순 임금이 우 임금에게 말한 것에 연원합니다. 어찌 학문으로 덕을 이룸이 정치의 큰 근본이 아니겠습니까? 정일精一하여 집중執中함은 학문하는 대법이며, 대법으로써 대본大本을 세운다면 천하의 정치가 모두 이에서 나왔습니다고 하여 제왕학帝王學의 심법心法 요령을 설명하였다.

(4) 도술을 밝혀서 인심을 바로잡는다

당우唐虞 삼대三代의 성세는 도술이 크게 밝아 다른 길에 미혹됨이 없으므로 인심이 바르고 정치, 교화가 행해지기 쉬웠는데, 말기 주周나라로부터 도술이 밝지 못하여 사특한 학설들이 함께 생겼습니다. 그래서 인심이 바르지 못하여 다스려도 다스려 지지 않고, 교화해도 교화하기가 어려웠습니다. 무엇을 도술이라 합니까? 천명에서 나와서 이륜彛倫으로 시행되어지는 것으로 천하고금이 함께 말미암는 길입니다.[421]

“이제 주상전하께서 요·순의 자질로서 제왕의 학帝王之學을 몸소 실천하시여 옛 도에 뜻을 두시고 정치를 잘 하고자 목마르듯 구하시어, 장차 사문斯文을 일으키어 일세를 당·무·삼대의 융성으로 올려 놓으실 생각이시니 진실로 우리 동방에서는 천년에 한번 오는 기회로서 조야朝野가 기뻐하여 눈을 씻으며 서로 경하慶賀하지 않는 이가 없습니다.”[422]

제왕학帝王學은 대중지정大中至正한 가르침에 따라 도술을 밝히고 인심을 이루는 것입니다.

(5) 복심腹心을 미루어 생각하고 이목耳目을 통하게 할 것이다

이 조항은 정치적 유기설有機說을 전개한 것인데, 정치기구는 몸체의 머리와 눈·귀의 관계와 같이 유기적이라고 하였다.

“한 나라의 체體는 한 사람의 몸과 같다고 하옵니다. 사람의 한 몸에 머리가 위에 있어서 아래를 통솔하고 복심腹心이 가운데서 이어받아 일을 맡고, 이목耳目이 두루 통탈하여 호위하고 일깨워 주어야 몸이 편안할 수 있는 것입니다. 임금은 한 나라의 원수元首입니다. 대신은 그 복심腹心이요, 사헌부司憲府, 사간원司諫院 등 대간臺諫은 그 귀와 눈입니다. 세 가지(머리인 군주와 대신의 복심과 귀·눈인 대간)는 서로 의지하며 서로 이루어지는 것이니, 이는 나라를 유지하는 데 불변의 일정한 것이요, 천하 고금이 다 아는 것입니다. 옛 임금으로 대신을 신임하지 않고 대간의 말을 듣지 않는 자가 있었는데, 이는 비유하자면 사람이 그 배를 스스로 끊으며, 그 눈·귀를 스스로 막는 것과 같으니, 머리 만으로 홀로 사람이 될 이치가 없는 것입니다. 혹 대신을 신임하나 도에 따르지

421) 唐虞三代之盛, 道術大明. 而無他岐之惑, 故人心得正而治化易治也, 衰周以後, 道術不明, 而邪惡並興, 故人心不正治之而不治, 化之而難化也, 何謂道術. 出於天命而行於彝倫, 天下古今所共由之路也<戊辰六條疏, 其四>

422) 方今主上殿下, 以堯舜之資, 躬帝王之學, 志遵古昔, 求治如渴, 蓋將以興起斯文, 措一世於唐虞二大之隆, 誠爲我東方千載一時, 朝野欣欣然莫不拭目而相慶<同上>

않는 경우가 있습니다. 대신을 구할 때 바로잡아 선도하고 보필輔弼할 수 있는 어진자를 구하지 않고, 오직 아부하고 잘 따르는 자를 구하여 사私를 이루려고 한다면 그 얻은 것이 간사하여 정치를 어지럽히는 사람이 아니면 반드시 흉악하여 권력을 휘두르는 사람일 것입니다."423)

사람의 머리는 군주요 배는 대신이며, 귀·눈의 상현부·사간원의 관리와 같습니다. 이 셋이 서로 의지하여 서로 성립된다. 그렇다면 백성은 손·발이라고 하겠습니다.

배인 대신은 원수元首의 욕심을 채우는 것으로 삼는다면 좋지 못하고, 귀·눈이 되는 관리는 군주의 귀·눈이 아니라 공로公路를 수행하는 귀·눈이다. 성지聖智의 덕이 모든 것에서 으뜸으로 나와 바른 자리에 몸을 두어 한 나라의 원수元首가 되고 배부분과 귀·눈의 관리는 모두 대중으로부터 뽑았으니 그 책임이 중대하다고 정치기구가 한 몸과 같이 유기적이라고 거듭 설명하였다.

(6) 수성修省을 정성스럽게 하여 하늘의 사랑을 계승한다

"신은 청하옵건데 전하를 위하여 그 연고를 말하겠습니다. 살피건데 천지의 큰덕을 생生이라고 하였습니다. 무릇 천지 간에 생명있는 종류가 많은데 동물·식물 큰 것 작은 것이 하물며 영특하여 천지의 핵심이 되어 있습니다. 그러나 하늘의 이 마음이 있지만 스스로 시행하지 못하므로 반드시 그 가장 신령한 가운데서 성철聖哲한 원량元良으로서 덕이 신과 사람에게 화협和協한 자를 돌보아 임금으로 삼고, 백성을 기르는 일을 부탁하여 인애仁愛의 정치를 행하게 하는 것입니다. 이미 명령하고 도와주어 사방을 편안히 다

423) 人之身, 元首居上而統臨, 腹心承中而幹任, 耳目放達而衛喩, 然後身得安焉, 人主者, 一國之元首也, 而大臣其腹心也. 臺諫其耳目也, 三子相待而相成, 實有國不易之常勢, 而天下古今之所共知也, 古之人君, 有不信任大臣, 不聽用臺諫者, 譬如人自決其腹心, 自塗其耳目, 固無元首獨成人之理, 其或有信任大臣而不由其道, 其求之也, 不求其能匡濟輔弼之賢, 而惟求其阿諛順旨者, 以謀遂其私, 是其所得者, 非姦邪亂政之人則必凶賊擅權之夫<同上>

스리게 하였습니다."[424]

천지대덕인 생生에 따른 인애仁愛가 우주의 정신인데 하늘에 대신하여 그 인애仁愛를 시행하는 자가 군주이다. 군주는 하늘의 명령에 따라 인애仁愛하는 정치를 대행한다. 그 정신을 어길 때 "하늘은 재이災異로 경책한다." "경敬과 성誠으로써 상제上帝를 받들고 빛나게 함이 극진해야 한다고 한다. 재앙으로 견책함을 만났을 때는 반드시 허물을 반성하고 정사를 고쳐 닦아 신중하고 참되게 천의天意를 감격하게 하는데 더욱 마음을 다하게 할 것입니다."[425]고 했다.

"상제上帝, 천의天意에 따라서 허물을 반성하고 정사를 고쳐 닦아야한다." 이것이 곧 수성이다.

"반드시 먼저의 이조二條를 근본으로 삼으시고 더욱 성왕聖王학에 부지런하시기 바랍니다."[426]라고 결론지었다.

이상 육조는 인효정치仁孝政治, 효자孝慈를 기본으로 하는 가족주의 정치이론이라고 하겠다. 더욱 특색이 있는 것은 5조의 유기체론적 정치 구조론이다.

퇴계의 통치이론은 다음과 같이 보충할 수 있다.

"옛 임금은 백성보기를 상처난 것처럼 조심하고, 어린이를 보호하고 부모가 자식을 사랑하는 마음처럼 이르지 않음이 없었습니다. 예를 들면 그 질병이나 주리고 추위를 만나면 슬퍼하고 가엽게 여기기를 자기 몸과 같이 할뿐만 아니라 안아주고 어루만져 지성으로 구해 준다면 성실에서 멀지 않다. 음식을 먹이고 약물로 치료하기도 합니다. 어찌 백성의 부모가 되어 정치를 행하면서 질

---

424) 臣請爲殿下言其故, 竊謂天地之大德曰生, 凡天地之間, 含生之類, 總總林林, 若動若植若洪若纖, 皆天所悶覆而仁愛, 而況於吾民之省象而最靈, 爲天地之心者乎. 然天有是心, 而不能以自施, 必就夫最靈之中, 而尤眷其聖哲元良, 德協于神人者, 爲之君付之司牧, 以行其仁愛之政, 旣命之佑之, 而寵綏四方矣<戊辰六條疏>

425) 克敬克誠,以昭受上帝者, 無不盡其道矣, 其過災譴, 必有以省愆修政, 克愼克實, 以感格天意者, 益能盡其心矣<同上>

426) 必先以首二條爲本, 而尤勤勵不息於聖學之功<同上>

병의 극심과 기한飢寒의 절박에 대해 듣지 못 한 체 하는 일이 있을 수 있겠습니까?"[427]

군주의 백성보호와 사랑의 구호를 강조하고,

"사私는 마음의 나라가 잘 다스려진 때는 항상 적고, 어지러운 날이 항상 많아 몸을 파멸시키고 나라를 망치는 데 이른 것은 모두 임금이 하나의 사私라는 글자를 버리지 못했기 때문입니다. 그러나 마음의 적을 버리고 악의 뿌리를 뽑아 천리天理의 순수함을 회복하고자 한다면 학문하는 공부에 깊이 의지하지 않으면 안 되나 그 공부를 하는 것은 또한 어렵습니다. 대개 한 가지 일의 사私를 힘써서 행하지 않는 것은 어렵지 않지만 평일의 모든 사私를 능히 제거해서 말끔히 다 없애 버리는 덕은 어렵습니다."[428]

천리의 공公을 버리고 사私 때문에 모든 사악이 발생하므로 왕도王道 시행이 어렵다고 하였다.

"왕도의 위대함은 농사와 잠업에 근본 하였으며, 사유四維의 확대는 의식衣食에 말미암고, 백성이 주리지 않고, 추워하지 아니한 뒤에 윤리에 나아가고 예의를 존중하여 정치의 도리가 완성될 수 있다."[429]

백성의 경제생활의 해결이 윤리실천의 큰 근본이라고 지적했다. 왕도경제王道經濟가 기초가 되어야 윤리생활이 가능하다.

"군주의 배가 전복됨은 언제나 백성의 암초에 달려 있다."[430]

고 한 것은 "군주는 배요, 백성을 물"이라고 하는 비유에 근거하여 백성의 바다에서 지지를 받지 못하는 군주는 파산한다고 하는

---

427) 古之人君, 視民如傷 若保赤子, 父母愛子之心, 無所不至, 如遇其疾病飢寒, 則哀傷惻怛. 不啻在已, 提抱撫摩, 誠求不遠, 飮食以飼哺之, 藥物以球療之. ……安有爲民父母而行政, 於其疾病之極, 飢寒之迫, 則若不聞知<戊辰, 經筵啓辭一>

428) 私者, 一心之蟊賊, 而萬惡之根本也, 自古國家, 治日常少, 亂日常多, 馴致於滅身網國者, 盡是人君, 不能去一私字故也, 然欲去心賊拔惡根. 以復乎天理之純, 不深藉學問之功. 不可, 而其爲功亦難, 蓋一時一事之私, 勉强不行非難, 平日萬事之私, 克去淨盡爲難<戊辰, 經筵啓箚二>

429) 王道之大, 本於農桑, 四維之張, 由於衣食, 黎民不飢不寒而後, 可以迪彝敎崇禮義, 而治道成矣 < 「退溪文集」 敎黃海道觀察使兼兵馬水軍節度使 權應挺書>

430) 君舟之覆, 恒在於民巖<同上>

민본주의民本主義를 각성케 하고, 또 "국가 동란이 발생하여 멸망하게 되는 화근은 대개가 백성들의 암초에 원인하여, 백성이 구름처럼 일어나거나 반대로 국가가 흙이 무너지듯 와해함은 늘 백성들이 사방으로 이산하는데 원인하는 줄 알지 못한다."431)

고 하였으니 '민암民巖' 곧 백성들의 동의를 얻지 못하면 국가는 난망亂亡한다고 했다. 「판서 민기閔箕에게 대답하는 퇴계의 편지」에서 "한결같이 왕의 명에 따라서 벼슬에 나아가고 물러나야만 했겠는가?" 하고 방문하여 퇴계 자신의 생각을 제시하였다.

"제가 듣기에 '벼슬자리가 높으면 책임과 기대가 더욱 중대하고, 책임과 기대가 중대할수록 진퇴進退가 더욱 어렵다'고 하였습니다. 그래서 옛날 사대부士大夫들이 자취는 산림山林이 아니나 혹은 경상卿相의 자리로 부르면 오지 않은 자가 하나 둘로 셀 수 있을 정도가 아니나, 또 사람들이 나를 두고 옛 현인賢人을 끌어와 자탁自託한다고 말할까 두려워 감히 그렇게 하지 못하겠습니다 …… 그래서 황滉이 일찍이 명령되어 '벼슬하는 것이 옳을 때 벼슬하면 벼슬하는 것이 공손함이 되고 벼슬하지 않는 것이 옳을 때 벼슬하지 아니하면 벼슬하지 아니한 것이 공손함이 된다'라고 생각했습니다. …… 황滉처럼 쌓인 병이 없다면 나아가야 하고, 노쇠老衰하지 않다면 나아가야 하며, 썩은 재목처럼 쓸모가 없지 아니하면 나아갈 수 있으며 낮은 관직을 사양하여 높은 관직을 얻는 것이 아니면 나아갈 수 있습니다. 지금은 그러하지가 않습니다. 거의 죽게 된 이 몸에 네 가지 근심이 몰려드니 나아감이 옳지 않을 뿐만 아니라 겸하여 또한 나아갈 수가 없습니다."432)

---

431) 不知國家亂亡之禍, 率由於民巖, 雲合土崩之勢, 恒起於民流<退溪文集 戊辰, 經筵啓箚1>

432) 愚聞爵位愈高, 則責望愈重, 責望愈重, 則進退尤難, 故古之士大夫, 跡非山林, 或至卿相而召之不至者, 非一二猶可指數. 又恐人謂我援古賢以自託也, 故未敢焉...... 故愚嘗妄以爲, 可進而進, 以進爲恭, 可不進而不進, 以不進爲恭, 古之不進者, 豈棄命中路而然乎..... 若如滉者, 非有積病則可進, 不至癃老則可進, 非朽材無用則可進, 非辭小得大則可進, 今則不然, 垂死一身, 四患叢集, 非惟不可進也, 兼亦不能進也,<退溪先生文集, 卷9, 答閔判書箕, 丙寅>

하나의 몸에 네가지 근심이 없다면 사환四患이 벼슬에 나아갈 수 없는 이유로써 적병積病과 쇠약한 늙음, 썩은 재목처럼 쓸모 없는 것, 낮은 관직을 사양하고 높은 관직을 얻는 것은 벼슬에 나아갈 수 없다고 했다. "벼슬이 더욱 높고, 책임이 무겁다면 진퇴가 더욱 어렵다."

"성품이 지극히 어리석고 재주가 지극히 열등하며 병이 지극히 심하고, 늙어서 지나치게 높고, 책임이 지나치게 무겁고, 지위가 지나치게 높으며 은혜가 지나치게 융성한 변을 만났습니다. 가령 황滉이 만약에 옛날의 기미를 알고 먼 앞날을 생각하는 군자였다면 비록 그 가운데 한 가지 일을 만났다고 하더라도 오히려 상서롭지 않은 징조이며, 반드시 실패할 조짐이라 생각하여 재빨리 물러났을 것입니다. 하물며 네 가지의 지극함으로써 네 가지의 지나침을 만났으니 마땅히 그 처신을 어떻게 해야 옳겠습니까? 불행히 모른다면 그만이지만 다행히 스스로 앎이 분명하면서 감히 우리 임금님의 명령에 응하겠습니까?"433)

극우極愚, 극열極劣, 극심極深, 극쇠極衰, 사극四極의 사람으로서 이름이 태람太濫하고 책임이 태중太重하며, 지위가 태고太高하며 은혜가 태융太隆한 사태四太를 만났으니 불상不祥스러우며 반드시 패배할 징조이니 군주의 명령이라도 어찌 응하겠는가? 이렇게 벼슬 등에 대처하는 퇴계의 마음가짐은 일생에 일관 되었던 태도이다. 조광조趙光祖의 일을 거울로 삼아 늘 벼슬에서 겸퇴謙退하였던 것이다.

433) 以性極愚, 材極劣病極深, 老極衰之人, 反遭明太濫, 責太重, 位太高, 恩太隆之變, 如使滉如古識微慮遠之君子, 雖値其中之一事, 猶以爲不祥之兆必敗之微極引而去之, 況以四極遭四太, 其處之當如何也, 不幸而不知則已, 幸而自知之明則又安可犯此兆徵, 而敢應吾郡之命乎＜同上, 答朴參判淳 丙寅＞

2) 「북호남왜책北胡南倭策」

(1) 북호北胡에 대한 대책

퇴계는 먼저 북방 도적의 침략에 대비할 중요성을 환기한다.

"넓게 생각해보면 우리 나라는 삼면三面이 적敵의 침략을 받으면서도 백년 동안 태평하게 지내왔다. 그러나 관북關北 한 도는 예전에 오랑캐의 고장으로서, 승냥이, 이리와 같은 흉악한 무리들의 소굴과 아주 근접해 있다. 지난 날 윤관尹瓘이 개척하고 김종서金宗瑞가 경영했던 것은 계책이 만전萬全을 세우고 지략은 빠뜨림이 없었다고 말할 수 있다. 그런데도 나하추納哈出가 국경을 침범한 일과 이시애李施愛가 반란을 일으킨 일이 있었다. 더구나 지금은 변경의 방비가 허술하고 장사將士들은 긴장이 풀리고 있어 화란禍亂이 언제 일어날지 예측할 수 없고 사람들은 오랫동안의 무사안일로 타성에 젖어 있는 실정이다. 저 지역에다 성城을 쌓는 것을 혹자는 그것은 위태로운 방법으로서 경솔한 행동이라 염려하지만, 옛 성보城堡를 합하여 방비하는 것은 모두가 해볼 만한 좋은 계책이라고 말한다. 시비是非가 정해지지 않아서 시설하는 데 어려움이 있으니, 한 변방의 형편을 살펴서 길이 만세의 위대한 업적을 세우는 일을 어찌 조금이나마 늦출 수가 있겠는가."434)

이것은 당시의 북호北胡에 대한 대비책으로 역사성과 중요성을 환기하였다.

더구나 북방은 이씨조선의 발상지이다.

434) 洪惟我國家，三面受敵，百年昇平，而關北一道，舊爲氈裘之鄕，迫近豺狼之窟，曩者尹瓘之所恢拓，宗瑞之所經營，可謂許 出萬全，智無遺策，猶有如納哈出之豨突，彊圉，如李施愛之盜弄潢池，矧今關防疏虞，將士解體，禍伏齊不測，人狃於久安，築城彼域，或慮危道而輕動，合防舊堡，僉謂長策之可行，莫定是非，有難施設，則所以按一方之形便，建萬世之偉積者，寧少緩乎<敎咸鏡道巡邊使李俊慶書>

"경흥鏡興의 땅은 바로 우리 선대가 나라를 일으킨 터전인데 자주 수해로 인하여 무너지는 환란患亂을 당하였다. 우리 백성들이 옛날 곡식을 가꾸어 먹던 강양능평江陽陵坪은 모조리 잃어버렸고, 주장主將이 새로 개간을 하려고 하는 곳은 이응거도伊應巨島에 붙어 있다. 처음에 목책木柵이나 조금 세워보라고 허락했는데, 어느새 석성石城이 대충 완성되었다고 통보해왔다. 백성들의 이로움은 비록 많을 것도 같지만 변방의 싸움의 실마리가 커질까 두렵다. 또 저 백산白山의 오랑캐는 함부로 물고기를 잡아가고 사냥질하기도 하며 황동성黃洞城은 오랫동안 황폐하여 황무지가 되었다. 동 떨어져 있는 보로甫老와 보화寶化 두 성보城堡를 연결하여 다시금 천년의 요새로 하여 만호万戶 수호지를 만들어야 하지 않겠는가?"435)

이와 같이 북방의 방비에 대하여 그 대책을 구구하게 논하였으니 북호北胡의 대비가 중대했던 것을 짐작케 한다.

(2) 「남왜南倭에 대한 외교책外交策」

사람이 예의를 알지 못하고 군신, 상하의 분별이 없으며 벌fp처럼 움직여 새, 짐승과 같은 오랑캐를 새, 짐승이라고 하는데,

"지난 날 왜倭 오랑캐들이 날뛰었던 변란도 개·쥐 도둑에 불과할 뿐입니다. 이미 도적들을 죽이고 물리쳤으며, 더구나 왜관倭館에 거주하던 사람들까지 모조리 내쫓았으니 그 정도면 국가의 위엄도 떨쳤고, 왕도王道의 법도 바로잡혔습니다. 저들도 위엄에 떨고 후덕厚德에 얼굴을 붉히면서 마음도 바뀌고 허물도 고쳤으며, 또 다른 왜놈의 짓이라고 핑계하면서 스스로 해결하겠노라고 대방大邦에 고해왔고, 머리를 숙이고 애걸을 하며, 꼬리를 흔들면서 불쌍하게 여겨줄 것을 바라고 있습니다. 왕도王道는 넓은 것입니다. 속일 것이라고 미리 생각지도 않는 것이며 믿지 않을 것이라고 억측하지도 말고 상대편이 진실로 굴복의 마음으로 오면 받아들일 따름입니

435) <敎咸鏡道巡邊使, 李俊慶書>

다. 그렇다면 오늘날 왜놈倭奴의 요청은 허락할 만한 입장인데도 허락하지 않으니 그렇다면 어느 때에 가서 허락할 수 있을지 알지 못하겠습니다. 대저 조정의 신하 중에서 왜노의 요청을 거절하고자 하는 사람들의 그 생각에는 반드시 '저들의 죄가 큰데 지금 겨우 끊었다가 갑자기 화해하면 그들의 악을 징계할 수 없게 되어 언젠가는 다시 모욕을 감수해야 되는 뉘우침이 있을 것이다.'라고 여길 것입니다. 이 생각도 그럴 듯 하지만 실제로는 매우 그렇지 못한 것이 있습니다."[436)]

고 하여 과거의 잘못을 뉘우치고 진심으로 화해를 구한다면 용납하는 것이 왕도王道인데, 왜의 간청을 포용해야 한다고 주장하였다. 왜의 화해에 대한 간청을 허락하지 않는다면 언제 허락할 것이며, 또 그것을 거절한다면 왕도王道가 아니라고 했다.

"옛날부터 제왕帝王이 오랑캐를 다스리는 도리는 화친을 우선으로 여겼으며, 부득이해서 전쟁을 할 때는 임명을 해치는 금수의 해가 제거되면 해는 가고 싸움은 끝났지만 어찌 반드시 심하게 원한을 품게 만들고 묶어 놓으려다 물리는 근심을 자초하겠습니까?"[437)]

오랑캐를 다스리는 방법은 옛 제왕帝王들이 화和를 먼저 하고, 인명을 존중하는 것은 왕도王道이다.

"이적夷狄과 화친하는 도리는 본래 마땅히 조종操縱의 신축伸縮과 가부可否의 권세權勢가 있으니, 이 권세權勢는 반드시 늘 나에게 있게 하고, 저들에게 있게 해서는 아니 됩니다 ……. 죄가 있으면 단절하고, 스스로 새로우면 허락하니 이것이 바로 권세가 나에게 있고서 시행이 정당하게 되는 것입니다."[438)]

---

436) <退溪先生文集, 卷6, 甲辰乞勿絶倭使疏>

437) 自古帝王御戎之道, 以和爲先, 其不得已而至於用兵者, 爲其除禽獸逼人之害, 害去則止, 何必甚之, 而生怨, 以致搏噬之患哉<同上>

438) 與夷狄和親之道, 固當有操縱伸縮可否之權之勢, 而此權此勢, 必常令在我而不可令在彼也. 有罪則絶之, 自新則許之, 此正權勢之在我而施當其可也<同上>

외교권은 늘 내가 쥐고 조종에 신축이 있고 가부可否가 우리에게 있어야한다고 주장하는데, 그것은 외교적 주도권을 확립하는 길이다. 일본과 국제관계에서 주도권을 장악해야 한다고 하였다.

"대저 국가가 왜인과 관계에서 그 화친을 허락함이 옳습니다. 그러나 방비는 조금도 늦출 수는 없으며 예우로써 접촉하는 것이 옳습니다. 그러나 양실에서 너무 지나치게 해서는 안 될 것입니다. 양곡이나 비단으로써 그들의 실정을 누그러뜨려 실망하지 않게 할 수는 있어도 끊임없이 요구한다고 해서 내려주는 물품들이 너무 넘쳐서도 안 될 것입니다.…… 더군다나 한번 불쾌하다고 종신토록 배척해서야 어찌 되겠습니까? 그러므로 미리 살핌이 상책이라고 하겠으니 이점 또한 오늘날 강구돼야 할 것입니다."[439]

왜인과 국가에서 그 화친을 허락하되 방비에 소홀할 수 없으며, 예의로 접촉하나 양보가 지나치면 안 되며, 양곡·비단으로 실망하지 않토록 하고 또는 너무 지나치지 않게 하며, 불쾌하다고 해서 종신토록 배척할 수 없으니 신축성 있게 대처하도록 해야할 것이라고 건의하였다. 퇴계의 이러한 왜국에 대한 대처방법은 매우 당시 드문 외교책이었다고 생각된다.

"나라의 큰 일은 본래 군사軍事에 있는데 지금은 군졸軍卒이 소모되어 이름만 있고 내용은 없는 것이 서울이나 지방이 다 마찬가지입니다. 병역 해당자를 찾아서 모자라는 인원을 보충하는 것이 당장 급한 일이오니 백성들이 원망한다고 해서 그만둘 수는 없습니다."[440]

이와 같이 "군국軍國의 중대사이니 작은 폐단은 고려할 수 없습니다."고 하여 국방의 주요사를 깨우치고자 하였다. 그러나 민본民

---

439) 大抵國家之於倭人, 許其和可矣. 而防備不可以少弛也. 以禮接之可矣, 而推借不可以太過也. 以糧幣縻其情, 無使失望可矣. 而不可因無厭之求, 贈賂之太濫也.…… 況一忤而斥之. 終身其可乎. 故曰, 莫如預檢. 此亦今日之所當講也<同上>

440) 國之大事, 固在兵戎, 今者軍卒消耗, 名存實無, 內外皆然, 搜兵補闕, 在所當急, 不可以民之怨咨而停罷<退溪先生文集 卷7, 戊辰, 經筵啓箚一>

本적 위민주의爲民主義를 다음과 같이 간절하게 설명하였다.

옛말에 "한 가지 곡식이라도 잘 익지 않으면 백성들이 굶주리게 된다."고 했는데, 지금은 모든 곡식들이 다 잘 되지 않았으니 백성들이 무엇으로 배를 채우며 목화가 하나도 없으니 백성들이 무엇으로 몸을 가리겠습니까.

배고픔과 추위가 절박하면 백성들은 돌아보고 의지할 곳이 없어서 모두다 파산하고 뜨내기로 흩어질 생각을 하며 단봇짐을 싸서 짊어지고 다니니, 지방의 감사들 관리가 그 비참한 모양을 눈으로 보고 재난을 근심하며 흉년을 구제하기 위한 보고가 잇닿았는데도 나라에서는 한 번도 명령하여 도탄에 빠진 백성의 생명을 구제하려는 계획은 하지 않고, 바야흐로 또 집집마다 뒤지고 검사해서 장정을 데려가고 중들을 잡아들여 가혹한 관리와 포학한 아전들이 이를 빌미로 하여 간계를 꾸며 협박하고 구박하며 침해하고 독촉하기를 성화보다 저 급하게 하는 등 살을 깎고 뼈를 짓이기는 듯한 착취가 끝이 없습니다.…… 힘센 젊은이들은 무리를 지어 도둑이 되고 노인과 어린이들은 구렁에 굴러 떨어져 죽으니 아아! 나라의 근본이 어찌 흔들리지 않겠습니까?[441]

퇴계는 백성이 참상을 호소하여 국가의 무능으로 지방관리. 아전의 폭행과 간계로 말미암는 백성들의 참상에 동정하였고, 기한飢寒 때문에 유민流民이 발생하고 장정은 도적이 되고 노약자는 구덩이에 떨어져 죽으니, 나라의 뿌리부터 동요하게 되었다고 하였다. 따라서 활민活民하고자 하는 우국애민憂國愛民으로 경고하지만 뒷날 왜오랑캐의 침략 앞에서 힘없이 붕괴되는 나라 꼴이 되었는지 예측되고도 남음이 있다.

---

441) 古語云; 一穀不登, 民受其飢; 今則百穀不登, 民何以充腹, 木花掃無, 民何以蔽體, 飢寒切身, 民無所顧藉, 皆思破家流散, 結包荷擔而立, 四方監司等官, 且覩其慘, 憂災恤荒, 報聞相繼, 國家未嘗發一号出令, 以爲捄民生塗炭之命之計, 方且家搜戶括, 漁丁獵僧, 酷吏暴胥, 因緣作奸, 脅驅侵督, 急於星火, 剝膚椎髓, 靡有限極. 强壯則群聚而爲盜, 老弱則轉死於溝壑, 哀我邦本, 寧不動搖<退溪先生文集, 卷7, 戊辰 經筵啓箚一>

〔부록 1〕

퇴계 자필의 「활인심방活人心方」

퇴계는 심신心身의 양생법養生法에 뜻을 두고 명나라 현주도인玄洲道人 함허자涵虛子(태조 주원장朱元璋의 16째 아들)의 저술인 활인심방活人心方에서 양생법과 약藥, 도인체조導引體操를 그림으로 설명하였는데, 퇴계가 스스로 실천하고 서애 류성룡西厓 柳成龍에게 전수하여 연단술鍊丹術의 연구로 발전시켰다.

1. 중화탕中和湯

제목은 틀림없이 한약 처방의 이름이지만 그 내용을 보면 약초라곤 하나도 없다. 생각하면 할수록 그 효과가 엄청나게 큰 약 처방인데, 너무나 재미있게 꾸며져 있음을 알 수 있을 것이다.

중화란 말은 지극히 선한 우리 양심의 본래 그대로의 모습과 세상살이를 하면서 흔들리는 양심이 본래의 그 지극히 선한 상태로 되돌아가는 모습을 아울러 가리키는 것이다.

중화탕은 의사가 못 고치는 모든 병을 고친다. 이것을 복용하면 타고난 기운을 굳게 보존하고 삿된 기운이 침범하지 못하게 되어 만 가지 병이 생기지 않고 오래도록 평안히 살 수 있다.

① 생각에 삿됨이 없도록 한다.
② 좋은 일을 행한다.
③ 속이는 마음을 일으키지 않는다.
④ 적절한 방법으로 처리한다.
⑤ 본분을 지킨다.
⑥ 질투하지 않는다.
⑦ 교활한 속임수를 없앤다.
⑧ 성실히 일한다.
⑨ 자연의 원리를 따른다.
⑩ 운명의 한계를 이해한다.
⑪ 마음을 맑게 한다.
⑫ 욕심을 적게 한다.
⑬ 참고 견딘다.
⑭ 부드럽고 순하다.
⑮ 겸손하고 온화하다.
⑯ 만족할 줄 안다.
⑰ 깨끗한 마음으로 조심한다.
⑱ 어진 마음을 잃지 않는다.
⑲ 절약하고 검소하다.
⑳ 한 쪽으로 치우치지 않는 곳을 찾는다.
㉑ 살생을 가려서 한다.
㉒ 성내지 않는다.
㉓ 거친 행동을 하지 않는다.
㉔ 탐내지 않는다.
㉕ 홀로 있을 때 더욱 조심한다.
㉖ 일의 낌새를 알아본다.
㉗ 사랑을 잃지 않는다.
㉘ 물러남을 싫어하지 않는다.
㉙ 고요함을 지킨다.

㉚ 남모르는 덕을 쌓는다.

위의 30가지를 꼭꼭 씹어서 심장의 불과 신장의 물로 5분 정도 뭉근히 달인 다음 따뜻하게 마신다. 마시는 시기는 언제라도 좋다.

2. 화기환和氣丸

기氣를 화和하게 한다는 뜻의 이 화기환和氣丸은 필요할 때 한 알씩 복용하여 즉효를 보는 것이다.

'인忍' 자字가 화기환和氣丸이니 어른이나 아이나 할 것 없이 기가 모자라거나 넘치는 데서 목이 메이고, 가슴이 답답하고, 부대껴 헛배가 부르고, 전신全身이 뒤틀려 마비가 오고, 피로와 입술을 깨물고, 이를 갈며 눈을 부릅뜨고 주먹을 쥐고, 얼굴이 붉어져 귀까지 빨개지고, 온 몸이 불같이 달아 오르는 것은 의원들도 이를 고치지 못하는 데 그럴 때마다 이 화기환和氣丸을 한 알씩 먹이되 말이 필요없고 입을 꼭 다물고 침으로 녹여 천천히 씹어 삼키게 한다.

〔화기환〕

태백진인太白眞人이 말씀하기를 "세상 사람들이 경을 외우는 것은 모두 복을 구하고 재앙을 막으려 하려는 것이나 입으로만 외우고 마음이 정성스럽지 않으니 무슨 소용이 있겠는가. 이것은 껍질만 구하고 속은 얻지 못하는 것이니 별 도움이 안 되는 것이다. 만약 경을 정성껏 외우면 도사道士는 모두 신선이 될 것이고 화상和尙은 모두 부처가 되는 유익이 있을 것이다. 나에게 3가지 경이 있는데 모두 6자에 불과하여 간단하나 공덕은 대단히 크다. 다만 지극한 마음으로 정성껏 받들어야 한다. 누가 듣기에 내 답하기를 일자경一字經은 인忍이요, 이자경二字經은 방편이요, 삼자경三字經은 의본분依本分이니, 이것들은 대장경에 있는 것이 아니고 사람마다 그 마음 속에 다 가지고 있으며 어진이나 어리석은 사람이나 글을 아는 사람이나 모르는 이나 모두 다 외울 수 있으니 마음에만 잘 간직하면 병도 걸리지 않고 재앙도 막을 수 있다. 이렇게 자연히 받는 복은 그 자신이 받지 못하면 자손子孫에게라도 전해진다.

1) 양생법養生法 — 건강하게 오래사는 법

일상생활 중에서 행할 수 있는 내용을 많이 담고 있다. 평범하지만 그 결과는 대단히 큰 것들이다. 원문原文에는 없지만 내용에 따라 17가지로 나누어 제목을 달아 보았다.

(1) 비장脾臟은 음악을 좋아한다

비장은 음악을 좋아하며 음악 연주하는 것을 들으면 활동을 시작하며 소리는 비장에서부터 나온다. 비장은 소화와 밀접한 관계가 있으며 주례周禮에 의하면 음악으로 식사를 한다고 했다. 즉 좋은 음악을 들으면서 식사를 하는 것이 소화에 좋으며 밤이 짧은 여름같은 때 밤늦게 먹거나 잘 씹지 않는 것은 비장에 무리가 생기며 소화가 잘 안 된다.

(2) 술을 바르게 마시는 법

술을 마시면 성정性情이 즐거워지고 혈맥血脈을 잘 통하게 하는 좋은 점이 있으나 과過하면 몸에 풍을 일으키고 신장을 상하게 하고 장의 기능을 나쁘게 한다. 특히 배불리 먹은 뒤의 음주는 아주 나쁘다. 또 술을 급하게 많이 먹으면 폐를 상하게 된다. 술에 취하여 깨지 않은 상태에서 목이 마르다고 하여 물이나 차茶를 많이 마시면 술을 신장으로 끌어들이는 결과가 되어 허리가 아프고 다리가 무거워지며 방광을 상하여 다리가 붓고 팔다리가 굽는 병이 생긴다.

(3) 차茶를 바르게 마시는 법

차는 언제든지 많이 마셔서는 안 되며 하초下焦를 허하고 냉하게 한다. 공복의 차는 아주 좋지 않으며 배부를 때 한 두 잔 마시는 것이 좋다.

(4) 바람은 좋지 않다

옛날에 팽조彭祖에게 건강법을 배우던 사람이 두통으로 고생하는지라 팽조가 그의 잠자리를 살펴보니 머리 두는 쪽에 구멍이 있어 바람이 통하는 지라 그 구멍을 막게 하니 두통이 없어졌다. 그러므로 앉은 자리나 누운 자리에 바람이 통할 때 그것을 그냥 견디고 있으면 아니된다. 특히 노인들은 몸이 약하고 속이 허해서 풍사風邪가 들기 쉬우며 처음에는 못 느끼나 결국 몸을 해치게 되니 덥다하여 바람맞이에서 몸을 식히거나 취했을 때 부채질은 좋지 한다.

(5) 오미五味를 적게 쓰면 장수한다

음식을 만들 때 오미(맵고, 짜고, 시고 달고, 쓴맛)를 적게 쓰면 심신心神이 상쾌하게 되며 많이 쓰면 각 장부에 해가 있으니, 신 맛이 지나치면 비장을 상하고, 매운 맛이 지나치면 간를 상하고, 짠 맛이 지나치면 심心을 상하고, 쓴맛이 지나치면 폐를 상하고, 단 맛이 지나치면 콩팥腎을 상하게 된다. 맛이 지나쳐 생기는 것을 처음에는 잘못 느끼나 길게 되면 큰 병을 얻게 된다.

(6) 한 가지를 오래 지속하면 좋지 않다

어느 한 가지를 오래 쳐다보고 있으면 심心을 상하고 혈을 손하며, 오래 앉아 있으면 비脾(지라)을 상하고 기를 손하며, 오래 걸으면 간을 상하고, 금을 손하며, 오래 서 있으면 신을 상하고 골을 손한다. 그러므로 어느 한 가지에 정신을 오래 쏟거나 몸을 고정시키지 말고 변화를 주어야 한다.

(7) 할 일 없는 것도 병이다

사람이 나태해지고 몸이 나른해지는 것도 오래되면 병이 되나니, 사람이 여러 가지 일에 쫓기며 하루종일 바쁠 필요도 없지만 너무 한가하여 하는 일이 없으면 기력을 쓰지 않아 운동부족이 되고, 배불리 먹고 앉거나 누워있으면 혈액이 침체되는 것이다. 고로 귀인은 겉으로는 즐거우나 마음이 수고스럽고 천인은 마음은 한가하나 겉으로는 수고로우니 항상 힘을 적당히 써서 생기가 잘 소통하고 혈맥이 조창調暢토록 해야 하는 것이니, 예를 들어 흐르는 물은 썩지 않고 문지방에는 좀이 쓸지 않는 것과 같은 이치이다.

(8) 바르게 자는 법

잠을 잘 때 말하는 것이 좋지 않은 것은 오장은 종과 같아서 매달리지 않으면 소리내는 데 무리가 생기기 때문이며 불을 켜놓지 않는 것은 사람의 마음을 불안하게 하여 잠이 잘 오지 않기 때문이다. 누워 잘 때의 좋은 자세는 몸을 옆으로 하고 무릎을 굽히는 것인데 그렇게 하여야 심기가 편안하기 때문이다. 잠이 깼을 때는 정신이 흩어지지 않도록 몸을 펼쳐야 한다. 공자께서 "잠을 잘 때 시체처럼 하지 않는다." 함은 몸을 쭉 펴서 자면 악귀를 불러들이게 되기 때문이다.

(9) 머리는 자주 빗되 목욕은 가끔하라

머리를 많이 빗으면 풍을 예방할 수 있고 눈이 밝아진다. 그러므로 도가道家에서는 새벽에 일어나 항상 120번씩 빗질을 하는 것이다. 목욕은 자주하면 심복心腹을 손상해서 권태로움을 느끼게 한다.

(10) 여름에 더운 음식이 좋다

여름은 더운 때로서 사람들의 정신이 산만한 때라 심장의 기능은 왕성하나 신장이 쇠하니, 신은 화해서 수가 되었다가 가을에는 어리고 겨울에는 굳어지는 것이다. 그러므로 여름에는 노소를 불문하고 더운 음식을 먹어야 가을에 토사곽란의 염려가 없다. 뱃속은 늘 따뜻해야 좋은데 그러면 배의 병이 생기지 않으며 혈기가 강성해진다.

(11) 여름철 건강법

초여름에서 가을에 이르기 전까지 군자는 일상생활에서 몸을 다스려 조급함이 없도록 하고 말과 태도는 조용히 하며, 크게 성내지 말며, 식사는 검소하게 하며, 화기를 보전하여 욕망을 절제하고, 심기를 안정해야 한다. 한여름 더운 때라 하여 찬물로 세수하면 오장이 메마르고 진액이 적어진다. 찬 것을 많이 먹으면 시력을 상하며 냉한 채소는 기를 다스리기는 하나 눈이나 귀의 기능을 떨어뜨린다.

(12) 안개 속의 세 사람

옛날 세 사람이 새벽 일찍 안개 속을 가면서 한 사람은 아무 것도 먹지 않은 빈속이었고, 또 한 사람은 죽을 먹었고, 또 한 사람은 술을 마시고, 출발했는데 아무것도 먹지 않은 사람은 죽었고, 죽을 먹은 사람은 병들었고, 술을 먹은 사람은 아무렇지 않았으니 이는 술이 능히 안개와 이슬의 해로부터 사람을 보호하고 사기邪氣를 물리침이라.

(13) 계절과 기후에 따른 양생

봄과 여름에는 아침 일찍 일어나는 것이 좋고, 가을과 겨울에는 늦도록 자되 일출 전에는 일어나야 하되 닭 울기 전에는 일어나지 않는 것이 좋다. 길을 가다가 갑자기 도는 바람이나 번개, 우뢰를 만나거나 날이 어두워지면 집안으로 피하여 들어야 한다. 그렇지 않으면 심신을 상하게 되나니 당시는 몰라도 오래되면 병을 얻게 된다.

(14) 단전丹田에 기氣를 쌓는 법

태식론胎息論에 이르기를 "무릇 기를 쌓기 위하여는 밤 중 자시子時가 지나서 조용히 눈을 감고 잠자리에 앉아서 배속의 탁한 기氣를 두 세 번 내보낸 후 숨을 멈추고 코로 약하게 맑은 기氣를 몇 모금 들이 마신다. 혀 밑에는 두 개의 구멍이 있어 신腎과 통하였으니 혀를 입천장에 대고 잠깐 있으면 진액津液이 저절로 나와 입 안에 가득할 것이니, 천천히 삼키면 오장으로 들어가게 되고 기氣로 변하여 단전으로 들어가게 된다.

자시 후 축시 전에 하지 못하면 인시 전에도 좋으며 누워서 해도 좋으나 베개를 높이 베는 것을 피한다.

(15) 혀 밑의 옥천玉泉 침

한漢나라의 괴경蒯京은 나이 120세에도 아주 건강했는데 아침마다 옥천玉泉(침)을 복용하고 아랫니와 윗니를 27번씩 부딪치기를 했다고 한다. 후한 대의 왕진王眞도 항상 혀 밑의 옥천을 삼켰는데 이를 태식胎息이라 하였다. 손양인孫孃人은 말하되 "머리는 자주 빗어야 하고, 손으로는 얼굴을 문지르고 이는 자주 마주쳐야 하고, 침은 항상 삼켜야 하고, 기氣는 마땅히 정련精鍊하여야 한다."고 했다.

(16) 비비고 닦으면 건강해진다

두 손바닥을 마주대고 뜨겁게 마찰하여 눈을 닦으면 눈에 끼는 것이 없어지고 맑아지며, 풍을 예방하고 신을 기른다. 이마를 손으로 문지르고 이마와 머리카락이 닿는 부분을 27번씩 문지르면 얼굴에 광채가 난다. 이는 주근깨가 있는 자에게도 좋다. 또 가운데 손가락으로 콧대의 양쪽을 20~30번씩 문지르면 기능이 좋아진다. 또 손바닥으로 귓바퀴를 문지르면 귀가 머는 것을 예방하고 신기腎氣를 키우게 된다.

(17) 배를 문지르고 어깨를 치면 혈기가 통한다

사람이 앉아 있을 때 항상 두손으로 배를 좌우로 문지르고 양 어깨를 수십 번씩 쳐주면 혈기가 잘 통해서 질병에 걸리지 않는다.

2) 치심治心 — 마음 다스리는 법

구선臞仙께서 말씀하기를 "마을은 신명의 집이니 속은 비었고 직경은 한 치에 불과하나 신명이 이에 깃들어 사물을 다스리는데 난분亂棼을 가려내는 것 같고 급한 물을 건너는 것도 같아 두려워하기도 하고 슬퍼하기도 하고 화를 내기도 하여 하루에도 수시로 바뀐다. 그러므로 신이 머물지 않으면 좀먹고 밝지 못하며 소모되어 버린다. 도는 깨우치려 해도 스스로 깨치기 어렵다. 그 누가 말하기를 "선善을 항상 행하더라도 한번 욕심이 동하면 곧 선善하지 못한 것이다." 하였으니 얼른 착함으로 되돌려 분하고 원통한 일이 생기면 그 일을 적으로 알라. 내가 선善한 마음으로 분한 마음을 다루면 풀릴 것이나 풀리지 않으면 삶을 해칠 것이니라. 무릇 칠정과 대욕이 모두 마음에서 생기는 것이니 마음을 고요히 하면 신명에 통하여 미리 앞일을 내다볼 수 있으며 집밖을 나가지 않아도 천하의 일을 알 수 있고 하늘의 이치를 절로 알게 된다. 대개 마음은 물과 같아서 흔들리지 않으면 자연히 맑아져서 그 밑바닥까지 환히 보이는 것이니 이를 영명靈明이라 한다. 마음을 고요히 해서 원기를 키우면 모든 병을 물리쳐 장생할 수 있다. 그러나 한 생각이 들면 신神은 밖으로 들고 기氣는 흩어지고 피도 이를 따르매 생기가 혼란해져서 만병이 생겨나니 이는 모두 마음이 고요하지 못함에서 이름이라 무릇 마음을 고요하고 평안케 하는 것이 바로 마음 다스리는 법이다.

3) 도인법導引法 — 건강체조법

건강 운동법으로서 오늘날의 체조가 근육적임에 비해 한의학적인 원리에 입각한 기혈순환촉진법이며 현대 의학적으로 보아도 우수한 것들이다. 내용에 따른 그림이 함께 있다.

① 이 부딪치기와 귀 뒤 튕겨주기

雙手擊天

〔그림 1〕

手握天柱

〔그림 2〕

눈을 감고 마음을 고요히 하고 책상다리를 하고 편안히 앉는다. 〔그림 1〕

또 두 손을 머리 뒤에 깍지끼고 조용히 숨소리가 나지 않게 9번 호흡한다. 그런 다음 손을 그대로 두고 두 팔을 앞으로 하여 손목이 턱에 닿게 한 다음 둘째 손가락에 가운데 손가락을 올려놓고 귀 뒤를 스물네번 튕겨 준다(귀 뒤의 유양돌기乳樣突起 뼈를 말함—필자).

② 천주혈天柱穴잡고 팔 흔들기

한 손으로 천주혈을 잡고 고개는 반대로 하여 24번씩 흔들기(천주혈은 목뒤의 머리가 끝나고 목이 시작되는 부분의 좌우측에 있는 혈穴로서[그림 2]에는 손목을 잡고 있는데 이는 천주와 함께 족태음방광경足太陰膀胱經에 속하는 다른 혈穴을 누르고 목의 움직임으로 천주자극을 주는 뜻으로 해석된다.—필자).

③ 혀를 저어 침을 만들어 삼키고 팔 올리기

혀를 입안에서 골고루 36번 움직여서(저어서) 침이 많이 생기도

〔그림 3〕

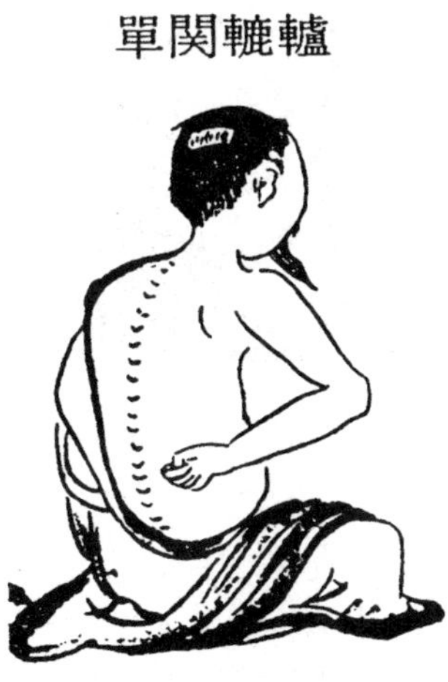

〔그림 4〕

록 하여 세 번에 나누어 삼키고 숨을 멈추었다가 조금씩 들어 마신 다음 두 손을 비벼서 잡고 머리 위로 들어 올린다.

④ 외신外腎을 문지르고 단전丹田에 기를 보낸다.

허리 뒤 신당腎堂을 36회 손으로 마찰시키고 숨을 마셔서 멈추고 마음으로 화기火氣를 단전으로 내려 기氣를 돌린다. 숨을 천천히 마셔 새로운 기氣를 받아들여서 한참 멈춘 후에 기氣를 단전에 보낸다.

⑤ 어깨 흔들어 단전丹田기운 올리기

單関轆轤

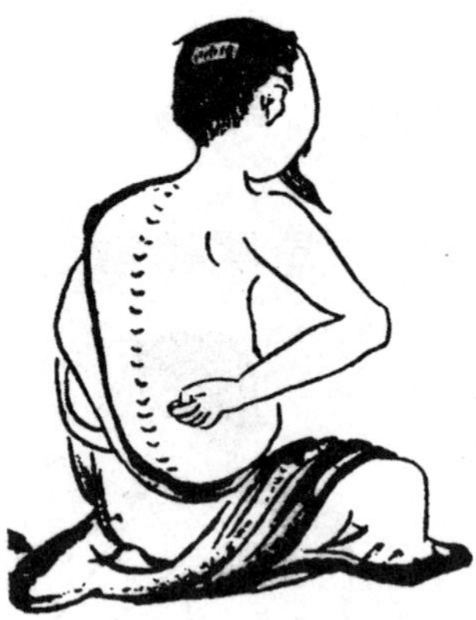

〔그림 5〕

雙関轆轤

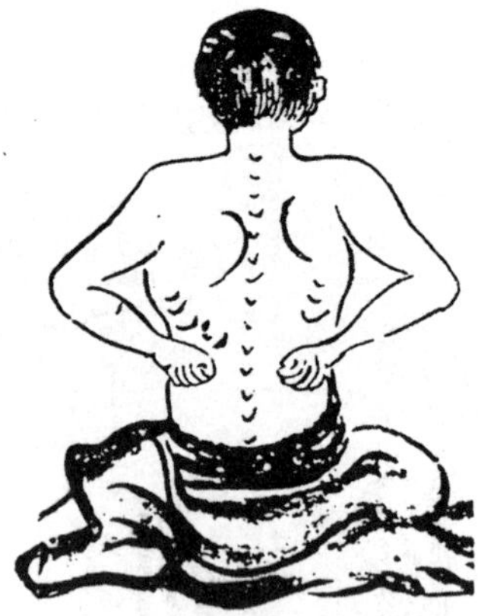

〔그림 6〕

자리에 앉아 머리를 앞으로 숙여 한 손을 주먹 쥐어 허리에 대고 어깨를 올렸다 내렸다 36번 하고 팔을 바꾸어 다시 36번 하고 나서 기氣를 단전丹田에 보내고〔그림 5〕, 이어서 두 손을 모두 주먹 쥐어 허리에 대고 다시 어깨를 36회 아래 위로 흔들고 단전丹

田으로부터 기氣가 척추를 거쳐 머리에 오르게 한 다음 두 다리를 쭉 편다[그림6].

⑥두 팔 깍지끼어 올리기

두 손을 깍지끼어 손바닥이 하늘을 향하게 하여 들어올리되 하늘을 밀어 올리는 기분으로 하고 자세가 구부러지면 안 되며 3회에서 9회 사이로 한다.

⑦ 발 잡아당기기

〔그림 7〕

〔그림 8〕

자리에 앉아 양발을 뻗치고 두 손으로 발을 잡되 발의 중간 부분을 잡고 당기기를 13회 하고 발을 모아 단정히 앉는데 이 때 침이 가득히 고이지 않으면 앞에서 하듯이 혀를 입 속에서 사방으로 움직여 고이게 한 다음 3회에 나누어 삼킨다. 침이 잘 생겨 넘어가 잘 돌면 전신의 맥이 고르고 안정되어 기혈 순환이 잘 된다.

그러면 단전의 열기가 온몸으로 퍼지면서 후끈한 불기운을 느끼게 되니 사기가 침범치 못하고 꿈도 밝으며 추위, 더위를 이겨 병이 가까이 오지 못한다. 자정子正이 지난 오시전午時前에 해야 하늘과 땅의 조화에 합할 것이다.

이 법法은, 갑자일甲子日[442] 밤중에 일어나서 자시子時부터 시작하는데 먼저 기氣가 나가지 않도록 입으로 내뿜지 않고 코로만 가늘게 정기精氣를 내보낸다. 이것을 매일 자정子正이 지난 오시午時에 각각 한 번씩 하거나 밤낮으로 3번씩 오래하면 모든 병들이 없어지고 몸이 점점 가벼워짐을 알 것이다. 부지런히 닦아 게으르지 않으면 능히 선도에 이를 것이다.

3) 거병연수육자비결去病延壽六字訣 — 병을 없애고 장수하는 6자 비결

이 장에서는 간단한 여섯글자를 소리냄으로서 병을 치료하고 오래 살 수 있는 건강법을 소개했다. 일반적으로 대개의 종교나 수도법에 있어서 입으로 소리내는 것이 많이 있다. 주문이라고도 하고 법문이라고도 하며, 기도, 음선音禪, 찬송 등이라고도 하나 그 원리는 모두 입으로 소리냄으로써 기혈순환이 촉진되고 마음이 안정되며 영이 맑아져서 종교나 수도의 목적을 이루게 되는 것이다. 서양에서는 최근에 소리지르므로서 건강할 수 있다는 이론이 나온 적도 있다. 미국 L.A.의 아더 재놉이라는 심리학 박사는 '고함요법'을 창안하여 아무 소리나 크게 계속적으로 질러대면 혈압, 체온, 혈당의 비정상이 정상화된다 하여 새로운 건강법으로 국내 신문에서도 소개된 바 있으나 『활인심방活人心方』의 '육자결六字訣'은 그에 비해 훨씬 체계적이고 과학적이다.

먼저 총결로서 간肝, 폐肺, 심장心, 신腎, 비脾, 삼초三焦가 각각 약

---

442) 매달의 첫날

할 때 나타나는 증세를 설명하였으니

첫째, 간肝이 허하면 눈이 흐려지고,

둘째, 폐肺가 약해지면 숨쉴 때 두 손을 마주 비비는 것 같은 거친 소리가 나고,

셋째, 심장心이 약해지면 기지개를 자주 켜게 된다.

넷째, 신腎이 약해지면 무릎을 감싸고 웅크려 앉기를 잘하고

다섯째, 비脾에 병이 생기면 입이 마르고

여섯째, 삼초三焦에 열이 있으면 누워서 잘 앓게 된다.

이어서 육자六字 하나 하나에 대한 설명이 나온다.

① 취吹 : 신기腎氣

'취—'하면 신장의 기운을 키운다. 신장의 병은 물기운으로 인하니 신장은 생문生門의 주主가 되며 병이 들면 파리해지고 기색氣色이 검어지고 눈썹이 성기고 귀가 울게 된다. '취—'하므로서 사기邪氣를 내보내 장수할 수 있다.

② 가呵 : 심기心氣

'훠—'하면 심장의 기운을 돕는다. 마음이 산란하거나 초조하면 빠르게 "훠—"할지니 대단히 신통神通한 효험을 볼 수 있으며, 목이나 입에 염증이 생기며 열이 나고 아픈 데에도 '훠—'를 하면 좋다.

③ 허噓 : 간기肝氣

'허—'하면 간의 기운을 돕는다. 간肝은 병이 들면 시거나 쓴맛을 좋아하는데 눈도 붉어지고 눈물도 많이 난다. 그럴 때 '허—'를 해주면 잘 낫는다.

④ 희呬 : 폐기肺氣

'스—'하면 폐의 기운을 돕는다. 폐에 이상이 있어 숨쉴 때 '스

스' 소리가 나는 사람은 침이나 가래가 많다. 가슴이 답답하고 번거러움도 상초上焦에 가래가 많은 때문이니 날마다 ―'스―' '스―' 하면 매일 매일 좋아진다.

⑤ 호呼 : 비기脾氣

'호―'하면 비脾의 기운을 돕는다. 비장은 토土에 속해 태창太倉이라고도 하는데 병이 들면 그 처방이 쉽지 않다. 설사하고 장이 끓고 물을 토하면 '호―' 하여 속을 따뜻하게 하는 것이 좋다.

⑥ 희嘻 : 삼초三焦

'히―'하면 삼초三焦의 기氣를 돕는다. 삼초三焦에 이상이 생기면 빨리 '히―'해 주면 좋다. 옛 성인 말씀에 "이것이 가장 좋은 의원이다. 막힘을 통하게 하려 할 때 이 법을 안 쓰고 어디서 다시 구求할까." 하셨다.

⑦ 사계양생가四季養生歌(사계절에 부르는 건강노래)

봄에는 '휴―'하면 눈이 맑아지고 간肝이 좋아지며 여름에 '하―' 하면 심화心火가 절로 가라앉는다. 가을에 '스―' '스―'하면 기를 거두어 들이기 때문에 간肝기능이 좋아지고 겨울에 '취―'하면 편안便安하다. 삼초三焦가 약할 때는 '히―'하여 헐떡임을 없애고 사계절에 항상 '호―'하면 비脾의 기능이 좋아지는데 소리내지 않고 해야 한다. 그러면 보신단保神丹보다 더 좋다.

<현주도인玄洲道人 함양자涵虛子 저술著述, 퇴계선생필사退溪筆寫>

〔부록 2〕 『성학10도 聖學十圖』

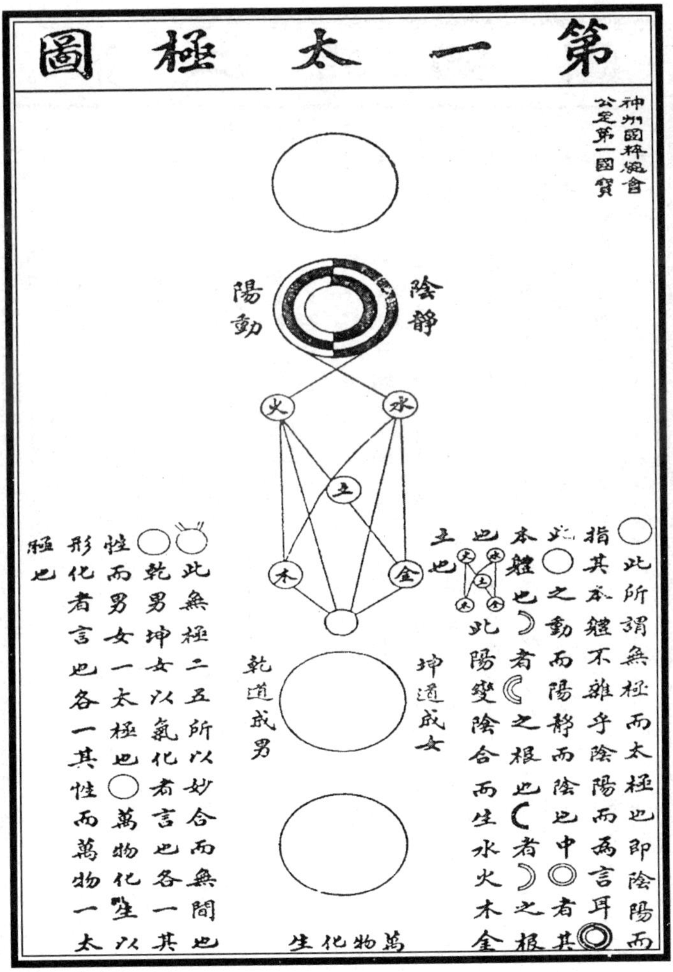

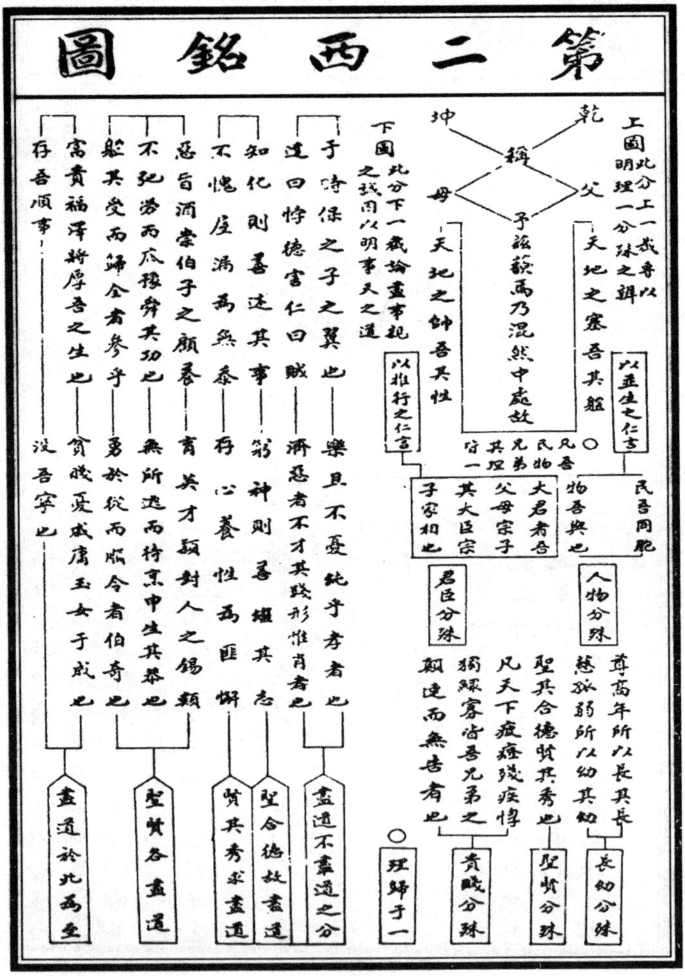
第二西銘圖
上圖 此分上一截專以明理一分殊之辨
乾
坤
稱
父
母
予茲藐焉乃混然中處故
天地之塞吾其體
天地之帥吾其性
凡吾民物兄弟其理皆一
民吾同胞
物吾與也
大君者吾父母宗子
其大臣宗子之家相也
人物分殊
君臣分殊
尊高年所以長其長
慈孤弱所以幼其幼
聖其合德賢其秀也
凡天下疲癃殘疾惸獨鰥寡皆吾兄弟之顛連而無告者也
長幼分殊
聖賢分殊
貴賤分殊
理歸于一
下圖 此分下一截論盡事親之誠因以明事天之道
以推行之仁言
于時保之子之翼也
樂且不憂純乎孝者也
違曰悖德害仁曰賊
濟惡者不才其踐形惟肖者也
盡道不盡道之分
知化則善述其事
窮神則善繼其志
不愧屋漏爲無忝
存心養性爲匪懈
聖合德故盡道
賢其秀求盡道
惡旨酒崇伯子之顧養
育英才潁封人之錫類
不弛勞而底豫舜其功也
無所逃而待烹申生其恭也
體其受而歸全者參乎
勇於從而順令者伯奇也
聖賢各盡道
富貴福澤將厚吾之生也
貧賤憂戚庸玉女于成也
存吾順事
沒吾寧也
盡道於此爲至

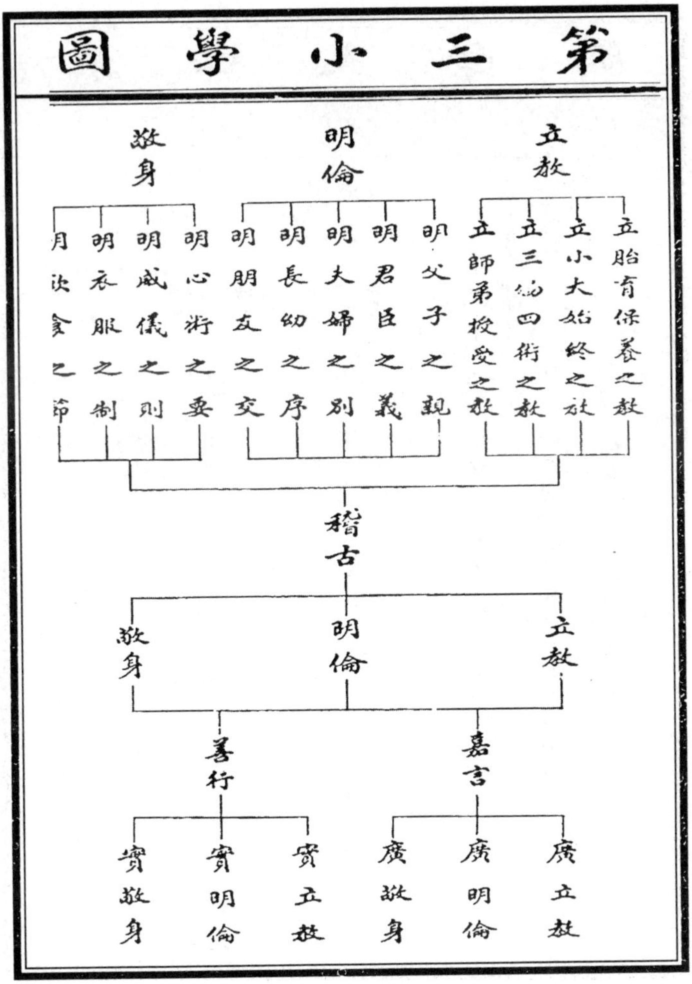
第三小學圖
立敎
明倫
敬身
立胎育保養之敎
立小大始終之敎
立三物四術之敎
立師弟授受之敎
明父子之親
明君臣之義
明夫婦之別
明長幼之序
明朋友之交
明心術之要
明威儀之則
明衣服之制
明飮食之節
稽古
立敎
明倫
敬身
嘉言
善行
廣立敎
廣明倫
廣敬身
實立敎
實明倫
實敬身

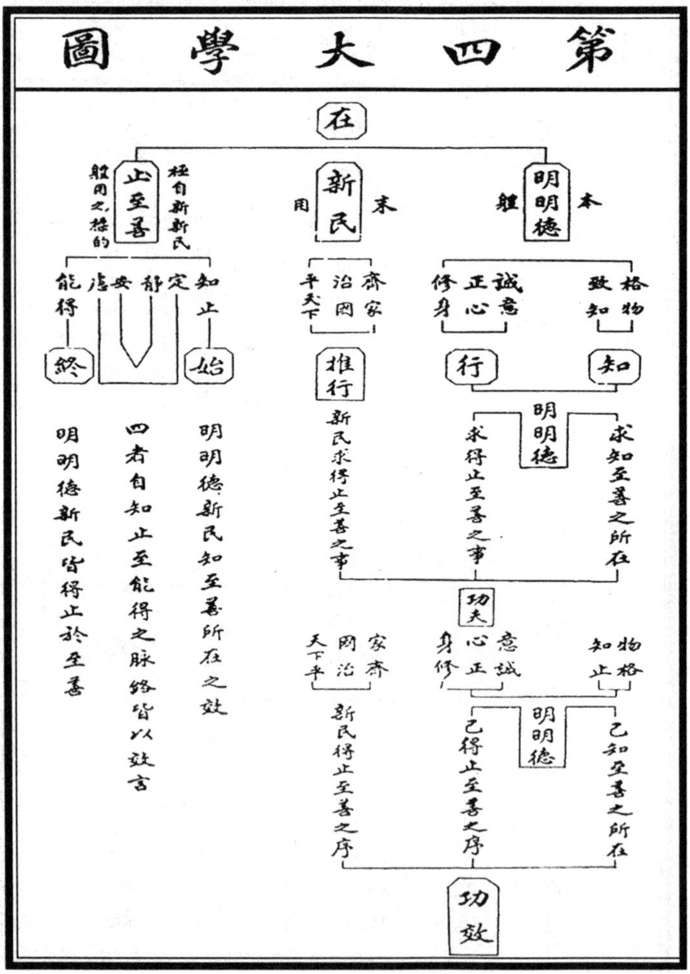
第四大學圖
在
止至善
新民
用
末
明明德
體
本
知止
定
靜
安
慮
能得
始
終
齊家
治國
平天下
推行
格物
致知
誠意
正心
修身
知
行
明明德
新民求得止至善之事
求得止至善之事
求知至善之所在
功夫
家齊
國治
天下平
意誠
心正
身修
物格
知止
明明德
新民得止至善之序
已得止至善之序
已知至善之所在
功效
明明德新民知至善所在之效
四者自知止至能得之脈絡皆以效言
明明德新民皆得止於至善

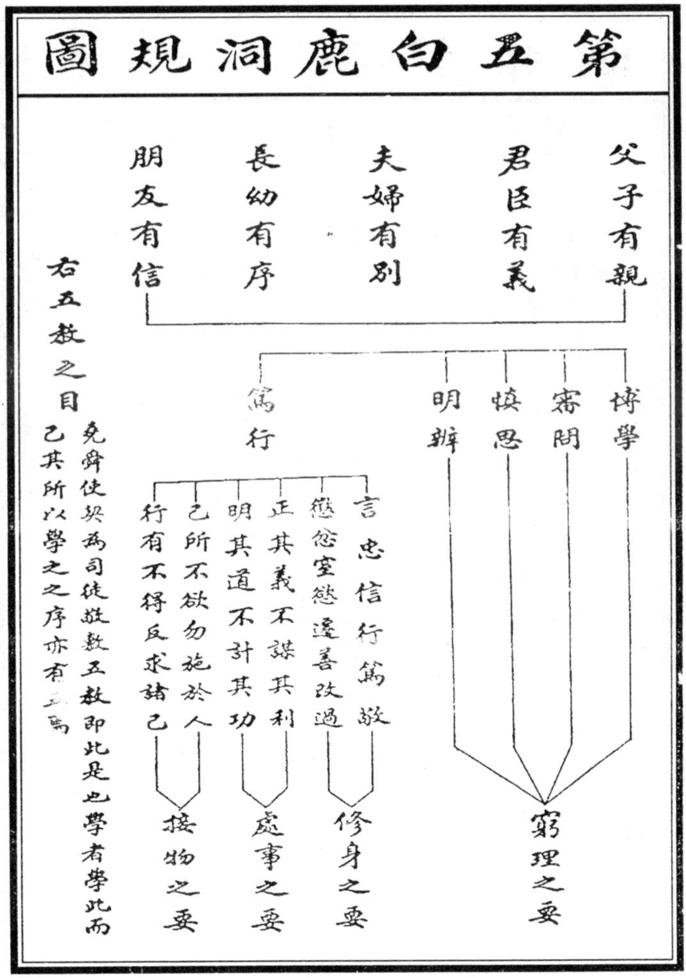
第五白鹿洞規圖
父子有親
君臣有義
夫婦有別
長幼有序
朋友有信
右五教之目
堯舜使契爲司徒敬敷五教卽此是也學者學此而已其所以學之之序亦有五焉
博學
審問
愼思
明辨
窮理之要
篤行
言忠信行篤敬
懲忿窒慾遷善改過
修身之要
正其義不謀其利
明其道不計其功
處事之要
己所不欲勿施於人
行有不得反求諸己
接物之要

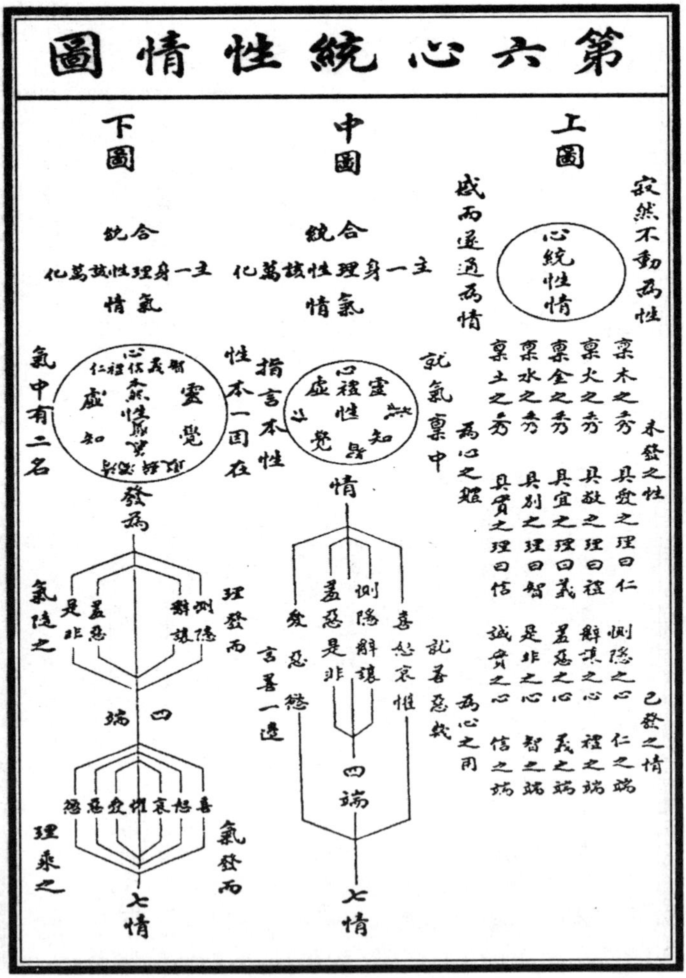
第六心統性情圖
上圖
中圖
下圖
寂然不動爲性
感而遂通爲情
心統性情
合理氣
統性情
主一身
該萬化
七情
四端

第七仁說圖

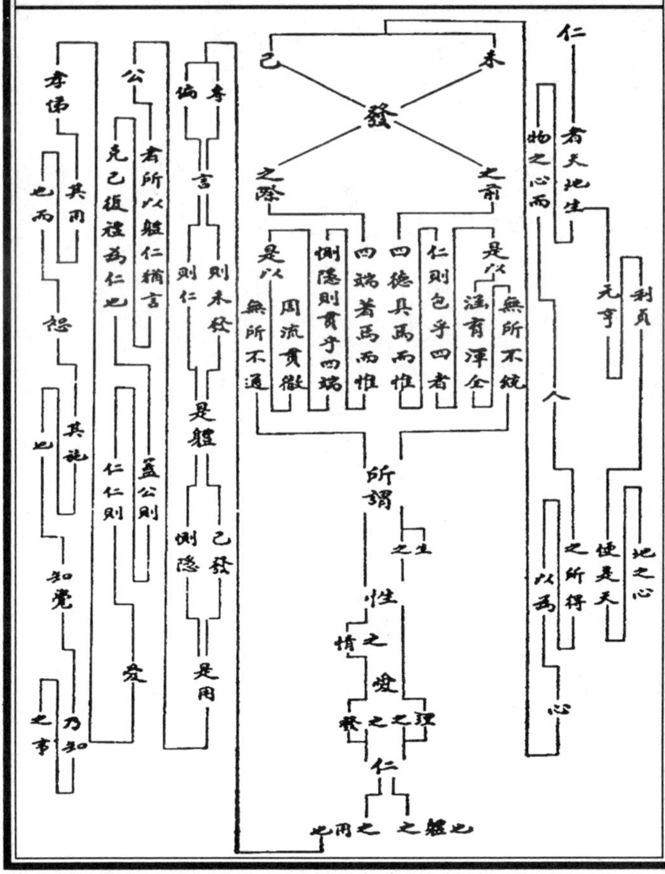

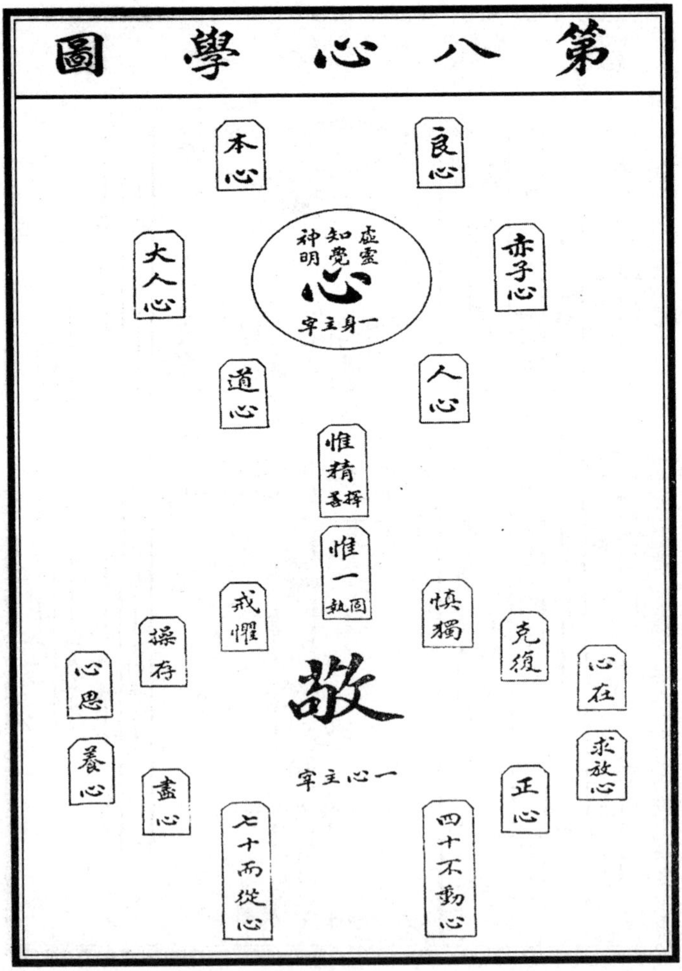
第八心學圖
本心
良心
大人心
虛靈
知覺
神明
心
一身主宰
赤子心
道心
人心
惟精
擇善
惟一
固執
戒懼
愼獨
操存
克復
心思
心在
敬
一心主宰
養心
盡心
求放心
正心
七十而從心
四十不動心

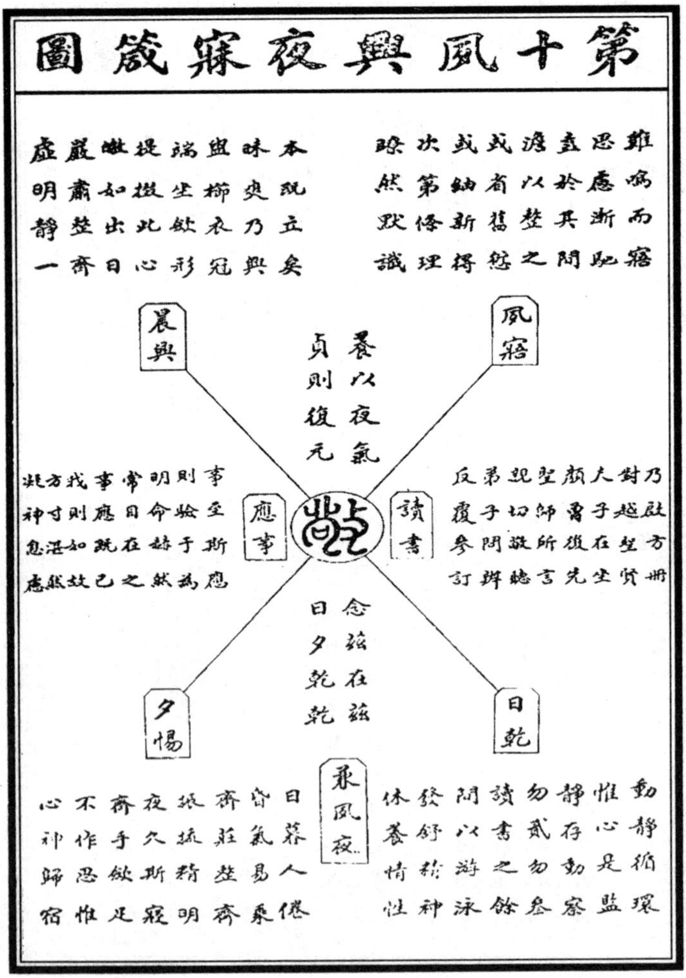
第十夙興夜寐箴圖
鷄鳴而寤 思慮漸馳 盍於其間 澹以整之 或省舊愆 或紬新得 次第條理 瞭然默識
本旣立矣 昧爽乃興 盥櫛衣冠 端坐斂形 提掇此心 皦如出日 嚴肅整齊 虛明靜一
晨興
夙寤
養以夜氣 貞則復元
敬
應事
事至斯應 則驗于爲 明命赫然 常目在之 事應旣已 我則如故 方寸湛然 凝神息慮
讀書
乃啓方冊 對越聖賢 夫子在坐 顔曾後先 聖師所言 親切敬聽 弟子問辨 反覆參訂
念玆在玆 日夕乾乾
夕惕
日乾
兼夙夜
動靜循環 惟心是監 靜存動察 勿貳勿參 讀書之餘 間以游泳 發舒精神 休養情性
日暮人倦 昏氣易乘 齋莊整齊 振拔精明 夜久斯寢 齋手斂足 不作思惟 心神歸宿

찾아보기

□ 저자 소개

修岡 유명종

국립경북대학교 졸업, 고려대학교 대학원 졸업, 원광대학교 대학원 명예철학박사, 경북대학교 문리과대학 조교수 역임, 동아대학교 문과대학 부교수 · 교수 정년퇴임, 원광대학교 동양종교학과 초청교수 · 명예교수, 제3회 퇴계학술상 수상, 한국동양철학회 회장 역임. 한중철학회 명예회장 · 국제유학연합회한국고문. 2003년에 작고.

주요 저서 및 역서: 『중국사상사』(이문출판사), 『청대철학사』(이문출판사), 『한국사상사』(이문출판사), 『조선후기 성리학』(이문출판사), 『중국근세철학사』(이문출판사), 『중국근대정치사상사』(이문출판사), 『한국의 양명학』(동화출판공사), 『성리학과 양명학』(연세대학교 출판부), 『주자의 삶과 사상』(동아대학교 석당전통연구원 · 세종출판사), 『중국전통 윤리사상사』(共著, 세종출판사)

퇴계의 일생과 철학체계 값 17,000원

초판발행 : 2000년 11월 25일
초판 2쇄 : 2014년 7월 30일

저 자 : 유 명 종
발 행 인 : 김 성 자
발 행 처 : 현대미학사

등록번호 1-1181(1991. 3. 12)

서울시 성북구 동소문동 1가 46번지 유재빌딩 201호
TEL : 766-3527 · 745-9527 FAX : 745-3940

* 잘못된 책은 바꿔드립니다. ISBN 89-7727-160-6, 93150